中国特色高水平高职学校和专业建设计划建设成果
浙江省高职院校重点暨优质校建设成果
浙江省高校"十三五"优势专业保险专业建设成果
浙江省普通高校"十三五"新形态教材项目

保险医学基础

FUNDAMENTALS OF INSURANCE MEDICINE

主　编　吴艾竞

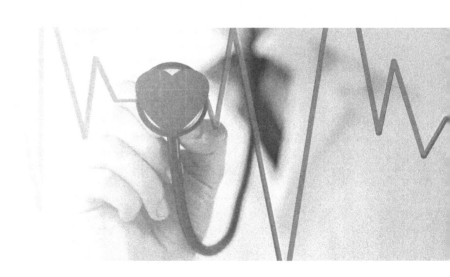

浙江大学出版社
ZHEJIANG UNIVERSITY PRESS

前　言

近年来，随着健康保险公司的进入，尤其是在党的二十大召开后，我国保险业呈现出了新的发展态势。医疗机构和保险机构的合作已被提上日程，人们对自身的健康越来越重视，医疗保险专业人才日趋紧缺。为适应新形势的发展需要，进一步贯彻党的二十大全面建设社会主义现代化国家、全面推进中华民族伟大复兴的精神，结合近年来教育改革关于高职高专人才培养的情况，按照最新的编写要求，我们特地编写了这本新形态教材。

本书从我国的保险基本知识出发，结合基础医学的一些相关概念，先从基本概念出发，再结合临床医学知识将在保险医学中常见的疾病进行点评，探讨其特点，对其风险和经济负担进行分析，同时还对健康管理、病历书写与临床检验等进行简单介绍。本书充分吸收了国内外保险医学相关论著的理念与观点，涉及医学知识范围广，针对性强，语言通俗易懂，为保险专业学生的专业学习和实务处理打下良好基础。

为适应高职高专教育教学的特点，本书以提升学生职业素质与职业能力为目标，打破传统的教材编写模式，采用以任务驱动、案例导入为核心的项目化教材编写方法。同时，配合新形态教育改革下的要求，还加入了手机扫描书中特定二维码实时可以观看微课等新的教学手段。全书共分为9个项目，每个项目下设若干模块，每个模块下高学习目标、工作任务、问题探究和思考练习题等部分，同时应用大量的案例作为载体来突出仿真设计与实践教学这一教学特点。

本教材的编者具有长期从事临床工作经验，从事高校保险教学与医学教学多年，编写本书的目的是为高校保险专业与健康管理专业学生铺垫相应的医学知识，也可为人身险业务人员从事寿险、健康险业务提供培训参考资料。

本教材在实际教学中建议总学时设置为72学时，各项目的建议学时见表1。

表1

项目序号	项目名称	建议学时
一	人体的基本功能	4
二	认识人体结构	12
三	人体常见的主要疾病	24
四	影响人类健康和寿命的其他疾病	8
五	病历书写与体检	4
六	医学检验在保险中的应用	4
七	风险选择、损伤及残疾鉴定	4
八	疾病的风险分析与经济负担	4
九	健康保险与健康管理	4
机动		2
复习		2
合计		72

本书为配合目前高职院校的教学改革，实行项目化编写。由于医学知识各部分内容相互关联密切，本书中的新形态内容在国内也是初次尝试，加之编者时间紧迫，经验不足，水平有限，遗漏错误难免，祈望各位读者以及业内专家批评指正。

编者

Contents 目 录

项目一

人体的基本功能

► **概　述**

生命现象基本上是能量转换和能量消耗的过程，只有在提供各种所需能量的情况下，生命才能够继续存在。本项目主要介绍人体的基本结构与功能、疾病与健康两个模块，复习相关知识，突出疾病与健康，为保险医学的学习做好铺垫。

► **教学目标**

本项目共包括两个模块，分别为：人体的基本结构与功能、疾病与健康。要求学生掌握人体的构成单位，疾病与健康、衰老与疾病以及应激与疾病的关系。本项目是保险医学的重要内容之一，旨在帮助学生回顾与复习一些人体的基础结构与功能，通过教师直接的讲解、示范和答疑解惑，尽快熟悉保险医学相关基础理论知识，提高学生的保险医学基础能力。

► **重点难点**

本项目的重点与难点在于如何掌握人体的基本结构与功能、理解影响健康的主要因素以及特定疾病与保险的相互联系。

模块一　人体的基本结构与功能

学习目标

要求掌握人体四种基本组织的构成及其生理功能，构成身体的有机、无机成分，新陈代谢的基本知识，人体的生长、发育、衰老与死亡，人体内环境的组成以及主要的调节机制。

工作任务

1. 通过简单的临床病例分析，结合已有生物学知识，讲述人体基本结构与组成以及人体的内环境等内容，使学生掌握人体四大基本组织的主要功能以及内环境的生理调节机制。

2. 通过对人类常见生、老、病、死等情况的描述，分组讨论对人体的新陈代谢、生长发育与衰老死亡的印象，使学生能对其有一个系统的认识。

实践操作

★临床案例

患者，男，32岁，于2008年9月22日12时50分因酒后施工不慎双手触电（220伏电压），当即心跳、呼吸停止，30分钟后（13时20分）急送医院。查体：神志丧失，自主呼吸消失，瞳孔散大，颈动脉搏动未触及，血压未测到。临床诊断：电击伤，心跳呼吸骤停。即行气管插管，呼吸机辅助呼吸，持续胸外按压，静脉输液。首次血管内注射肾上腺素1mg，间隔4分钟先后两次快速静脉注射"心三联"，静滴5%碳酸氢钠。三次心外除颤（每次分别200J、300J、360J）。13时30分，心电图仍呈直线，即行开胸心内按压术。切开心包见心脏未颤动，质地较软。持续心内按压时，继用肾上腺素1mg，利多卡因50mg；13时40分，心室出现细颤，再注射肾上腺素1mg；13时42分，心室细颤变粗颤，以60J非同步心内除颤两次；13时44分，出现一过性心房纤颤；13时45分，恢复窦性心律，呼吸渐恢复，血压70～80mmHg/40～50mmHg，继续以多巴胺、多巴酚丁胺、肾上腺素等治疗抢救，纠正水、电解质及酸碱失衡，抗感染，头部降温、脱水、激素等复苏后期处理。此后，高压氧治疗，每天一次，每次2小时，经10次高压氧及其他综合治疗后，患者神经系统反应好转，意识渐恢复，能讲话，仍遗有运动性失语症，1个月后出院，继续中药、针灸、语言训练治疗。随访两年，患者全身情况良好，生活能自理，能胜任家务活。

案例讨论：心跳停止30分钟后能复跳吗？对人体各大系统可能产生什么影响？

延伸讨论：1. 以人体的结构组成及功能作为主要的讨论目标，从已经学习过的生理学、解剖学、病理学知识角度开展讨论。

2. 人体的生老病死的意义，以及生物学及其临床的死亡标准。

问题探究

人类自远古以来，在同自然界的长期斗争中，逐步积累了与疾病作斗争的丰富知识。人类在很早的时候就认识到疾病对健康的影响，以及疾病与环境的密切关系，创造了许多保障人类健康的防病、治病方法。早在公元前14世纪，商代的甲骨文中就有了关于"疥"、"疮"的记载。在周代，就有了"疡医"，相当于现在的外科医师。汉末杰出的医学家华佗，已能使用麻沸散为患者进行外科手术。南北朝的龚庆宣编《刘涓子鬼遗方》是中国最早的外科学专著。

医学科学的发展

自保险业开始，在寿险方面，人们就认识到应根据年龄、身体状况等情况选择被保险人。随着近年来保险业的发展，保险现在已经成为各国经济发展的重要支柱。保险医学在寿险中的重要地位越来越明显。所谓保险医学，就是研究为人体疾病和死亡事件提供相应经济保障的科学。保险医学有四大特点：边缘性，它属于边缘学科，涉及经济、金融、法律、精算和医学等领域；综合性，它可以派生出不同的学科和分支，如老人保险医学等；实用性，它不仅是研究理论，同时还注重应用于实际；不断发展性，保险医学会随社会的进步和科学的发展不断地作出相应的调整。

在飞速发展的现代社会，社会及家庭环境随时都影响人们的情绪心理，使之产生复杂的变化，导致疾病的发生。研究显示，人类的疾病约50%与生活和行为有关，20%与生活环境和社会环境有关，20%与遗传、衰老等生物学因素有关，10%与卫生服务缺陷有关。患者的病变可能发生在某一局部的器官或组织，然后影响全身，患者主要症状不一定就是病变所在。例如：甲状腺功能亢进与心悸的关系。所以，对于健康管理人员及寿险业务人员来说，必须掌握必要的疾病知识（如疾病的病因、临床表现、诊断及治疗等）；同时每一种疾病有它的保险医学特点，对人身保险业务人员来说尤为重要。

一、细胞、组织、器官、系统

细胞是身体最基本的构成单位；形态功能相同的细胞构成组织；两种或两种以上组织构成器官；功能相关的器官构成系统。

细胞：细胞的外壳为细胞膜，里面有一个细胞核，细胞膜和细胞核之间是细胞质。细胞膜的主要功能是保护细胞和参与细胞的新陈代谢。细胞质的主要成分是水、蛋白质、酶、线粒体和其他各种细胞器，主要功能是为细胞的新陈代谢提供场所。线粒体是人体所需能量的发电站，人体摄入的营养通过线粒体的作用转化为能量。细胞核的主要成分是染色体，主要功能是携带遗传信息。

组织：人体有四种基本组织——上皮组织、结缔组织、肌肉组织和神经组织。四种组织根据身体的需要组成器官和系统。

上皮组织具有保护、吸收、分泌和排泄等功能，如消化道上皮、皮肤上皮等。

结缔组织包括血液、骨组织和软骨组织，以及纤维性的固有结缔组织，具有连接、支持、营养、修复、保护、防御和物质运输等功能。固有结缔组织又分为疏松结缔组织、致密结缔组织、脂肪组织和网状组织。结缔组织在人体内的分布十分广泛。血液约占人体体重的7%，普通成人全身血容量约为5000mL。血液由血细胞和血浆组成。血细胞占血液的45%，包括红细胞、白细胞和血小板。血浆占血液的55%。血浆中90%是水，其余为血浆蛋白、脂蛋白等。血细胞形态、数量、比例和血红蛋白含量等总称为血象。人体几乎所有的钙（99%以上）和大部分磷（85%以上）贮存于骨组织中。所以，骨又是人体的钙、磷贮存库。

肌肉组织占成人体重的50%，主要功能是收缩产热和产生力量。肌肉组织又称肌组织，主要由肌细胞组成。肌细胞的形状细长，呈纤维状，故肌细胞通常称为肌纤维。肌组织分为骨骼肌、心肌和平滑肌。在组织学上，心肌和骨骼肌都属于横纹肌，所以它们受损时，会有些共同的酶指标异常。骨骼肌受躯体神经支配，为随意肌；心肌和平滑肌受自主神经支配，为不随意肌。心肌具有自动节律性。

神经组织由神经细胞和神经胶质细胞组成，主要功能是产生与传导电信号和化学信号。神经细胞又叫神经元，是有突起的细胞，可以接受刺激、传导冲动，是神经系统的形态与功能单位。神经胶质细胞不传导神经冲动，主要功能是对神经元起支持、保护、分隔、营养等作用。分布在体表和骨骼肌的神经叫躯体神经；分布在内脏、心血管和腺体的神经叫内脏神经或自主神经，自主神经又分为交感神经和副交感神经。

器官是由两种或两种以上组织构成的身体结构。胃、肝、心、肾等都是身体内部的器官。

系统由执行相关生理功能的器官组成。人体的系统包括：神经系统、循环系统、呼吸系统、消化系统、泌尿系统、生殖系统、内分泌系统、免疫系统、运动系统等。其中神经系统、内分泌系统和免疫系统对全身各系统起控制和协调作用，保证人体是一个协调统一的有机生命体。

二、人体的化学组成成分与物质代谢

1. 构成身体的成分

细胞内有100多种化学元素，主要有碳、氢、氧、氮、钙、镁、钾、钠、磷、硫、氯，以及铁、铜、碘、锌、锰、钴等；其中氧、碳、氢、氮4种元素占人体构成的96%，其主要以有机物（有机化合物）形式出现。有机物中，只有蛋白质是含氮元素，因此蛋白质是体内的含氮物质。而脂肪、糖类等均不含氮，仅由碳、氢、氧构成，只是其构成元素比例不同而已。有机化合物主要是碳水化合物类、脂类、氨基酸和核酸。无机盐中，根据含量多少又分为常量元素和微量元素。无机化合物主要是酸、碱和水。构成人体所需的基本营养素是蛋白质、脂类、糖类、维生素、无机盐和水等。而由有机物构成的维生素则起着调节人体生理、生化的重要作用（不参与机体组织构成）。在体内的各种元素中，铁参与血红蛋白的生成过程，钾和钠参与肌肉系统的活动。钴、钼、锰、硒都是人体新陈代谢不可缺少的微量元素，人体对这些微量元素的需要量很少，且耐受程度也很低。例如，硒对生命活动至关重要，但多一点就可以让生命停止活动。目前，关于微量元素在正常生命活动中的作用及其对健康的影响，人类还知之甚少。因此，需要慎重对待市场上推出的补充微量元素的保健食品。

2. 人体的新陈代谢

新陈代谢是指自然界物质与周围环境进行物质交换和相互作用的过程。生物的新陈代谢是由两个相反但又相互依存、相互统一的过程组成的，这就是同化作用和异化作用。同化作用是生物从外界环境中摄取各种有关的物质，在体内先分解成可利用的物质，然后合成生物自身的物质，用以修补、更新、增加本身的成分。异化作用是生物把体内复杂的物质分解为比较简单的化合物，释放能量，供生命活动的需要，最后将废物排出体外。新陈代谢是人体生命活动的基本特征，为身体提供生命所需的能量和细胞组织发育生长和更新所需的原料。

基础代谢是人体处在清醒、安静、不受外界因素干扰的状态时维持生命活动的最基本代谢，在 20～30℃ 的环境中最稳定。通常男性的基础代谢率比女性高；年龄越小，基础代谢率越低。

人在劳动或运动时能量代谢和氧耗量显著增加，最多可达基础代谢时的 10～20 倍。外界温度升高或降低时，身体能量代谢也会增加或减少；精神过度紧张时，身体新陈代谢会加快，产热量明显增加。若进食超过身体新陈代谢的需要，过多的热量就会转化成脂肪储存在体内，造成超重和肥胖，威胁人体健康。

3. 人体的生长和发育

生长是指细胞繁殖、增大和细胞间质增加，表现为组织、器官、身体各部分直至全身的大小、长短和重量的增加，以及身体内化学组成成分的变化。

发育是指细胞功能的分化和不断完善，心理、智力和体力的发展。

生长和发育相互依存，密不可分，都需要不断地从环境中吸取相应营养物质。心理学常把发育称为发展。影响生长和发育的因素主要有遗传、环境、营养、体育锻炼等。

4. 人体的衰老和死亡

成熟机体的结构和功能随着年龄增加而进行性地老化即为衰老，衰老的结果是死亡。当身体器官的效率变得很低时，整个身体便不能抵抗生活的压力，导致感染更不易控制，体内的化学改变更不易调整。最后，某一器官不再执行其他器官赖以生存的功能时，机体便死亡。

人类的临床死亡标志是心脏停止跳动。此时，各种细胞并未立即死亡，缺氧导致神经细胞最先死亡，皮肤细胞最后死亡。临床上异体植皮在人死亡后 10 余小时还能获得成功的原因就在于此。一般情况下，心跳停止 30 分钟后仍可使之复跳。神经细胞因缺氧而受到不可逆损伤，因此调节整体活动的脑功能不可逆地丧失，这才是机体死亡的标志。

细胞的衰老和死亡是细胞内发生的改变。细胞死亡的标志是线粒体及细胞核活动停止，氧的吸收、利用停止，细胞质中有大量空泡。人体内各种细胞的寿命各不相同，如红细胞一般可存活 120 天，白细胞有的只能存活数小时。

5. 人体内环境

（1）体液和体液调节。人体体重的 60% 是水分和溶解在水中的物质，统称为体液。其中 2/3 存在于细胞内，称为细胞内液；约 1/3 分布于细胞外，包括血浆、组织液、淋巴液、脑脊液等，称为细胞外液。组织液、血浆等细胞外液是细胞直接生活的场所，称为人体内环境，以区别于人体生存的外环境。细胞外液化学成分和理化特性保持相对稳定的状态，称为稳态。稳态是细胞进行正常生命活动的必要条件，稳态一旦遭到破坏，机体某些功能将会出现紊乱，甚至引起疾病。

体液调节是保证身体一切运转正常的基础。许多内分泌细胞分泌的各种激素，就是借体液循环的通路到达全身各器官组织，对机体的功能进行调节的。有些内分泌细胞可以直接感受内环境中某些理化因素的变化，直接作出相应的反应。例如，当血钙离子浓度降低时，甲状旁腺细胞能直接感受这种变化，促使甲状旁腺激素分泌增加，继而导致骨中的钙释放入血，使血钙离子的浓度回升，保持内环境的稳态。也有些内分泌腺本身直接或间接地受到神经系统的调节。在这种情况下，体液调节是神经调节的一个传出环节，是反射传出道路的延伸。这种情况又称为神经–体液调节。体液调节一般比较缓慢，而神经调节的特点是迅速而精确，持久而弥散，两者相互配合，使生理功能调节趋于完善。

（2）神经调节。神经调节的基本过程是神经反射。其反射弧包括感受器、传入神经、神经中枢、传出神经和效应器。感受器是接受刺激的器官。效应器是产生反应的器官。神经中枢在脑和脊髓中。传入和传出神经是将神经中枢与感受器和效应器联系起来的通路。神经反射调节是身体重要的调节机制。反射分成非条件反射和条件反射两类。非条件反射是先天遗传的；条件反射是后天获得的，是个体在生活过程中按照其生活条件而建立起来的。条件反射是更具有适应性意义的调节。

（3）自身调节。自身调节是指组织、细胞在不依赖于外来的神经或体液调节情况下，自身对刺激发生的适应性反应过程。例如，骨骼肌或心肌的收缩前长度能对收缩力量起调节作用。当收缩前长度在一定限度内增大时，收缩力量会相应增加；收缩前长度缩短时，收缩力量就会减小。一般来说，自身调节的幅度较小，也不十分灵敏，但对于生理功能的调节仍有一定意义。在不依赖于外来的神经或体液调节情况下，器官自身对刺激发生的适应性反应过程也属于自身调节。

模块二　疾病与健康

学习目标

　　要求掌握疾病与健康的连续过程、内外部环境中的致病原因、疾病的基本特征，以及疾病的转归；掌握世界卫生组织对健康的定义、影响健康的各大因素；理解衰老、应激与疾病的关系。

工作任务

　　1. 通过课堂上的视频或案例，讲述生命的连续过程，使学生认清疾病发生的原因、疾病的基本特征及转归。
　　2. 结合实践操作的案例，讲述相关知识，使学生对人体的新陈代谢、生长发育与衰老死亡有一个系统的认识。

实践操作

　　★**亚健康案例**
　　海峰：健康是一种身体、精神和交往上的完美状态，而不只是身体无病。处于健康和患病之间的过渡状态，称为亚健康状态。亚健康状态处理得当，则身体可向健康转化；反之，则患病。如果亚健康状态下，心理状态调节不好，人们有时会作出一种过激的行为，我们先看一则前两天发生的事件。
　　解说：4月21日，在北三环附近的一个小区，一位年轻男子从十六楼自家窗户跳下。落下时掉在楼下的草坪上，这地上的痕迹是他跳楼后留下的。
　　采访：目击者
　　当时我们在打羽毛球……随即送往医院。他跳楼之前，扔了一个戒指盒。
　　解说：记者赶往医院的时候，这位男子已经脱离了危险，医生介绍，他送到医院时，医生以为内脏破裂，结果只是挫伤。在医院的抢救室里，记者看到一位憔悴的老人坐在这个青年的旁边，一直握着这个青年的一只手。还有一位老人正在办手续，看到他们伤心的神色，记者没忍心打扰他们。
　　海峰：这位青年为什么自杀，我们不知道，但是，造成现在都市人自杀的主要原因是"情感亚健康"问题。我们再看一位在北京经营着自己的事业的老板状态怎么样。
　　解说：张先生今年不到40岁，在北京开了一家自己的公司。公司经营得有声有色，可是他自己也付出了不小的代价。
　　采访：张先生
　　在工作最关键的时候是一天、两天、三天睡不成，不管是主观、客观因素都是睡不成，不规律的睡眠，不规律的休息。

解说： 睡眠不好一直困扰着张先生，但更使他头疼的还有一件事。

采访：张先生

我的酒量是很差的，但是我每天至少摄入 1 斤白酒，无数啤酒，我看似非常非常开心，过着那么奢侈的生活，一个星期十几万元的花费，在这种生活下，健康已经不挂在心上，为的是生意上的好转。

解说： 谁都知道喝酒伤身体，但为了生意不得不喝。除了喝酒，公司生意上的压力也让张先生难以克制自己的情绪。

采访：张先生

我的心情很复杂，心里很郁闷，他们（员工）给公司带来的损失都是我来承受的，有时批评他一发火，甚至拿手机去摔他，砸他。

解说： 许多上班族可以在张先生身上找到自己的影子，那么他是不是处于亚健康状态呢？我们跟随他来到一家体检机构进行全面的体检。

采访：医生

他的胆固醇高、血糖高，可能和他的工作有关，已经不是亚健康的状态了，已经转化成了病态。

解说： 张先生的健康状况不但给他敲响了警钟，也给很多每天忙于职场的上班族敲响了警钟。今年，这家体检机构为一万名白领和公务员做了检查，结果不容乐观。

采访：医生

都市常见病有……像白领所面临的心理疾病占到了 66%。公务员中焦虑患者占到了 60% 以上。

海峰： 记者在金融街附近采访时，很多人都因为工作忙、有急事、没时间而礼貌地拒绝了采访，看着他们匆匆的脚步和在走路时还不忘看文件的样子，足以想见他们工作的忙碌，当记者问很多人关于他们自己的健康问题时，他们的回答很一致。

记者： 觉得自己是亚健康状态吗？

路人： 绝对是亚健康状态，有时候感觉到疲劳，工作一累了就感觉到疲劳。

路人： 现在的人都应该算吧。

路人： 感觉到累，工作强度大。

路人： 心理上很紧张。

路人： 身体上会发生一些变化，比方说，怎么说呢，更年期的一种状态。

来源：北京电视台财经频道 2015-04-26 10:41:51

案例讨论：亚健康可能导致的后果有哪些？

延伸讨论：怎么来区分生命过程中的各个生命状态？

问题探究

疾病

一、什么是疾病

疾病（disease）是机体在一定病因的损害性作用下，因自稳调节（homeostatic control）

紊乱而发生的异常生命活动过程。所以说，疾病是机体在一定的病因作用下所发生的损伤与抗损伤的过程。损伤、抗损伤及其相互斗争，表现为一系列功能、代谢和形态结构的变化，使机体各器官系统之间及机体与外界环境之间的协调发生障碍，表现出一系列症状和体征，特别是对环境适应能力和劳动能力的减弱甚至丧失。

在生命的连续过程中，疾病是处于完全健康和绝对死亡之间的一种生命状态。完全健康和绝对死亡是生命的两个极端；健康（低危险状态和高危险状态）、亚临床（早期病理改变）、疾病和损伤、濒死都是生命在其间某一点上的反映（图1-1）。从身体系统失衡的疾病观来看，身体内部系统的平衡是动态的，在完全失去平衡之前，有一个不断的调整过程。这时，人处于健康无病状态，但还存在失去平衡的危险，只是危险程度高低不一而已。当身体系统出现部分失衡时，局部可以发生早期病理改变，这时身体组织的形态结构已出现异常，但失衡与平衡的调整还在进行之中，因此可以没有疾病表现；若恢复平衡，则早期病理改变可以消除。若失衡状态无法调整，系统的部分失衡就扩展到全身系统失衡，这时疾病就发生了。

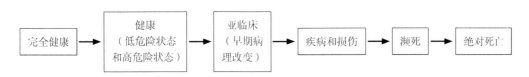

图1-1 生命连续过程示意图

疾病不仅是人体的一种病理过程，而且是身体内外环境不协调、不适应的客观过程。这个不协调、不适应的客观过程在早期是可以发现并调整的，其表现不仅是在躯体上，也会反映在精神和心理上。可以说，整个疾病过程是身心因素相互作用、相互影响的过程。

（一）疾病发生的原因

任何疾病都有病因，没有病因的疾病是不存在的。有些疾病的病因到目前仍未明了，但随着科学的发展与进步，最终一定会弄清楚的。

病因大致可以分为两类。

1. 外界致病因素

（1）生物因素：最常见的致病因素包括各种病原微生物、寄生虫等。

（2）理化因素：包括各种机械力、高温和低温、电流、电离辐射、大气压力、激光等物理因素，以及无机物、有机物、生物性物质和军用毒物等化学因素。

（3）机体必需物质缺乏：缺乏维持正常生命活动所必需的物质，如氧气、维生素、无机盐、产热营养素等。

（4）某些非致病性物质：如某些药物对于某些个体也可引起疾病。

（5）其他因素：季节、气候、地理条件等自然环境因素可促进某些疾病的发生。

2. 机体内部致病因素

（1）免疫功能不足：屏障功能指皮肤的角化层、血脑屏障和胎盘屏障等。屏障功能对多种微生物、某些毒素、某些化学物质有阻止作用。血液中的白细胞和遍布全身各组织的巨噬细胞具有吞噬和杀菌作用。人体排毒功能和特异性免疫功能、肝脏的代谢功能都属于人体免疫系统。

（2）神经和内分泌系统的调节和反馈影响：机体内外环境的刺激信息通过人的感觉器官输入神经系统，在大脑内加以整合，做出反应。人体内分泌系统通过大脑皮质–下丘脑–脑垂体–内分泌腺体调节形成了复杂的调节和反馈系统。在情绪反应时可以发生内分泌改变，内分泌活动改变时又可对情绪产生影响。

（3）其他因素：如营养因素、精神因素、遗传因素和年龄、性别等。

（二）疾病的基本特征

疾病发展过程中的共同特征就是损伤与抗损伤的斗争贯穿于疾病发展过程的始终。一般说来，疾病发展过程中的损伤性变化对机体有害，而抗损伤性反应对人体是有利的。

疾病的原因简称病因。疾病发生的原因，往往不单纯是致病因子直接作用的结果，与机体的反应特征和诱发疾病的条件也有密切关系。因此研究疾病的发生病因，应从致病因子、条件、机体反应性三个方面来考虑。

疾病可导致人体内发生一系列功能、代谢和形态结构的变化，并由此而产生各种症状和体征。这些变化往往是相互联系和相互影响的，但就其性质来说，可以分为两类变化，一类是疾病过程中造成的损害性变化，另一类是机体对抗损害而产生的防御代偿适应性变化。

症状是指患者主观上的异常感觉，如头痛、恶心、畏寒、不适等。体征是疾病的客观表现，能通过临床检查的方法查出，如肝脾大、心脏杂音、肺部啰音、神经反射异常等。值得注意的是，某些疾病的早期，可以没有症状和体征，如果进行相应的实验室检查或特殊检查，可能发现异常，有助于作出早期诊断。

（三）疾病的转归

（1）完全恢复健康即痊愈，是指患者的症状和体征完全消退，各系统器官的功能、代谢和形态结构完全恢复正常，机体的自稳调节以及外界环境的适应能力、工作劳动能力也完全恢复正常。有的传染病痊愈后，机体还可获得免疫力。

（2）不完全恢复健康是指疾病的主要症状已经消失，但机体的功能、代谢和形态结构变化并未完全恢复正常，而是通过代偿反应来维持正常的生命活动，可遗留下某些病理状态或后遗症。例如风湿性心瓣膜炎治愈后留下心瓣膜狭窄或关闭不全等。截肢或器官切除后的状态也属于不完全恢复健康。

（3）死亡是指机体生命活动的终止。死亡可分为生理性死亡和病理性死亡两种。前者较为少见，它是由于机体各器官自然老化所致，又称老死或自然死亡。病理性死亡是由于各种严重疾病或损伤所造成的死亡。而死亡的标志，以往采用心跳和呼吸停止、反射消失的标准；近年提出死亡是机体作为一个整体的功能发生了永久性停止，实际上指包括大脑半球、间脑、脑干各部分在内的全脑功能发生了不可逆性的永久性停止，即所谓脑死亡。临床上表现为深昏迷，脑干反射全部消失，无自主呼吸（靠呼吸机维持，呼吸暂停试验阳性），脑电图平直，经颅脑多普勒超声呈脑死亡图形，且观察12小时无变化，方可确认为脑死亡。

健康

二、健康概论

（一）健康及健康保险的概念

世界卫生组织对健康的定义是："健康不仅仅是没有疾病或虚弱，而是要有身体、心理的完好状态和社会适应能力。"健康指身体健康、心理平衡，同时社会适应能力、道德完善都处于完美状态，即身心健康。健康的多维性、健康的阶段性与连续性成为人们对健康认识的最重要的两个方面。健康的多维性是指健康包括躯体健康、心理健康和社会适应能力良好三个方面；健康的阶段性与连续性是指从绝对健康到绝对死亡，个体要经历疾病低危险状态、中危险状态、高危险状态、疾病产生、出现不同的预后等多个阶段，且各个阶段动态连续，逐渐演变。健康已从一个单纯的生理指标上升到生理、心理和社会处事能力等多方面统一的概念。世界卫生组织提出了健康的十大标准，即精力充沛、睡眠好、眼睛明亮、皮肤弹性好、牙齿健康、头发光洁、体重标准、适应能力强、处事乐观、抵抗力好等。

人身保险按保障范围分类，可分为人寿保险、人身意外伤害保险和健康保险。人寿保险以人的生死为保险事故的，又分为死亡保险、生存保险和两全保险。健康保险是指被保险人在保险有效期间因疾病、意外导致医疗费用或收入损失时保险人依照保险合同规定给付保险金。

（二）影响健康的因素

影响健康的因素主要有以下几个。

1.社会经济因素

对人类健康有直接或间接重大影响的社会经济因素主要有经济发展状况、社会人口状况、社会制度，以及相关的医疗制度法规等。

（1）经济发展

经济发展的主要指标有国民生产总值、人均国民生产总值和人均国民收入等。由于物质生活丰富、人均收入增加，普通居民家庭有足够的钱购买充足的食物。充足的食物供应和合理营养是保障健康的最基本条件。在全世界人口中，导致营养不良的主要原因是贫穷。营养不良的人群主要或基本上分布在低收入的经济不发达国家。由于经济不发达，医疗保健、饮用水、住房等都存在相当大的困难。据估计，全世界约有12亿人营养缺乏，近30亿人得不到安全饮用水。在不发达国家，每天都有数万名儿童因饥饿、疾病而死亡。随着经济的发展，人们的健康状况也随之改善。

影响经济发展的重要因素之一是人群的健康状况。生物医学模式有效地控制了传染病，从而保护了大批劳动力，使人的平均寿命得到普遍提高。有研究报告指出，物质生产部门的劳动者如因病缺勤一人一年减少4天，则创造的经济价值就相当于国家卫生事业经费的总额。

（2）社会人口

据人口经济学家估计，社会人口每增加1%，就需耗费国民生产总值的3%～4%。人口过速增长导致消费水平下降，而消费水平与人群健康呈正相关。新中国成立以来，我国粮食总产量增长了 2 倍多，但由于人口增长过快，1979 年人均粮食占有量仅为 1950 年的 140%；城镇人口住房面积 1949 年人均为 4.5 平方米，1979 年人均为 4.4 平方米，1987 年人均为 4.2 平方米。

（3）社会制度

政治制度指社会的政治结构和法律制度等。执行不同政治制度的国家所制定和实施的卫生工作方针是不同的。2002 年第六届亚洲太平洋地区社会科学与医学大会发布的权威数字显示，2002 年中国居民的平均期望寿命已由新中国成立前的 35 岁提高到 71.4 岁，婴儿死亡率由 20% 下降为 3.22%，孕产妇死亡率由 1.5% 下降为 0.053%。要实现这一平均寿命的增加速度，在英国需 120 年，在法国需 100 年，在德国需 80 年。

（4）医疗保健制度和卫生法规

医疗保健制度是指医疗保健费用的负担形式和医疗保健的体制。新中国成立以来，我国采用国家保健服务制度，主要是从国家财政支出中拨出一定数量的经费作为卫生事业费，这样往往会导致"一人公费，全家公费"和"小病大医"浪费药物等现象的产生，使医疗费用支出大幅上升，国家财政背上沉重的负担。目前这一制度正在改革之中。西欧、北美和日本实行的主要是健康保险制度。由于健康保险的对象和范围不同，保险可由政府或私人举办，费用由国家、雇主或个人支付。

医疗卫生法规是调整医疗关系的法律规范。我国目前的医疗卫生法规还不够健全。

2. 行为生活方式与健康

行为医学是把与疾病和健康有关的行为科学技术和生物医学科学技术整合起来，用于疾病的预防、治疗和康复等。人类的行为是由长期的生物进化发展而来的，主要涉及脑和神经系统的发展。如位于下丘脑的人体生物钟这一调节中枢，使人的体温在下午 2～4 时最高，在凌晨 2～4 时最低。人体的各项生理功能都随着白天黑夜的变化而有规律地变化着。

（1）良好行为

良好行为指遵循合理的作息制度，有合理的饮食、充足的睡眠、健康愉快的情绪、文明卫生的习惯、坚持体育锻炼等。

（2）偏离行为

偏离行为是指社会适应不良的行为。有社会学家指出："99% 的人生来是健康的，由于种种社会环境条件和个人不良行为而使人患病。"对人体健康影响较大的偏离行为有吸烟、酗酒、饮食不当、缺乏运动等。成人每日食盐摄入量应控制在 3～6 克。适当参加体育、文娱活动，能使机体处于生命旺盛的状态，减少发病机会。不吸烟，少饮酒，心情愉快，合理饮食，经常锻炼，可普遍增寿 10 年。

3. 心理因素

社会心理因素包括性格特点、兴趣、爱好、家庭传统、文化教养、个人的理想信念等，这些因素与人的某些情绪活动相关。

（1）情绪与疾病

情绪是人对客观事物的态度体验以及相应的行为反应。愉快积极的情绪对人体的生命活动起到良好的作用，而不愉快、消极的情绪可促使人的心理活动失去平衡，导致神经功能紊乱、内分泌功能失调、血压持续升高，进而引起相应的疾病。

"压抑情绪易得癌。"调查表明，我国食管癌患者在发病前受过重大精神刺激者达52%；美国某医院调查500多名胃肠病患者，因情绪因素患病的占74%。人类八大死因中，心情忧郁症占第七位。不良情绪主要影响神经、内分泌和免疫系统。在生活中，亲人离世对人体的心理刺激最大，往往会严重地影响机体健康；其次是父母离婚、夫妻感情破裂及家庭经济严重变故等。同样的心理刺激对不同个体产生不同的影响。个体差异的形成除了受遗传和先天素质的影响外，还要受后天文化教育、社会经济地位和社会经历等的影响。

（2）气质与疾病

气质是表现在情绪和行动发生的速度、强度、灵活性等方面的动力性个体心理特征，主要由遗传因素决定。巴甫洛夫把气质分为四种类型：

A.强、不均衡，称为不可抑制型；

B.强、均衡、灵活，称为活泼型；

C.强、均衡、不灵活，称为安静型；

D.弱型。

4.环境污染因素

环境污染是指由于自然的或人为的原因使污染物进入人类环境，对居民的身体和精神状态产生直接或间接的有害影响。空气污染物主要是固体尘粒（金属或类金属）和二氧化硫占40%；一氧化碳占30%；二氧化氮及碳氢化合物等占30%。空气污染对呼吸系统影响最大，对眼睛的刺激作用也较大。长期生活在低浓度污染的空气环境中，机体可受到慢性危害，导致癌症发病率上升。此外，水污染、土壤污染、噪声污染等均可对人的健康造成危害，比如环境受到化学物质污染会导致人体急、慢性中毒而患公害病（环境污染物危害面积大、波及人数多时引起的急、慢性中毒，称为公害病）。我国因工业废水排放使饮用水受到污染而导致的砷中毒、铬中毒、农药中毒等事件时有发生。

三、衰老与疾病

衰老是多细胞生物随着时间的推移而发生的一种自发性的必然过程，表现为组织改变、器官老化及其功能适应性和抵抗力的减退。

（一）衰老的原因

1.人体细胞核里的基因停止活动造成衰老

随着年龄增长，基因按一定的时间程序停止活动，这样，组织细胞也就停止了生长，而进入衰退与老化过程。

2.自由基导致衰老

自由基是具有未配对电子的原子、原子团及分子，是参与人体内氧化还原反应最重要、最广泛的反应成分和中间产物，有极强的活性。生物体内随时会出现自由基，引起一些过氧化反应，使细胞内的生物大分子联合成不易溶解的物质，妨碍细胞代谢营养的运输，造成了机体的衰老。

3. 内分泌衰退引起衰老

随着人体年龄的增长，下丘脑、垂体、胸腺、性腺、甲状腺等内分泌腺退化，引起衰老。

对衰老的多种解释大体上可归为 2 类。一类认为衰老主要是由遗传因素决定的，一类认为衰老主要是由环境改变导致机体损伤积累所造成的。遗传和环境都在人的衰老过程中发挥了重要的作用。

（二）衰老与疾病

衰老过程中，身体各种功能下降，对外环境变化的适应能力也随之减弱。生理功能下降，组织细胞再生能力低下，免疫功能减低，适应能力减弱，身体系统平衡就容易被打破，导致疾病发生。

衰老的过程总是与各种退行性疾病，也就是各种器官系统的慢性病伴行。近年来，糖尿病、心血管病、运动系统疾病、乳腺疾病及消化系统疾病等慢性病迅速增长，并呈现年轻化趋势。例如：

糖尿病：尽管糖尿病是一种具有遗传倾向的全身慢性代谢性疾病，但膳食结构的改变尤其是高脂、高糖、高胆固醇饮食对该病的发生起着推波助澜的作用。肥胖者、高脂血症者、进餐过饱者、喜吃荤食者皆为糖尿病的高危人群。近 20 年来，因糖尿病致死者增加了 3 倍，是现代十大死亡原因中增长最快的疾病。而肥胖者罹患糖尿病的风险是体重正常者的 2～3 倍，愈肥胖发病时间愈早。目前 20～35 岁的年轻糖尿病患者逐年增加。

心血管病：高脂肪饮食、缺乏运动、吸烟等危险行为使患心血管疾病者大增，我国心肌梗死患者的年龄层趋向老龄化和年轻化两个极端。前者是老龄化社会的自然现象，后者则与生活工作的紧张程度和不健康行为密切相关。

运动系统病：人们长期坐姿工作，造成肌肉僵硬、萎缩，腰酸背痛随之而来；颈椎病、腰椎病、风湿类疾病、退行性骨关节炎、骨质疏松症等也日渐增加。我国风湿类疾病患者已超过 1 亿。骨关节病年轻化主要与以下因素有关：运动不当、过度、过激，造成关节面、软骨的损伤；多坐少动的生活方式，使关节因得不到充分锻炼而发生废用性萎缩和退化；肥胖使关节负担过重导致关节老化等。

乳腺癌和大肠癌：在所有的癌症中，乳腺癌、大肠癌同高脂肪、高胆固醇饮食密切相关，这两种疾病在年轻人中发病率明显提高。一方面可能是因为年轻人高脂肪、高胆固醇的饮食习惯；另一方面，不少年轻人自恃年轻，忽视了健康的生活方式，忽略了早期症状。

此外，免疫系统的老化，可以引起感冒频发，甚至罹患自身免疫性疾病、感染和癌症。

实际上，人体从年轻时就启动了衰老的进程。一般来说，从 20 岁开始，每 10 年身体的新陈代谢率减慢 2%。也就是说，从这时起如果多吃高脂肪、高热量的食物，就会变成脂肪贮存在体内。从 20 岁起，肌肉强度和肺功能也开始下降。到 70 岁时，身体的所有功能将下降到 20 岁时的 1/3。从 30 岁开始，肾脏功能也开始下降，30 岁以后每年降低 1%。我们没有办法人为地停止衰老程序，但是可以减慢衰老的速度。

四、应激与疾病

应激(stress)是人类和动物在经历和体验某种紧张情境时产生的一种心理/生理状态，其过程是机体在受到各种强烈因素（即应激原）刺激时所出现的、以交感神经兴奋和垂体肾上腺皮质分泌增多为主的一系列神经内分泌反应以及由此而引起的各种功能和代谢的改变。任何躯体的或情绪的刺激，只要达到一定的强度，都可以成为应激原。任何应激原所引起的应激，其生理反应和变化都几乎相同。

应激是一种全身性的适应性反应，它可以对人有利，也可以有害。在日常生活中，几乎每一个人都会遇到某些应激原的作用。只要这种作用不是过分强烈，作用时间也不是过分地持久，那么所引起的应激将有利于动员机体的身心，以便更好地完成必须完成的任何事情或者更好地避开可能要发生的危险，也就是说，这种应激将使人们能有效地去应付日常生活中各种各样的困难局面。这种应激显然对机体是有利的，因而有人称之为良性应激。如果应激原的作用过于强烈和持久，那么所引起的应激就可能导致病理生理学的变化。许多疾病或病理过程都伴有应激，这些疾病既有本身的特异性变化，又有应激所引起的一系列非特异性变化。应激在疾病中，不仅有适应、代偿和防御的作用，而且它本身也可以引起病理变化。创伤、烧伤、严重感染性疾病等的发生发展中，都有应激的参与，但这些还不能算是应激性疾病。只有以应激所引起的损害为主要表现的疾病，如应激性溃疡等，才可称为应激性疾病。由于应激在上述的情况下可以引起病理变化，故有人称之为劣性应激。

项目二
人体结构基础

► **概　述**

　　正确认识人体结构是学习临床医学疾病知识的基础，是整个保险医学的基石，为此，本项目选取了运动系统、呼吸系统、消化系统、循环系统、泌尿系统、生殖系统、血液系统、内分泌系统、神经系统等人体的九大系统，通过挂图、视频等多种任务手段，帮助学生认识人体各大系统的基本解剖结构及其生理过程，为学习临床医学相关的疾病及疾病核保打下坚实的基础。

► **教学目标**

　　本项目由九个模块组成，分别为运动系统基础、呼吸系统基础、消化系统基础、循环系统基础、泌尿系统基础、生殖系统基础、血液系统基础、内分泌系统基础、神经系统基础。要求学生认识人体的每一个系统，能熟练掌握每个系统中主要脏器在人体的分布，能准确说明每个系统生理功能的实现过程，能简单分析每个系统的常见异常症状及异常指标。

► **重点难点**

　　人体各系统中每个器官的具体位置，人体各系统功能的实现过程。

模块一 运动系统基础

学习目标

能够通过相关图片的识别，掌握运动系统的基本组成部分，能够在图片和模型上辨认人体的主要骨骼、骨连接和肌肉。

工作任务

1. 认识人体骨骼。展示挂图和骨骼标本，并把全身骨骼分成躯干、头颅和四肢三个基本区块，让学生分别对各区块的骨骼进行辨认，并对全身骨骼按形状进行分类，并总结各自特点。

2. 认识人体骨连接。展示挂图和骨骼标本，并按照从上到下的顺序让学生辨认全身主要的骨连接，并在自己身上进行相应位置的辨认，并进行相关的功能活动。

3. 认识人体肌肉。展示全身肌肉挂图，按照躯干、头颅和四肢三个基本区块分别进行人体主要肌肉的辨认，并通过自身相关肌肉的运动了解主要肌肉的功能。

实践操作

一、辨认人体骨骼和骨连接

1. 根据图 2-1 所示，指出人体的 206 块骨。提示：按照躯干、头颅、四肢的分区进行辨认。

2. 根据图 2-1 所示，指出人体主要的骨连接，包括主要的缝、主要的关节。并在自己身上作相应的比对，同时进行相应的运动练习。

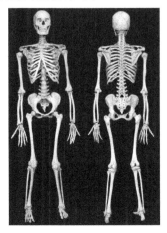

图 2-1 全身骨骼

二、辨认人体主要肌肉

根据图 2-2 所示，指出人体主要的肌肉，并在自己身上作相应定位，同时进行相应肌肉的运动训练。

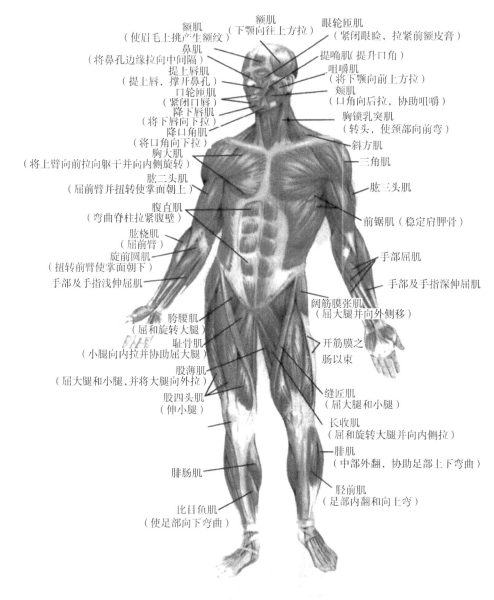

图 2-2 全身肌肉

问题探究

一、重要概念

运动系统1　　运动系统2

人体形态结构和功能活动的基本单位是细胞（cell），由细胞膜、细胞质和细胞核三部分组成。细胞与细胞之间存在着细胞间质，包括各种纤维和基质，对细胞起着支持、营养、联结和保护作用，参与构成细胞生存的微环境。众多形态相似、功能相近的细胞借助细胞间质结合起来构成组织。人体组织有四种，即上皮组织、结缔组织、肌组织和神经组织。几种组织有机地结合在一起，形成具有一定形态、结构和功能特点的器官，如心、肺、肾、肝等。若干个功能相关的器官联合起来，共同完成某一特定的连续性生理功能，即形成系统。

构成人体的九大系统有：运动系统——包括骨、骨连接和肌肉，是人进行劳动、位移与维持姿势等各项活动的结构基础；消化系统——担负摄入食物的消化、吸收和残渣排出；呼吸系统——进行气体交换；泌尿系统——排出组织、细胞代谢产生的终产物；生殖系统——产生生殖细胞并形成新个体以延续种族；循环系统——将上述执行新陈代谢的各系统联系起来，为它们提供营养物质并运输代谢产物的循环系统；神经系统——包括中枢部分的脑、脊髓和遍布全身的周围神经；免疫系统——执行机体免疫功能以及发生免疫应答的物质基础；内分泌系统——体内所有的内分泌腺、激素构成的体液调节体系。

人体各部或各结构的位置关系是经常变动的，为了能够正确地描述人体诸多器官的形态结构和位置，解剖学家共同确认了统一的解剖学标准姿势和描述人体方位、切面的术语，以便统一认识，避免错误描述。

（一）解剖学姿势

规定的解剖学标准姿势是：身体直立，两眼平视正前方，上肢自然下垂于身体两侧，掌心向前，两足并拢，足尖向前。在描述时，不论人体是正立或倒立、是仰卧或俯卧、是整体或只有局部，都始终是头在上，足在下，腹在前，背在后。

（二）轴和面

轴和面是描述人体器官形态，尤其是叙述关节运动时常用的术语。人体可设计互相垂直的3种轴，即垂直轴、矢状轴和冠状轴；依据上述3种轴，人体还可设计互相垂直的3种面，即矢状面、冠状面与水平面。

1. 轴

（1）垂直轴：与身体长轴平行，与地平面垂直。

（2）矢状轴：呈前后方向与地平面平行。

（3）冠状轴（额状轴）：呈左右方向与地平面平行，与矢状轴和垂直轴均互相垂直。

2. 面

（1）矢状面：沿前后方向，垂直纵切人体形成的面，其正中的切面称正中矢状切面，将人体分为左、右相同的两部分。

（2）冠状面（额状面）：沿左右方向，垂直纵切人体形成的切面，将人体分为前、后两部分。

（3）水平面（横切面）：与水平面平行，将人体分为上、下部的切面。

上述三个切面，在应用于某些脏器时，则应以该脏器的长轴为准，与长轴平行的切面为纵切面，与长轴垂直的切面为横切面。

3.常用的方位术语

上（superior）和下（inferior）：按解剖学姿势，头居上，足在下。在四肢则常用近侧（proximal）和远侧（distal）描述部位间的关系，即靠近躯干的根部为近侧，而相对距离较远或末端的部位为远侧。

前（anterior）和后（posterior）：靠身体腹面者为前，而靠背面者为后。在比较解剖学上通常称为腹侧（ventralis）和背侧（dorsalis）。在描述手时则常用掌侧和背侧。

内侧和外侧：以身体的正中矢状面为准，距其近者为内侧，距其相对远者为外侧。如手的拇指在外侧而小指在内侧。在描述上肢的结构时，由于前臂尺、桡骨并列，尺骨在内侧，桡骨在外侧，故可以用尺侧代替内侧，用桡侧代替外侧。下肢小腿部有径、腓骨并列，胫骨在内侧，腓骨居外侧，故又可用胫侧和腓侧称之。

内和外：用以表示某些结构和腔的关系，应注意与内侧和外侧区分。

浅和深：靠近体表的部分叫浅，相对深入潜居于内部的部分叫深。

二、骨

骨是以骨组织为主体构成的器官。成人骨共 206 块，约占体重的 20%。按其在体内的部位可分为颅骨、躯干骨和四肢骨，前二者统称为中轴骨，四肢骨包括上肢骨和下肢骨。

（一）骨的形态

按骨的形态特点可概括为下列四种。（图 2-3）

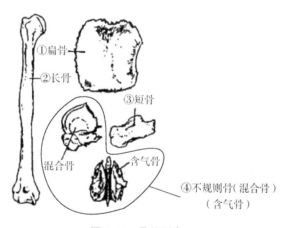

①扁骨
②长骨
③短骨
混合骨　含气骨
④不规则骨（混合骨）
（含气骨）

图 2-3　骨的形态

1.长骨（long bone）

长骨主要存在于四肢，呈长管状。可分为一体两端。体又叫骨干，其外周部骨质致密，中央为容纳骨髓的骨髓腔。两端较膨大，称为骺。骺的表面有关节软骨附着，形成关节面，与相邻骨的关节面构成运动灵活的关节，以完成较大范围的运动。

2.短骨（short bone）

短骨为立方形骨块，多成群分布于手腕、足的后半部和脊柱等处。短骨能承受较大的压力，常具有多个关节面与相邻的骨形成微动关节，并常辅以坚韧的韧带，构成适于支撑的弹性结构。

3. 扁骨（flat bone）

扁骨呈板状，主要构成颅腔、胸腔和盆腔的壁，以保护内部的脏器，扁骨还为肌肉附着提供宽阔的骨面，如肢带骨的肩胛骨和髋骨。

4. 不规则骨（irregular bone）

不规则骨形状不规则且功能多样，有些骨内还生有含气的腔洞，叫作含气骨，如构成鼻旁窦的上颌骨和蝶骨等。

（二）骨的构造

骨由骨质、骨膜、骨髓和神经、血管等构成。（图2-4）

1. 骨质（bony substance）

骨质由坚硬的骨组织构成，是骨的主要成分。骨组织含大量钙化的细胞间质和多种细胞，即骨细胞、骨原细胞、成骨细胞和破骨细胞。

骨质可分为骨密质和骨松质两种。骨密质由多层紧密排列的骨板构成，质地致密，抗压、抗扭曲性很强；骨松质为薄骨板即骨小梁互相交织构成立体的网，呈海绵状，其虽质地疏松但却体现出既轻便又坚固的性能，符合以最少的原料发挥最大功效的构筑原则。

不同形态的骨，由于其功能侧重点不同，在骨密质和骨松质的配布上也呈现出各自的特色。以保护功能为主的扁骨，其内外两面是薄层的骨密质，分别为内板和外板，中间镶夹着当量的骨松质，叫作板障，骨髓即充填于骨松质的网眼中。以支持功能为主的短骨和长骨的骨骺，外周是薄层的骨密质，内部为大量的骨松质，骨小梁的排列显示两个基本方向，一是与重力方向一致，为压力曲线；另一

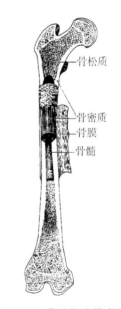

图2-4 骨的构造模式图

则与重力线相对抗而适应于肌肉的拉力，为张力曲线，二者构成最有效的承担重力的力学系统。以运动功能见长的长管状骨骨干，则有较厚的骨密质，向两端逐渐变薄而与骺的薄层骨密质相续，在靠近骨骺处，内部有骨松质充填，但骨干的大部分骨松质甚少，中央形成大的骨髓腔。在承力过程中，长骨骨干的骨密质与骨骺的骨松质和相邻骨的压力曲线，共同构成与压力方向一致的统一功能系统。

骨质在生活过程中，由于劳动、训练、疾病等各种因素的影响，表现出很大的可塑性，如芭蕾舞演员的足跖骨骨干增粗，骨密质变厚；卡车司机的掌骨和指骨骨干增粗；长期卧床的患者，其下肢骨小梁压力曲线系统变得不明显等。

2. 骨膜（periosteum）

骨膜分为骨外膜和骨内膜。骨外膜由致密结缔组织构成，被覆于除关节面以外的骨质表面，并有许多纤维束伸入骨质内。骨髓腔和骨松质的网眼也衬着一层菲薄的结缔组织膜，叫作骨内膜。骨膜富含血管、神经，通过骨质的滋养孔分布于骨质和骨髓。骨外膜的内层和骨内膜有成骨细胞和破骨细胞。因此骨膜对骨的营养、生长、修复再生等具有重要

意义。老年人骨膜变薄，成骨细胞和破骨细胞的分化能力减弱，因而骨的修复机能减退。当骨膜剥离太多或损失过大时，骨不易修复，不利于骨折愈合，甚至可能发生坏死，故手术时要尽量保留骨膜。

3. 骨髓（bone marrow）

骨髓是柔软的富含血管的造血器官，存在于骨髓腔及骨松质的间隙中。在胚胎和婴幼儿时期，所有骨髓均有造血功能，肉眼观呈红色，故名红骨髓。约从五岁起，长骨骨髓腔内的骨髓逐渐为脂肪组织所代替，变为黄色且失去造血功能，叫作黄骨髓。

人体短骨、扁骨、不规则骨和长骨骺的红骨髓一般是终身存在的，因此临床上常选择髂骨和胸骨行骨髓穿刺，获取骨髓以检查骨髓内的血细胞状况（骨髓象），以协助诊断疾病。

（三）骨的理化特征

骨组织的化学成分主要为有机质和无机质。有机质主要是骨胶原纤维和黏多糖蛋白，提供骨弹性和韧性；无机质主要是钙盐，如碱性磷酸钙、碳酸钙、氟化钙和氯化钙等，提供骨的硬度。人的一生中，有机质与无机质的比例随年龄增长而逐渐变化，小儿骨的有机质含量较多，柔韧性和弹性大，易变形，遇暴力打击时不易完全折断，常发生柳枝样骨折。老年人骨的有机质逐渐减少，胶原纤维老化，无机盐增多，因而骨质变脆，稍受暴力即易发生骨折。

三、骨连接

人体骨与骨之间借助结缔组织、软骨或骨相连，形成骨连接。依据骨连接之间是否有间隙，可分为直接连接和间接连接两大类。

（一）直接连接

1. 纤维连接

两骨之间靠结缔组织直接连结，其间无间隙，连接比较牢固，一般无活动性。包括缝和韧带连接。

2. 软骨连接

相邻两骨之间以软骨相连接叫软骨连接，分为透明软骨结合和纤维软骨联合。

3. 骨性结合

两骨间借骨组织相连，常由软骨结合或纤维连结经骨化而成，不能活动，如成人的骶骨及髋骨等，分别通过骨性融合成为一体。

（二）间接连接

间接连接又称关节（articulation），是骨连接的最高分化形式。（图 2-5）

构成关节的两骨相对的骨面上，被覆以软骨，形成关节面。周围包以结缔组织形成的关节囊，囊腔内含有少量滑液。

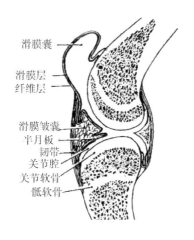

图 2-5 关节的构造模式图

1. 关节面

构成关节两骨的相对面称为关节面，一般是一凸一凹互相适应。凸的称为关节头，凹的称为关节窝。关节面为关节软骨所被覆，除少数关节（胸锁关节、下颌关节）的关节软骨是纤维软骨外，其余均为透明软骨。关节软骨使关节头和关节窝的形态更为适应，其表面光滑，面间有少许滑液，磨擦系数小于冰面，故使运动更加灵活，且由于软骨具有弹性，因而可承受负荷和减缓振荡。关节软骨无血管神经分布，由滑液和关节囊滑膜层血管渗透供给营养。

2. 关节囊（articular capsule）

关节囊包在关节的周围，两端附着于与关节面周缘相邻的骨面。关节囊可分为外表的纤维层和内面的滑膜层。纤维层由致密结缔组织构成，其厚薄、松紧随关节的部位和运动的情况而不同，此层有丰富的血管、神经和淋巴管分布。滑膜层薄而柔润，其构成以薄层疏松结缔组织为基础，内面衬以单层扁平上皮，周缘与关节软骨相连续。滑膜上皮可分泌滑液，滑液是透明蛋清样液体，略呈碱性，除具有润滑作用外，还是关节软骨和关节盘等进行物质代谢的媒介。

3. 关节腔

关节腔由关节囊滑膜层和关节软骨共同围成，含少量滑液，呈密闭的负压状态，这种结构也体现了关节运动灵活性与稳固性的统一。

（三）关节的辅助结构

1. 韧带（ligament）

韧带由致密结缔组织构成，呈扁带状、圆束状或膜状，一般多与关节囊相连，形成关节囊局部特别增厚的部分，有的则独立存在。韧带的附着部与骨膜或关节囊相编织。韧带的主要功能是限制关节的运动幅度，增强关节的稳固性，其次是为肌肉或肌腱提供附着点，有的韧带如膝关节的髌韧带本身就是由肌腱延续而成的。此外尚有一些韧带位于关节内，叫关节（囊）内韧带，如股骨头圆韧带、膝交叉韧带等，它们的周围都围以滑膜层。

2. 关节盘（articular disc）

关节盘即一些关节的关节腔内生有的纤维软骨板。关节盘的周缘附着于关节囊，关节盘将关节腔分隔为上、下两部。它的作用是使关节头和关节窝更加适应，关节运动可分别在上、下关节腔进行，从而增加运动的灵活性和多样化。此外它也具有缓冲振荡的作用。膝关节内的关节盘不完整，是两片半月形的软骨片，称为半月板，其功能与关节盘相似。

3. 关节唇（articular labrum）

关节唇是由纤维软骨构成的环，围在关节窝的周缘，以加深关节窝，增加关节的稳固性。

4. 滑膜襞（synovial fold）

滑膜襞是滑膜层突入关节腔所形成的皱襞。如襞内含脂肪组织则形成滑膜脂肪襞或脂垫。滑膜襞增大了滑膜的表面积，利于滑液的分泌和吸收，另外，在关节（尤其是负重较大的）运动时，起缓和冲撞和振荡的作用。

（四）关节的运动

滑膜关节的运动与关节面的形态密切相关，其运动形式基本上可分为屈伸、收展、旋转、环转等运动。

关节受到强大外力时，如用力过猛或跌倒，可能使关节凸与关节凹脱离正常位置，称为脱臼。脱臼时常伴有关节囊撕裂和韧带损伤，脱臼部位出现肿胀、疼痛，并失去运动功能，此时应特别注意保护脱臼关节的稳固。

三、肌肉

肌肉（muscle）依其构造不同分为骨骼肌、平滑肌和心肌。运动系统的肌肉一般都是骨骼肌，附于骨骼，运动受意识支配，故又称随意肌。骨骼肌收缩和舒张，导致运动器官的位移，从而完成各种躯体运动。人体的全身肌肉有 600 多块，约占成人体重的 40%。每块肌肉都有一定的形态结构，并有血管、神经分布，故每块肌肉都是一个器官。

1. 肌肉的构造和形态

肌肉的形态各异，有长肌、短肌、阔肌、轮匝肌等。长肌多见于四肢，主要为梭形或扁带状，肌束的排列与肌的长轴相一致，收缩的幅度大，可产生大幅度的运动。另有一些肌有长的肌腱，肌束斜行排列于肌腱的两侧，酷似羽毛，称为羽状肌（如股直肌）；或斜行排列于肌腱的一侧，称为半羽状肌（如半膜肌、拇长屈肌）；这些肌肉的生理横断面肌束的数量大大超过梭形或带形肌，故收缩力较大，但由于肌束短，所以运动的幅度小。短肌短小，多分布于躯干深层，具有明显的节段性，收缩幅度较小。阔肌多位于躯干，组成体腔的壁，除运动外还有保护内脏的作用。轮匝肌则围绕于眼、口等孔裂部位周围，收缩时能关闭睑裂和口裂。（图 2-6）

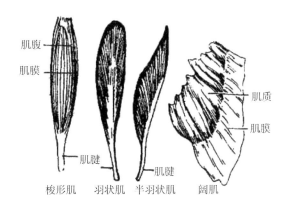

图 2-6 肌肉的形态

2.肌肉的构造

肌肉由肌腹和肌腱构成。肌腹位于中部，由骨骼肌纤维构成，肌腱位于两端，由致密结缔组织构成。肌腹通过收缩、舒张产生力，肌腱无收缩功能，其一端牢固地附着在骨的表面，起传递力的作用。

3.肌肉的起止和功能

肌肉通常以两端附着于两块或两块以上的骨面上，中间跨过一个或多个关节，肌肉收缩时牵动它所附着的骨产生运动。一般把肌附着在相对固定骨上的点叫起点，附着在相对活动骨上的点叫止点。起点多在身体的近侧，而止点在远侧。

4.肌肉的命名原则

肌肉可根据其形状、大小、位置、起止点、纤维方向和作用等命名。依形态命名的如斜方肌、菱形肌等；依位置命名的如肩胛下肌、冈上肌、冈下肌等；依位置和大小综合命名的有胸大肌、胸小肌等；依起止点命名的如胸锁乳突肌、肩胛舌骨肌等；依纤维方向和部位综合命名的有腹外斜肌、肋间外肌等；依作用命名的如旋后肌、咬肌等；依作用结合其他因素综合命名的如旋前圆肌、指浅屈肌等。

思考题：

1.试述骨的构造，并分析为何儿童的骨损伤容易变形而老年人的骨容易骨折。
2.关节的辅助结构有哪些，各有何功能？
3.骨骼肌的命名方法有哪些，举例说明。

模块二 呼吸系统基础

学习目标

认识呼吸系统的各组成部分，掌握肺通气、肺换气及气体在血液中的运输过程，能熟悉呼吸运动的调节。

工作任务

1. 认识呼吸系统的各组成部分。通过视频展示，让学生先对呼吸系统的组成有初步的认识。接着展示呼吸系统的挂图，让学生依次指认呼吸系统的各个组成部分。针对学生的指认情况，教师进行最后总结，并简单讲解呼吸系统各组成部分的主要功能和作用。

2. 认识呼吸的全过程。通过模型和相关视频的展示，让学生初步了解呼吸过程的3个互相联系的环节：①外呼吸，又称肺呼吸，包括肺通气（外界空气与肺泡之间的气体交换）和肺换气（肺泡与肺毛细血管血液之间的气体交换）；②气体在血液中的运输；③内呼吸，又称组织呼吸，指血液与组织细胞之间的气体交换。接着展示相关挂图，让学生根据挂图自己讲解上述三个环节，教师根据学生的讲解情况进行总结，并进一步解释整个呼吸功能实现中的注意点。

实践操作

一、辨认呼吸系统的各组成部分

根据图2-7所示，指出呼吸系统的各个组成部分，并说明各部分的主要作用以及在临床疾病中的意义。

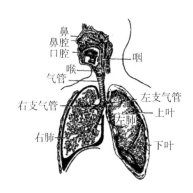

图2-7 呼吸系统全貌

二、认识呼吸系统的功能实现

根据图 2-8，说明呼吸的全过程，并着重说明各个组成部分在实际临床中的意义。

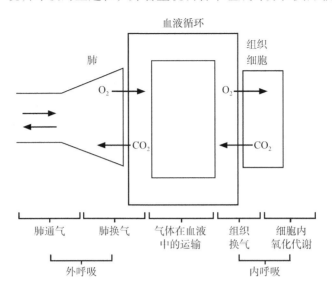

图 2-8　呼吸全过程示意图

问题探究

呼吸系统1　　呼吸系统2

一、呼吸系统的解剖结构

呼吸系统（respiratory system）由呼吸道和肺组成。呼吸道包括鼻腔、咽、喉、气管和各级支气管，临床上将鼻腔、咽、喉称为上呼吸道，气管和各级支气管称为下呼吸道。

（一）鼻

鼻（nose）是呼吸道的起始部分，能净化吸入的空气并调节其温度和湿度，也是嗅觉器官，还可辅助发音。鼻包括外鼻、鼻腔和鼻旁窦三部分。

1. 外鼻

外鼻是指鼻突出于面部的部分，以骨和软骨为支架，外面覆以皮肤。上端叫鼻根，下端高突的部分叫鼻尖，中央的隆起部叫鼻背，鼻尖两侧向外方膨隆的部分叫鼻翼。在呼吸困难时，可见鼻翼扇动。鼻尖和鼻翼处的皮肤较厚，富含皮脂腺和汗腺，与深部皮下组织和软骨膜连接紧密，容易发生痤疮和疖肿。发炎时，局部肿胀压迫神经末梢，可引起较剧烈疼痛。

2. 鼻腔

鼻腔被鼻中隔分为左、右两腔，前方经鼻孔通外界，后方经鼻后孔通咽腔。每侧鼻腔可分为鼻前庭和固有鼻腔两个部分。鼻前庭是指由鼻翼所围成的扩大的空间，内面衬以皮肤，生有鼻毛，有滞留吸入的尘埃的作用。固有鼻腔是指鼻前庭以后的部分，后借鼻后孔通咽，其形态与骨性鼻腔基本一致，由骨和软骨覆以黏膜而成。在鼻中隔前下部的黏膜内有丰富的血管吻合丛，约90%的鼻出血（鼻衄）发生于此，临床上叫易出血区。固有鼻腔黏膜按其性质可分为嗅部和呼吸部。嗅部黏膜覆于上鼻甲以上及其相对的鼻中隔部分，内含嗅细胞，能感受气味的刺激。呼吸部黏膜内含丰富的毛细血管和黏液腺，上皮有纤毛，可净化空气并提高吸入空气的温度和湿度。

3. 鼻旁窦

鼻旁窦是鼻腔周围含气颅骨内的空腔，开口于鼻腔，对发音有共鸣作用，也能协助调节吸入空气的温度和湿度。鼻旁窦共4对，包括上颌窦、额窦、筛窦、蝶窦，左右对称分布，其中上颌窦最大。由于鼻腔和鼻旁窦的黏膜相延续，鼻腔炎症可引起鼻旁窦发炎。

（二）喉

喉（larynx）既是呼吸的管道，又是发声器官，位于颈前部，成年人的喉在第3～6颈椎之间。上方以韧带和肌肉系于舌骨，下方续于气管，故吞咽时喉可向上移动。前面覆以皮肤、颈筋膜和舌骨下肌群，后方与咽紧密相连，其后壁即喉咽腔前壁。两侧有颈部血管、神经和甲状腺侧叶。喉的结构复杂，由软骨、韧带、喉肌和黏膜构成。喉软骨是喉的支架，包括单块的甲状软骨、环状软骨、会厌软骨和成对的杓状软骨。喉腔的中部，有上、下两对自喉腔侧壁突入腔内的黏膜皱襞，上方一对称室襞，有保护作用。下面的一对叫声襞（声带），两侧声襞之间的窄隙叫声门裂，当两侧声襞并拢，由于气流冲击引起声襞振动而发声。

喉位置的高低随性别、年龄有所差异。一般女子高于男子，儿童高于成人。儿童喉腔狭窄，黏膜柔软，富含血管，炎症时常因水肿而引起喉阻塞，出现呼吸困难。男孩10岁以后喉结逐渐明显，形成男性喉形。男孩、女孩的声带发育不同，青春期后男性喉的发育很快，特别是喉的前后径加大，因而男性音调较女性为低。

（三）气管和支气管

气管（trachea）和支气管（bronchi）。气管位于食管前方，为后壁略扁平的圆筒状管道。上端平第6颈椎体下缘与喉相连，向下至胸骨角平面分为左、右主支气管。气管以胸廓上口为界，分为颈、胸两段，颈段较浅表，在胸骨颈静脉切迹上方可以摸到。气管由14～17个"C"字形的气管软骨环以及连接各环之间的平滑肌和结缔组织构成，腔内衬以黏膜，表面覆盖纤毛上皮，黏膜分泌的黏液可黏附空气中的灰尘颗粒，纤毛不断向咽部摆动将黏液与灰尘排出，以净化吸入的气体。

左、右主支气管从气管分出后，斜向下外方进入肺门。两支气管之间的夹角约为65°～85°。左主支气管细而长，比较倾斜；右主支气管短而粗，较为陡直。因而异物易落入右支气管。

（四）肺

肺（lung）是容纳气体和进行气体交换的器官，位于胸腔内纵隔的两侧，左右各一。肺上端钝圆，称为肺尖，底位于膈上面，对向肋的面叫肋面，朝向纵隔的面叫内侧面，又称纵隔面。纵隔面中央有椭圆形凹陷，称肺门，是支气管、血管、淋巴管和神经等进出之处。左肺由斜裂分为上、下两个肺叶，右肺除斜裂外，还有一水平裂将其分为上、中、下三个肺叶。肺以支气管反复分支形成的支气管树为基础，左、右主支气管在肺门分成第二级支气管，第二级支气管及其分支所辖的范围构成一个肺叶，每支第二级支气管又分出第三级支气管，每支第三级支气管及其分支所辖的范围构成一个肺段，支气管在肺内反复分支可达23～25级，最后形成肺泡。支气管各级分支之间以及肺泡之间都由结缔组织性的间质所填充，血管、淋巴管、神经等随支气管的分支分布在结缔组织内。肺泡之间的间质内含有丰富的毛细血管网，是血液和肺泡内气体进行气体交换的场所。

肺有两套血管系统。一套是循环于心和肺之间的肺动脉和肺静脉，属肺的机能性血管。肺动脉从右心室发出伴支气管入肺，随支气管反复分支，最后形成毛细血管网包绕在肺泡周围，之后逐渐汇集成肺静脉，回流至左心房。另一套是营养性血管，叫支气管动、静脉，发自胸主动脉，攀附于支气管壁，随支气管分支而分布，营养肺内支气管的壁、肺血管壁和脏胸膜。胎儿出生前，肺无呼吸功能，构造致密，比重大于1（1.045～1.065），入水下沉；出生后开始呼吸，肺泡内充满空气，比重小于1（0.345～0.746），可浮于水中。法医常利用这一点鉴定胎儿死亡的时间。

肺表面覆被一层光滑的浆膜、即脏层胸膜，其光滑透明，肺的颜色随年龄和职业而不同。初生儿为淡红色，成人因不断吸入尘埃，沉积于肺泡壁内变成暗红色或深灰色，老年人则呈蓝黑色，而接触粉尘较多或长期吸烟的人群的肺呈棕黑色。正常情况下，胎肺于孕36周成熟，孕36周之前的早产儿因肺Ⅱ型细胞发育不成熟、肺表面活性物质分泌不足，易产生新生儿呼吸窘迫综合征，需进行促肺成熟治疗。

（五）胸膜

胸膜（pleura）是一层光滑的浆膜，分别覆被于双肺的表面、胸廓内表面、膈上面和纵隔两侧面。贴在肺表面并伸入肺裂内的胸膜叫脏胸膜，贴在胸腔各壁内面的胸膜叫壁胸膜，脏胸膜和壁胸膜在肺根处互相延续，形成左、右侧两个完全封闭的胸膜腔。腔内含少量浆液，其内压低于大气压（负压），由于腔内负压和浆液吸附，使脏、壁胸膜紧紧贴在一起，实际上胸膜腔只是一个潜在性腔。呼吸时，随着胸腔容积的变化，肺容积也在不断改变，从而完成肺和外界气体的交换。外界气体一旦进入胸膜腔使脏、壁胸膜分开，可导致气胸。

（六）纵隔

纵隔是两侧纵隔胸膜之间所有器官、结构和结缔组织的总称。前界为胸骨，后界为脊柱胸段，上达胸廓上口，下至膈，两侧为纵隔胸膜。纵隔的分区方法很多，解剖学常用四分法。通常以胸骨角平面将纵隔分为上纵隔与下纵隔，下纵隔以心包为界，又分为前、中、后纵隔。

二、肺通气

肺通气（pulmonary ventilation）是肺与外界环境之间的气体交换过程。呼吸道是沟通肺泡与外界环境的气体通道。

（一）肺通气原理

1. 肺通气的动力

气体进出肺是由胸廓的扩大和缩小所引起的，而胸廓的扩大和缩小又是由呼吸肌的收缩和舒张所引起的。

（1）呼吸运动

产生吸气动作的有膈肌和肋间外肌，吸气是主动过程；产生呼气动作的有肋间内肌和腹壁肌，呼气是被动的。膈肌舒缩引起的呼吸运动伴有腹壁的起伏，称为腹式呼吸；肋间肌舒缩使肋骨和胸骨运动所产生的呼吸运动，称为胸式呼吸。腹式呼吸和胸式呼吸常同时存在，只有在腹部或胸部活动受限时才可能出现某种单一的呼吸形式。每分钟呼吸频率约为12～18次。

（2）肺内压

肺泡内的压力。吸气时肺内压低于大气压，呼气时肺内压升高并超过大气压。在呼吸过程中，正是由于肺内压的周期性变化，造成肺内压和大气压之间的压力差，由该压力差推动气体进出呼吸道。

当机体因某种原因如溺水、电击等不能进行呼吸运动时，应及时采用人工呼吸以维持呼吸。人工呼吸即人为地造成肺内压和大气压之间的压力差来维持通气。人工呼吸的方法很多，如用人工呼吸机或口对口的人工呼吸法进行正压通气，或者有节律地挤压胸廓的负压通气等。

（3）胸膜腔和胸膜腔内压

肺表面与胸廓内面无结构上的直接联系，肺也无主动舒缩能力，肺为什么能随胸廓而运动呢？这是因为在肺和胸廓之间密闭的胸膜腔和两层胸膜间浆液分子的内聚力使肺和胸腔偶联在一起，使不具有主动舒缩能力的肺随胸腔的容积变化而扩张和缩小。

胸膜腔负压不但作用于肺，牵引其扩张，也作用于胸腔内其他器官，特别是壁薄而扩张性大的腔静脉和胸导管等，有利于静脉血和淋巴液的回流。因此其生理意义有：维持肺泡扩张状态，并随胸廓的运动而张缩，保证肺通气和肺换气；降低中心静脉压，促进胸腔淋巴液和静脉血回流。

综上所述，呼吸肌的舒缩是肺通气的原动力，它可引起胸廓的张缩。由于胸膜腔和肺的结构功能特征，肺随胸廓的舒缩而舒缩，肺容积的这种变化又造成肺内压和大气压之间的压力差，此压力差直接推动气体进出肺。

知识链接：

若因某种原因导致胸膜腔密闭性破坏，使气体进入胸膜腔内，这种情况称气胸。由于空气的进入，造成胸膜腔内的负压消失，肺依靠自身的回缩力量而立刻萎缩，严重者可影响肺通气的进行。若胸膜腔破损伤口与大气相通，称开放式气胸。临床上有时将一定量的空气注入一侧胸膜腔内，使肺的某一部分组织塌陷休息，以达到治疗目的，称之为闭锁式人工气胸。

2. 肺通气的阻力

肺通气的动力需克服肺通气的阻力才能实现肺通气。肺通气的阻力有两种：弹性阻力和非弹性阻力。弹性阻力是指弹性组织受外力作用发生变形时所产生的对抗变形的力，一般用顺应性来度量。非弹性阻力是在气体流动时产生的，并随流速加快而增加，故为动态阻力。非弹性阻力包括惯性阻力、黏滞阻力和气道阻力，其中气道阻力是非弹性阻力的主要成分，约占非弹性阻力的 80% ～ 90%。

（二）基本肺容积和肺容量

1. 肺容积

肺容积是指肺内气体的容积。基本肺容积参数有四种，它们互不重叠，全部相加后等于肺总量。

（1）潮气量

每次呼吸时吸入或呼出的气体量为潮气量。平静呼吸时，潮气量为 400 ～ 600mL。

（2）补吸气量或吸气贮备量

平静吸气末，再尽力吸气所能吸入的气体量为补吸气量，正常成人约为 1500 ～ 2000mL。

（3）补呼气量或呼气贮备量

平静呼气末，再尽力呼气所能呼出的气体量为补呼气量，正常成人约为 900 ～ 1200mL。

（4）余气量或残气量

最大呼气末尚存留于肺中不能再呼出的气体量为余气量。正常成人约为 1000 ～ 1500mL。支气管哮喘和肺气肿患者，余气量增加。

2. 肺容量

肺容量是肺容积中两项或两项以上的联合气量。

（1）深吸气量

从平静呼气末做最大吸气时所能吸入的气体量为深吸气量，是潮气量和补吸气量之和。胸廓、胸膜、肺组织和呼吸肌等病变可使深吸气量减少而降低最大通气潜力。

（2）功能余气量

平静呼气末尚存留于肺内的气体量为功能余气量，是余气量和补呼气量之和。肺气肿患者的功能余气量增加，肺实质性病变时，功能余气量减小。

（3）肺活量

最大吸气后，从肺内所能呼出的最大气体量称作肺活量，是潮气量、补吸气量和补呼气量之和。正常成年男性平均约为 3500mL，女性约为 2500mL。

（4）肺总量

肺所能容纳的最大气量为肺总量，是肺活量和余气量之和。

（三）肺通气量

在单位时间内入肺或出肺的气体量，称为肺通气量。

1. 每分钟通气量

每分钟通气量指每分钟入肺或出肺的气体总量，等于呼吸频率乘以潮气量。正常发育的儿童，胸廓狭小，呼吸肌较弱，肺容量相对较小，故每次呼吸量的绝对值小于成人；而其代谢旺盛，对氧的需求量大，因此呼吸频率较快。

2.肺泡通气量

每次吸入的气体，一部分将留在从上呼吸道至呼吸性细支气管之前的呼吸道内，这部分气体均不参与肺泡与血液之间的气体交换，故称为解剖无效腔，其容积约为150mL。进入肺泡内的气体，也可因血流在肺内分布不均而未能都与血液进行气体交换，未能发生气体交换的这一部分肺泡容量称为肺泡无效腔。肺泡无效腔与解剖无效腔一起合称生理无效腔。健康人平卧时生理无效腔等于或接近于解剖无效腔。

每分钟肺泡通气量＝（潮气量－无效腔气量）×呼吸频率（次/分钟）

肺泡通气量是反映肺通气效率的重要指标。呼吸频率与潮气量都是直接影响肺泡通气量的因素。在一定的呼吸频率范围内，深而慢的呼吸比浅而快的呼吸更为有效，肺泡气体更新率更高。

三、呼吸气体的交换

呼吸气体的交换包括气体在肺泡内的交换和在组织中的交换，即肺泡和血液之间、血液和组织液之间的 O_2 和 CO_2 的交换。在这两个过程中，血液负担 O_2 和 CO_2 的运输任务。

（一）气体在肺的交换

1.交换过程

肺泡内气体透过肺泡壁和肺毛细血管与血液中气体进行交换，气体交换的动力主要是气体分压差。分压是指混合气体中各种气体的压力。由于每种气体存在着分压差，就引起各种气体顺着各自的分压差从分压高处向分压低处扩散，如混合静脉血流经肺毛细血管时，肺泡中 O_2 便由于分压差向血液扩散，CO_2 则向相反的方向扩散。

2.影响肺部气体交换的因素

（1）呼吸膜的厚度。任何使呼吸膜增厚或扩散距离增加的疾病，都会降低扩散速率，减少扩散量，如肺纤维化、肺水肿等。

（2）呼吸膜的面积。气体扩散速率与扩散面积呈正比。肺不张、肺实变、肺气肿或肺毛细血管关闭和阻塞均使呼吸膜扩散面积减小。

（3）通气/血流比值的影响。通气/血流比值是指每分肺通气量和每分肺血流量之间的比值。比值增大，就意味着通气过剩，血流不足；反之，则意味着通气不足，血流过剩。两者都妨碍了有效的气体交换，可导致血液中缺少 O_2 或 CO_2 潴留，但主要是血液中缺少 O_2。因为 CO_2 的扩散系数是 O_2 的20倍，所以 CO_2 的扩散速度较 O_2 快，不易潴留。由于肺气肿患者细支气管阻塞和肺泡壁的破坏，上述两种情况都可以存在。

（二）气体在组织的交换

气体在组织的交换机制、影响因素与在肺泡处相似，所不同的是交换发生在液体（血液、组织液、细胞内液）之间。

四、气体在血液中的运输

O_2 和 CO_2 在血液中以两种形式存在：物理溶解和化学结合。在血液中，98%以上的

O_2 和 95% 的 CO_2 是以化学结合的形式运输的，以物理溶解形式存在的 O_2 和 CO_2 比例极少，两种形式密切联系，以保持该气体在血液中的含量及分压的动态平衡。

1. 氧的运输

O_2 主要以化学结合形式进行运输，O_2 的化学结合形式是氧合血红蛋白（HbO_2）。

2. 血红蛋白（Hb）与 O_2 结合的特征

（1）反应快、可逆、不需酶的催化、受血氧分压（PO_2）的影响。

（2）100mL 血液中血红蛋白所能结合的最大氧量称为血红蛋白的氧容量。实际结合的氧量称为血红蛋白的氧含量，血红蛋白氧含量和氧容量的百分比为血红蛋白氧饱和度。

当体表表浅毛细血管床血液中去氧血红蛋白含量达 5g/100mL 血液以上时，皮肤、黏膜呈浅蓝色，称为紫绀。

3. 二氧化碳的运输

血液中 CO_2 也以物理溶解（5%）和化学结合（95%）的两种形式运输。化学结合的 CO_2 主要以碳酸氢盐（88%）和氨基甲酰血红蛋白（7%）形式在血浆中运输。

五、呼吸运动的调节

呼吸肌属于骨骼肌，本身没有自动节律性，呼吸肌的节律性活动来自中枢神经系统。中枢神经系统对呼吸运动的调节可分为两个方面：一方面是自动节律性的控制，主要是低位脑干的功能，它可以产生正常的呼吸节律；另一方面是随意控制，主要是大脑皮质的功能，它可以改变正常的节律呼吸，进行与意识有关的活动，如屏气、说话、唱歌等。这两个系统的下行通路是分开的。

呼吸的反射性调节有以下几种。

1. 肺牵张反射。包括肺扩张反射（肺充气或扩张时抑制吸气的反射）和肺缩小反射（肺缩小时引起吸气的反射）。

2. 化学感受性呼吸反射。化学因素主要有动脉血或脑脊液中的 O_2、CO_2 和 H^+。

3. 呼吸肌本体感受性反射。

4. 防御性呼吸反射。呼吸道黏膜上皮都存在着感受器，受机械或化学刺激时，可引起防御性呼吸反射，以清除激惹物，避免其进入肺泡。包括咳嗽反射和喷嚏反射。

思考题：

1. 呼吸的全过程及生理意义是什么？

2. 肺通气的动力是什么？

3. 比较深而慢和浅而快的呼吸，哪一种呼吸效率高？为什么？

4. 吸烟对呼吸系统有何损害？

模块三　消化系统基础

学习目标

要求学生能指认消化系统的基本组成部分；能掌握口腔内消化、胃内消化、小肠内消化以及大肠内消化的过程及特点；能了解消化道的吸收过程。

工作任务

1.认识消化系统的各个组成部分。通过展示挂图，让学生辨认消化系统的各个组成部分，根据学生的辨认及分析，教师做最后的总结，并进一步讲解消化系统的组成及各部分的功能特点。

2.认识消化系统的功能实现过程。通过动画和视频展示，让学生初步认识消化、吸收的步骤，包括口腔消化、胃内消化、小肠内消化、大肠内消化及吸收的过程。接着展示整个消化和吸收过程的挂图，让学生根据挂图进行消化和吸收过程的具体讲述，根据学生的表述情况，教师进行最后的总结，并对整个消化和吸收的过程再进一步讲解。

实践操作

1.根据图2-9辨认消化系统的各个组成部分，并找到自己身上的相应位置。

2.结合图2-9所示，描述从食物进入口腔至粪便从肛门排出这整个消化吸收过程中各个消化器官所发生的变化，以及在整个消化吸收过程中的作用。

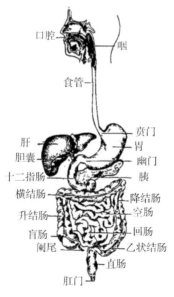

图2-9　消化系统全貌

问题探究

一、消化系统概况

人体在生命活动过程中，必须不断地从外界环境中摄取营养物质，作为生命活动能量的来源，此过程是由消化系统来完成的。

消化系统（digestive system）由消化管和消化腺两大部分组成。消化管是一条自口腔延至肛门的很长的肌性管道，包括口腔、咽、食管、胃、小肠（十二指肠、空肠、回肠）和大肠（盲肠、结肠、直肠）等部分。消化腺有小消化腺和大消化腺两种。小消化腺散在于消化道各部的管壁内，大消化腺包括三对唾液腺（腮腺、下颌下腺、舌下腺）、肝和胰，它们均通过导管将分泌物排入消化管内。消化器官的主要生理功能是对食物进行消化和吸收。消化的方式有两种，一种是通过消化道肌肉的舒缩活动磨碎食物，这种方式称为机械消化；另一种是通过消化腺分泌的消化液分解食物使之被吸收，这种方式称为化学消化。食物经过消化后，透过消化道的黏膜，进入血液和淋巴循环的过程，称为吸收。

二、口腔消化

（一）口腔的解剖

口腔（oral cavity）是消化管的起始部位，有吸吮、咀嚼、吞咽、感受味觉、初步消化食物和辅助发音等功能。口腔前方的开口叫口裂，由上下唇围成；后方经咽峡与咽相通；上为腭；下为口腔底；两侧为颊。整个口腔被上、下牙弓（包括牙槽突、牙龈和牙列）分隔为前、后两部；前部叫口腔前庭，后部叫固有口腔。口腔内有牙齿和舌，并有三对唾液腺开口于口腔黏膜表面。（图2-10）

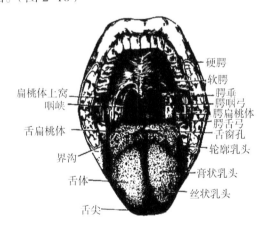

图2-10　口腔前面观

1. 牙（teeth）

牙是人体最坚硬的结构，嵌于上、下颌骨的牙槽内。牙具有机械加工（咬切、撕裂、磨碎）食物和辅助发音的作用。每个牙均可分为三部分，露出于口腔内的叫牙冠，嵌于牙槽内的叫牙根，介于两者之间狭细的部分叫牙颈。牙主要由牙本质构成。在牙冠、牙本质外面还有光亮坚硬的釉质，牙根的表面覆有黏合质。牙内部的空腔叫牙腔或髓腔，贯穿牙根的小管叫牙根管，牙根管末端的小孔叫牙根尖孔。牙的神经、血管通过牙根尖孔和牙根管至牙腔，与结缔组织共同组成牙髓，牙髓发炎常引起剧烈疼痛。牙周组织包括牙周膜、牙槽骨和牙龈三部分。牙周膜是介于牙和牙槽骨之间的致密结缔组织，借之将牙和牙槽骨紧密结合，固定牙根，并能缓解咀嚼时的压力。牙槽骨是牙根周围牙槽突的骨质。牙龈是紧贴牙槽骨外面的口腔黏膜，富含血管，其游离缘附于牙颈。（图 2-11）

　　人的一生中先后有两组牙萌生，第一次发生的叫乳牙，一般自出生后 6 个月开始萌生，3 岁初出齐，6 ～ 7 岁开始脱落；第二次发生的叫恒牙，6 ～ 7 岁起开始长出第一磨牙，13 ～ 14 岁出齐并替换乳牙，只有第三磨牙一般在 17 ～ 25 岁或更晚些长出，叫做智牙，也有终生不萌出者。乳牙共 20 个，上、下颌左右各 5 个。恒牙共 28 ～ 32 个。临床上为了便于记录病牙的位置，常以"┼"符号划分四区表示上、下颌左、右侧的牙位，并以罗马数字（乳牙）或阿拉伯数字（恒牙）分别表示从中切牙至最后磨牙的序号，如"Ⅲ┤"代表右上颌的乳尖牙；"┼6"代表左下颌第一恒磨牙。

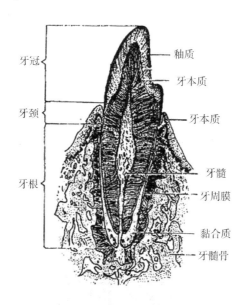

图 2-11　牙的构造模式图

2. 舌（tongue）

　　舌位于口腔底，以骨骼肌为基础，表面覆以黏膜而构成。具有搅拌食物、协助吞咽、感受味觉和辅助发音等功能。舌体黏膜上有密集的小突起叫舌乳头。舌乳头及软腭、会厌等处的黏膜上皮中有味觉感受器——味蕾。

3. 唾液腺

　　口腔内有大、小两种唾液腺。小唾液腺散在于各部口腔黏膜内（如唇腺、颊腺、腭腺、舌腺）。大唾液腺包括腮腺、下颌下腺和舌下腺三对，它们是位于口腔周围的独立器官，其导管开口于口腔黏膜。唾液腺分泌唾液，可湿润口腔，有利于吞咽和说话。人唾液中含有淀粉酶，能初步分解食物中的淀粉。

（二）口腔内消化

口腔为消化道的起始部位。口腔的主要生理功能是咀嚼并磨碎食物，使食物和唾液混合形成食团，对食物进行微弱的化学消化，吞咽食物入胃。

1. 唾液分泌

唾液的主要成分为黏蛋白，还有球蛋白、氨基酸、尿素、尿酸、唾液淀粉酶和溶菌酶等。唾液可以湿润与溶解食物，使食物易于吞咽；唾液还可清洁和保护口腔，唾液中的溶菌酶还有杀菌的作用；唾液淀粉酶可使淀粉分解成为麦芽糖。人在进食时，食物的形状、颜色、气味，以及进食的环境，都能形成条件反射，引起唾液分泌。食物对口腔机械的、化学的和温度的刺激引起非条件反射性的唾液分泌。

2. 吞咽

吞咽是由一系列动作组成的复杂的反射活动。第一期：由口腔到咽，舌的运动对于这一期的吞咽动作是非常重要的。第二期：由咽到食管上端，这是通过一系列急速的反射动作而实现的。这一时期封闭了鼻回通路和咽与气管的通路，呼吸暂时停止。第三期：沿食管下行至胃，这是由食管肌肉的顺序收缩而实现的。

三、胃内消化

（一）胃的解剖结构

胃（stomach）是消化管最膨大的部位，上端与食管相续的入口叫贲门，下端连接十二指肠的出口叫幽门。上缘凹向右上方，叫胃小弯，下缘凸向左下方，叫胃大弯，贲门平面以上向左上方膨出的部分叫胃底，靠近幽门的部分叫幽门部；胃底和幽门部之间的部分叫胃体。胃壁由黏膜、黏膜下层、肌层和浆膜层四层构成。黏膜在幽门处由于覆盖幽门括约肌的表面而形成环状的皱襞叫幽门瓣。胃肌层由三层平滑肌构成，外层纵形，中层环形，内层斜行，其中环形肌最发达，在幽门处特别增厚形成幽门括约肌。幽门括约肌和幽门瓣具有控制胃内容物排入十二指肠以及防止肠内容物逆流回胃的作用。新生儿的胃底不明显，进食时容易发生呕吐。（图2-12）

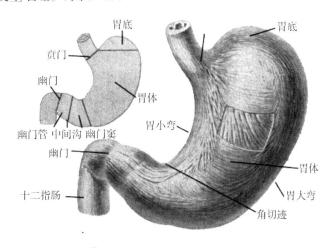

图2-12 胃的肌层和分布

（二）胃液

纯净的胃液是一种 pH 值为 0.9～1.5 的无色液体，正常人每日分泌的胃液量约为 1.5～2.5L。胃液由胃腺（贲门腺、幽门腺、胃底腺）分泌，其成分包括无机物如盐酸、钠和钾的氯化物等，以及有机物如黏蛋白、消化酶等。

1. 胃酸

盐酸又称胃酸，由胃底腺的壁细胞分泌。胃酸可杀死随食物进入胃内的细菌。胃酸还能激活胃蛋白酶原，使之转变为有活性的胃蛋白酶。胃酸进入小肠后，可以引起促胰液素的释放，从而促进胰液、胆汁和小肠液的分泌。胃酸有助于小肠对铁和钙的吸收。但胃酸过多对胃和十二指肠黏膜有侵蚀作用，是溃疡病发病的重要原因之一。近年来，选择性干扰胃壁细胞氢－钾泵的药物已被用来有效地抑制胃酸分泌，成为一代新型的抗溃疡药物。

2. 胃蛋白酶原

胃蛋白酶原由胃底腺的主细胞合成，能水解食物中的蛋白质。胃蛋白酶只有在酸性较强的环境中才能发挥作用。

3. 黏液和碳酸氢盐

胃的黏液是由表面上皮细胞、泌酸腺的黏液颈细胞、贲门腺和幽门腺共同分泌的，覆盖在胃黏膜的表面，具有润滑的作用，可减少粗糙的食物对胃黏膜的机械性损伤。胃内碳酸氢盐主要是由胃黏膜的非泌酸细胞分泌。由黏液和碳酸氢盐共同构筑的黏液－碳酸氢盐屏障能有效地阻挡 H^+ 的逆向弥散，保护了胃黏膜免受 H^+ 的侵蚀；黏液深层的中性环境还能使胃蛋白酶丧失分解蛋白质的作用。

4. 内因子

内因子是由胃底腺壁细胞分泌的一种糖蛋白，可与胃内维生素 B_{12} 结合并促进其吸收。内因子缺乏会引起恶性贫血。

（三）胃的运动

胃运动的功能主要有：①容纳进食时摄入的食物；②对食物进行机械性消化；③以适当的速率向十二指肠排出食糜。胃底和胃体前部（也称头区）运动较弱，主要容纳食物。胃体的远端和胃窦（也称尾区）运动则较强。

胃运动的形式包括容受性扩张、紧张性收缩和蠕动。当咀嚼和吞咽时，食物对咽和食管等处感受器的刺激可通过迷走神经反射性地引起胃底和胃体舒张，使胃容量加大，称为容受性扩张。胃壁平滑肌经常保持一定程度的持续性收缩，称为紧张性收缩。食物进入胃后约 5 分钟，蠕动即开始，频率约为每分钟 3 次。胃的反复蠕动可将食物与胃液充分混合并推送胃内容物进入十二指肠。迷走神经冲动、胃泌素和胃动素可使胃的蠕动频率增加，使胃的收缩频率和强度增加；交感神经兴奋、促胰液素和抑胃肽则作用相反。

食物由胃排入十二指肠的过程称为胃的排空。一般在食物进入胃后 5 分钟即有部分食糜被排入十二指肠。对于混合食物，由胃完全排空通常需要 4～6 小时。

呕吐是将胃及肠内容物从口腔强力驱出的动作，是一种具有保持意义的防御反射。呕吐开始时，先是深吸气，声门紧闭，随后胃和食管下端舒张，膈肌和腹肌猛烈地收缩，压挤胃的内容物通过食管而进入口腔。呕吐动作都是反射性的。颅内压增高（脑水肿、肿瘤等情况）可直接刺激在延髓呕吐中枢的化学感受区，从而引发呕吐。

四、小肠内消化

（一）小肠的解剖结构

小肠（small intestine）是消化管中最长的一段，成人全长约 5 ～ 7 米。上端从幽门起，下端在右髂窝与大肠相接，可分为十二指肠、空肠和回肠三部分。小肠是食物消化、吸收的主要部位。

十二指肠（duodenum）上端起自幽门，下端在第 2 腰椎体左侧，下续空肠，长约 25 ～ 30 厘米，呈马蹄铁形包绕胰头。在十二指肠中部（降部）的后内侧壁上有胆总管和胰腺管的共同开口，胆汁和胰液由此流入小肠。空肠（jejunum）约占空回肠全长的 2/5，主要占据腹膜腔的左上部。回肠（ileum）约占空肠远侧 3/5，一般位于腹膜腔的右下部。空肠和回肠之间并无明显界限，在形态和结构上是逐渐变化的。

（二）小肠内消化

食糜由胃进入十二指肠后，受到胰液、胆汁和小肠液的化学性消化以及小肠运动的机械性消化。许多营养物质也在这一部位被吸收入机体。食物在小肠停留时间一般为 3 ～ 8 小时。

1. 胰液的成分和作用

（1）胰淀粉酶水解淀粉为糊精、麦芽糖。

（2）胰脂肪酶在胆汁的协同作用下，将脂肪分解为甘油和脂肪酸。

（3）胰蛋白酶和糜蛋白酶均能分解蛋白质，当两者一同作用于蛋白质时，可消化蛋白质为小分子的多肽和氨基酸。

（4）胰液中碳酸氢盐的含量很高，主要作用是中和进入十二指肠的胃酸，使肠黏膜免受强酸的侵蚀。当胰液分泌障碍时，食物中的脂肪和蛋白质不能完全消化，但糖的消化和吸收一般不受影响。

2. 胆汁的成分和作用

胆汁是黏稠而味苦的液体，颜色呈金黄色，胆囊内的胆汁因浓缩而颜色变深。成年人每日分泌胆汁约为 800 ～ 1000mL。胆汁主要成分有胆盐、胆色素等。胆汁中没有消化酶。胆汁的消化功能主要是通过胆盐的作用实现的。胆盐的作用有：①加强胰脂肪酶的活性；②和脂肪酸结合形成水溶性复合物，促进脂肪酸和脂溶性维生素 A、D、E、K 的吸收；③乳化脂肪，使脂肪变成微粒，增加与酶的接触面积，便于脂肪分解。总之，胆汁对于脂肪的消化与吸收具有重要意义。

3. 小肠的运动

小肠肠壁的外层是纵行肌，内层是环行肌。其运动形式包括紧张性收缩、分节运动和蠕动 3 种。（1）紧张性收缩：当小肠紧张性降低时，肠腔易于扩张，肠内容物的混合和转运减慢。（2）分节运动：以环行肌为主的节律性收缩和舒张运动，其作用在于使食糜与消化液充分混合，在空腹时几乎不存在。（3）蠕动：小肠蠕动波很弱，其意义在于使经过分节运动作用的食糜向前推进一步。

回肠末端与盲肠交界处的环行肌显著增厚，起着括约肌的作用，称为回盲括约肌。括约肌收缩可阻止回肠内容物向盲肠排放，防止回肠内容物过快地进入大肠，有利于小肠内容物的完全消化和吸收。

五、大肠内消化

1. 大肠的解剖结构

大肠（large intestine）是消化管的最后一段，长约 1.5 米，起自右髂窝，终于肛门，可分为盲肠、结肠和直肠三段。大肠的主要功能是吸收水分，将不消化的残渣以粪便的形式排出体外。盲肠位于右髂窝内，左接回肠，上通升结肠。在盲肠的后内壁伸出一条细长的阑尾，其末端游离，一般长 6～8 厘米，内腔与盲肠相通，是盲肠末端在进化过程中退化形成的。

2. 大肠的运动和排便

大肠的运动少而慢，对刺激的反应也较迟缓，这些特点对于大肠作为粪便的暂时贮存场所是适合的。食物残渣在大肠内停留的时间较长，一般在十余小时。肠的蠕动将粪便推入直肠，刺激直肠壁内的感受器，引起便意和排便反射。通过盆神经的传出冲动，使降结肠、乙状结肠、直肠收缩，肛门内括约肌舒张，肛门外括约肌舒张，使粪便排出体外。此外，腹肌和膈肌也发生收缩，增加腹内压，促进粪便的排出。粪便在大肠内停留过久，水分吸收过多而变得干硬，可引起排便困难，这是产生便秘的最常见的原因之一。

3. 大肠内细菌的活动

大肠内的细菌能利用肠内较为简单的物质合成维生素 B 族复合物和维生素 K，它们由肠内吸收后，对人体有营养作用。粪便中死的和活的细菌约占粪便固体重量的 20%～30%。

六、吸收

吸收（absorption）是指消化管内的食物成分通过上皮细胞进入血液和淋巴。小肠是吸收的主要部位，糖类、蛋白质和脂肪的消化产物大部分是在十二指肠和空肠吸收的，回肠主动吸收胆盐和维生素 B_{12}。大肠主要吸收水分和盐类。小肠黏膜具有环形皱襞，并拥有大量的绒毛，使小肠的吸收面积达到 200 平方米。食物在小肠内停留的时间约为 3～8 小时。这些都是小肠在吸收中发挥作用的有利条件。

几种主要营养物质的吸收过程如下。

1. 水分的吸收

水分的吸收都是被动的，各种溶质被主动吸收所产生的渗透压梯度是水被吸收的动力。人每日由胃肠吸收回体内的液体量约 8 升。急性呕吐和腹泻时，在短时间内损失大量液体的严重性就在于此。

2. 无机盐的吸收

无机盐在溶解的状态下才能被吸收。

3. 糖的吸收

糖类只有被分解为单糖时才能被小肠上皮细胞所吸收。各种单糖的吸收速率有很大差别，其中以半乳糖和葡萄糖的吸收速度最快，果糖次之，甘露糖吸收最慢。有的婴儿小肠上皮细胞微绒毛缺乏乳糖酶，小肠不能将乳糖转变为葡萄糖和半乳糖而吸收，可使乳糖在肠内发酵引起腹胀、腹泻等症状。

4. 蛋白质的吸收

蛋白质经消化分解为氨基酸后，由小肠主动吸收入血。其吸收方式与单糖相似。氨基酸的吸收运输途径是血液循环途径。

肽进一步分解为氨基酸，再进入血液循环。少量蛋白质可完整地进入血液，常作为抗原而引起过敏反应或中毒反应，对人体不利。

5. 脂肪的吸收

脂肪主要被分解为甘油、脂肪酸、甘油一酯等，甘油和分子较小的脂肪酸溶于水，可直接吸收入血。绝大多数脂肪分解产物是通过与胆盐形成混合微胶粒的方式透过微绒毛的脂蛋白膜而进入黏膜上皮细胞，而胆盐则被遗留于肠腔内，需在回肠中被吸收。

脂肪的吸收途径分为淋巴和血液两条途径。由于膳食中含有的长链脂肪酸很多，所以脂肪的吸收途径以淋巴途径为主。

思考题：

1. 消化系统依次包括哪些主要脏器？
2. 结合自身情况说明进餐后的整个消化和吸收过程，并说明每个消化器官中的消化和吸收特点。

模块四　循环系统基础

学习目标

要求学生能辨认循环系统的基本组成部分，掌握体循环和肺循环的特点，掌握心脏的解剖和生理特点，熟悉血管的位置和生理功能，了解器官血液循环的特征。

工作任务

1. 认识体循环和肺循环。通过动画和视频展示，让学生初步认识体循环和肺循环的循环路径，再根据挂图，让学生描述体循环和肺循环的具体路径，并分别描述这两个循环的具体功能。

2. 认识心脏。通过心脏搏动的动画和视频，让学生初步认识心脏的位置及运动方式，再根据挂图，让学生描述心脏的解剖结构以及泵血的具体过程。

3. 认识血管。通过动画，让学生初步了解全身血管的分布以及血管的生理，同时让学生通过挂图了解血压的意义，并结合身边例子，理解高血压和低血压的临床意义。

实践操作

一、辨认体循环和肺循环

根据图 2-13，详细描述体循环和肺循环的循环路径，并分别说明该循环的临床意义。

二、辨识心脏

根据图 2-14 和图 2-15，描述心脏在人体中的位置，以及心脏泵血的具体过程。并联系实际说明心脏泵血发生障碍时可能会出现的临床症状。

三、辨识血管

根据图 2-16 和图 2-17，描述人体中的主要动脉和静脉，并说明血管的主要生理，包括血压的形成。联系实际描述高血压和低血压的临床意义。

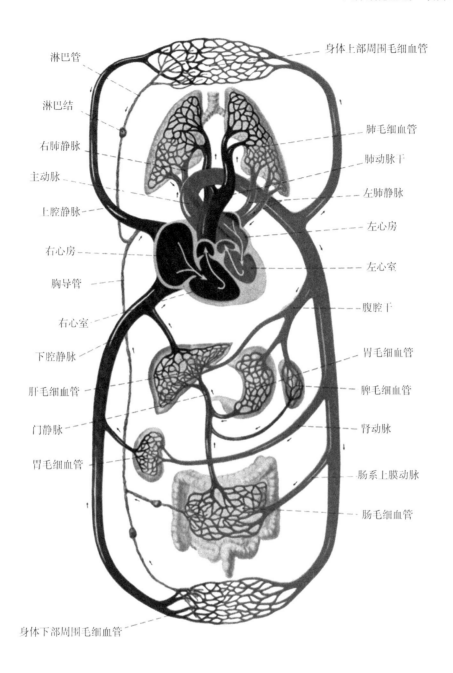

淋巴管

淋巴结

右肺静脉

主动脉

上腔静脉

右心房

胸导管

右心室

下腔静脉

肝毛细血管

门静脉

胃毛细血管

身体上部周围毛细血管

肺毛细血管

肺动脉干

左肺静脉

左心房

左心室

腹腔干

胃毛细血管

脾毛细血管

肾动脉

肠系上膜动脉

肠毛细血管

身体下部周围毛细血管

图 2-13　体循环和肺循环示意图

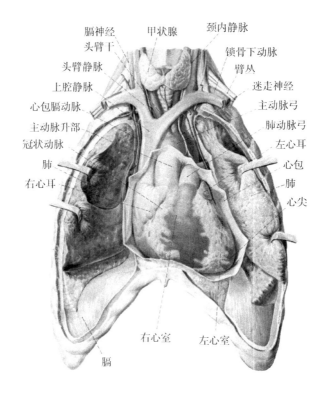

图 2-14　心脏的位置

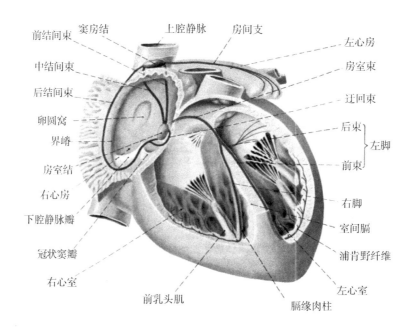

图 2-15　心脏结构图

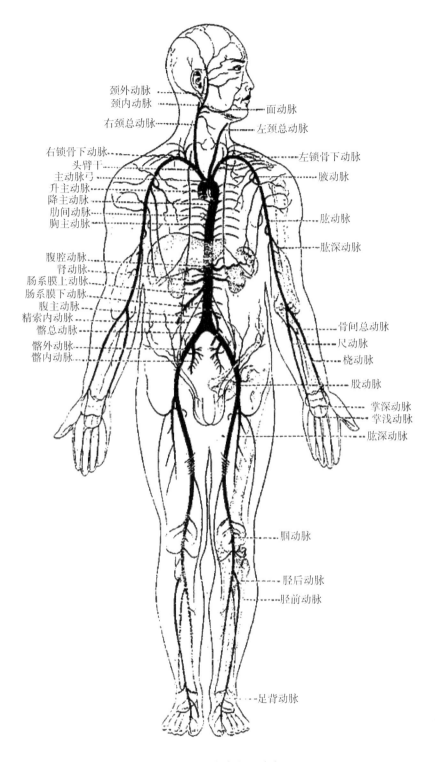

图 2-16　全身主要动脉

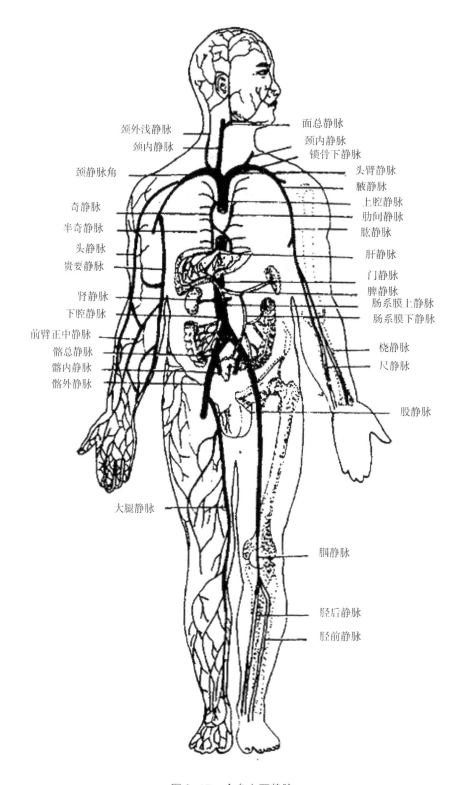

颈外浅静脉
颈内静脉

面总静脉
颈内静脉
锁骨下静脉

颈静脉角

奇静脉
半奇静脉
头静脉
贵要静脉

肾静脉
下腔静脉

前臂正中静脉
髂总静脉
髂内静脉
髂外静脉

头臂静脉
腋静脉
上腔静脉
肋间静脉
肱静脉

肝静脉

门静脉
脾静脉
肠系膜上静脉
肠系膜下静脉

桡静脉
尺静脉

股静脉

大腿静脉

腘静脉

胫后静脉

胫前静脉

图 2-17 全身主要静脉

问题探究

一、循环系统概况

循环系统由心血管系统和淋巴系统组成，分布于全身各部。心血管系统由心脏、动脉、静脉和毛细血管组成。心脏是血液循环的动力；动脉是导血离心并运输到全身各器官的血管；静脉是导血流回心脏的血管；毛细血管连于动、静脉之间，呈网状互相连接，是血液与组织液和组织细胞之间进行物质交换的场所。淋巴系统是血液循环的辅助系统。

血液循环（blood circulation）是指血液在心血管系统中周而复始地、不间断地沿一个方向流动。血液循环的主要功能是完成体内的物质运输，保证新陈代谢不断进行。同时，机体内环境的相对稳定、血液的防卫功能、激素对机体的调节以及体温调节等，也都依赖于血液循环。

根据血液循环路径的不同，血液循环可分为体循环和肺循环两部分。

1.体循环

左心室搏出的血液，经主动脉及其分支流到全身毛细血管（肺泡毛细血管除外）进行物质交换后，再经各级静脉汇入上、下腔静脉及冠状窦流回右心房的过程称为体循环，又称大循环。体循环的动脉血管中流动的是动脉血，静脉血管中流动的是静脉血。

2.肺循环

右心室搏出的血液，经肺动脉及其分支流到肺泡毛细血管，在此进行气体交换后，经肺静脉流回左心房，称为肺循环，又称小循环。肺循环的肺动脉血管中流的是静脉血，而肺静脉血管中流的是动脉血。

二、心脏

心脏（heart）是一个中空的肌性器官，为心血管系统的动力装置。心脏有节律地收缩与舒张，推动血液周而复始地循环流动。

心血管系统

（一）心脏的位置和形态

心位于胸腔的中纵隔内，其外包有心包。约 2/3 位于前正中线的左侧，1/3 位于右侧。

心的前面平对胸骨体和第 2～6 肋软骨，大部分被肺和胸膜遮盖；后邻食管、胸主动脉和迷走神经等，并与第 5～8 胸椎体相对；两侧与纵隔胸膜和肺相邻；下方为膈；上方连有出入心的大血管。

心呈前后略扁的圆锥体，有一尖（心尖）、一底（心底）、两面（胸肋面和膈面）、三缘（左缘、右缘和下缘）和四条沟（冠状沟、前室间沟、后室间沟和房间沟）。心的长轴与右手执硬笔的方向基本一致。

（二）心脏的结构

心脏由中隔分为互不相通的左、右半心。后上部为左心房和右心房，两者之间以房间隔分开；前下部为左心室和右心室，两者之间以室间隔分开。正常情况下，心脏左、右两半不直接相通，但同侧的心房可经房室口通向心室。房室口的边缘附有房室瓣，左房室间为二尖瓣，右房室间为三尖瓣。右心房有上下腔静脉口及冠状窦口，右心室发出肺动脉；左心房有四个静脉口与肺静脉相连，左心室发出主动脉。在肺动脉和主动脉起始部的内面，都有 3 个半月型瓣膜，分别称为肺动脉瓣和主动脉瓣。

（三）心壁组织结构

心壁由内向外可分为心内膜、心肌层和心外膜 3 层。

（1）心内膜是衬于心房和心室壁内面的一层光滑薄膜，与血管内膜相续，由单层扁平上皮和少量结缔组织组成。

（2）心肌层主要由心肌细胞构成。心室肌较心房肌厚，左心室肌最厚。心肌纤维呈螺旋状排列，大致可分为内纵、中环和外斜 3 层。

（3）心外膜由单层扁平上皮及其下方薄层结缔组织所组成，被覆于心肌层的外面，是心包膜的脏层，与心包膜壁层相延续。壁层和脏层之间为心包腔，其中含有少量液体，使两层心包膜保持湿润光滑。

（四）心脏特殊传导系统

心脏特殊传导系统由特殊心肌细胞组成，其功能是引起心脏自动节律性兴奋，并将冲动传导到整个心脏，以协调心房和心室按一定的节律进行收缩。这个传导系统包括窦房结、房室结、房室束及其左右束支。左右束支逐渐分为细小的分支，传到浦肯野纤维（Purkinje fiber），再和心室肌细胞相连。

（五）心脏的生理

心脏活动呈周期性，心脏泵血作用由心肌电活动、机械收缩和瓣膜活动三者相联系配合才得以实现。心脏机械活动的周期称为心动周期。

1. 心动周期的概念

心脏一次收缩和舒张，称为心动周期，心动周期包括收缩期和舒张期。成年人心率平均每分钟为 75 次，一个心动周期中，两心房首先收缩，同时心室处于舒张期，血液进入心室；继而心房舒张，心室开始收缩，血液进入外周循环。心房收缩之前，心脏处于全心舒张期，由于静脉血不断流入心房，血液由心房顺房室压力梯度进入心室。此时，虽然心室内压比主动脉压低，但心室与主动脉间的半月瓣此时为关闭状态，心室的血液充盈量进一步增加，继而心室收缩，由于心室与心房间的房室瓣关闭，血液不会倒流，当心室内压达到一定程度时，半月瓣打开，血液进入主动脉。主动脉内压增加，同时心室肌开始舒张，这时半月瓣关闭。当室内压下降到低于心房压时，房室瓣开启，重复上述过程。

2. 心脏泵功能的评定

（1）心脏的输出量

①每分输出量和每搏输出量。一次心跳一侧心室射出的血液量，称每搏输出量，简称搏出量。每分钟射出的血液量，称每分输出量，简称心排血量。健康成年男性静息状态下，搏出量约为 70mL（60 ～ 80mL），心排血量为 5L/min（4.5 ～ 6.0L/min）。女性比同体

重男性的心排血量约低 10%。

②心指数。以单位体表面积（m^2）计算的心排血量，称为心指数。

（2）射血分数

搏出量占心室舒张末期容积的百分比为射血分数，健康成年人射血分数为 55%～65%。

三、心电图

心电图基本上都包括一个 P 波，一个 QRS 波群和一个 T 波，有时在 T 波后，还出现一个小的 U 波。（图 2-18）

（1）P 波：反映左右两心房的去极化过程。

（2）QRS 波群：代表左右两心室去极化过程的电位变化。

（3）T 波：反映心室复极（心室肌细胞 3 期复极）过程中的电位变化。

（4）U 波：意义和成因均不十分清楚。

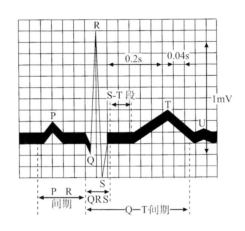

图 2-18　正常人心电模式图

四、血管生理

（一）各类血管的功能特点

（1）弹性贮器血管：指主动脉、肺动脉主干及其发出的最大分支，这些血管的管壁坚厚，富含弹性纤维，有明显的可扩张性和弹性。

（2）分配血管：是从弹性贮器血管以后到分支为小动脉前的动脉管道，其功能是将血液输送至各器官组织。

（3）小动脉和微动脉的管径小，对血流的阻力大，称为毛细血管前阻力血管。

（4）在毛细血管的起始部常有平滑肌环绕，称为毛细血管前括肌。其收缩或舒张可控制毛细血管的关闭或开放。

（5）毛细血管管壁仅由单层内皮细胞构成，外面有一薄层基膜，故通透性很高，是血管内血液和血管外组织液进行物质交换的场所。

（6）毛细血管后阻力血管：指微静脉。微静脉因管径小，对血流也产生一定的阻力。

其舒缩可影响毛细血管前阻力和毛细血管后阻力的比值，从而改变毛细血管压和体液在血管内和组织间隙内的分配情况。

（7）容量血管：静脉与相应动脉比较，数量较多，口径较粗，管壁较薄，故其容量较大，而且可扩张性较大，即较小的压力变化就可使容积发生较大的变化。在安静状态下，静脉容纳60%～70%的循环血量。因此，静脉在血管系统中起着血液贮存库的作用，在生理学中将静脉称为容量血管。

（8）短路血管：指一些血管床中小动脉和静脉之间的直接联系。短路血管可使小动脉内的血液不经过毛细血管而直接流入小静脉。在手指、足趾、耳廓等处的皮肤中有许多短路血管存在，在功能上与体温调节有关。

（二）血压

血压是指血管内的血液对单位面积血管壁的侧压力，即压强。血压数值通常用千帕（kPa）来表示（1mmHg等于0.133kPa）。心室收缩达到最高值时的动脉血压值称为收缩压，心室舒张末期动脉血压的最低值称为舒张压。收缩压和舒张压的差值称为脉搏压，简称脉压。动脉血压的平均值称为平均动脉压，平均动脉压大约等于舒张压加1/3脉压。健康青年人在安静状态时的收缩压为100～120mmHg，舒张压为60～80mmHg，脉搏压为30～40mmHg，平均动脉压为100mmHg。

凡是能影响心输出量和外周阻力的各种因素，都能影响动脉血压。

（1）心脏每搏输出量：如果每搏输出量增大，收缩期动脉血压的升高更加明显，舒张压可能升高不多，故脉压增大。

（2）心率：如果心率加快，舒张期血压就升高，收缩压的升高不如舒张压的升高显著，脉压比心率增加前减小。

（3）外周阻力：如果心输出量不变而外周阻力加大，则舒张压升高，收缩压的升高不如舒张压的升高明显，故脉压加大。原发性高血压的发病原因主要是由于阻力血管口径变小而造成外周阻力过高。

（4）主动脉和大动脉的弹性贮器作用：老年人的动脉管壁硬化，大动脉的弹性贮器作用减弱，故脉压增大。

（5）循环血量和血管系统容量的比例：失血后，循环血量减少使动脉血压降低。在另一些情况下，如果循环血量不变而血管系统容量增大，也会造成动脉血压下降。

（三）静脉血压和静脉回心血量

1. 静脉血压

通常将右心房和胸腔内大静脉的血压称为中心静脉压，而各器官静脉的血压称为外周静脉压。中心静脉压的正常变动范围为0.4～1.2kPa（40～120mmH$_2$O）。如果中心静脉压偏低或有下降趋势，常提示输液量不足；如果中心静脉压高于正常并有进行性升高的趋势，则提示输液过快或心脏射血功能不全。当心脏射血功能减弱而使中心静脉压升高时，静脉回流将会减慢，较多的血液滞留在外周静脉内，故外周静脉压升高。

— 50 —

2.静脉血流

（1）体循环平均充盈压：当血容量增加或容量血管收缩时，体循环平均充盈压升高，静脉回心血量也就增多。

（2）心脏收缩力量：右心衰竭时，射血力量显著减弱，心舒期右心室内压较高，血液淤积在右心房和大静脉内，回心血量大大减少。患者可出现颈静脉怒张、肝充血肿大、下肢浮肿等特征。左心衰竭时，左心房压和肺静脉压升高，造成肺瘀血和肺水肿。

（3）体位改变：当人体从卧位转变为立位时，身体低垂部分静脉扩张，容量增大，故回心血量减少。

（4）骨骼肌的挤压作用：肌肉收缩时，可对肌肉内和肌肉间的静脉发生挤压，使静脉血流加快。

（5）呼吸运动：在吸气时，胸膜腔负压值进一步增大，有利于外周静脉内的血液回流入右心房。需要指出，呼吸运动对肺循环静脉回流的影响和对体循环的影响不同。吸气时，随着肺的扩张，肺部的血管容积显著增大，能贮留较多的血液，故由肺静脉回流至左心房的血量减少，左心室的输出量也相应减少。呼气时则相反。

（四）微循环

1.典型微循环的组成

微循环由微动脉、后微动脉、毛细血管前括约肌、真毛细血管、通血毛细血管（或称直捷通路）、动－静脉吻合支和微静脉等部分组成。

2.血液和组织液之间的物质交换

血液和组织液之间的物质交换主要是通过以下几种方式进行的。

（1）扩散。毛细血管内外液体中的分子，只要其直径小于毛细血管壁的孔隙，就能通过管壁进行扩散运动。

（2）滤过和重吸收。由于管壁两侧静水压和胶体渗透压的差异引起的液体由毛细血管内向毛细血管外移动的过程称为滤过，而将液体向相反方向的移动称为重吸收。与通过扩散方式发生的物质交换相比，滤过和重吸收仅占很小的一部分，但在组织液的生成中起重要的作用。

（3）吞饮。较大的分子如血浆蛋白等可以由这种方式通过毛细血管壁进行交换。

（五）组织液的生成

组织液是由血浆滤过毛细血管壁而形成的。影响组织液生成的因素如下。

（1）毛细血管血压升高和血浆胶体渗透压降低都会使组织液生成增多，甚至引起水肿。

（2）静脉回流受阻时，毛细血管血压升高，组织液生成也会增加。

（3）淋巴回流受阻时，组织间隙内组织液积聚，可导致组织水肿。此外，在某些病理情况下，毛细血管壁的通透性增高，一部分血浆蛋白质滤过进入组织液，使组织液生成增多，发生水肿。

淋巴回流

（六）淋巴系统

淋巴系统是脉管系统的一个组成部分，是一密闭的管道系统，内含淋巴液。淋巴液在淋巴管内向心脏流动，最后汇入血管系统中。

淋巴系统由毛细淋巴管、淋巴管、淋巴结、脾等构成。毛细淋巴管起始于组织间隙或毛细淋巴网，除中枢神经、表皮、眼球的晶状体和角膜及内耳外，都分布有毛细淋巴管。淋巴管由毛细淋巴管汇合而成，分浅、深 2 种。浅淋巴管收集皮肤和皮下组织的淋巴，沿皮下静脉走行；深淋巴管收集内脏器官和深筋膜深部的淋巴。

淋巴管的结构近似静脉，内含丰富的瓣膜。淋巴管经过多次汇合最后成为右淋巴导管和胸导管。右淋巴导管在右侧颈根部进入右侧静脉角。胸导管汇入左侧静脉角，是体内最大的淋巴导管。右淋巴导管收集右半胸、右侧上肢和头颈右半侧的淋巴。胸导管收集下肢、腹部、左半胸、左侧上肢和头颈左半侧的淋巴。淋巴结为质软、灰红色的扁圆形小体，分布于淋巴管沿途的一定部位。

淋巴结能生成淋巴细胞和吞噬进入人体的细菌和异物，对淋巴液起过滤和检疫的作用，是体内重要的防卫器官。扁桃体也是一个淋巴结。体内某处器官发生病变，首先引起局部相关淋巴结的肿大；癌细胞的脱落转移也往往侵犯到一定部位的淋巴结。胸腺和脾也列入淋巴系，称为淋巴器官。胸腺位于上纵隔内，贴于胸骨柄的后方，新生儿及幼儿时期较大，进入性成熟期后开始萎缩，其实质被脂肪组织所代替。胸腺产生的胸腺素对 T 淋巴细胞发育成熟作用很大。T 淋巴细胞参与细胞免疫。

五、器官循环

1. 冠脉循环

心肌的血液供应来自左、右冠状动脉。冠状动脉的主干行走于心脏的表面，其小分支以垂直于心脏表面的方向穿入心肌，并在心内膜下层分支成网。正常心脏的冠脉侧支较细小，血流量很少。因此，当冠状动脉突然阻塞时，不易很快建立侧支循环，常可导致心肌梗死。

2. 肺循环

在用力呼气时，肺部血容量减少至约 200mL；而在深吸气时，可增加到约 1000mL。左心衰竭时，肺静脉压力升高，肺循环毛细血管压也随之升高，就可使液体积聚在肺泡或肺的组织间隙中，形成肺水肿。交感神经引起肺血管收缩和血流阻力增大。刺激迷走神经可使肺血管舒张。急性或慢性的低氧都能使肺部血管收缩，血流阻力增大。长期居住在高海拔地区的人，常可因肺动脉高压使右心室负荷长期加重而导致右心室肥厚。

3. 脑循环

脑组织需氧代谢率高，耗氧量大，约占全身耗氧量的 20%。脑血流量随年龄增长而逐渐减少。供应脑的血液来自颈内动脉和椎动脉，它们在脑底吻合成大脑动脉环，然后分支进入脑内，静脉血由颈内静脉收集运回心脏。

脑内毛细血管和神经元之间并不直接接触，这在血液和脑组织之间的扩散起着屏障的作用，称为血脑屏障。平均动脉压在 60 ～ 140mmHg 范围内变化时，脑血管可通过自身调节的机制使脑血流量保持恒定。平均动脉压降低到60mmHg以下时，脑血流量就会显著减少。反之，当平均动脉压超过脑血管自身调节的上限时，脑血流量显著增加。血液CO_2分压升高时，脑血管舒张，血流量增加。过度通气时，CO_2呼出过多，动脉血CO_2分压过低，脑血流量减少，可引起头晕等症状。成年人的脑脊液总量约为150mL。每天生成的脑脊液约为800mL，同时有等量的脑脊液被吸收入血液。脑脊液压平均为10mmHg。当脑脊液吸收受到阻碍时，脑脊液压就会升高，并影响脑血流和脑的功能。脑脊液的主要功能是在脑、脊髓和椎管之间起缓冲的作用，有保护性意义。O_2、CO_2、某些麻醉药以及乙醇等脂溶性物质很容易通过血脑屏障。葡萄糖和氨基酸的通透性较高，而甘露醇、蔗糖通透性则很低，甚至不能通透。血-脑脊液屏障和血脑屏障的存在，对于保护脑组织周围稳定的化学环境和防止血液中有害物质侵入脑内具有重要的生理意义。脑脊液中的物质很容易通过室管膜或软脑膜进入脑组织，在临床上可将不易通过血脑屏障的药物直接注入脑脊液，使之能较快地进入脑组织。

思考题：

1. 循环系统的主要组成部分包括哪些？
2. 心脏的泵血是如何实现的？
3. 高血压是如何形成的，在日常生活中如何预防？

模块五　血液系统基础

学习目标

要求学生掌握血液的组成，能简单分析血常规中常见项目的临床意义，掌握血型及输血的基本原则。

工作任务

1. 分析血常规中常见项目的临床意义。通过简短动画的展示，让学生初步认识血液的组成部分及各部分的意义。接着展示血常规化验单，让学生根据血液各组成部分的特点来讨论分析化验单中主要项目的临床意义。根据学生的讨论结果，教师作最后总结，让学生进一步了解血常规化验单中常见项目的临床意义。

2. 分析血型及输血原则。通过简短动画和挂图的展示，让学生认识血型的来源和意义，并结合自己家庭成员的血型情况进行简要分析，同时说明哪些成员之间能进行输血。根据学生的讨论结果，教师作最后总结，进一步明确血型的特点及输血的原则。

实践操作

一、分析血常规

某女，30岁，体检血常规化验结果如下：白细胞计数 10.2×10^9/L，其中中性粒细胞占 78.5%，淋巴细胞占 16.0%，单核细胞占 4.0%，嗜碱性细胞占 0.5%，嗜酸性细胞占 1.0%；红细胞计数 4.55×10^{12}/L；血红蛋白 147g/L；血小板计数 179×10^9/L。请分析，该女性的血常规提示了哪些问题？

二、分析血型及输血原则

小明的父亲是 A 型血，母亲是 B 型血，请你分析小明的可能血型有哪几种？并分析在各种可能血型下该组家庭成员间是否能进行相互输血？

问题探究

一、血液的组成与特性

（一）血液的组成

血液由几种不同类型的血细胞和血浆组成。如果将血液样品放在一个经抗凝剂处理过的玻璃管中，离心后，能观察到试管中的血液出现分层，红色的红细胞位于试管底部，淡黄色的血浆位于试管顶部，在红细胞和血浆之间存在一个很薄的、呈浅黄色的固体层，由白细胞、血小板组成。红细胞和血浆占据了血液中的绝大部分，其体积分别约占全血体积的45%和55%，白细胞和血小板所占体积不足全血体积的1%。

（二）血液的理化特性

1.血液的比重

血液的比重为1.050～1.060，血浆的比重约为1.025～1.030。血液中红细胞数愈多则血液比重愈大，血浆中蛋白质含量愈多则血浆比重愈大。通常以红细胞在1小时内下沉的距离来表示红细胞沉降的速度，称为红细胞沉降率。正常男性的红细胞沉降率第1小时不超过3mm，女性不超过10mm。红细胞沉降率在某些疾病时（如活动性肺结核、风湿热等）加快，主要取决于血浆的性质，而不在于红细胞自身。

2.血液的黏滞性

血液的相对黏滞性为4～5，血浆为1.6～2.4。全血的黏滞性主要取决于所含的红细胞数，血浆的黏滞性主要取决于血浆蛋白质的含量。

3.血浆渗透压

血浆渗透压约为313mOsm/kgH$_2$O。血浆渗透压主要来自溶解于其中的晶体物质，特别是电解质，称为晶体渗透压。由于血浆与组织液中晶体物质的浓度几乎相等，所以它们的晶体渗透压也基本相等。血浆中虽含有大量蛋白质，但蛋白质分子量大，所产生的渗透压甚小，不超过1.5mOsm/kgH$_2$O，称为胶体渗透压。由于组织液中蛋白质很少，所以血浆的胶体渗透压高于组织液。在血浆蛋白中，白蛋白的分子量远小于球蛋白，故血浆胶体渗透压主要来自白蛋白。若白蛋白明显减少，即使球蛋白增加而保持血浆蛋白总含量基本不变，血浆胶体渗透压也将明显降低。血浆蛋白一般不能透过毛细血管壁，所以血浆胶体渗透压虽小，但对于血管内外的水平衡有重要作用。由于血浆和组织液的晶体物质中绝大部分不易透过细胞膜，所以细胞外液晶体渗透压的相对稳定对于保持细胞内外的水平衡极为重要。

渗透压与血浆渗透压相等的称为等渗溶液（如0.85%NaCl溶液），高于或低于血浆渗透压的则称为高渗或低渗溶液。能使悬浮于其中的红细胞保持正常体积和形状的盐溶液，称为等张溶液。例如NaCl不能自由透过细胞膜，所以0.85%NaCl既是等渗溶液，也是等张溶液；但如尿素，因为它是能自由通过细胞膜的，1.9%尿素溶液虽然与血浆等渗，但红细胞置入其中后立即溶血，所以不是等张溶液。

4. 血浆的 pH 值

正常人的血浆 pH 值约为 7.35 ～ 7.45，略偏碱性。血浆 pH 值主要取决于血浆中主要的缓冲对，即 $NaHCO_3/H_2CO_3$ 的比值。通常 $NaHCO_3/H_2CO_3$ 比值为 20。血浆中除 $NaHCO_3/H_2CO_3$ 缓冲对外，尚有其他缓冲对，如蛋白质钠盐/蛋白质、Na_2HPO_4/NaH_2PO_4、K_2HPO_4/KH_2PO_4 等。

二、血细胞及其功能

（一）红细胞

1. 红细胞的数量、形态和功能

红细胞是血液中数量最多的一种血细胞，正常男性每微升血液中平均约有 500 万个（5.0×10^{12}/L），女性较少，平均约 420 万个（4.2×10^{12}/L）。在血液中，由红细胞运输的氧约为溶解于血浆的 70 倍；在红细胞参与下，血浆运输二氧化碳的能力约为直接溶解于血浆的 18 倍。正常红细胞呈双凹圆碟形。低温贮存较久的血液，血浆内 K^+ 浓度升高，就是由于低温下代谢几乎停止，Na^+ 泵不能活动的缘故。

血红蛋白中的 Fe^{2+} 不被氧化，若 Fe^{2+} 被氧化成 Fe^{3+}，则血红蛋白成为高铁血红蛋白，即失去携氧能力。红细胞所产生的能量保持低铁血红蛋白不致被氧化，也用于保持红细胞膜的完整性和细胞的双凹圆碟形。

2. 红细胞比容

红细胞在血液中所占的容积百分比，称为红细胞比容。正常成年人的红细胞比容，男性为 40% ～ 50%，女性为 37% ～ 48%。

3. 红细胞合成特点

合成细胞核的主要构成物质——DNA 必须有维生素 B_{12} 和叶酸作为辅酶。机体对维生素 B_{12} 的吸收必须要有内因子和 R 结合蛋白参与。内因子是由胃腺的壁细胞所分泌的一种糖蛋白。当胃大部分被切除或胃腺细胞受损伤，机体缺乏内因子，或体内产生抗内因子的抗体时，即可发生维生素 B_{12} 吸收障碍，影响幼红细胞的分裂和血红蛋白合成，出现巨幼红细胞性贫血，即大细胞性贫血。叶酸缺乏时也可引起与维生素 B_{12} 缺乏相似的巨幼红细胞贫血。在维生素 B_{12} 缺乏时，还可伴有神经系统和消化道症状。

合成血红蛋白还必须有铁作为原料，人每天只需从食物中吸收 1mg（约 5%）以补充排泄的铁，其余 95% 均来自人体铁的再利用。机体贮存的铁主要来自破坏了的红细胞。由于慢性出血等原因，体内贮存的铁减少，或造血功能增强而供铁不够，均可引起小细胞性贫血。

4. 红细胞生成的调节

机体每 24 小时便有 0.8% 的红细胞进行更新；当机体失血或某些疾病使红细胞寿命缩短时，红细胞的生成率还能在正常基础上增加数倍。

（二）白细胞

白细胞是一类有核的血细胞。正常成年人白细胞总数是（4～10）×10⁹/L。根据白细胞的形态、功能和来源部位可以分为三大类：粒细胞、单核细胞和淋巴细胞。所有的白细胞都能做变形运动，凭借这种运动白细胞得以穿过血管壁，这一过程称作血细胞渗出。白细胞具有趋向某些化学物质游走的特性，称为趋化性。体内具有趋化作用的物质包括：细菌毒素、细菌或人体细胞的降解产物，以及抗原－抗体复合物等。白细胞按照这些物质的浓度梯度游走到这些物质的周围，把异物包围起来并吞入胞浆内，称为吞噬作用。每类白细胞都具有某些酶类，如蛋白酶、多肽酶、淀粉酶、脂酶和脱氧核糖核酸酶等。

1. 粒细胞

约60%白细胞的细胞质内具有颗粒，因而称为粒细胞。根据细胞质中颗粒的染色性质不同将粒细胞又区分为：中性粒细胞、嗜酸性粒细胞和嗜碱性粒细胞。

（1）中性粒细胞：其在血液的非特异性细胞免疫系统中起着十分重要的作用，是机体抵御微生物病原体特别化脓性细菌入侵的第一线，当炎症发生时，它们被趋化性物质吸引到炎症部位。中性粒细胞的细胞膜能释放出花生四烯酸，在酶的作用下再进一步生成血栓素和前列腺素等，这类物质可调节血管口径和通透性，还能引起炎症反应和疼痛，并影响血液凝固。

（2）嗜碱性粒细胞：嗜碱性粒细胞释放的组胺与某些异物（如花粉）引起过敏反应的症状有关。嗜碱性粒细胞被激活时还释放嗜酸性粒细胞趋化因子A的小肽，把嗜酸性粒细胞吸引过来，聚集于局部以限制嗜碱性粒细胞在过敏反应中的作用。

（3）嗜酸性粒细胞：嗜酸性粒细胞在体内的作用主要有以下两点。①限制嗜碱性粒细胞在速发性过敏反应中的作用。②参与对蠕虫的免疫反应，利用细胞溶酶体内所含的过氧化物酶等酶类损伤蠕虫体。机体在有寄生虫感染、过敏反应等情况时，常伴有嗜酸性粒细胞增多。

2. 单核细胞

单核细胞细胞质内没有颗粒，内含更多的非特异性脂酶，并且具有更强的吞噬作用。固定在组织中的单核细胞称为组织巨噬细胞，常大量存在于淋巴结、骨髓、肝和脾等器官。激活的单核细胞和组织巨噬细胞能生成并释放多种细胞毒、干扰素和白细胞介素，参与机体防卫机制，在炎症周围单核细胞能进行细胞分裂，并包围异物。

3. 淋巴细胞

淋巴细胞是免疫细胞中的一大类，在免疫应答过程中起核心作用。淋巴细胞分成T细胞和B细胞两类。在功能上，T细胞主要与细胞免疫有关，B细胞则主要与体液免疫有关。

（三）血小板

血小板是从骨髓成熟的巨核细胞裂解后脱离下来的小块细胞碎片。正常成年人的血小板数量是（100～300）×10⁹/L血液。血小板有维护血管壁完整性的功能。当血小板数减少到50×10⁹/L以下时，微小创伤或仅血压增高也可使皮肤和黏膜下出现血瘀点，甚至出现大块紫癜。循环血液中的血小板一般处于"静止"状态。但当血管受损伤时，通过表面接触和某些凝血因子的作用，血小板转入激活状态。激活了的血小板能释放一系列止血过程所必需的物质。

（四）血细胞的破坏

（1）红细胞的破坏。红细胞的平均寿命约为 120 天。当红细胞逐渐衰老时，细胞变形能力减退而脆性增加，因而特别容易停滞在脾和骨髓中被巨噬细胞所吞噬。

（2）血小板的破坏。血小板平均寿命可有 7～14 天。血小板在生理止血活动中聚集，之后将解体并释放出全部活性物质，在发挥其生理功能时被消耗。衰老的血小板在脾、肝中被吞噬。

（3）白细胞的寿命较难准确判断。若有细菌入侵，粒细胞在吞噬活动中可释放出溶酶体酶而发生"自我溶解"，与破坏的细菌和组织片共同构成脓液。

三、生理止血

用一个注射针刺破耳垂或指尖使血液流出，然后测定出血延续的时间，这一段时间称为出血时间。正常出血时间为 1～3 分钟。血小板减少，出血时间即相应延长，凝血有缺陷时常可出血不止。

生理止血过程包括三部分功能活动。首先是小血管于受伤后立即收缩；其次是血管内膜损伤，内膜下组织暴露，可以激活血小板和血浆中的凝血系统；接着，在局部又迅速出现血凝块，即血浆中可溶的纤维蛋白原转变成不溶的纤维蛋白分子多聚体，并形成了由血纤维与血小板一道构成的牢固的止血栓，有效制止出血。与此同时，血浆中出现生理的抗凝血活动与纤维蛋白溶解活性，以防止血凝块不断增大和凝血过程漫延到这一局部以外。

四、血型与输血原则

（一）血型与红细胞凝集

血型是指红细胞上特异性抗原的类型。现认为有 ABO、Rh、MNSs、P 等 9 个最重要的血型系统和它们所具有的特异抗体。最为重要的血型是 ABO 系统和 Rh 系统。血型是先天遗传的。A 基因和 B 基因是显性基因，O 基因则为隐性基因。因此，红细胞上表型 O 只可能来自两个 O 基因，而表型 A 或 B 由于可能分别来自 AO 和 BO 基因型，因而，A 型或 B 型的父母完全可能生下 O 型的子女。例如，AB 型的人绝不可能是 O 型子女的父亲。但必须注意的是，法医学上需要依据血型表型来判断亲子关系时，只能作为否定的参考依据，而不能据此作出肯定的判断。ABO 血型的正确检测是保证输血安全的基础。

新生儿的血液中还不具有 ABO 系统的抗体；在出生后的第一年中这种抗体才逐渐出现在血浆中，可以对抗自己血细胞上所没有的抗原。

（二）Rh 血型系统

在我国，Rh 阳性人群约占 99%，Rh 阴性人群只占 1% 左右。Rh 血型的特点及其在医学实践中的意义在前述 ABO 血型时曾指出，新生儿出生几个月后，血清中一直存在 ABO 系统的凝集素，即天然抗体。但在人血清中不存在抗 Rh 的天然抗体，只有当 Rh 阴性的人接受 Rh 阳性的血液后，通过体液性免疫才产生出抗 Rh 的抗体。这样，第一次输血后一般不产生明显的反应，但在第二次、或多次输入 Rh 阳性血液时即可发生抗原 - 抗体反应，输入的 Rh 阳性红细胞即被凝集。

Rh 系统的抗体能透过胎盘，因此，当 Rh 阴性的母亲怀有 Rh 阳性的胎儿时，阳性胎儿的红细胞或 D 抗原可以进入母体，通过免疫反应，在母体的血液中产生免疫抗体。这种抗体可以透过胎盘进入胎儿的血液，可使胎儿的红细胞发生凝集和溶解，造成新生儿溶血性贫血，严重时可致胎儿死亡。但一般只有在分娩时才有较大量的胎儿红细胞进入母体，而母体血液中的抗体浓度是缓慢增加的，一般需要数月的时间，因此，第一次妊娠常不产生严重反应。如果 Rh 阴性母亲再次怀有 Rh 阳性胎儿时，母体血液中高浓度的 Rh 抗体将会透过胎盘，破坏大量胎儿红细胞。

（三）输血的原则

随着医学和科学技术的进步，输血疗法已经发展为输全血和成分输血。成分输血，就是把人血中的各种有效成分，如红细胞、粒细胞、血小板和血浆分别制备成高纯度或高浓度的制品再输入。这样既能提高疗效，减少不良反应，又能节约血源。在准备输血时，首先必须保证供血者与受血者的 ABO 血型相合，对于在生育年龄的妇女和需要反复输血的患者，还必须使供血者与受血者的 Rh 血型相合，以避免受血者在被致敏后产生抗 Rh 的抗体。即使在 ABO 系统血型相同的人之间进行输血，在输血前必须进行交叉配血试验。如果交叉配血试验有凝集反应，只能在应急情况下输血，输血时不宜太快太多，并密切观察，如发生输血反应，应立即停止输注。

五、免疫相关概念

免疫系统

（一）免疫系统的组成与生理功能

免疫系统是机体的一个重要功能系统，担负着免疫防御、免疫监测和免疫自稳的功能。机体受到抗原性异物刺激时，由于抗原物质的性状特征、刺激时的具体条件包括机体当时的情况，机体可通过多种方式对其进行清除。简而言之，免疫系统重要的生理功能就是对"自己"和"非己"抗原的识别和应答，在免疫功能正常的条件下发挥免疫保护作用，如抗感染免疫、抗肿瘤免疫等；但在免疫功能失调的情况下，免疫应答可造成机体组织损伤。人类应用免疫学的最伟大成就之一就是对传染病的预防，如用牛痘苗预防天花、用卡介苗预防结核病、用脊髓灰质炎糖丸预防小儿麻痹症等。

免疫系统由免疫器官、免疫细胞和免疫分子组成。根据免疫器官的作用，分为中枢免疫器官和周围免疫器官。人的骨髓和胸腺属于中枢免疫器官。骨髓是干细胞和 B 细胞发育分化的场所，胸腺是 T 细胞发育分化的场所。脾和全身淋巴结属于周围免疫器官，是成熟 T 细胞和 B 细胞定居的场所。皮肤和黏膜免疫系统也是重要的局部免疫组织。免疫细胞包括造血干细胞、淋巴细胞系、单核吞噬细胞系、粒细胞系、巨核细胞、肥大细胞和血小板等。免疫分子包括免疫细胞膜分子，如抗原识别受体分子等，也包括由免疫细胞和非免疫细胞合成和分泌的分子，如免疫球蛋白分子、补体分子、细胞因子等。

（二）抗原和抗体

1. 抗原

抗原（简写为 Ag）是能诱导免疫系统发生免疫应答，并与其产生的抗体或效应细胞在体内或体外发生特异性反应的物质。

免疫应答是机体免疫系统对抗原刺激所产生的以排除抗原为目的的生理过程。免疫应答既能诱导正免疫应答，也能诱导负免疫应答。

抗原必须具备免疫原性和免疫反应性。免疫原性是指抗原分子能诱导免疫应答的特性。抗原的免疫原性与抗原分子的化学性质相关，更与机体的免疫应答特性有关。同一种抗原对不同种动物或同种动物不同个体间免疫原性的强弱，可以表现出很大差异，因此一种抗原的免疫原性是由抗原的化学性质和宿主因素决定的。免疫反应性是抗原分子能与免疫应答产物，即抗体或效应 T 细胞发生特异反应的特性，故又称为抗原的反应原性（reactivy）。

抗原主要分为天然抗原、人工抗原、超抗原、胸腺依赖抗原与非依赖抗原等。天然抗原分为"自己抗原"和"非己抗原"。"自己抗原"包括正常组织或细胞抗原、被隔离的自身抗原（如脑组织和眼晶体、精子）、自身修饰抗原。"非己抗原"包括微生物抗原、植物抗原（如花粉、食物）、动物抗原。

人工抗原包括人工结合抗原、人工合成抗原与基因工程抗原。什么是基因工程疫苗呢？利用分子生物学技术，将编码免疫原性氨基酸序列的基因克隆化并与适当载体（如病毒）DNA 分子相结合，然后引入受体细胞中使之表达，即能获得免疫原性的融合蛋白，经纯化后可作为疫苗即为基因工程疫苗。例如目前我国已进入临床试用阶段的乙型肝炎病毒疫苗等。

2. 抗体

在免疫学发展的早期，人们应用细菌或其外毒素给动物注射，经一定时期后用体外实验证明在其血清中存在一种能特异性中和外毒素毒性的组分——凝集素，人们将血清中这种具有特异性反应的组分称为抗体。

抗体分子是由浆细胞合成和分泌的球蛋白。抗体活性主要存在于丙种球蛋白内，由异质球蛋白组成。在血清中已发现五类免疫球蛋白分子，它们的结构和功能各不相同，分别是 IgG、IgM、IgA、IgE、IgD（Ig 是免疫球蛋白分子的缩写）。

抗体与抗原的结合具有特异性。例如，白喉抗毒素只能中和白喉杆菌外毒素，而不能中和破伤风外毒素。抗体在一定条件下可以与存在于血清中的补体分子相结合并使之活化，产生多种生物学效应。抗体分子可增强吞噬细胞的吞噬作用，如将免疫血清加入中性粒细胞的悬液中，可增强对相应细菌的吞噬作用。

IgG 是由脾、淋巴结中的浆细胞合成和分泌的，在机体免疫防护中起主导作用。大多数抗菌、抗病毒、抗毒素抗体都属于 IgG 类抗体，对麻疹、甲型肝炎被动免疫，能有效预防相应的传染病。IgA 是唯一能通过胎盘的免疫球蛋白。IgA 主要由黏膜相关淋巴样组织产生（胃肠道、呼吸道、唾液腺、生殖道黏膜组织合成），是黏膜局部免疫的最重要因素，产妇可通过初乳将分泌型 IgA 传递给婴儿。IgM 是最早出现的免疫球蛋白，在机体的早期免疫中起着重要的防护作用。IgD 主要由扁桃体、脾等处的浆细胞产生，在血清中 IgD 确切的免疫功能尚不清楚。IgE 是 1966 年才发现的一类免疫球蛋白，主要由鼻咽部、支气管等黏膜固有层的浆细胞产生，寄生虫感染或过敏反应发作时，局部的外分泌液和血清中 IgE 水平都明显升高。

（三）免疫学的临床应用

免疫学在传染病的防治、器官移植等方面已取得显著成绩，也必将在恶性肿瘤的治疗、免疫性疾病的防治、生殖的控制以及延缓衰老等方面推动医学的进步。

免疫治疗已有一百多年的历史，但近十多年来，随着单克隆抗体技术的发展以及基因治疗和重组细胞因子疗法的兴起，免疫治疗学已发展为一门新兴的学科。免疫治疗有两方面的作用，一是免疫调节，二是免疫重建。免疫调节是用物理、化学和生物学手段调节机体的免疫功能。免疫重建是使患有免疫功能缺陷的个体的免疫功能部分或全部得到恢复。

免疫学检测技术的用途非常广泛，可用于有关免疫疾病的诊断、疗效评价及发病机制的研究。如对传染病、免疫缺陷病、自身免疫病、移植排斥反应及肿瘤的免疫学检测，对诊断、治疗均有很大帮助。如利用抗原和抗体在体外特异性结合后出现的各种现象，对样品中的抗原和抗体进行定性、定量、定位的检测。检测结果可作为评价人和动物免疫功能的指标，可用于传染病诊断、微生物分类及鉴定，以及对菌苗、疫苗的研究。生物体内各种大分子物质、人体细胞的表面分子、各种半抗原物质等可作为抗原进行检测。

思考题：

1. 血液的组成部分有哪些？各有什么临床意义？
2. 生理止血的过程是怎样的，对于现实生活有什么意义？
3. 简述 ABO 血型系统。
4. 新生儿溶血性贫血的原理是什么？
5. 血常规检查里主要有哪些细胞，其正常值是多少？
6. 人工自动免疫与人工被动免疫的原理是什么？

模块六　内分泌系统基础

学习目标

通过该模块的学习，学生能辨认内分泌各器官在人体的具体位置，能掌握下丘脑、垂体、甲状腺、肾上腺、胰岛等内分泌器官的具体作用。

工作任务

1. 认识各内分泌器官。通过动画和视频展示，让学生初步认识各内分泌器官在人体的具体位置。接着展示内分泌挂图，根据挂图所示，让学生自己辨认体内各内分泌器官的位置，并在自己身上作相应位置的指认。

2. 认识各内分泌器官的功能。向学生展示相关挂图，让学生讨论各内分泌器官在人体的作用及其与相关疾病的关系，根据学生的讨论情况，教师作最后总结，进一步总结介绍内分泌系统的作用及相关的常见疾病。

实践操作

1. 根据图2-19，辨认内分泌各器官在人体的具体位置。
2. 联系实际，说明内分泌各器官的功能。

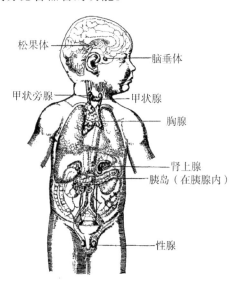

图 2-19

问题探究

一、激素作用的一般特性

激素虽然种类很多，作用复杂，但它们在对靶组织发挥调节作用的过程中，具有某些共同的特点。

1.激素的信息传递

激素在细胞与细胞之间进行信息传递，它作用于靶细胞，既不能添加成分，也不能提供能量，仅仅起着"信使"的作用，将生物信息传递给靶细胞，调节其固有的生理生化反应。

2.激素作用的特异性

激素释放进入血液，被运送到全身各个部位，虽然它们与各处的组织细胞有广泛接触，但只选择性地作用于某些器官、组织和细胞，这称为激素作用的特异性。激素作用的特异性与靶细胞上存在能与该激素发生特异性结合的受体有关。

3.激素的高效能生物放大作用

激素在血液中的浓度都很低，但其作用显著，这是由于激素与受体结合后，在细胞内发生一系列酶促放大作用，逐级放大，形成一个效能极高的生物放大系统。

4.激素间的相互作用

当多种激素共同参与某一生理活动的调节时，激素与激素之间往往存在着协同作用或拮抗作用，这对维持其功能活动的相对稳定起着重要作用。另外，有的激素本身并不能直接对某些组织细胞产生生理效应，然而其可使另一种激素的作用明显增强，即对另一种激素的效应起支持作用，这种现象称为允许作用。

二、下丘脑的内分泌功能

下丘脑与神经垂体和腺垂体的联系非常密切，下丘脑的一些神经元既能分泌激素（神经激素），具有内分泌细胞的作用，又保持典型的神经细胞的功能。它们可将大脑或中枢神经系统其他部位传来的神经信息转变为激素的信息，起着换能神经元的作用，从而以下丘脑为枢纽，将神经调节与体液调节紧密联系。下丘脑与垂体一起组成下丘脑-垂体功能单位。

下丘脑的肽能神经元主要存在于视上核、室旁核与"促垂体区"核团内。视上核与室旁核的神经元细胞主要产生血管加压素和催产素。促垂体区核团主要产生调节腺垂体激素释放激素（下丘脑调节肽）。这些激素被释放入垂体门脉系统，进而转运至腺垂体，调节其分泌活动。

三、垂体

垂体位于颅底内面的垂体窝内，为灰红色、椭圆或圆形小体，其上面与脑相连。它可分为前叶和后叶，后叶又包括中间部和神经部。垂体前叶为腺组织，称之为腺垂体；后叶为神经组织，本身无分泌功能，其释放的激素来自下丘脑。

1. 腺垂体

腺垂体是体内最重要的内分泌腺，分泌生长激素（GH）、促甲状腺激素（TSH）、促肾上腺皮质激素（ACTH）、促黑素细胞激素（MSH）、卵泡刺激素（FSH）、黄体生成素（LH）、催乳素（PRL）等七种激素。

（1）生长激素：具有促进生长与代谢作用。

（2）催乳素：促进乳腺发育并维持泌乳；少量催乳素对卵巢激素与孕激素的合成起允许作用，而大量催乳素则有抑制作用。

2. 神经垂体

神经垂体不含腺体细胞，不能合成激素。所谓的神经垂体激素是指在下丘脑产生而贮存于神经垂体的升压素（抗利尿激素）与催产素。

（1）升压素（抗利尿激素）：对正常血压调节无影响，但在失血情况下对维持血压有一定的作用。升压素的抗利尿作用十分明显。

（2）催产素：具有促进乳汁排出和刺激子宫收缩的作用。

四、甲状腺和甲状旁腺

1. 甲状腺

甲状腺是人体内最大的内分泌腺，位于颈前部，分为左、右两个侧叶及中间连接的峡部。甲状腺分泌的甲状腺激素是酪氨酸的碘化物，包括四碘甲腺原氨酸（T_4）和三碘甲腺原氨酸（T_3）。T_4 又称甲状腺素，在外周组织中可转化为 T_3，T_3 的活性较大。碘是甲状腺激素不可缺少的重要成分。机体吸收的碘主要用于生成甲状腺激素，占全身总碘量的90%。碘缺乏可使甲状腺激素合成减少。在甲状腺还有滤泡旁细胞，又称 C 细胞，分泌降钙素。

甲状腺激素的生物学作用：提高绝大多数组织耗氧率，增加产热量；加速蛋白质与各种酶的生成，但分泌过多时，则加速蛋白质分解；增强糖原分解，抑制糖原合成，升高血糖，但又可加强外周组织对糖的利用，也有降低血糖的作用；促进脂肪酸氧化，增强脂肪的分解作用。甲状腺功能亢进时，由于蛋白质、糖和脂肪的分解代谢增强，所以患者常感饥饿，食欲旺盛，且有明显消瘦。甲状腺激素具有促进组织氧化分解、生长与发育成熟的作用，特别是对骨和脑的发育尤为重要。甲状腺功能低下的儿童可出现呆小病（又称克汀病），表现智力迟钝、身体矮小。甲状腺功能亢进时，中枢神经系统的兴奋性增高；相反，中枢神经系统兴奋性降低。甲状腺激素可使心率增快，心肌收缩力增强。

2. 甲状旁腺

甲状旁腺是卵圆形小体，形似黄豆，呈黄棕色，通常有两对，位于甲状腺两侧叶的后面。甲状旁腺分泌甲状旁腺激素（PTH）。正常人血浆甲状旁腺激素浓度为 10～50ng/L，PTH 有升高血钙和降低血磷含量的作用。

降钙素是由甲状腺 C 细胞分泌的，在正常人血清中浓度为 10～20ng/L，能使血钙与血磷含量下降。

五、肾上腺

肾上腺位于肾的上端，左右各一，右侧呈三角形，左侧近似半月形。活体呈黄褐色。它和肾脏共同被肾筋膜所包被。肾上腺实质分为皮质和髓质两部分。

1.肾上腺皮质

肾上腺皮质分泌盐皮质激素、糖皮质激素和性激素。

（1）糖皮质激素。人体血浆中糖皮质激素主要为皮质醇，其次为皮质酮。它促进糖异生，升高血糖；促进肝外组织，特别是肌肉组织蛋白质分解；促进脂肪分解。皮质醇有较弱的贮钠排钾作用；亦可使血中红细胞、血小板和中性粒细胞的数量增加，而使淋巴细胞和嗜酸性粒细胞减少；糖皮质激素对维持正常血压是必需的；在应激反应中，糖皮质激素也相应增多。临床上使用大剂量的糖皮质激素及其类似物用于抗炎、抗过敏、抗毒和抗休克。

（2）盐皮质激素。主要为醛固酮，对水盐代谢的作用最强。醛固酮是调节机体水盐代谢的重要激素，它促进肾远曲小管及集合管重吸收钠、水和排出钾，即具有保钠、保水和排钾的作用。

2.肾上腺髓质

肾上腺髓质中嗜铬细胞分泌肾上腺素和去甲肾上腺素，两者都是儿茶酚胺激素。

髓质与交感神经系统组成交感－肾上腺髓质系统，或称交感－肾上腺系统，髓质激素的作用与交感神经紧密联系。交感神经兴奋时，引起肾上腺素与去甲肾上腺素的释放，产生各种应激反应效应。

六、胰岛

胰岛细胞是分散在胰腺内大小不等、形状不定的细胞索团，分为 A 细胞、B 细胞、D细胞及 PP 细胞。A 细胞分泌胰高血糖素；B 细胞分泌胰岛素(insulin)；胰岛素可促进组织、细胞对葡萄糖的摄取和利用，加速葡萄糖合成为糖原，并抑制糖异生，促进葡萄糖转变为脂肪酸，贮存于脂肪组织，导致血糖水平下降。胰岛素缺乏时，引起糖尿病。胰岛素促进肝合成脂肪酸，然后转运到脂肪细胞贮存。胰岛素促进蛋白质合成，胰岛素还可抑制蛋白质分解和肝糖异生。

胰高血糖素在血清中的浓度为 50 ～ 100ng/L，与胰岛素的作用相反，胰高血糖素是一种促进分解代谢的激素。

思考题：

1.列举内分泌系统各器官的名称及具体位置。

2.说明甲状腺、胰岛的功能，并结合实际说明该两个器官功能发生异常时的临床表现。

模块七　泌尿系统基础

学习目标

要求学生能认识泌尿系统各组成部分的位置，掌握各器官的功能，熟悉尿液的生成及排出过程。

工作任务

1.认识泌尿系统各器官的位置。通过动画或视频的展示，让学生初步认识泌尿系统各器官在人体的位置。接着展示挂图，让学生根据挂图并结合自身实际指认泌尿系统各器官在人体的具体位置。

2.认识尿液的生成。展示挂图，让学生根据挂图并结合生活实际讨论分析泌尿系统各器官的主要作用，以及尿液从生成到排出的整个过程。根据学生的讨论，教师作最后总结，进一步明确尿液的生成及排出过程。

实践操作

一、辨认泌尿系统各器官的位置

根据图 2-20 辨认泌尿系统的各大器官，并在自身相应的位置上进行指认。

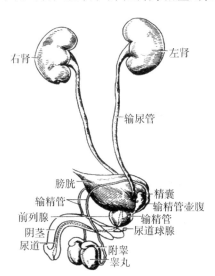

图 2-20

二、认识尿液的形成及排出过程

根据图 2-20 和图 2-21，说明尿液的形成及排出过程。

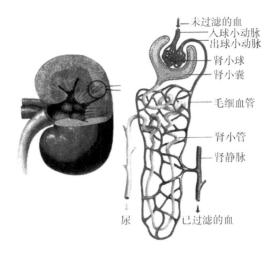

未过滤的血
入球小动脉
出球小动脉
肾小球
肾小囊
毛细血管
肾小管
肾静脉
尿　　已过滤的血

图 2-21

问题探究

泌尿系统

一、泌尿系统概况

泌尿系统由肾、输尿管、膀胱和尿道组成。肾是产生尿的器官，输尿管输送尿液到膀胱暂存，当膀胱内的尿液积存到一定量时，在神经系统的调节支配下，经尿道排出体外。

人体在代谢过程中产生的废物和多余的水大部分通过泌尿系统以尿的形式排出体外。肾不仅排出代谢废物，而且调节着体内的液体总量、血浆离子成分、渗透压和酸碱度等，所以肾又是维持内环境相对稳定的重要器官。

二、肾

（一）肾的解剖特点

肾是暗红色的实质器官，形似蚕豆，左右各一。成年男性左侧肾一般比右侧肾略重，一侧肾重约 120 ～ 150g，平均长约 11.5cm，宽约 5.5cm，厚约 3 ～ 4cm，男性的肾比女性的肾略大。

肾位于腹膜后间隙内，脊柱的两侧，是腹膜外位器官。右肾由于受肝脏的影响，位置比左肾低 1 ～ 2cm。两肾的上内侧邻接肾上腺。

在肾的冠状切面上，肾实质可分为位于表层的肾皮质和深层的肾髓质。肾是产生尿的器官，同时也是维持细胞生活环境相对稳定的重要器官，可调节体内液体总量、排出代谢产物、调节血浆离子成分、调节渗透压、调节血液的酸碱度。

肾的血液供应很丰富，正常成人安静时每分钟约有 1200mL 血液流过两侧肾，相当于心排血量的 1/5 ～ 1/4 左右。其中约 94% 的血液分布在肾皮质层，约 5% 供应外髓，其余不到1%供应内髓。通常所说的肾血流量主要指肾皮质血流量。肾的血液循环起到营养肾组织和参与尿生成的作用。其主要特点如下。

（1）肾动脉直接发自腹主动脉，压力大、流量多、血流快，每4～5分钟的肾血流量可相当于全身血量。

（2）血管球有过滤功能。血管球的入球小动脉粗而短，出球小动脉细而长，使得血管球内形成较高的压力，便于及时清除血液中的废物和有害物质。

（3）肾血循环中有两次经过毛细血管。绝大部分流经肾脏的血液都先经过毛细血管球过滤（初级毛细血管），再流经肾小管周围的毛细血管网（次级毛细血管），这有利于肾小管对原尿中水分和无机盐的重吸收。

肾单位是肾的基本功能单位，每个肾单位包括肾小体和肾小管两部分。肾小体又包括肾小球和肾小囊两部分。肾小球位于肾小囊内，肾小球由入球小动脉和出球小动脉之间的数十条毛细血管盘曲而成。其毛细血管壁很薄，由单尾扁平内皮细胞和其外面的基底膜构成。基底膜是肾血管球的过滤膜，除血液中的血细胞和大分子的蛋白质不易通过外，其他物质和水都可自由通过。肾小囊是肾小管的盲端扩大和凹陷形成的双层囊，内外两层之间的腔称为肾小囊腔。血管球内的血液向肾小囊腔过滤时，必须经过有孔的内皮基底膜和足突间隙。肾小囊内层细胞称足细胞，足细胞突互相交错穿插，足突之间有间隙，称为足突间隙，对原尿的形成具有调节作用。从血管球内过滤出来的液体称原尿，暂时贮存于肾小囊腔内。

肾小管与肾小囊的外层相连接，根据形状和功能分为近曲小管、髓袢、远曲小管、集合管和乳头管。

肾小球滤过液流经近曲小管后，滤过液中约67%的Na^+、Cl^-、K^+和一部分水被重吸收，85%的HCO_3^-也被重吸收，葡萄糖、氨基酸全部被重吸收。如果近曲小管重吸收糖类的功能下降或原尿中糖的浓度过高，超过了肾小管的吸收能力，尿中便有糖排出，称为糖尿。前一种为肾性糖尿，后一种为高血糖性糖尿。髓袢的功能主要是减缓原尿在肾小管中的流速，进一步吸收原尿中的水分和一部分无机盐。远曲小管主要吸收无机盐和水。

集合管为直行而管径较粗的小管，有重吸收功能。在乳头管开口处与肾盏的变移上皮相连（集合管下行到肾椎体乳头时，改名为乳头管）。

肾小管各段除有吸收功能以外，还有分泌或排泄功能。原尿中的许多有用物质和绝大部分水分（99%）被肾小管重吸收入血液，尿素很少被吸收。许多物质如氢、钾、氨等可通过肾小管上皮的分泌或排泄作用进入尿液，最后排出的尿液为终尿。正常成年人每天排终尿量为1～2L。

髓质位于皮质的深部，主要由15～20个肾锥体组成，因形状似乳头，所以叫肾乳头。肾乳头伸入漏斗状的肾小盏（有10～30个小孔为乳头管在肾小盏的开口），数个肾小盏合成肾大盏，2～3个肾大盏合成肾盂。肾盂呈偏漏斗状，移行为输尿管。

（二）肾小球的滤过功能

循环血液经过肾小球毛细血管时，除了蛋白质含量甚少之外，滤入肾小囊的囊腔的各种晶体物质如葡萄糖、氯化物、无机磷酸盐、尿素、尿酸和肌酐等的浓度都与血液中的非常接近。单位时间内（每分钟）两肾生成的超滤液量称为肾小球滤过率（GFR）。肾小球滤过率的大小取决于滤过膜的面积及其通透性的状态和有效滤过压。

1.滤过膜及其通透性

正常人体两侧肾全部肾小球毛细血管总面积估计在 $1.5m^2$ 以上，这样的滤过面积有利于血浆的滤过，同时也保持稳定。不同物质通过肾小球滤过膜的能力取决于被滤过物质的分子大小及其所带的电荷。滤过膜各层含有带负电荷的糖蛋白，带正电荷的物质较易通过滤过膜，而血浆白蛋白带负电荷，因此难以通过滤过膜。在病理情况下，滤过膜上带负电荷的糖蛋白减少或消失，从而出现蛋白尿。在急性肾小球肾炎时，有滤过功能的肾小球数量减少，有效滤过面积也因此减少。

2.有效滤过压

肾小球滤过作用的动力是有效滤过压。肾小球有效滤过压＝（肾小球毛细血管压＋囊内液胶体渗透压）－（血浆胶体渗透压＋肾小囊内压）。由于肾小囊内的滤过液中蛋白质浓度较低，其胶体渗透压可忽略不计。

3.影响肾小球滤过的因素

（1）肾小球毛细血管血压

由于肾血流量的自身调节机制，动脉血压在 $80 \sim 180$ mmHg 范围内时，肾小球毛细血管压可保持稳定，从而使肾小球滤过率基本保持不变。但当动脉血压降到80mmHg以下时，肾小球毛细血管压将相应下降，肾小球滤过率也减少。当动脉血压降到 $40 \sim 50$ mmHg以下时，肾小球滤过率将降低到零，因而无尿。在高血压病晚期，入球小动脉由于硬化而缩小，肾小球毛细血管血压可明显降低，导致肾小球滤过率减少，进而导致少尿。

（2）囊内压

在正常情况下，肾小囊内压是比较稳定的。肾盂或输尿管结石、肿瘤压迫或其他原因引起的输尿管阻塞，都可使肾盂内压显著升高。此时囊内压也将上升，肾小球滤过率因此而减少。有些药物可在肾小管析出结晶或溶血过多、血红蛋白体积过大可堵塞肾小管，这些情况也会导致囊内压升高而影响肾小球滤过。

（3）血浆胶体渗透压

血浆胶体渗透压在正常情况下不会有很大变动。但若全身血浆蛋白的浓度明显降低时，血浆胶体渗透压降低，此时有效滤过压将升高，肾小球滤过率也随之增加。例如在静脉快速注入生理盐水时，血浆胶体渗透压降低，肾小球滤过率也随之增加。

（4）肾血浆流量

肾血浆流量对肾小球滤过率有很大影响，主要影响滤过平衡的位置。如果肾血浆流量加大，有效滤过压和滤过面积就增加，肾小球滤过率将随之增加。在严重缺氧、中毒性休克等病理情况下，由于交感神经兴奋，肾血流量和肾血浆流量将显著减少，肾小球滤过率也因而显著减少。

（三）肾小管与集合管的转运功能

人两肾每天生成的肾小球滤过液达180L，而终尿仅为1.5L左右。这表明肾脏滤过液中约99%的水可被肾小管和集合管重吸收，只有约1%被排出体外。且滤过液中的葡萄糖全部被肾小管重吸收回血。

1.肾小管与集合管的转运方式

肾小管和集合管的转运包括重吸收和分泌。重吸收是指物质从肾小管液中转运至血液中，而分泌是指上皮细胞本身产生的物质或血液中的物质转运至肾小管腔内。水通过被动转运从渗透压低的一侧通过细胞膜进入渗透压高的一侧。Na^+ 和 K^+ 是靠细胞膜上的 Na^+ 泵实行主动转运的。肾小管液中的葡萄糖、氨基酸、有机酸和 Cl^- 等物质的重吸收都与 Na^+ 同向转运有关。

2.各段肾小管和集合管的转运功能

（1）近曲小管

肾小球滤过液流经近曲小管后，滤过液中67%Na^+、Cl^-、K^+ 和水被重吸收，85% 的 HCO_3^- 也被重吸收，葡萄糖、氨基酸全部被重吸收；H^+ 则分泌到肾小管中。HCO_3^- 重吸收与 H^+ 的分泌在碳酸酐酶作用下进行。

（2）髓袢

近球小管液流经髓袢过程中，约20% 的 Na^+、Cl^- 和 K^+ 等物质被进一步重吸收。髓袢升支粗段的 NaCl 重吸收在尿液稀释和浓缩机制中具有重要意义。Na^+ 泵是 Cl^- 重吸收的重要因素。

（3）远曲小管和集合管

在远曲小管和集合管，重吸收约12% 的 Na^+ 和 Cl^-，分泌不同量的 K^+ 和 H^+，重吸收不同量的水。远曲小管和集合管对水和盐的转运是可被调节的。水的重吸收主要受抗利尿激素调节，而 Na^+ 和 K^+ 的转运主要受醛固酮调节。

NH_3 的分泌与 H^+ 的分泌密切相关；H^+ 分泌增加促使 NH_3 分泌增多。NH_3 与 H^+ 结合并生成 NH_4^+ 后，与负离子结合生成 NH_4Cl 等并随尿排出。

三、尿液的浓缩和稀释

正常人尿液的渗透压在 $50 \sim 1200$ mOsm/（kg·H_2O）波动。

1.尿液的稀释

尿液的稀释是由于小管液中的溶质被重吸收而水不易被重吸收而造成的。在体内水过剩而抗利尿激素释放被抑制时，远曲小管和集合管对水的通透性非常低。因此，髓袢升支粗段的小管液流经远曲小管和集合管时，NaCl 被继续重吸收，而水不被重吸收，故小管液渗透浓度进一步下降，形成低渗尿，造成尿液的稀释。如果抗利尿激素完全缺乏时，如严重尿崩症患者，每天可排出高达 20L 的低渗尿。

2.尿液的浓缩

尿液的浓缩是由于小管液中的水被重吸收而溶质仍留在小管液中造成的。水重吸收的动力来自肾髓质渗透梯度的建立。髓袢是形成髓质渗透梯度的重要结构。

四、尿生成的调节

（一）肾内自身调节

1. 小管液中溶质的浓度

小管液中溶质所形成的渗透压可以对抗肾小管对水的重吸收。如果小管液溶质浓度很高，渗透压很大，就会妨碍肾小管特别是近球小管对水的重吸收，Na^+ 重吸收也减少。糖尿病患者的多尿就是由于小管液中葡萄糖含量增多、渗透压增高所造成的。临床上甘露醇的使用就是为了提高患者小管液中溶质的浓度，借以达到利尿和消除水肿的目的，这种利尿方式称为渗透性利尿。

2. 球－管平衡

不论肾小球滤过率是增是减，近球小管的重吸收率始终占肾小球滤过率的65%～70%，这种现象称为球－管平衡。球－管平衡的生理意义在于使尿中排出的溶质和水不因肾小球滤过率的增减而出现大幅度的变动。球－管平衡在某些情况下可能被破坏。例如，渗透性利尿时，近球小管重吸收率减少，而肾小球滤过率不受影响，这时重吸收率就会小于65%～70%，尿量和尿中的 NaCl 排出量明显增多。

3. 管－球反馈

当肾血流量和肾小球滤过率增加时，到达远曲小管致密斑的小管液的流量增加，致密斑将信息反馈给肾小球，使肾血流量和肾小球滤过率恢复正常。相反，肾血流量和肾小球滤过率减少时，流经致密斑的小管液流量就下降，致密斑将信息反馈给肾小球，使肾血流量和肾小球滤过率增加至正常水平，这种现象称为管—球反馈。

（二）神经和体液调节

1. 交感神经系统

肾交感神经兴奋时，肾小球毛细血管的血浆流量减少；刺激近球小体释放肾素，导致血管紧张素 II 和醛固酮含量增加，增加肾小管对 NaCl 和水的重吸收；增加近球小管和髓袢重吸收 Na^+、Cl^- 和水。

2. 抗利尿激素

抗利尿激素（ADH）又称血管升压素（AVP），它的作用主要是提高远曲小管和集合管上皮细胞对水的通透性，从而增加水的重吸收，使尿液浓缩，尿量减少。血浆晶体渗透压的升高可引起抗利尿激素分泌增多。循环血量过多时，可抑制抗利尿激素释放。

3. 肾素－血管紧张素－醛固酮系统

肾素主要由近球小体中的颗粒细胞分泌，能催化血管紧张素原使之生成血管紧张素。血管紧张素 II 可刺激肾上腺皮质球状带合成和分泌醛固酮。循环血量减少时，激活了肾内入球小动脉牵张感受器，同时，激活了致密斑感受器，肾素释放增加。肾上腺素和去甲肾上腺素也可直接促使肾素释放增加。

醛固酮促进远曲小管和集合管的主细胞重吸收 Na^+，同时促进 K^+ 的排出，所以醛固酮有保钠排钾作用。血 K^+ 浓度升高和血 Na^+ 浓度降低可直接刺激醛固酮的分泌，其对血 K^+ 浓度升高十分敏感，血 Na^+ 浓度必须降低很多才能引起同样的反应。

五、尿的排放

1. 膀胱与尿道的神经支配

膀胱逼尿肌和膀胱内括约肌受交感和副交感神经支配。副交感神经纤维兴奋可使逼尿肌收缩、膀胱内括约肌松弛，促进排尿。交感神经纤维兴奋则使逼尿肌松弛、膀胱内括约肌收缩，阻抑尿的排放。阴部神经兴奋可使膀胱外括约肌收缩，这一作用受意识控制。

2. 排尿反射

在一般情况下，膀胱逼尿肌在副交感神经紧张性冲动的影响下处于轻度收缩状态，使膀胱内压保持在 0.98kPa（10cmH_2O）。膀胱具有较大的伸展性，当膀胱内尿量增加到 700mL 时，膀胱内压随之增加至 3.43kPa（35cmH_2O），逼尿肌便出现节律性收缩，排尿欲望明显增加，但此时还可有意识地控制排尿。当膀胱内压达到 6.86kPa（70cmH_2O）以上时，便出现明显的痛感以致不得不排尿。排尿活动是一种反射活动，并受大脑皮层的排尿反射高位中枢控制。排放次数过多称为尿频，常常是由于膀胱炎症或机械性刺激（如膀胱结石）而引起的。膀胱中尿液充盈过多而不能排出称为尿潴留。尿潴留多半是由于腰骶部脊髓损伤所致，但尿流受阻也能造成尿潴留。当脊髓受损，排尿便失去了意识控制，可出现尿失禁。

思考题：

1. 简述泌尿系统各组成器官及其功能。
2. 结合实际说明尿液生成及排出的整个过程。

模块八　生殖系统基础

学习目标

要求学生能熟练掌握男女生殖系统的组成，能了解男性生殖系统和女性生殖系统在人体中的作用，能熟悉月经及排卵的过程，能掌握胚胎的形成过程。

工作任务

1.认识男性生殖系统。展示男性生殖系统挂图，让学生根据挂图并结合实际讨论说明男性生殖系统的组成部分，并讨论分析各组成器官的作用和功能。根据学生讨论结果，教师作最后总结。

2.认识女性生殖系统。展示女性生殖系统挂图，让学生根据挂图说明女性生殖系统的组成部分，并结合月经、妊娠、分娩等生活实际讨论分析各组成器官的作用和功能。根据学生讨论结果，教师作最后总结。

实践操作

一、辨认男性生殖系统各组成器官

根据图 2-22 说明男性生殖系统的主要组成器官，并讨论各器官的主要功能。

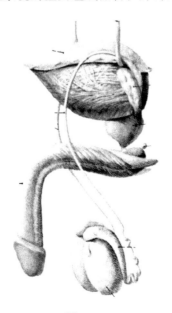

图 2-22

二、认识女性生殖系统各组成部分及其功能

根据图 2-23 辨认出女性生殖系统的主要组成部分，并说明月经的形成和妊娠的过程。

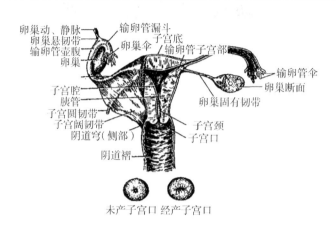

图 2-23　女性内生殖器全貌

问题探究

生殖系统

一、男性内生殖器

男性内生殖器由生殖腺（睾丸）、输精管道（附睾、输精管、射精管、男性尿道）和附属腺（精囊、前列腺、尿道球腺）组成。睾丸产生精子和分泌男性激素，精子先贮存于附睾内，当射精时经输精管、射精管和尿道排出体外。精囊、前列腺和尿道球腺的分泌物参与精液的组成，并提供给精子营养，有利于精子的活动。

（一）睾丸

睾丸（testis）为男性生殖腺，位于阴囊内，左右各一，一般左侧略低于右侧。睾丸呈微扁的椭圆形，表面光滑，分前、后两缘、上、下端和内、外侧面。前缘游离；后缘有血管、神经和淋巴管出入，并与附睾和输精管睾丸部接触。成人两睾丸重约 20～30g。睾丸的表面包被致密结缔组织构成的被膜叫白膜。在睾丸后缘，白膜增厚并突入睾丸实质内形成放射状的睾丸纵隔，从纵隔发出许多睾丸小隔，呈油扇形伸入睾丸实质并与白膜相连，把睾丸实质分隔成 100～200 个锥体形的睾丸小叶，每个小叶内含 2～4 条盘曲的精曲小管，其上皮是产生精子的场所。精曲小管之间的结缔组织内有间质细胞，可分泌男性激素。精曲小管向睾丸纵隔方向集中并汇合成精直小管，进入睾丸纵隔后交织成睾丸网。从睾丸网发出 12～15 条睾丸输出小管，出睾丸后缘的上部进入附睾。

1. 睾丸的生精作用

精曲小管是生成精子的部位。精曲小管上皮由生精细胞和支持细胞构成。原始的生精细胞为精原细胞，紧贴于精曲小管的基膜上，从青春期开始，精原细胞分阶段发育形成精子，在精曲小管的管壁中，各种不同发育阶段的生精细胞排列有序，由基膜至管腔，分别为精原细胞、初级精母细胞、次级精母细胞、精子细胞、精子，成熟精子脱离支持细胞进

入管腔。从精原细胞发育成为精子约需两个半月。支持细胞为各级生殖细胞提供营养并起保护与支持作用，维持生精细胞分化和发育所需微环境的相对稳定。同时支持细胞形成的血睾屏障防止生精细胞的抗原物质进入血液循环而引起免疫反应。

阴囊内温度较腹腔内温度低2℃左右，适于精子的生成。发育期间，睾丸不降入阴囊而停留在腹腔内或腹股沟管内，称隐睾症，由于腹腔内温度较高，则不利于精子的发生，而影响生殖能力，并可发生恶变。新生的精子在附睾内进一步成熟，并获得运动能力。大量的精子则贮存于输精管及其壶腹部。正常男子每次射出精液约3～6mL，每毫升精液约含二千万到四亿个精子，少于二千万精子，不易使卵子受精。

2. 睾丸的内分泌作用

（1）睾丸间质细胞分泌雄激素，主要为睾酮。睾酮主要作用是维持生精作用；刺激生殖器官的生长发育，促进男性副性征出现并维持其正常状态；维持正常的性欲；促进蛋白质合成，同时还能促进骨骼生长与钙磷沉积和红细胞生成等。

（2）支持细胞分泌抑制素。抑制素对腺垂体的FSH分泌有很强的抑制作用，而生理剂量的抑制素对LH的分泌却无明显影响。一方面，下丘脑－垂体调节睾丸的功能；另一方面，睾丸分泌的激素又能反馈调节下丘脑和垂体的分泌活动。

（二）附睾、输精管和射精管

1. 附睾（epididymis）

附睾呈新月形，紧贴睾丸的上端和后缘而略偏外侧，可分为头、体、尾三部分。头部由睾丸输出小管蟠曲而成，睾丸输出小管的末端汇合成一条附睾管。附睾管长约4～5m，蟠曲构成体部和尾部。管的末端急转向上直接延续成为输精管。附睾管除贮存精子外，还能分泌附睾液，其中含有某些激素、酶和特异的营养物质，有助于精子的成熟。

2. 输精管、射精管和精索

输精管是附睾管的直接延续，长约50cm，管径约3mm，管壁肌膜发达，于活体触摸时，呈紧硬圆索状。输精管行程较长，从阴囊到外部皮下，再通过腹股沟管入腹腔和盆腔，经输尿管末端的前内方转至膀胱底的后面精囊腺的内侧，膨大形成输精管壶腹，其末端变细，与精囊腺的排泄管合成射精管。射精管长约2cm，穿通前列腺实质，开口于尿道前列腺部。精索（spermatic cord）是一对扁圆形索条，由睾丸上端延至腹股沟管内口。它由输精管、睾丸动脉、蔓状静脉丛、神经丛、淋巴管等为主体，外包三层筋膜构成，从内向外依次为精索内筋膜、提睾肌和精索外筋膜。

（三）附属腺

1. 精囊

精囊是长椭圆形囊状器官，表面凹凸不平，位于膀胱底之后，输精管壶腹的下外侧，左右各一，由迂曲的管道组成，其排泄管与输精管末端合成射精管。其分泌液参与构成精液。

2. 前列腺

前列腺是不成对的实质性器官，其分泌物是精液的主要组成部分，呈前后稍扁的板栗形，位于膀胱底和尿生殖膈之间，内部有尿道前列腺部穿过。前列腺的间质中混有大量的平滑肌，较坚硬。前列腺的导管最后汇合成 20～30 条，开口于尿道前列腺部。小儿前列腺较小。性成熟期后生长迅速。老年前列腺组织退化，结缔组织增生，常形成前列腺肥大。

3. 尿道球腺

尿道球腺是埋藏在尿生殖膈内的一对豌豆形小腺体，导管细长，开口于尿道球部，尿道球腺的分泌物参与精液的组成，有利于精子的活动。

二、男性外生殖器

男性外生殖器为阴茎和阴囊，前者是男性交接的器官，后者容纳睾丸和附睾。

1. 阴囊

阴囊（scrotum）是位于阴茎后下方的囊袋状结构。阴囊壁由皮肤和肉膜组成，阴囊的皮肤薄而柔软，有少量阴毛，色素沉着明显。肉膜为浅筋膜，与腹前外侧壁浅筋膜深层和会阴浅筋膜相延续。肉膜内含有平滑肌纤维，可随外界温度的变化而舒缩，以调节阴囊内的温度，有利于精子的发育与生存。肉膜在正中线上形成阴囊中隔将两侧睾丸和附睾隔开。

2. 阴茎

阴茎（penis）可分为阴茎头、阴茎体和阴茎根三部分。阴茎头为阴茎前端的膨大部分，尖端有尿道外口，头后稍细的部分叫阴茎颈。阴茎根藏于阴囊和会阴部皮肤的深面，固定于耻骨下支和坐骨支上。根、颈之间的部分为阴茎体。阴茎由两个阴茎海绵体和一个尿道海绵体，外面包以筋膜和皮肤而构成。两个阴茎海绵体紧密结合，并列于阴茎的背侧部，前端嵌入阴茎头后面的凹窝中，后端分离，即阴茎脚。尿道海绵体位于阴茎海绵体腹侧中央，尿道贯穿其全长，前端膨大即阴茎头，后端膨大形成尿道球，固定于尿生殖膈上。海绵体外面包有坚厚的白膜，内部由结缔组织和平滑肌组成海绵状支架，其腔隙与血管相通。当腔隙内充满血液时，阴茎变粗变硬而勃起。阴茎皮肤薄而软，皮下组织疏松，易于伸展。阴茎体部的皮肤至阴茎颈游离向前，形成包绕阴茎头的环形皱襞叫阴茎包皮。在阴茎头腹侧正中线上，包皮与尿道外口相连的皮肤皱襞叫包皮系带，做包皮环切时注意勿损伤此系带。

三、男性尿道

男性尿道（male urethra）兼有排尿和排精的功能。其起自膀胱的尿道内口，止于阴茎头的尿道外口，成人尿道长 16～22cm，管径平均为 5～7mm。全程可分为三部：前列腺部为穿过前列腺的部分，长约 3cm，是尿道中最宽和最易扩张的部分，有射精管口和前列腺排泄管的开口。膜部为穿过尿生殖膈的部分，长约 1.2cm，是三部中最短的部分，其周围有尿道括约肌环绕，有控制排尿的作用。海绵体部为穿过尿道海绵体的部分，是尿道最长的一段，长约 12cm，临床上将前列腺部和膜部全称为后尿道，海绵体部称为前尿道。男性尿道全程中有三处狭窄和两个弯曲。三个狭窄是尿道内口、膜部和尿道外口。两个弯曲分别位于耻骨联合下方（相当于膜部和海绵体部起始段，凹向上）和耻骨联合前下方（相当于阴茎根与体之间，凹向下），当阴茎向上提起时后一个弯曲消失，所以临床上作导尿或尿道扩张时，首先上提阴茎，使此弯曲消失以利插管。

四、女性内生殖器

女性内生殖器由生殖腺（卵巢）、输卵管道（输卵管、子宫、阴道）和附属腺（前庭大腺）组成。卵巢产生的卵子成熟后，排至腹膜腔，经输卵管腹腔口进入输卵管，在输卵管内受精后移至子宫，植入子宫内膜，发育成胎儿。分娩时，胎儿娩出子宫口，经阴道娩出。

1. 卵巢

卵巢（ovary）是女性生殖腺，呈扁椭圆形，左右成对位于小骨盆上口平面，贴靠小骨盆侧壁相当于髂内、外动脉夹角处的卵巢窝内。成年女性的卵巢大小约 4cm×3cm×1cm，重 5～6g。卵巢的大小和形状随年龄增长呈现差异：幼女的卵巢较小，表面光滑；性成熟期卵巢最大，以后由于多次排卵，卵巢表面出现瘢痕，显得凹凸不平；35～40 岁卵巢开始缩小；50 岁左右随月经停止而逐渐萎缩。卵巢是实质性器官，可分为浅层的皮质和深层的髓质。皮质内含有大小不等，数以万计发育不同阶段的卵泡，性成熟期之后，成熟的卵泡经卵巢表面以破溃的方式将卵子排至腹膜腔。一般在每一月经周期（28 天），两侧卵巢只排一个卵子。

2. 输卵管

输卵管（uterine tube）是输送卵子的肌性管道，长约 10～12cm，内端连接子宫，外端开口于腹膜腔，输卵管较为弯曲，由内侧向外侧分为四部：输卵管子宫部，为输卵管穿过子宫壁的部分，直径最细，约 1mm，以输卵管子宫口通子宫腔。输卵管峡部短而直，管腔峡窄，壁较厚。峡部是输卵管结扎术的常选部位。输卵管壶腹部约占输卵管全长的 2/3，粗而弯曲，卵子常在此处与精子结合成受精卵，经输卵管子宫口入子宫，植入子宫内膜中发育成胎儿。若受精卵未能迁入子宫而在输卵管或腹膜腔内发育，即宫外孕。输卵管漏斗部为输卵管外侧端呈漏斗状膨大的部分，腹腔口周围，输卵管末端的边缘形成许多细长的指状突起，称输卵管伞，覆盖于卵巢表面。卵子从卵巢表面排入腹膜腔，再经输卵管腹腔口进入输卵管。

3. 子宫

子宫（uterus）是壁厚腔小的肌性器官，胎儿在此发育生长。成人女性未孕子宫呈前后稍扁，倒置梨形，长约 7～9cm，最宽径约 4～5cm，壁厚约 2～3cm。子宫可分为子宫底、子宫体、子宫颈三部分。上端向上隆凸的部分为子宫底，在输卵管入口平面上方；下部变细呈圆筒状为子宫颈，底和颈之间的部分为子宫体。底、体部的内腔呈前后压扁的、尖端向下的三角形为子宫腔；子宫颈的内腔为子宫颈管，呈梭形，上口为子宫内口，通子宫腔；下口为子宫外口，通阴道。子宫位于小骨盆腔中央，在膀胱和直肠之间，两侧有输卵管和卵巢。成年女子子宫的正常位置呈轻度前倾屈位，子宫体伏于膀胱上，可随膀胱和直肠的虚盈而移动。

子宫壁由黏膜层、肌膜层和浆膜层构成。子宫黏膜层为子宫内膜，子宫底和子宫体的内膜随月经周期（约 28 天）出现增生和脱落的变化，颈部黏膜较厚而坚实，无周期性变化。肌膜是很厚的纵横交错的平滑肌层，怀孕时肌纤维的长度和数量都增加。浆膜即包绕子宫的腹膜脏层。

4. 阴道

阴道（vagina）是连接子宫和外生殖器的肌性管道，是女性的交接器官，也是排出月经和娩出胎儿的管道，由黏膜、肌层和外膜组成，富伸展性。阴道位于小骨盆中央，前有膀胱和尿道，后邻直肠。上端连接子宫颈，下部穿过尿生殖膈，开口于阴道前庭。处女的阴道口周围有处女膜附着，处女膜可呈环形、半月形、伞状或筛状，处女膜破裂后，阴道口周围留有处女膜痕。阴道的上端宽阔，包绕子宫颈阴道部，两者之间的环形凹陷称阴道穹。阴道穹分为互相连通的前部、后部和侧部，以阴道穹后部最深，与其后上方的直肠子宫陷凹仅隔以阴道后壁和覆盖其上的腹膜，故临床上可经阴道后穹穿刺以引流直肠子宫陷凹内的积液或积血，进行诊断和治疗。

5. 前庭大腺

前庭大腺，又称巴氏腺，形如豌豆，位于前庭球后端的深面，其导管向内侧开口于阴道前庭，阴道口的两侧。该腺相当于男性的尿道球腺，分泌物有润滑阴道口的作用。

五、女性外生殖器

女性外生殖器，即女阴（vulva）包括以下结构。

1. 阴阜

阴阜为耻骨联合前方的皮肤隆起，皮下富有脂肪。性成熟以后，生有阴毛。

2. 大阴唇

大阴唇为一对纵长隆起的较厚皮肤皱襞。大阴唇的前端和后端左右互相连合，形成唇前连合和唇后连合。

3. 小阴唇

小阴唇位于大阴唇的内侧，为一对较薄的皮肤皱襞，表面光滑无毛。其前端延伸为阴蒂包皮和阴蒂系带，后端两侧互相会合，形成阴唇系带。

4. 阴道前庭

阴道前庭是位于两侧小阴唇之间的裂隙。阴道前庭的前部有尿道外口，后部有阴道口，阴道口两侧各有一个前庭大腺导管的开口。

5. 阴蒂

阴蒂由两个阴蒂海绵体组成，后者相当于男性的阴茎海绵体，亦分为脚、体、头三部分。阴蒂脚埋于会阴浅隙内，附于耻骨下支和坐骨支，向前与对侧阴蒂脚结合成阴蒂体，表面有阴蒂包皮包绕。阴蒂头露于表面，含有丰富的神经末梢。

6. 前庭球

前庭球相当于男性的尿道海绵体，呈蹄铁形，分为较细小的中间部和较大的外侧部。

六、月经与排卵及激素调节

至青春期，下丘脑 GnRH 神经元发育成熟，卵巢功能开始活跃，呈现周期性变化，子宫内膜发生周期性剥落，产生流血现象，称为月经。卵巢的周期性变化是月经周期形成的基础，习惯上将卵巢周期分为卵泡期与黄体期两个阶段。

1. 卵泡期

卵泡的生成发育从原始卵泡开始，最后发育为排卵前卵泡（成熟卵泡）。到卵泡发育晚期，卵泡受垂体促性腺激素的调控，促使其发育成熟。内膜细胞产生雄激素，而在颗粒细胞转变为雌激素，称为雌激素分泌的双重细胞学说。至排卵前一天左右，血中雌激素浓度达到顶峰，刺激 LH 与 FSH 的分泌，雌激素这种促进 LH 大量分泌的作用，称为雌激素的正反馈效应。

2. 黄体期（排卵后期）

卵细胞排出后残余的卵泡壁内陷，血管破裂，血液进入腔内凝固，形成血体。血液被吸收后，大量新生血管长入，血体转变为一个血管丰富的内分泌腺细胞团，外观呈黄色，故称为黄体。在黄体期，孕酮和雌激素浓度增加，将使下丘脑与腺垂体受到抑制，GnRh 释放减少。FSH 与 LH 在血中浓度相应下降。若不受孕，黄体的寿命为 12 ~ 15 天，黄体即退化，血中孕激素与雌激素浓度明显下降，子宫内膜血管发生痉挛性收缩，随后出现子宫内膜脱落与流血，出现月经。雌激素与孕激素分泌减少，使腺垂体 FSH 与 LH 的分泌又开始增加，重复另一周期。如怀孕，胎盘分泌绒毛膜促性腺激素（CG），使黄体功能继续维持一定时间，适应妊娠的需要。

七、卵巢的内分泌功能

卵巢分泌的雌激素主要为雌二醇，孕激素主要为孕酮。此外，卵巢还分泌少量的雄激素。

1. 雌激素

雌激素的主要作用是促进女性生殖器官的发育和副性征的出现，并维持在正常状态。雌激素刺激成骨细胞的活动，抑制破骨细胞的活动，加速骨的生长，并能促进骨骺软骨的愈合，因而在青春期早期女孩的生长较男孩为快，而最终身高反而较矮。

2. 孕激素

孕激素主要作用于子宫内膜和子宫肌，适应孕卵着床和维持妊娠。由于孕酮受体含量受雌激素调节，因此孕酮的绝大部分作用必须在雌激素作用的基础上才能发挥。

3. 雄激素

女子体内有少量的雄激素，配合雌激素可刺激阴毛及腋毛的生长，雄激素能增强女子的性欲，维持性快感。

八、妊娠

妊娠是新个体产生的过程，包括受精、着床、妊娠的维持、胎儿的生长以及分娩。

1. 受精

精子射出后，通过阴道、宫颈、宫腔才能到达输卵管，精子与卵子在输卵管壶腹部相遇，精子穿入卵子中使两者互相融合，称受精。精子与卵子相融合后称为受精卵。

2. 着床

着床是胚泡植入子宫内膜的过程，着床成功的关键在于胚泡与子宫内膜的同步发育与相互配合。子宫仅在一个极短的关键时期内允许胚泡着床，此时期为子宫的敏感期或接受期。

3. 妊娠的维持及激素调节

正常妊娠的维持有赖于垂体、卵巢和胎盘分泌的各种激素相互配合。在受精与着床之前，在腺垂体促性腺激素的控制下，卵巢黄体分泌大量的孕激素与雌激素，导致子宫内膜发生分泌期的变化，以适应妊娠的需要。如未受孕，黄体按时退缩，孕激素与雌激素的分泌减少，引起子宫内膜剥脱流血；如果受孕在受精后第六天左右，胚泡滋养层细胞便开始分泌绒毛膜促性腺激素，以后逐渐增多，刺激卵巢的月经黄体变为妊娠黄体，继续分泌孕激素与雌激素。

思考题：

1. 简述男性内生殖器的组成部分。
2. 简述女性月经的形成。
3. 简述妊娠的过程。

模块九 神经系统基础

学习目标

要求学生能掌握神经系统的基本组成，准确辨认中枢神经和主要的外周神经，熟悉人体的主要反射，认识人体的主要感觉器官，能对神经系统的典型症状进行简要分析。

工作任务

1.认识神经系统在人体的分布。通过痛觉、触觉、温度觉等感觉体验，让学生初步认识神经系统，接着展示挂图，让学生根据挂图所示分析人体中枢神经和主要的外周神经的位置，并在自己身上作相应位置的指认。

2.认识反射。让学生示范，现场完成膝跳反射一次，并展示反射弧挂图，让学生根据挂图，并结合完成反射的实际情况，讨论分析反射的形成过程及特点。

3.认识感觉器官。从视觉、听觉、嗅觉和味觉等各个感觉的实际体验出发，让学生认识到人体各感觉器官的位置，并结合实际讨论各感觉器官功能实现的依据。根据学生的讨论结果，教师作最后总结。

实践操作

一、认识神经系统在人体的分布

根据图 2-24 说明人体的中枢神经和主要外周神经的位置及分布特点。

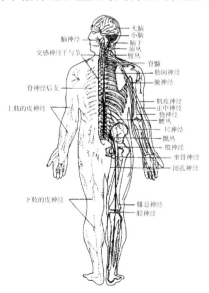

图 2-24 神经系统的人体分布图

二、认识反射

根据图 2-25，并结合生活实际说明膝反射的形成过程。

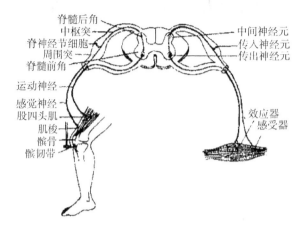

图 2-25　反射弧模式图

三、认识感觉器官

根据图 2-26，结合生活实际说明我们完成视觉、听觉、味觉、嗅觉的过程。

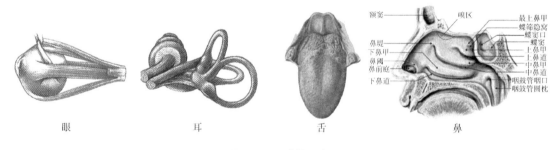

图 2-26　感觉器官

问题探究

神经系统

一、神经系统的组成

神经系统的基本组织是神经组织，神经组织由神经元和神经胶质细胞组成。

1. 神经元

神经元又称神经细胞，是神经系统结构与功能的基本单位，具有感受刺激和传导神经冲动的功能。神经元由胞体和突起两部分构成，胞体为神经元的代谢中心，胞体内的细微结构与其他细胞大致相同，有细胞核、细胞质、细胞器和细胞膜，此外，还含有神经细胞所特有的尼氏体和神经元纤维。神经元的突起根据形状和机能又分为树突（dendrite）和轴突（axon）。树突为胞体本身向外伸出的树枝状突起，结构大致与胞体相同，是接受信息的装置。轴突通常只有一条，常发出侧支。轴突是神经元的主要传导装置，它能将信号从其起始部传到末端。神经元较长的突起常被起绝缘作用的髓鞘和神经膜所包裹，构成神经纤维。若被髓鞘和神经膜共同包裹称有髓神经纤维，仅为神经膜所包裹则为无髓神经纤维。神经纤维的传导速度与髓鞘厚度和神经纤维直径成正比，即神经纤维越粗、髓鞘越厚，其传导电信号的速度就越快。

根据神经元的功能和传导方向，将神经元分为感觉神经元、运动神经元和联络神经元。感觉神经元又称传入神经元，将内、外环境的各种刺激传向中枢部，多位于部分脑神经节和脊神经节中；运动神经元又名传出神经元，可将冲动自中枢部传向身体各部，支配骨骼肌或控制心肌、平滑肌的活动和腺体的分泌，多位于脑、脊髓的运动核内或周围的自主神经节内；联络神经元又称中间神经元，此类神经元的数量很大，占神经元总数的99%，在中枢内构成复杂的网络系统，以不同的方式对传入信息进行贮存、整合和分析，并将其传至神经系统的其他部位，多位于中枢部感觉和运动神经元之间。

根据神经元合成、分泌化学递质的不同，可将神经元分为胆碱能神经元、单胺能神经元、氨基酸能神经元、肽能神经元，神经通过末梢释放这些神经递质，持续地调整被支配组织的内在代谢活动，影响其持久性的结构、生化和生理的变化。

根据神经元突起的数目，可将神经元从形态上分为假单极神经元，双极神经元和多极神经元三大类。

2. 神经胶质

神经胶质（neuroglia）或称神经胶质细胞，是中枢神经系统的间质或支持细胞，一般没有传递神经冲动的功能，其数量是神经元的10～50倍。神经胶质除了对神经元起着支持、营养、保护和修复等作用外，由于它有许多神经递质的受体和离子通道，因而对调节神经系统活动起着十分重要的作用。神经胶质始终保持其分裂能力，并参与构成血脑屏障。

二、反射活动的一般规律

反射是神经调节活动的基本方式，通过神经元与神经元之间、神经元与效应细胞之间的联系，神经系统才能完成反射活动。

1. 反射的概念

反射是指在中枢神经系统参与下，机体对内外环境刺激所作出的适当反应。反射区分为非条件反射和条件反射两类。非条件反射是指生来就有、数量有限、比较固定和形式低级的反射活动，包括防御反射、食物反射、性反射等。非条件反射是人和动物在长期的种系发展中形成的，可无需大脑皮层的参与，通过皮层下各级中枢就可形成。它使人和动物能够初步适应环境，对于个体生存具有重要意义。条件反射是人和动物通过后天学习和训练而形成的，是反射活动的高级形式，是个体在生活过程中，按照所处的生活条件，在非条件反射的基础上不断建立起来的，其数量无限，可以建立，也可以消退。高等动物形成条件反射的主要中枢部位在大脑皮层。

2. 反射弧

反射活动的结构基础称为反射弧，包括感受器、传入神经、神经中枢、传出神经和效应器（肌肉、腺体）。

反射的基本过程如下：一定的刺激被一定的感受器所感受，感受器即发生兴奋；兴奋以神经冲动的形式经传入神经传向中枢；通过中枢的分析和综合活动，产生兴奋过程；中枢的兴奋又经一定的传出神经到达效应器；最终效应器发生某种活动改变。如果中枢发生抑制，则中枢原有的传出冲动减弱或停止。在自然条件下，反射活动需要反射弧结构和功能的完整，如果反射弧中任何一个环节中断，反射将不能进行。

3. 中枢神经元的联系方式

神经元不仅数目巨大，其相互联系也非常复杂。一个神经元的轴突可以通过分支与许多神经元建立突触联系，称为辐散式联系。这种联系有可能使一个神经元的兴奋引起许多神经元的同时兴奋或抑制。同一神经元的细胞体与树突可接受许多不同轴突来源的突触联系，称为聚合式联系。这种联系有可能使许多神经元的作用都可引起同一个神经元的兴奋而发生总和，也可能使许多来源于不同神经元的兴奋和抑制在同一神经元上发生整合。在这些联系形式中，一方面可能由于反复的兴奋反馈，加强了作用的持久性；另一方面可能由于回返的抑制反馈，使活性及时终止。前者是正反馈，而后者是负反馈。

4. 反射活动的反馈调节

反射活动实际上是一个闭合回路形成的自动控制系统。当一个刺激发出后，效应器的输出变量中部分信息反过来又不断地改变中枢或其他环节的活动状态，用以纠正反射活动中出现的偏差，以实现调节的精确性。这种调节结果反过来影响引起活动的调节原因或调节过程的方式称为反馈调节。反馈调节一方面使中枢的传出冲动减弱，即为负反馈联系，有利于控制系统的稳定性；另一方面使中枢的传出冲动增强，即为正反馈联系，使效应装置活动愈来愈强。

三、神经系统的区分

（一）中枢神经系统（central nervous system）

中枢神经系统包括位于颅腔内的脑和位于椎管内的脊髓，是反射活动的中心部位。

1. 脑（brain）

脑是中枢神经系统的头端膨大部分，位于颅腔内。人脑可分为端脑、间脑、中脑、脑桥、延髓和小脑六个部分。通常把中脑、脑桥和延髓合称为脑干，延髓向下经枕骨大孔连接脊髓。脑的内腔称为腔室，内含脑脊液。端脑包括左、右大脑半球。每个半球表层为灰质所覆盖，叫大脑皮质。被大脑皮质包绕而位于深部的白质称为髓质。人类的大脑皮质在长期的进化过程中高度发展，它不仅是人类各种机能活动的高级中枢，也是人类思维和意识活动的物质基础。

2. 脊髓（spinal cord）

脊髓是中枢神经系统的低级部分，在功能上受各级脑的控制和调节。脊髓呈前后略扁粗细不均的圆柱体，位于椎管内，上端在枕骨大孔处与延髓相续，下端终于第 1 腰椎下缘水平。脊髓前、后面的两侧发出许多条细的神经纤维束，叫作根丝。一定范围的根丝向外方集中成束，形成脊神经的前根和后根。脊神经前、后根在椎间孔处合并形成脊神经。脊髓以每对脊神经根根丝的出入范围为依据，划分为 31 个节段，即颈髓 8 节（C_1—C_8），胸髓 12 节（T_1—T_{12}），腰髓 5 节（L_1—L_{15}），尾髓 1 节（Co1）。

（二）周围神经系统（peripheral nervous system）

周围神经系统联络于中枢神经和其他各系统器官之间，包括与脑相连的脑神经（cranialnerves）和与脊髓相连的脊神经（spinal nerves）。周围神经的主要成分是神经纤维。按其所支配的周围器官的性质可分为分布于体表和骨骼肌的躯体神经和分布于内脏、心血管和腺体的内脏神经。将各种刺激转变为神经信号向中枢内传递的纤维称为传入神经纤维，由这类纤维所构成的神经叫传入神经或感觉神经（sensory nerve）；向周围的靶组织传递中枢冲动的神经纤维称为传出神经纤维，由这类神经纤维所构成的神经称为传出神经或运动神经（motor nerve）。

分布于皮肤、骨骼肌、肌腱和关节等处，将这些部位所感受的外部或内部刺激传入中枢的纤维称为躯体感觉纤维；分布于内脏、心血管及腺体等处，并将来自这些结构的感觉冲动传至中枢的纤维称为内脏感觉纤维。分布于骨骼肌并支配其运动的纤维称为躯体运动纤维；而支配平滑肌、心肌运动以及调控腺体分泌的神经纤维称为内脏运动纤维，由它们所组成的神经又称为植物性神经。

1. 脊神经（spinal nerves）

脊神经共 31 对，每对脊神经连于一个脊髓节段，每对脊神经借前根连于脊髓前外侧沟；借后根连于脊髓后外侧沟。一般前根属运动性神经，后根属感觉性神经。两者在椎间孔处合成一条脊神经。因此，脊神经既含有感觉神经纤维，又含运动神经纤维，为混合性神经。脊神经后根在椎间孔附近有椭圆形的膨大，称脊神经节，其中含假单极的感觉神经元，其中枢突构成了脊神经后根，其周围突随脊神经分布至感受器。31 对脊神经分 5 部分，包括 8 对颈神经，12 对胸神经，5 对腰神经，5 对骶神经和 1 对尾神经。

2. 脑神经（cranial nerves）

脑神经与脑相连，自颅腔穿过颅底的孔、裂、管出颅，共 12 对。其名称为：Ⅰ嗅神经、Ⅱ视神经、Ⅲ动眼神经、Ⅳ滑车神经、Ⅴ三叉神经、Ⅵ展神经、Ⅶ面神经、Ⅷ前庭蜗神经、Ⅸ舌咽神经、Ⅹ迷走神经、Ⅺ副神经及Ⅻ舌下神经。其中Ⅰ、Ⅱ、Ⅷ为感觉性神经，Ⅲ、Ⅳ、Ⅵ、Ⅺ、Ⅻ主要为运动性神经，Ⅴ、Ⅶ、Ⅸ、Ⅹ为混合性神经。

（1）嗅神经（olfactory nerve）：始于鼻腔嗅黏膜，形成嗅丝，穿过筛孔至嗅球，传递嗅觉冲动。

（2）视神经（optic nerve）：始于眼球的视网膜，构成视神经，穿过视神经管入脑，传导视觉冲动。

（3）动眼神经（oculomotor nerve）：动眼神经发自中脑，经眶上裂出颅入眶，支配眼外肌。

（4）滑车神经（trochlear nerve）：发自中脑、经眶上裂出颅入眶，支配眼外肌。

（5）三叉神经（trigeminal nerve）：与脑桥相连，大部分为躯体感觉性纤维，其胞体位于三叉神经半月节内，中枢突进入脑桥，周围支分为眼神经、上颌神经和下颌神经三大支，司头面部皮肤、眶、鼻腔和口腔以及牙髓的一般感觉。三叉神经中小部分纤维为发自脑桥的运动纤维，加入下颌神经，主要支配咀嚼肌。

（6）外展神经（abducent nerve）：发自脑桥，经眶上裂出颅，支配眼外肌。

（7）面神经（facial nerve）：与脑桥相连，经内耳门入颞骨内的面神经管，出茎乳孔，支配面部表情肌。

（8）前庭蜗神经（vestibulocochlear nerve）：起自内耳，经内耳门入颅，由脑桥入脑，传递平衡觉和听觉。

（9）舌咽神经（glossopharyngeal nerve）：为混合性神经，经颈静脉孔出颅，分布于舌和咽。

（10）迷走神经（vagus nerve）：为混合性神经，与延髓相连，经颈静脉孔出颅，在颈部与颈总动脉和颈内静脉伴行入胸腔，经肺根后面，随食管穿膈的食管裂孔入腹腔，左侧的组成胃前神经和肝支；右侧的组成胃后神经和腹腔支。迷走神经沿途发出分支支配各器官。其中主要有喉上神经、喉返神经等。迷走神经主要含有三种纤维：①躯体运动性纤维，支配咽肌、喉肌和大部分腭肌。②副交感性纤维，是迷走神经的主要成分，这些植物性神经的节前纤维经分支至心脏、支气管、食管、胃、肝、胰、脾、小肠及部分大肠的器官旁或器官壁内的神经节，与节内的节后神经元形成突触，节后神经元的轴突支配心肌、胸腹腔脏器的平滑肌及腺体。③感觉性纤维，主要是传导内脏感觉的纤维，其感觉神经元胞体位于结状神经节，还有分布于耳廓后部、外耳道皮肤的躯体感觉纤维，其神经元胞体位于颈静脉节。

（11）副神经（accessory nerve）：由延髓发出，经颈静脉孔出颅，支配胸锁乳突肌和斜方肌。

（12）舌下神经（hypoglossal nerve）：由延髓发出，经舌下神经管出颅，支配舌肌。

（三）内脏神经系统（visceral nervous system）

内脏神经系统是指调节内脏功能的神经装置，也可称为植物性神经系统或自主神经系统。内脏神经可分成交感神经和副交感神经两部分。一般组织器官接受交感和副交感神经的双重支配。在具有双重支配的器官中，交感和副交感神经的作用往往具有拮抗的性质。在某些外周效应器上，交感和副交感神经的作用是一致的，例如唾液腺的神经支配。内脏神经对效应器的支配，一般具有持久的紧张性冲动传出的特点。

1. 内脏感觉性（传入）神经

内脏感觉神经元胞体位于脊神经节和某些脑神经节（如迷走神经的结状神经节）内，其中枢突经脊神经后根或脑神经进入脊髓或脑干；其周围突随内脏运动性神经纤维（交感神经或副交感神经）分布于所支配的器官。与躯体感受敏锐、定位、定性准确等特性相比，内脏感觉则有阈值较高、定位不明确，定性不清楚的特点。

2. 内脏运动性（传出）神经

内脏运动神经即植物性神经，它与躯体运动性神经的区别在于：①躯体运动性神经分布于全身骨骼肌，管理"随意"运动；内脏运动性神经分布于心肌、平滑肌及腺体等，管理"不随意"运动。②躯体运动性神经自脑神经运动核或脊髓前角的运动神经元发出后，随脑神经或脊神经直达骨骼肌；内脏运动性神经自脑干或脊髓内的内脏运动神经元发出后，不直接到达它所支配的效应器官，而在中途先终止于某一植物性神经节，与节内神经元形成突触，再由这些神经元发出纤维至效应器。故内脏运动性神经有节前神经元（位于脑干和脊髓，发出节前纤维）和节后神经元（位于周围植物性神经节，发出节后纤维）之分。③内脏运动性神经可依其形态和机能不同，分为交感神经和副交感神经。一般脏器由交感和副交感两种神经支配，它们在机能上互相拮抗和制约。个别器官和结构仅由一种神经支配。

四、感觉器官

感觉器（sensory organs）是感受器及其附属结构的总称，是机体感受刺激的装置。感受器广泛分布于人体全身各部，其结构和功能各不相同。感受器的种类很多，形态和功能各异，根据所在部位和所接受刺激的来源，可分为三类：①内脏感受器，分布于内脏和血管等处，接受来自内脏、血管等内环境的刺激（如压力、化学、温度、渗透压等）。②本体感受器，分布于肌肉、肌腱、关节等处，接受运动的刺激。③外部感受器，分布于体表或与外界接触的部位，接受外环境的刺激（如温、痛、触、压、光、声、嗅、味等）。感觉器的结构复杂，除具有末梢感受器外，还具有许多辅助装置，共同形成特殊的感受器官。重要的感觉器官有视器、位听器、嗅器、味器。

1. 视器

视器位于眶内，由眼球及其辅助装置组成。眼球主要感受光波的刺激，经视神经传入脑。

2. 位听器

位听器包括听器和位觉器两部分。位听器由外耳、中耳和内耳三部分组成。外耳和中耳是波传导的装置，内耳前部的蜗管接受声波刺激；中、后部为接受位觉刺激的椭圆囊、球囊和半规管。位听器经前庭蜗神经将冲动传导至脑。

3. 嗅器

嗅器位于鼻腔后上部黏膜内，感受空气中气味的刺激，经嗅神经传至脑。

4. 味器

味器即味蕾，人类的味器主要分布于舌黏膜上的菌状乳头和轮廓乳头内，少数分布于软腭、咽和会厌处的黏膜，经面神经、舌咽神经等传至脑。

思考题：

1. 简述神经系统在人体的主要分布。
2. 说明膝反射的形成过程。
3. 简要说明人体主要感觉器官的功能。

项目三

人体常见疾病

► 概　述

在医疗保险工作过程中，需要工作人员掌握人体一些常见的疾病，以利于工作开展。本章正是基于此目的，着重介绍了呼吸系统、循环系统、消化系统、血液系统、泌尿系统等九大系统以及外科的主要常见疾病，突出其保险医学特点及医疗保险质量控制标准，为核保理赔人员在处理具体问题时提供参考。

► 教学目标

本项目包括十个模块，分别为：呼吸系统疾病、循环系统疾病、消化系统疾病、血液系统疾病、泌尿系统疾病、内分泌系统疾病、代谢性疾病、结缔组织疾病、神经系统疾病、常见外科相关疾病。本项目是保险医学重要的基础内容之一，旨在帮助学生学习临床上常见的疾病与保险医学特点，通过教师直接的讲解、示范和答疑解惑，尽快熟悉保险医学相关基础理论知识，迅速掌握医学上常见疾病的病因、临床表现、诊断与治疗以及相关的保险医学特点与医疗保险质量控制标准，使之能更好地为医疗保险服务。

► 重点难点

本项目的重点与难点在于如何让学生掌握医学上各大系统常见疾病的病因、临床表现、诊断与治疗以及相关的保险医学特点与医疗保险质量控制标准。

模块一 呼吸系统疾病

学习目标

要求掌握人体呼吸系统的主要常见疾病的病因、临床表现、诊断治疗、相关的保险医学特点，以及呼吸系统的医疗保险质量控制标准。

工作任务

1. 通过对慢性支气管炎临床病例讲述，结合望、触、叩、听的体征检查，以及临床视频教学等，使学生掌握慢性支气管炎的主要病因、临床表现、诊断治疗及相关的保险医学特点。

2. 通过对肺炎临床病例讲述，结合视、触、叩、听的体征检查，以及临床视频教学等，使学生掌握其主要病因、临床表现、诊断治疗及相关的保险医学特点。

3. 通过对支气管哮喘临床病例讲述，结合望、触、叩、听的体征检查，以及临床视频教学等，使学生掌握其主要病因、临床表现、诊断治疗及相关的保险医学特点。

4. 掌握呼吸系统的医疗保险质量控制标准。

实践操作

★临床案例

男性患者，50 岁，工人，因发热、咳嗽 5 天入院。患者 5 天前淋雨后出现寒战、发热，体温高达 40℃，伴咳嗽、咳少量白色黏痰。无痰中带血，无胸痛，无咽痛及关节痛。在当地门诊口服退热止咳药及红霉素片后，体温仍高，在 38℃ 到 40℃ 之间波动。病后食欲缺乏，睡眠差，大小便正常，体重无变化。

既往体健，无药物过敏史，个人史、家族史无特殊。

体检：体温 38.2℃，脉搏 96 次/分，呼吸 20 次/分，血压 120/80mmHg。发育正常、急性病容、营养中等、神清、无皮疹、浅表淋巴结不大，头部器官大致正常，咽无充血，扁桃体不大，颈静脉无怒张，气管居中，胸廓无畸形，呼吸平稳，左上肺叩诊浊音，语颤增强，可闻湿性啰音，心界不大，心率 96 次/分，律齐，无杂音，腹软，无压痛，肝脾未及。

化验：血红蛋白 140g/L，白细胞 $12.8×10^9$/L，中性粒细胞 79%，嗜酸性粒细胞 1%，淋巴细胞比例 20%，尿常规（—），粪便常规（—）。

案例讨论：本病例的可能疾病是什么？在保险医学上该患者如果在出院后 3 个月投保重大疾病险，如何做核保决定？

延伸讨论：1. 本病的主要鉴别诊断有哪些？

2. 如果你是核保人员，你对这类投保人员应该作何种考虑。

问题探究

一、慢性支气管炎

慢性支气管炎（chronic bronchitis）是指气管、支气管黏膜及其周围组织的慢性非特异性炎症。慢性支气管炎是常见病、多发病，不易根治，病情缓慢进展，是引起心肺功能障碍的主要原因之一。在寿险医学中，尤其是在判定患慢性支气管炎的被保险人的长期风险时，应引起重视。

（一）病因

慢性支气管炎致病因素目前尚不十分明了，但一般认为大气污染、吸烟、感染（细菌、病毒、支原体）、过敏因素等为其主要病因；而自主神经功能失调、高龄、营养不良、遗传等因素与慢性支气管炎也有一定关系。

（二）临床表现

慢性支气管炎多缓慢起病，病程长，反复发作并加重。主要症状有慢性咳嗽、咳痰、喘息。患者常在寒冷季节发病。开始症状轻微，反复发作的慢性支气管炎并发肺气肿后，呼吸困难逐渐加剧。

本病早期多无明显体征。有时在肺底可听到干、湿啰音，尤其在老年、体弱的患者中。而喘息型支气管炎患者可闻及哮鸣音。长期发作的慢性支气管炎患者可见桶状胸、肋间隙变宽等肺气肿体征。单纯型慢性支气管炎患者 X 线检查可为阴性，或仅有两肺下野纹理增强，或呈条索状。CT 检查在诊断和鉴别诊断上更有价值，慢性支气管炎患者呈肺纹理粗乱，纵切面的支气管壁增厚，有时呈典型的"双轨征"。

（三）诊断

慢性支气管炎的诊断主要靠病史和症状。在排除其他心肺疾病后，凡有慢性、反复咳嗽、咳痰或伴有喘息，每年发病持续 3 个月以上，并连续 2 年或以上时即可确诊。当然，每年发病时间不足 3 个月，但各种客观检查依据明确，也可诊断。

（四）治疗

对慢性支气管炎的治疗，急性发作或慢性迁延期要控制感染、祛痰、镇咳，喘息时加用解痉、平喘药。在缓解期应加强锻炼，增强体质，也可注射支气管炎疫苗。

（五）保险医学特点

（1）慢性支气管炎不能根治，其过程可有急性发作、慢性迁延、暂时缓解等，并发慢性阻塞性肺气肿、支气管肺炎、支气管扩张的可能性较大，尽管病程长短不一，但多数最终会出现肺功能不全。因此，对患有慢性支气管炎的要保人，要做全面分析、判断，就其保险年限、险种、保险金额等进行规范，防止风险的逆选择。

（2）对患有慢性支气管炎的要保人，要进行社会调查，病史询问，体格检查。如若要保人早已戒烟，工作环境、医疗条件较好，X 线胸片仅有肺纹理略强，可按低标准评点，并允许投较长期限的寿险险种。

（3）对患有慢性支气管炎，仍在吸烟、烟龄长、吸烟量大，生活在严寒地区或大气污染严重的环境中，从事化工、染料生产等特殊职业、年长、体弱者一般要按高标准加费承保甚或拒保。

（4）单纯性慢性支气管炎患者，只要远离刺激支气管的物质和环境，即可减轻症状、延缓病程进展，其预后要比慢性阻塞性支气管炎者佳。而慢性阻塞性支气管炎患者一旦出现呼吸困难、肺功能测试结果异常或异常程度不断增加、肺气肿、肺源性心脏病等都为拒保体。

二、肺炎

肺炎（pneumonia）是指包括终末气道、肺泡腔及肺间质在内的肺实质炎症，其发病率为2/1000，死亡率为1/10000，居各种死因的第五位。肺炎大部分为一过性，其预后视感染的原因、病体的年龄及免疫力、并发症的有无和病情的严重程度而定，一般而言，预后良好，不留后遗症。但限于某些条件、病原变迁、滥用抗生素、部分人群的贫困化，使得因呼吸道感染所引起的死亡仅次于心血管病。

肺炎

而从保险医学方面讲，某些肺炎又常作为肺部疾病和某些肺炎后遗症的鉴别内容之一。2003年流行的SARS，其肺部炎症又称为"非典型肺炎"，由于鉴别诊断困难，某些寿险公司就在该病出险理赔中遇到了许多实际问题。

（一）病因及分类

根据不同的病原体，肺炎可分为细菌性肺炎（占成人各类肺炎的80%）、病毒性肺炎、立克次体肺炎、衣原体肺炎、支原体肺炎，此外还有真菌性肺炎、寄生虫性肺炎、医院获得性肺炎、物理化学（吸入、放射）性肺炎及过敏性肺炎等。

（二）临床表现

肺炎发病前往往有受凉、疲劳、醉酒、上呼吸道感染史。不同病原体导致的肺炎其发病机制、病理过程不尽相同，但临床表现大都有突然高热、寒战、咳嗽、咳痰、胸痛、呼吸急促等，感染严重者可并发休克、急性呼吸窘迫综合征及神志模糊、烦躁、呼吸困难、谵妄、昏迷等。病原不同的肺炎还有各自特殊的症状和体征。

（三）诊断

肺炎的诊断主要依据病史、病原学、体格检查、肺X线片、血常规检验及生化分析。必要时作胸部CT或支气管内窥镜检查。

（四）治疗

肺炎的治疗则根据病原不同，应用抗生素、抗病毒、抗真菌药物。还可采用支持治疗，重建免疫机制等措施。

（五）保险医学特点

（1）一般肺炎经治疗大部分可痊愈，不留后遗症。因此，3个月以前患过肺炎的青少年、壮年要保人，即时X线胸片正常，可无须理会，但有现症的要保人，要适当延期投保。

（2）对免疫功能低下、儿童、老年的肺炎患者，或两年之内患数次肺炎者，有霉菌性肺炎既往史者，可能提示身体虚弱，肺炎仅是一个表现，因此，要评点要保人的身体状况，并适当加费承保。

（3）对非感染性肺炎患者，如吸入性、放射性肺炎，反映的是要保人的工作环境、条件或放射治疗对肺部的危害。因此，除对肺炎的严重性做出适当评点外，更重要的是对环境因素、放射治疗的原发病做出加费承保或拒绝承保的决定。

（4）呼吸道真菌病往往是广泛应用广谱抗生素、激素、细胞毒类药物或免疫抑制剂，导致体内菌群失调的结果。因此，在风险选择、核保、理赔中，应追寻真菌病的基础，做出判定。真菌病也是临床上棘手的问题，尤其在婴幼儿、老年人中，一旦患有真菌病，常是死亡前驱。

（5）对经久不愈的肺炎患者，病程超过6周，除炎性假瘤是真正的局灶包裹性炎症外，应警惕要保人是否患结核、肺癌。在未明确之前，不能贸然承保，防止非过失带病投保。

三、支气管哮喘

支气管哮喘（bronchial asthma）是由肥大细胞、嗜酸性粒细胞和T细胞等多种炎症细胞共同参与的慢性气道炎症。全世界目前约有1亿哮喘患者，我国成人患病率为1%，儿童为3%。急性支气管哮喘可采用药物治疗，但要注意各类药物特别是激素的副作用。慢性支气管哮喘的并发症包括气胸、肺气肿、支气管扩张等；急性支气管哮喘危象可能会致患者死亡。

支气管哮喘

（一）病因

支气管哮喘病因还不十分清楚，大多认为哮喘是一种多基因遗传病。而外环境的某些诱因，在哮喘的形成和反复发病中起到至关重要的作用，如吸入尘螨、花粉、真菌、动物毛屑以及氯气、二氧化硫、氨等，食用鱼虾、海味，应用某些药物，月经、妊娠，甚至精神因素均可引发哮喘。

（二）临床表现

哮喘是一种变态反应性疾病。患者多为特异性体质，常伴有其他过敏性疾病。过敏原引起的气道炎症是哮喘者气道可逆性堵塞和非特异性支气管高反应性的重要决定因素。若哮喘长期反复发作，则可进入气道不可逆性狭窄阶段。

哮喘发作前常有先兆，如打喷嚏、流涕、咳嗽、胸闷等，若不及时处理，气管堵塞加重而出现哮喘，表现为发作性伴有哮鸣音的呼气性呼吸困难或发作性胸闷和咳嗽，严重发作时，患者端坐、干咳或有大量白色泡沫痰，甚至发生紫绀。一般可自行或给予平喘药后缓解。有的缓解数小时再次发作，甚至呈哮喘持续状态，严重时可引起酸碱失衡、呼吸衰竭而死亡。

（三）诊断

（1）反复发作的喘息、呼吸困难、胸闷或咳嗽，多为接触变应原、冷空气、物理化学刺激、运动等。

（2）发作时双肺闻及哮鸣音。

（3）症状可经治疗或自行缓解。

（4）排除其他引起喘息、胸闷、咳嗽的疾病。

（5）在寿险核保时，怀疑有支气管哮喘但症状不典型者，可进行下述检查以助诊断：

①支气管舒张试验阳性：吸入 β_2 肾上腺受体激动剂后，其第一秒用力呼气量（FEV_1）应增加 15% 以上；

②呼气流量峰值（PEF）变异率 ≥ 20%；

③支气管激发（或运动）试验阳性。

（四）治疗

（1）脱离变应原，这是治疗哮喘最有效的方法。

（2）药物治疗：支气管舒张剂，包括 β_2 肾上腺受体激动剂、茶碱类和抗胆碱药；糖皮质激素包括吸入、口服和静脉用药。

（五）保险医学特点

对于支气管哮喘的风险评估主要应从两方面入手：一是要保人的哮喘严重程度如何，二是将来是否会进展为肺气肿，影响肺功能。

对哮喘严重程度的预测应考虑比较广泛的内容，如能否配合正规治疗、所用药物是否大于三种、有无预防哮喘发作措施、既往有无持续发作、有无并发其他严重疾病、是否仍在接触过敏原、哮喘是偶尔还是经常发作、每次发作能否轻易控制、肺部疾病基础等。

对有哮喘的要保人将来是否会进展为肺气肿，要看其机体基础条件，如要保人有吸烟或合并肺部慢性黏液增多的病变时，以后有可能演变为阻塞性肺疾病，无并发症的哮喘极少（非吸烟者更少）发展成为慢性阻塞性肺气肿。

（1）支气管哮喘是常见病，且多有季节性，间歇发作。有些可自行或经过治疗康复，但多数患者不一定痊愈。因此，对要保人疑有哮喘时，应做相应的检查，同时，警惕体检时正值哮喘发作的缓解阶段而可能漏诊。

（2）因哮喘为多基因遗传性疾病，家系疾病谱调查显得尤为重要，并且患者病情与家系患病成员多寡紧密相关。如亲缘关系越近，其家系成员中患病率越高，其亲属患病率越高，患者病情越重。依此审视要保人的哮喘发作或潜在危险。

（3）幼儿、少年的哮喘发作，一般预后较好，有时可自愈。因此，对这些要保人的投保可适当放宽条件。若仅有轻度、短时哮喘发作史，且最后一次发作距投保已超过 5 年，则无须理会，可按标准体承保。

（4）有哮喘发作史，并且明确了仅由外环境的某些因素所致，目前治愈已两年以上，而又无家族成员哮喘者，也可按标准体承保。

（5）发作次数频繁，外环境激发因素多种，发作无季节性，尽管症状较轻，药物容易控制，功能暂未受影响者，也要加费承保。

（6）每年发作数次，每次持续时间较长，甚至有过哮喘持续状态者；既往有长期、大量吸烟史者；支气管有慢性炎症者；长期需大量药物（尤其应用激素）维持者；合并有肺气肿、肺心病者；发作时出现端坐呼吸、紫绀、大汗、肺功能测定中度以上异常者均属拒绝承保范围。

四、呼吸系统疾病风险管理要点及医疗保险质量控制标准

（一）风险管理要点

在投保单中，"症状体征"一栏提示客户注意慢性咳嗽、胸闷、气短等症状的如实告知。参考要保人既往病史告知，发现相关危险因素应以获取病例资料为首选，必要时可通知要保人进行体检，仔细核查风险，判断是否属于可保体，确定承保条件。

呼吸系统疾病风险管理要点及
医疗保险质量控制标准

（二）医疗保险质量控制标准

1. 医疗保险对慢性支气管炎的质量控制标准

入院指征：慢性支气管炎急性发作期可住院治疗。

治疗要点：控制感染、祛痰镇咳、解痉平喘。

疗效标准：（1）治愈：咳嗽、咳痰、喘息症状得到控制，肺部无啰音，持续2个月以上。（2）好转：咳嗽、咳痰、喘息症状明显减轻，肺部啰音明显减少或急性发作次数减少。（3）未愈：咳嗽、咳痰、喘息症状未减轻或加重，肺内啰音未减少。

出院指征：达到治愈或好转标准即可出院。

2. 医疗保险对肺炎的质量控制标准

入院指征：凡疑诊或确诊者均可住院治疗。

治疗要点：抗菌药物治疗、对症及支持疗法、并发症的治疗。

疗效标准：（1）治愈：症状、体征消失，体温正常，白细胞数恢复正常，X线显示肺部病变完全吸收，痰、血细菌培养阴性。（2）好转：症状明显减轻，体征基本消失。血常规基本正常，X线显示肺部阴影部分吸收，痰、血细菌培养阴性。（3）未愈：经治疗症状、体征无变化或病情加重者。

出院标准：达到治愈或好转标准者即可出院。

3. 医疗保险对的支气管哮喘的质量控制标准

入院指征：凡支气管哮喘急性发作期包括哮喘持续状态均可入院。

治疗要点：消除病因，避免接触过敏原，控制发作，特别注意哮喘持续状态的抢救。

疗效标准：（1）治愈：症状控制，肺内哮鸣音消失，肺功能检查恢复正常。（2）好转：偶有喘息发作，哮鸣音基本消失。（3）未愈：症状未减轻，哮鸣音持续存在，甚至并发循环、呼吸衰竭。

出院标准：经治疗达临床治愈或好转。

五、呼吸系统疾病临床路径示例（肺炎）

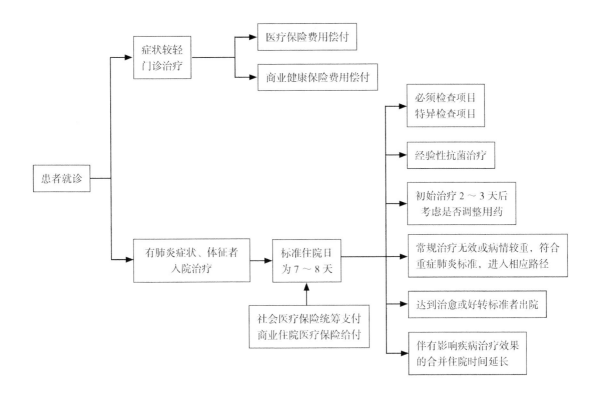

思考练习：

1. 对于慢性支气管炎的要保人，在核保中应当注意哪些风险？

2. 对有肺炎既往病史或现病史的要保人应当如何承保？

3. 支气管哮喘的保险医学特点？

模块二　循环系统疾病

学习目标

要求掌握人体循环系统的主要常见疾病的病因、临床表现、诊断治疗及相关的保险医学特点，以及循环系统的医疗保险质量控制标准。

工作任务

1. 通过对冠状动脉粥样硬化性心脏病临床病例讲述，结合视、触、叩、听的体征检查，以及临床视频教学等，使学生掌握其主要病因、临床表现、诊断、治疗及相关的保险医学特点。

2. 通过对高血压病临床病例讲述，结合望、触、叩、听的体征检查，以及临床视频教学等，使学生掌握其主要病因、临床表现、诊断、治疗及相关的保险医学特点。

3. 通过对病毒性心肌炎临床病例讲述，结合望、触、叩、听的体征检查，以及临床视频教学等，使学生掌握其主要病因、临床表现、诊断、治疗及相关的保险医学特点。

4. 掌握循环系统的医疗保险质量控制标准。

实践操作

★临床案例

女性患者，58岁，因渐进性劳累后呼吸困难6年，加重伴双下肢水肿1个月入院。患者6年前，在一次登楼梯时突感心悸、气短、胸闷，休息约1小时稍有缓解。以后自觉体力日渐下降，稍微活动即感气短、胸闷，夜间时有憋醒，无心前区痛。曾在当地诊断为"心律失常、房颤"，服药疗效不好。1个月前感冒后咳嗽，咳少量白色黏痰，气短明显，不能平卧，尿少，颜面及两下肢水肿，腹胀加重而来院。

既往20余年前发现高血压（170/100mmHg），未经任何治疗。8年前有阵发心悸、气短发作。无结核、肝病和肾病史，无长期咳嗽、咳痰史；吸烟40年，不饮酒。

查体：体温37.1℃，脉搏72次/分，呼吸20次/分，血压160/96mmHg，神清合作，半卧位，口唇轻度发绀，巩膜无黄染，颈静脉充盈，气管居中，甲状腺不大；两肺叩诊清音，左肺可闻及细湿啰音，心界向两侧扩大，心律不整，心率92次/分，心前区可闻及收缩期吹风样杂音；腹软，肝肋下2.5cm，有压痛，肝颈静脉反流征（＋），脾未及，移动性浊音（－），肠鸣音减弱；双下肢明显凹陷性水肿。

化验：血常规血红蛋白129g/L，白细胞$6.7×10^9$/L，尿蛋白（±），尿比重1.016，镜检（－），尿素氮7.0mmol/L，肌酐113μmol/L，谷丙转氨酶56U/L，总胆红素19.6μmol/L。

案例讨论：本病例的可能疾病是什么？在保险医学上该类患者核保与核赔决定有哪些关注点？

延伸讨论：1. 本病的主要鉴别诊断有哪些，涉及哪几个系统？

2. 如果你是核保人员，你对这类投保人员应该做何种决定？

问题探究

冠状动脉粥样硬化性
心脏病上

冠状动脉粥样硬化性
心脏病下

一、冠状动脉粥样硬化性心脏病

冠状动脉粥样硬化性心脏病（coronary atherosclerotic heart disease），简称冠心病，是临床常见疾病，也是保险医学的重要组成部分。冠心病可造成心肌缺血，临床上可分为无症状型、心绞痛型、心肌梗死型、缺血性心肌病型、猝死型五种临床类型。

因为在人寿保险中，许多险种、病种与其有关，并出现在风险选择、核保、抽检、售后服务、理赔的全过程。可以说，40 岁以上的寿险签单几乎全部涉及这一内容。

（一）病因

冠状动脉粥样硬化性心脏病是由冠状动脉粥样硬化导致心肌缺血、缺氧而引起的心脏病，是动脉粥样硬化导致器官病变的最常见类型。

冠心病除了冠脉内膜中类脂质透入外，冠脉与主动脉交角几乎呈直角，内膜受血流冲击力大，易受损伤。加之血小板聚集，易形成血栓。冠状动脉平滑肌增生，导致粥样硬化。

冠心病的发病有先天性与后天性两种因素；

（1）先天性因素：如脂类代谢障碍等。

（2）后天性因素：如不良生活习惯、高血压、吸烟、糖尿病、精神长期高度紧张、情绪过于激动等。

值得注意的是，现代人尤其是年轻人，长时间高度紧张的生活节奏，可使血液中肾上腺素能类的儿茶酚胺类物质浓度增高，使得血压升高、心率增快、心律失常，长此以往，就会促进冠状动脉的硬化；同时，过度的交感神经兴奋也可导致心脏室颤阈值的降低，造成室颤的发生，甚至心脏骤停。而这些原因又是近年来日渐增长的，也是以往人们未引起充分重视的。有资料显示，对 15 ～ 35 岁突然死亡的病例尸体解剖看，一半以上有不同程度的冠状动脉硬化。

本病多发生在 40 岁以后，男性多于女性。年轻人往往不重视这方面的症状，更不会去体检。还有些人，尽管曾有心慌、气短等症状，但就诊时却未发作。最后，冠状动脉硬化所造成的血管狭窄未达到 50% ～ 79% 时，平静状态下的心电图往往是正常的。因此，青年冠心病者猝死机会明显增多。

在保险医学中，除了详尽询问、了解有关个人病史、家族史外，更应侧重于社会调查，如职业、性格、生活习惯、不良嗜好等，依此做出承保决定，而不能仅仅凭心电图正常与否贸然决定承保还是拒保。

（二）临床表现及诊断

冠状动脉病变部位、范围和程度不同，其临床特点不同。可以无任何症状，但有心电图改变；也可表现为不同类型的心绞痛、心肌梗死、缺血性心肌病、心律失常甚或猝死。

有研究证实，中国、菲律宾、越南等亚洲人，其患无症状心脏病的危险比西方人要高得多。其中不少人会在无先兆症状的情况下，发生致命性心脏事件。根据回顾性研究，7/10 有心肌缺血的患者从未出现过胸痛，多数患者仅表现为易疲劳或劳力时气短。因此，在审核一般医院所做出的诊断时，尤其是对一部分较年轻的症状不典型者，应警惕误诊的可能。

在保险医学中，对冠心病的诊断，主要应依据详细的病史资料、临床表现和实验室检查。

首先是仔细问诊，分析临床症状，必要时提醒要保人平素不经意的乏力、易疲劳以及胸前区的某些不适等存在与否，并了解其生活习惯，有无不良生活方式，家族成员中有无冠心病患者或突发心脏病事件者。

从另一方面，也应通过详细询问某些被要保人重视并为多次就诊原因的某些症状如胸痛、胸闷，是在什么情况下发生的。如在静息状态下发生，而活动后症状反而减轻甚或消失，这种状况不能贸然定为冠心病。因为冠心病时，活动量的增加必然增加心肌耗氧，而引起疼痛或使疼痛加重。

心电图检查是诊断心肌缺血的简单、无创性方法。但其特异性只有 20% ～ 30%，因此，怀疑冠心病而静息心电图正常时，可做 24 小时动态心电图、运动或药物负荷试验心电图，都有参考意义。当然，心电图异常，也不完全就定为冠心病，因为影响心电图的因素较多，特别在更年期妇女。明确这些，在核保时尤其显得重要。

冠状动脉造影是显示冠脉病变部位、程度最有价值的方法。放射性核素心脏显像也有较高价值。此外，超声心动图（尤其多巴酚丁胺超声心动图检查，可发现缺血心肌较正常心肌运动减弱）、心前区等电位标测、收缩时间间期测定、心尖搏动图、心冲击图、血清心肌酶检查，均可从不同角度反映心肌的变化，也有助于诊断。近来，还有应用冠脉内超声、血管镜检查等诊断方法。因此，核保时，要结合病史、既往史、家族史、生活习惯等综合评点。若冠心病的危险因素较多，即使心电图正常，也不要轻易放过冠心病的诊断。

心肌梗死是冠心病的主要内容之一。其绝大多数源于九种可预测危险因素：吸烟、血脂异常、高血压、糖尿病、向心性肥胖、精神长期处于紧张状态、每日水果摄入不足、每日蔬菜摄入不足以及每天缺少体育运动。上述九种危险因素总体可预测全球人群 90% 以上心肌梗死发病危险，其中吸烟和血脂异常可以预测 2/3 的心梗发病危险。由于这些危险因素都可以改变，因此，要保人和被保险人能否改变不良生活习惯，坚持对高血压、糖尿病、异常血脂的正确、有效治疗，直接影响冠心病的预后。能否阻止这些危险因素的继续，在保险医学的核保和寿险服务中有深远意义。

（三）治疗

冠状动脉硬化性心脏病分为预防和治疗两方面。预防主要是预防动脉粥样硬化的发生和发展。治疗原则是改善冠状动脉的血供和减轻心肌耗氧，同时治疗动脉粥样硬化。心肌梗死时，应及时缓解疼痛、溶栓或者行经皮穿刺腔内冠状动脉成形术，消除心律失常、治疗心力衰竭、控制休克及处理并发症。

（四）保险医学特点

冠心病是心肌缺血的主要原因，但并非唯一原因，其他疾病也可引起心肌缺血。心电图也是诊断冠心病的初步方法。正常情况下的心电图，T 波显"直立"状态，慢性心肌缺血患者的 T 波会显示"低平"或"倒置"形态。然而，T 波的这一改变并不一定都是冠心病。中年女性因焦虑导致的交感神经兴奋以及高血压、饱餐后、心肌炎、房颤、心率过快等，均可出现心电图上的 T 波改变。一般来说，女性冠心病的高发阶段在绝经期以后；绝经期前月经正常的女性，如果没有冠心病、高胆固醇家族史，由于雌激素对冠状动脉的保护作用，冠心病的发病率很小。流行病学调查表明，女性到 65 ～ 70 岁，冠心病的发病率才逐渐与男性持平。

（1）冠心病是多发病、常见病。据统计，50 岁以上人群中，50% 的人患有冠心病。因此，凡是 45 岁以上要保人，均应引导其如实告知有关冠心病内容，询问有无冠心病病史、家族史等有关资料，必要时做心电图检查，并把冠心病作为投保后抽检的重要项目。

（2）对存在两项以上易患因素、50 岁以上的要保人，就要考虑低标准评点承保。

（3）某些冠心病患者可能有意隐瞒既往心绞痛病史，也可能对以往模糊的心前区疼痛与不适缺乏认识而予以忽略或否认是心绞痛发作，核保医生要耐心询问、调查，并结合多方资料，综合判断有无冠心病的可能。倘若爬一层或二层楼梯即出现气短或易疲劳，就应高度怀疑患有缺血性心脏病，即使以往心电图正常，或从未有过冠心病的诊断。若承保寿险起码应高标准评点。而要保人同时又有高血压或糖尿病，或有心脏病家族史，则当属拒保体。

（4）青壮年疑有冠状动脉炎、冠脉畸形时，应延期投保，若经冠脉造影证实冠脉正常，可按标准体承保。

（5）有两项以上冠心病诱发因素，临床偶有典型心绞痛发作，或有微型、局灶性心肌梗死，治愈后经冠脉造影冠脉正常，要高加费承保。

（6）不稳定性心绞痛、梗死前综合征是动脉粥样硬化性心脏病的严重表现，对其要突出检查心电图，尤其观察心电图的动态改变，或做心脏 B 超的专项内容，确定诊断后要延期投保，经皮冠状动脉腔内血管成形术（PTCA）或冠脉搭桥术（CABG）治疗后不足 6 个月，也应延期投保。

（7）有过大面积心肌梗死、冠心病心律失常、心力衰竭、缺血性心肌病、猝死抢救成功后等，均视为拒保体。

（8）女性冠心病有其临床特点，如症状不典型、合并高血压者多、一旦肾功能损害则进展迅速、治疗效果差、心肌梗死发生后溶栓易出血等。所以，对 50 岁以上女性投保人，尤其要严格审视心电图等客观检查资料，一旦除外心脏神经官能症，诊断为冠心病，一般就要高标准评点。

（9）经冠状动脉造影证实左主干或前降支冠状动脉病变，一般预后较差。此时若无高血压、糖尿病、心电图明显改变，而偶有心前区轻微疼痛，服药后可缓解，可高标准评点；冠脉造影发现三支均有病变，且未接受介入或手术治疗，要拒绝承保。

（10）有下列任何一项，证明严重心脏缺血或左心室功能障碍，应拒保。

①身体状况不能接受或耐受运动负荷心电图的要求而发生心绞痛者。

②在进行运动心电图时，收缩血压未能高过静息状态血压时。

③进行运动心电图未能获得基本心脏机能指标 20000（即心跳速率 × 收缩血压）。

④经心脏彩色多普勒超声图检查，心脏射血分数低于 40%。

⑤进行 PTCA 后，运动心电图出现中、重度异常的结果。

二、高血压病

高血压病上

高血压病（hypertension）是以体循环动脉压增高为主要表现的临床综合症，是导致脑卒中、冠心病等心血管疾病的最重要因素，也是心血管疾病死亡的主要原因之一。可分为原发性和继发性两大类。在 95% 以上的患者中，高血压的病因不明确，称为原发性高血压；其他不足 5% 的患者血压升高是某些疾病的临床表现，本身有明确的病因，称为继发性高血压。

高血压病下

统计资料显示，我国现有高血压患者已超过 1.2 亿人，每年新增 300 万人以上。现有脑卒中患者 500 余万人，每年新发病 150 万人，死亡 20 万人，其中 76% 有高血压病史。冠心病患者约有 1000 万人，65% 有高血压病史。另据世界卫生组织预测，至 2020 年，非传染性疾病将占我国死亡原因的 79%，其中心血管病将占首位。在一组重大疾病保险理赔案件的统计中，因脑血管意外所致的理赔约占一半，而这些脑血管意外绝大多数与长期高血压有关，是 III 级高血压的一方面表现。

因此，随着时代的发展和科学技术的进步，充分认识高血压带来的危害，重新审视以往有关高血压的定义、合并症、加费标准等，以利寿险业的可持续健康发展，是保险医学的重要任务。

血压的高低对死亡率影响较大，因此，血压增高的水平是评价要保人投保后危险程度的重要指标。长期高血压可影响重要脏器，尤其是心、脑、肾脏的功能，重症者以及某些并发症可威胁生命。因此，在医学核保、抽检中，将高血压列入基本检查项目之一。在医学核保中，必须明确继发性高血压的原发疾病，进行适当评点，不能仅凭血压的高低来决定承保与否。

现在我国采用国际上统一的高血压标准，即收缩压 ≥ 140mmHg 和（或）舒张压 ≥ 90mmHg 即诊断为高血压。上述高血压的诊断必须在非药物状态下两次或两次以上非同日多次重复血压测定所得的平均值为依据。

近年，除肯定 120 / 80mmHg 为标准或理想血压外，研究发现，临界高血压 130 ~ 139mmHg / 85 ~ 89mmHg 可增加心血管发病率 1.5 ~ 2.5 倍，尤其收缩期的高血压更具危险性。因此，在保险医学中的高血压有其特定意义。当要保人收缩压超过 135mmHg 或（和）舒张压超过 95mmHg 时，就应按血压增高，进行适当评点。

当然，随着某些疾病谱的变迁，与高血压密切相关的疾病和征候，与以往的认识和评价有所不同或赋予新的内容，并对被保险人带来新的风险，这样，对高血压甚至临界高血压的评点就会相应发生改变，从而加大对其评点力度。

（一）病因

95% 的高血压患者，医生不知道其发病的真正原因。

从保险医学角度，将高血压危险因素分为以下两类。

1. 有明确证据支持的危险因素

（1）超重与肥胖：高血压的发生与体重增加成正比。肥胖组的高血压危险性是正常组的 8 倍以上。20～30 岁体重明显增加的人，其发生高血压的危险性最大。

（2）高钠盐饮食：健康成人的钠盐生理需要量为 5g/d，多余的钠盐是导致高血压的重要原因，与脑卒中、心脏病、肾功能衰竭有关。

（3）饮酒：为高血压的独立危险因素，此已通过大量流行病学研究加以证实，且饮酒量与高血压患病率呈正相关。

（4）紧张刺激：内、外环境的紧张刺激因素可引起脑干网状上行激活系统兴奋，引起交感神经系统、肾素－血管紧张素系统等分泌一系列儿茶酚胺、肾素、血管紧张素类物质增多，使血压上升。

（5）吸烟：吸烟可在短期内使血压急剧上升，但其与慢性高血压发病的关系正在研究之中。

（6）遗传因素：高血压病既受遗传因素的影响，又与环境因素有关。

2. 可能的影响因素

微量元素钾、钙、镁摄入不足，锌／锂比值低，血铅水平高，均可能致高血压。口服避孕药者患高血压的危险是不服药者的 2.59 倍。此外，天气也可能作为影响血压升高的因素。

高血压病病因虽未完全阐明，但目前多数学者较为公认的是：在一定的遗传基础上，由于多种后天因素的作用，使正常血压调节机制失代偿所致，如进食盐、脂肪酸、氨基酸过多，饮酒，长期精神紧张，环境噪音及不良视觉刺激。

（二）临床表现

根据高血压病起病和病情进展缓急及其病程长短，将其分为以下几种高血压类型。

1. 缓进型高血压

缓进型高血压又称良性高血压。绝大多数患者属于此型，多为中年后起病。早期血压可随精神活动而上下波动，病情渐渐发展，血压逐步升高。出现头痛、头晕、耳鸣、乏力等。有时主观症状与血压升高程度并不一致，且有半数患者无明显症状，甚至出现心、脑、肾等器官的并发症时，才明确诊断。

在人寿保险核保、理赔时，判断高血压出现的时间长短，要结合要保人、被保险人症状、体征及其文化程度、就医环境等方面进行综合分析。

2. 急进型高血压

急进型高血压又称恶性高血压，仅占全部高血压病的 1%～5%。多在青、中年发病，临床表现基本上与缓进型高血压相似，但症状如头痛、恶心等明显，病情严重、进展迅速、易引起视网膜病变和肾功能衰竭。血压显著升高，其特点是舒张压多持续在 130mmHg 或更高。

3.高血压危重症

（1）高血压危象是在高血压病的过程中，全身小动脉发生暂时性强烈痉挛，周围血管阻力明显上升而出现的一系列临床症状如剧烈头痛、头晕、眩晕、恶心、呕吐、心悸、视力模糊、尿少。严重者可导致心绞痛、肺水肿、肾功能衰竭、高血压脑病等。

（2）高血压脑病是高血压病程中发生的急性脑血液循环障碍，导致脑水肿和颅内压增高，出现剧烈头痛、头晕、恶心呕吐、烦躁不安、视力障碍、黑矇、意识模糊甚至昏迷。也可出现暂时性偏瘫、失语等。检查可见视乳头水肿、脑脊液压力增高等。

4.高血压分级

1级高血压：收缩压在140～159mmHg，舒张压在90～99mmHg。

2级高血压：收缩压在160～179mmHg，舒张压在100～109mmHg。

3级高血压：收缩压≥180mmHg，舒张压≥110mmHg。

（三）诊断

对高血压病的诊断应包括确诊高血压，除外症状性高血压，进行高血压分期，评价重要脏器功能，有无影响高血压病情发展的其他疾病及其治疗情况。结合临床症状，并进行尿常规、肾功能、心电图、胸部X线、超声心动图、眼底检查等。

（四）治疗

高血压病的诊断一经确立，即应考虑长期、耐心、积极地治疗。除了一般治疗如劳逸结合、限盐、减肥外，还可应用β-受体阻滞剂、钙拮抗剂和血管紧张素转换酶抑制剂等，并结合并发症进行合理、正规的治疗，严格掌握个体化原则，用阶梯法可发挥各药物之间的协同作用，减少机体对单一药物的耐受性，减少药物的毒副作用，减少药物的用量，维持较好疗效等。

（五）保险医学特点

（1）对要保人的血压进行测量，要避开过劳、饮酒、应用降压药物等所引起的血压上下波动而失真或假象。尤其血压在边缘状态时，应嘱要保人休息10分钟，先后测量3次，并取平均值，作为最终结果。

遇有明显肥胖者，要选择宽而长的适当袖带测量血压。当高龄被测者血压偏低时，为防因动脉粥样硬化或其他原因引起大动脉狭窄的假性低血压，要再次测量对侧，求得实际血压。

（2）评点高血压要保人要结合心电图、尿常规、眼底等相关资料，综合进行分析。

（3）边缘性高血压以及1级高血压的要保人，无肥胖、无烟酒嗜好、无高血脂，心电图正常，家族中无高血压患者，可按标准体承保，有上述任何一项者，要低标准评点。

（4）2级高血压，无肥胖，无心、脑、肾、血管病家族史，无心电图改变，无血脂增高等，也应按高标准评点。有两种或两种以上危险因素者，要更高标准评点其或拒绝承保。

（5）有高血压并发症史者，无论目前血压控制如何，一律为拒保体。2级以下的高血压病，但有影响高血压病进展、治疗效果和预后的疾病同时存在，如糖尿病、冠心病、高血脂、高尿酸血症、慢性呼吸道疾病等也均为拒保体。

（6）单纯舒张压升高的青年要保人，若无高血脂、肥胖等，只要限制某些长期险种，可不作加费处理；收缩压和舒张压均高，或单纯收缩压增高的中、老年要保人，无论有无高血脂、肥胖等，均应加费承保，若增高明显，则为拒保体。

继发性高血压除按原发病进行评点外，还要考虑到因高血压合并心、脑、肾等重要脏器病理改变的后果。除非继发性高血压确定较早，治疗原发病及时，可考虑高、低加费承保外，一般均为拒保体。

（7）对于高血压而言，由于它是一种可以导致人体多系统和器官发生病理损害的疾病，因此，无论是寿险还是医疗险，都无法做责任除外的约定。

三、心肌炎

心肌炎（myocarditis）是指心肌中有局限性或弥漫性的急性、亚急性或慢性炎性病变。心肌炎常为各种全身性疾病的一部分。病因不明，现在多认为是病毒感染所致。

病毒性心肌炎

（一）病因

按心肌炎的病因可分为：（1）感染性疾病病程中发生的心肌炎。各种病毒均可引起心肌炎，其中以上呼吸道、消化道感染的各种病毒致病多见。（2）其他尚有过敏、变态反应所致的心肌炎和化学、物理、药物等所致的心肌炎。

（二）临床表现

心肌炎临床表现视引发心肌炎的病因、病变广泛程度与部位而不同，轻者可无症状，重者可发生心源性休克，甚至猝死。多数患者发病前 1～3 周有上呼吸道、消化道感染症状，如发热、全身酸痛、咽痛、腹泻等。此外，还可有胸闷、心悸、乏力、头晕等。暴发性心肌炎可很快出现心力衰竭或心源性休克、心源性猝死。检查可见心脏扩大，心率过快或过缓，心音低钝，常有心脏杂音和其他心律失常。

（三）诊断

我国临床诊断心肌炎的标准如下。

1. 在上呼吸道感染、腹泻 1～3 周内出现严重乏力、第一心音明显减弱、舒张期奔马律、心包摩擦音、心脏扩大、心脏衰竭或阿–斯综合征等。

2. 上述感染后 1～3 周内或同时出现各种心律失常和（或）心电图异常，且在服抗心律失常药物以前，有下列改变者。

（1）房室传导阻滞、窦房阻滞或束支阻滞。

（2）两个导联以上 ST 段呈水平型或下斜型下移 $\geq 0.05\text{mV}$，或多个导联 ST 段异常抬高或有异常 Q 波。

（3）多源、成对室性早搏，自主性房性或交界性心动过速，持续性或阵发性室性心动过速，心房或心室扑动、颤动。

（4）两个以上以 R 波为主的导联 T 波倒置、平坦或降低 $\leq$ R 的 1/10。

（5）频发房性早搏或室性早搏。

具有第 1～3 任何一项即可诊断；具有第 4 或 5 项以及无明显病毒感染史，必须具有以下指标之一，以助诊断：

血清病毒抗体滴度增高，病毒特异性 IgM 阳性，从心内膜、心肌、心包或心室穿刺液中测出肠道病毒或其他病毒基因片段，左室收缩功能减弱，病程早期肌酸激酶、肌酸激酶同工酶、丙氨酸氨基转移酶、乳酸脱氢酶增高等。

（四）治疗

病毒性心肌炎的治疗一般包括卧床休息、注意营养，抗心律失常、激素类及促进心肌代谢药物的应用，还可以采用中医药治疗。

（五）保险医学特点

（1）大多数心肌炎患者经适当休息、治疗后痊愈，不留任何后遗症。在寿险投保中一是看既往病史资料，二是注意当前情况，两者结合进行分析。

（2）就目前状况而言，对病毒性心肌炎（尤其在儿童）的诊断较宽松。特别在基层医院，缺乏实验室血清学检查，更无病毒基因检测技术，有时仅凭心电图的显示不正常，即冠以"病毒性心肌炎"的帽子。造成保户经济损失和精神压力。核保医师对这部分要保人更应仔细审核，并以目前表现的症状、体征为主。若仅有心电图或听诊中偶发室性早搏，其他检查都正常，也可按标准体承保。

（3）原有心肌炎诊断确切，痊愈一年，无任何症状、体征，心脏超声等检查正常或仅在感冒、剧烈运动时出现少量早搏，也可按标准体承保。

（4）心肌炎经治疗趋于稳定，但仍有心脏轻度扩大、心律失常、心功能略有减退，要延期投保。若此种情况经久不变，成为后遗症，需观察 3～6 个月，若无恶化，且有好转趋势，要高标准评点，并适当限制某些险种的投保。

（5）心肌炎转成慢性，出现渐进性心脏扩大，心功能减退，心律失常，或演变成心肌病等要拒保。因出现这种情况，数年或一二十年后，患者常死于心力衰竭、心律失常或心源性猝死。

四、循环系统疾病风险管理要点及医疗保险质量控制标准

（一）风险管理要点

对于患有循环系统疾病的要保人，要在病例及问卷中注意有无高血压、糖尿病、高脂血症病史及家族史，对既往病毒性心肌炎史客户要询问发病年龄及疾病转归情况。由于重大疾病患病年龄层有下移趋势，因此对 35 周岁以下的客户也要进行高血压及冠心病等疾病的必要排查，而对于 40 周岁以上的客户要重点进行循环系统疾病的体格

循环系统疾病风险管理要点及医疗保险质量控制标准

检查，密切关注血糖、血脂、心电图、超声心电图的检查结果，准确评点，有相关疾病现病史的客户，重大疾病险及住院保险通常拒保，以避免不合理风险。其他较轻微的症状，可在承保后定期提示客户改变不良生活习惯，降低风险的发生。

（二）医疗保险质量控制标准

1.医疗保险对心绞痛的质量控制标准

入院标准：（1）疼痛典型，服用硝酸甘油无效者。（2）近一周内发作频繁，药物控制不佳。（3）疼痛伴有心功能不全者。（4）有心梗病史的心绞痛患者。

疗效标准：（1）治愈：心绞痛症状消失，心电图及其他实验室检查恢复正常。（2）好转：心绞痛症状明显减轻，心电图表现有所好转。（3）未愈：心绞痛症状无好转，心电图无改善。

出院标准：住院3周以上，疗效达到治愈或好转标准者。

2.医疗保险对心梗的质量控制标准

入院指征：（1）急性期无论症状是否严重均需住院。（2）亚急性期有心绞痛、心力衰竭或严重心律失常者。（3）恢复期无须住院，但需在门诊继续观察并给予二级预防。

疗效标准：（1）治愈：症状消失，无并发症，心电图按正常规律演变。（2）好转：症状基本消失，无严重并发症。（3）未愈：症状无改善，有较多较重并发症。

出院标准：病程4～6周，达到治愈或好转标准者。

3.医疗保险对高血压病的质量控制标准

入院指征：凡确诊高血压二期以上者均应入院治疗，无并发症的高压患者可在门诊进行治疗。

疗效标准：（1）治愈：症状消失，血压下降接近正常，实验室各项检查正常。（2）好转：症状基本消失，血压下降明显但未达正常，各项检查有好转。（3）未愈：血压未下降，症状及实验室检查无好转。

出院标准：达治愈、好转者可出院，但需门诊复查；对血压尚未达正常者，需继续观察治疗。

4.医疗保险对病毒性心肌炎的质量控制标准

入院指征：（1）有严重心律失常或心功能不全。（2）病程较长不易缓解。（3）实验室检查变化明显。

治疗要点：（1）针对心律失常或心功能不全的治疗。（2）应用心肌能量药或心肌营养药。（3）病毒抗体阳性者选用有效抗病毒药：黄芩、板蓝根、双黄连等。

疗效标准：（1）治愈：症状、体征消失，心电图和实验室检查恢复正常。（2）好转：症状减轻，体征改善，心电图及实验室检查结果未完全恢复正常。（3）未愈：临床症状及检查均未见好转或恶化者。

出院标准：治愈或好转两周者。

五、循环系统疾病临床路径示例（冠状动脉粥样硬化）

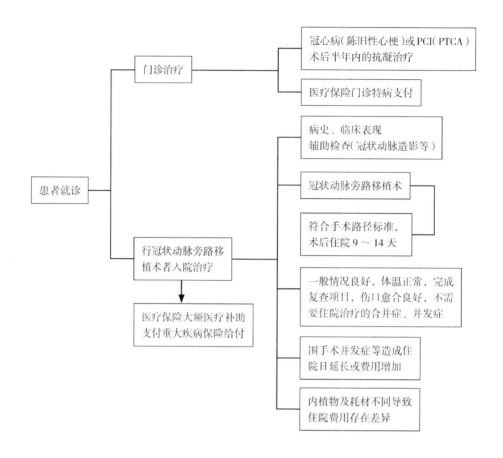

思考题：

1. 急性心肌梗死是重大疾病保险中必须包含的保险责任，而心绞痛则是除外责任，请简述心绞痛型冠心病与心肌梗死型冠心病临床表现及鉴别诊断。

2. 病毒性心肌炎的保险医学特点。

模块三　消化系统疾病

学习目标

　　要求掌握人体消化系统的主要常见疾病的病因、临床表现、诊断治疗及相关的保险医学特点，以及消化系统的医疗保险质量控制标准。

工作任务

　　1. 通过对胃炎临床病例讲述，结合望、触、叩、听的体征检查，以及临床视频教学等，使学生掌握其主要病因、临床表现、诊断治疗及相关的保险医学特点。

　　2. 通过对消化性溃疡临床病例讲述，结合望、触、叩、听的体征检查，以及临床视频教学等，使学生掌握其主要病因、临床表现、诊断治疗及相关的保险医学特点。

　　3. 通过对肝硬化临床病例讲述，结合望、触、叩、听的体征检查，以及临床视频教学等，使学生掌握其主要病因、临床表现、诊断治疗及相关的保险医学特点。

　　4. 掌握消化系统的医疗保险质量控制标准。

实践操作

　　★临床案例

　　男性患者，32岁，因间断上腹痛，反酸、烧灼感8余年，加重2天，呕血、黑便6小时入院。8余年前开始无明显诱因间断上腹胀痛，反酸、烧心，餐后半小时明显，自服一些制酸胃药，可缓解。近2天来加重，纳差，服药后无效。6小时前突觉上腹胀、恶心、头晕，先后两次解柏油样便，共约500g，并呕吐咖啡样液1次，约200mL。此后心悸、头晕、出冷汗，发病以来无发热。平素二便正常，睡眠好。

　　既往30年前查体时发现肝功能异常，经保肝治疗后恢复正常，无手术、外伤和药物过敏史，无烟酒嗜好。

　　查体：体温36.7℃，脉搏108次/分，呼吸22次/分，血压90/70mmHg。神清，面色稍苍白，四肢湿冷，巩膜无黄染，皮肤黏膜无出血点和蜘蛛痣，全身浅表淋巴结不大，心肺无异常，腹平软，未见腹壁静脉曲张，中上腹轻压痛，无肌紧张和反跳痛，全腔未触及包块，肝脾未及，移动性浊音（－），肠鸣音10次/分，双下肢无水肿。

　　化验：血红蛋白80g/L，白细胞$5.0×10^9$/L，分类中性粒细胞计数65%，淋巴细胞32%，单核细胞3%，血小板计数$300×10^9$/L，大便隐血强阳性。

　　案例讨论：如果你是核保人员，该类患者核保与核赔决定要注意哪些情况？

　　延伸讨论：1. 本病例的诊断以及诊断依据是什么？本病的主要鉴别诊断有哪些？

　　　　　　　　2. 如果该患者已经治愈，出院后即于保险公司投相关的健康险，我们应该如何处理？

问题探究

胃炎

一、胃炎

胃炎（gastritis）是指任何原因引起的胃黏膜炎症。一般分为急性和慢性两大类型。病变可为局限性，也可为弥漫性。

（一）病因和临床表现

急性单纯性胃炎又称急性浅表性胃炎，理化、生物因素及胃内异物、胃石、胃区放射治疗等可引起本病。主要表现为上腹饱胀、隐痛、嗳气、恶心、呕吐等，严重时可有脱水、酸中毒、休克。一般以 X 线钡餐或胃镜确诊。

急性糜烂性胃炎，又称出血糜烂性胃炎，近年统称为急性胃黏膜损害。一般由外源性因素所引起，如药物或内源性因素如严重感染、严重创伤、颅内大手术、休克等所引起。起病急，在原发病基础上突发上消化道出血。在 48 小时内经急诊内窥镜确诊。

急性腐蚀性胃炎是由于吞服强酸、强碱及其他腐蚀剂所引起。可有上腹部剧烈疼痛、吞咽疼痛、频繁恶心、呕吐等。诊断靠病史和呕吐物、残余腐蚀剂的化学分析。忌行 X 线钡餐和内窥镜检查，以防血管破裂和食管、胃穿孔。

慢性胃炎是指不同病因引起的胃黏膜的慢性炎症或萎缩性病变。接受胃镜检查者中 80% ～ 90% 属于本病。病因有物理、化学、生物因素及免疫因素等。此外，心力衰竭、肝硬化等合并门脉高压、营养不良时也可引起慢性胃炎。根据胃黏膜病理改变及临床表现，慢性胃炎可分为浅表性和萎缩性胃炎。但临床症状缺乏特异性，并且症状的轻重与胃黏膜损害程度并不一致，有的仅有上腹隐痛、餐后饱胀、反酸、嗳气。萎缩性胃炎可有贫血、消瘦、腹泻等。确诊依据内窥镜及活体组织检查。

（二）治疗

慢性胃炎无特效治疗。一般治疗措施为调节饮食。幽门螺旋杆菌阳性时，应使用质子泵抑制剂或铋剂加上若干种抗生素进行根除，消化不良时，加服胃黏膜保护剂。萎缩性胃炎可给予养胃冲剂。若伴有重度不典型增生或重度肠上皮化生，要警惕恶变，故应及时进行手术治疗。

（三）保险医学特点

（1）凡是青壮年慢性胃炎属浅表型者，病史短，无需理会。若病史超过 10 年，尽管症状仍不明显，也应加费承保。

（2）慢性胃炎属萎缩型者，其癌变率为 2.55%~7.46%，要高标准评点，特别在 50 岁以上男性，有重度不典型增生、肠腺化生，要延期投保，直到手术后，也要高标准评点；慢性胃炎病史虽长，但经组织活检发现仅为慢性炎症，同时也无消化道肿瘤家族史，也可无需理会。

（3）慢性萎缩性胃炎病程长，症状重，伴有贫血、消瘦等，且家族中有消化道肿瘤史者，一律拒保。

二、消化性溃疡

消化性溃疡（peptic ulcer）是指发生在胃和十二指肠的慢性溃疡，是保险医学中常见病、多发病。据统计，其总发病率为 10% ~ 12%。高浓度酸性胃液对黏膜的消化作用是溃疡形成的诸多因素中最基本的因素。除了本病可长期反复发作、使被保险人多次住院外，溃疡本身的并发症如胃穿孔、幽门狭窄、胃出血、癌变等，更是威胁被保险人健康和生命的潜在风险。

消化性溃疡

（一）病因

胃黏膜保护屏障削弱、胃排空延缓和胆汁反流、胃泌素刺激胃液分泌的效应、遗传因素以及药物、环境精神因素影响等，均与本病发生有关。

（二）临床表现

本病临床表现不一，可无症状，或以出血、穿孔等并发症作为首发症状。但大多数以中上腹疼痛起病，其特点为长期性（病程可达几年到几十年）、周期性（与缓解期交替）、节律性（与饮食明显相关）。疼痛呈钝痛、灼痛或饥饿性痛并且常因精神刺激、过度疲劳、药物影响、寒冷气候诱发或加重；也可因休息、进食、服抑酸药而缓解。

（三）诊断

消化性溃疡可通过胃液分析、幽门螺旋杆菌检测、X 线钡餐造影进行诊断，内窥镜不但可作为确诊手段，且为消化性溃疡分期的重要方法。

（四）治疗

对消化性溃疡的治疗宜采用综合措施，包括生活、饮食指导、镇静、避免致溃疡药物的应用。还可口服抑酸药如碳酸氢钠、雷尼替丁等。幽门螺旋杆菌阳性者应使用质子泵抑制剂或铋剂加上若干种抗生素进行根除。对并发症要采取相应措施治疗。外科手术治疗适应证：急性溃疡穿孔、穿壁性溃疡、大量反复出血内科保守治疗无效、器质性幽门梗阻、癌变不能除外、难治性、顽固性溃疡。

（五）保险医学特点

（1）大多数消化性溃疡者预后较好。因此，凡有消化性溃疡病史的要保人，投保时已无症状、消化道造影正常，可按标准体承保。

（2）青壮年，曾有单个溃疡或穿孔，或出血，经手术痊愈一年后按标准体承保。

（3）中年以上，溃疡直径超过 2.5cm，高位、胃体、胃小弯处溃疡，近期有呕血、黑便的溃疡，发生在幽门管处溃疡，复合性溃疡或食道溃疡，均要高加费承保。即或对出血、穿孔等并发症已经手术治疗并且痊愈一年以上，也要高标准评点。

（4）中年以上，难治性溃疡、应激性溃疡、有癌变趋势的溃疡等为拒保体。

（5）凡溃疡是由长期服用药物如阿司匹林等所引起，要追寻服用阿司匹林的原发疾病，若为冠心病，视其严重程度而行加费评点或拒绝承保。

三、肝硬化

肝硬化（cirrhosis of liver）是一种常见的、由不同病因引起的慢性、进行性、弥漫性肝病。以肝组织广泛弥漫性纤维化、假小叶和再生结节形成为特征。早期因肝脏代偿可无症状，因而不被重视。晚期可引起肝功能衰竭、门脉高压甚至消化道出血、肝性脑病、继发感染等严重并发症，是我国常见疾病和主要死亡病因之一。

肝硬化

肝硬化往往为全身疾病，亦是肝脏自身疾病的晚期表现。由于其病程长、进展缓慢，被保险人投保后不久发生的肝硬化值得怀疑投保前曾患有肝炎史、大量饮酒史、长期用药史等。在理赔中，要做调查，防止道德风险的可能。当然，也有极少数要保人，平时可无任何消化道症状和体征，而当不适出现，首次就诊时，已达肝硬化晚期。

（一）病因

引起肝硬化的原因很多，在我国病毒性肝炎是主要原因。乙、丙、丁型肝炎均能发展成肝硬化。长期大量饮酒（每日摄入乙醇 80 克达 10 年以上），可引起酒精性肝炎和肝硬化。

此外，遗传和代谢性疾病如血色病、肝豆状核变性、半乳糖血症、糖原累积病以及肝脏长期瘀血、化学药物、毒物刺激、营养不良等，也可引起肝硬化。

（二）临床表现和诊断

肝硬化可能潜伏数年（平均 3～5 年）或数十年。早期症状缺乏特征性，根据肝硬化的临床表现可分为肝功能代偿期和失代偿期。

在代偿期间，仅有乏力、食欲减退、消化不良、恶心、呕吐、右上腹隐痛、腹泻等症状。也可有肝脾肿大、肝掌及蜘蛛痣。肝功能正常或轻度异常。

在失代偿期，可表现为食欲减退、体重减轻、乏力、腹泻、腹痛、腹胀、牙龈（鼻腔）出血、贫血，甚至出现嗜睡、兴奋、木僵等肝性脑病症状。体征有：肝性面容、黄疸、发热、腹壁静脉怒张、胸腹水、脾大、内分泌功能失调、皮肤黏膜或消化道出血、扑翼样震颤等。血常规提示贫血；脾功能亢进时，血小板减低，黄疸者尿中胆红素阳性。肝功能试验出现一系列异常，白蛋白、球蛋白比例降低或倒置，谷丙转氨酶升高，凝血酶原时间延长。甲胎蛋白（AFP）增高，腹水检查为漏出液。肝脏超声、食管钡餐、内镜、放射性核素、CT、磁共振、肝动脉及门静脉造影等均可诊断。肝活体组织检查可确定诊断并进行分型、预后判定。

（三）治疗

肝功能代偿期，可进行一般治疗，如休息、高热量、高蛋白、高维生素饮食，应用抗纤维化、护肝药物。门静脉高压症可进行手术治疗，以降低门静脉系压力和消除脾功能亢进。对并发症进行相应治疗。无严重的肝外疾病、肝硬化晚期可考虑肝移植。

（四）保险医学特点

肝硬化一般是慢性过程，预后不良。因此，对长期饮酒，或以往有过乙、丙、丁型病毒性肝炎的要保人，首先应除外肝硬化的可能。尤其在肝功能代偿期，要选择比较敏感的方法或指标进行诊断。

对被保险人刚过观察期即以肝硬化、肝癌申报出险者，要高度怀疑带病投保的可能。因为严重的肝炎数个月可急性发展为肝硬化；而慢性肝损害则需要几年，甚至十几年的时间方发展为肝硬化。因此，被保险人要么隐瞒了投保前的严重肝炎；要么隐瞒了长期肝硬化的系列症状。当然，某些肝硬化的患者因其自身代偿能力，可以不显示明显症状和肝功能的破坏。详细斟酌既往病史和判断肝脏硬化症的发生时间，是理赔中非常棘手的问题。

（1）对肝硬化初期的要保人，尽管已戒断饮酒、检查亦无迁延、活动性肝炎，肝功能完全正常，也应加费承保。

（2）肝功能代偿期，有一些临床症状，且有轻度肝功能受损，作为某些短期险种的次标准体，适当加费承保。

（3）虽然处于肝功能代偿期，但仍有 HBsAg 携带、HCV 阳性、或慢性肝炎者，为拒保体。

（4）因肝硬化脾大，进行脾切除，术后半年仍无症状，肝功能未继续恶化，可高标准评点，并仅限于短期险种的承保。

（5）凡有肝硬化的任何并发症，一律拒保。

（6）原发性胆汁性肝硬化，若无症状，且血清胆红素浓度长期低于 6mg/dL，则加费承保，若经常高于 6mg/dL，或年龄较大、肝脾肿大、有腹水、低蛋白血症等时，应拒保。

（7）继发性胆汁性肝硬化，若找出肝外胆管堵塞的原因如结石、肿瘤等并及时、成功地进行了手术，效果良好，但由于肝硬化已成为不可逆性，故也要高标准评点。

四、消化系统疾病风险管理要点及医疗保险质量控制标准

（一）风险管理要点

消化系统疾病，尤其是慢性胃炎及消化性溃疡，已成为全球常见病，与现代人工作紧张、生活不规律关系密切，是健康保险管理中经常涉及的风险因素。其中，十二指肠溃疡多见于青壮年，而胃溃疡多

消化系统疾病风险管理要点及医疗保险质量控制标准

见于中老年。慢性非萎缩性胃炎病程进展缓慢，且可以通过良好的生活规律有所改善，保险工作人员要对在与客户接触过程中了解到的健康信息做初步审查，对偏瘦、有类似贫血症状的客户，注意排除不合理风险。指导客户填写投保单时，提示其对消化系统疾病如实告知。核保中着重对多内分泌腺自身免疫综合征（APS）结果的关注，准确筛查，必要时可做生存调查。

（二）医疗保险质量控制标准

1. 医疗保险对慢性胃炎的质量控制标准

诊断依据：有胃区不适感、胃痛、胃胀、嗳气、胃纳不佳或恶心、呕吐症状，胃镜检查及胃黏膜活组织病理学检查可以确诊。

入院指征：诊断明确，症状显著，特别是有明显胃纳不佳需住院治疗。

疗效标准：（1）治愈：无根本治愈者，所谓"治愈"是指临床症状消失，HP⁺ 转为 HP⁻，

浅表性胃炎和活动性萎缩性胃炎者，其浅表炎症消失。（2）好转：症状减轻，食欲与食量增加；HP转阴。（3）未愈：症状无好转，胃镜检查病变范围扩大，程度变重。

出院标准：达到治愈好转标准。

2. 医疗保险对消化性溃疡的质量控制标准

入院标准：凡溃疡活动期和有合并症者或疑癌变者均可入院。

疗效标准：（1）治愈：症状消失，胃镜或钡透见溃疡已进入瘢痕期。（2）好转：胃镜或钡透见溃疡由活动期进入愈合期，症状消失或减轻。（3）未愈：症状未缓解，胃镜或钡透示溃疡未缩小或近期又发生合并症者。

出院标准：治愈或好转即可出院，定期来院复查。

3. 医疗保险对肝硬化的质量控制标准

入院标准：凡肝硬化有肝功能不全、门静脉高压症或疑有肝癌者均可住院治疗。

疗效标准：目前认为肝硬化是不可逆的病变，无根本治愈者。（1）治愈：仅对合并症而言，腹水和食管静脉曲张消失，肝性脑病清醒等。（2）好转：指合并症减轻如腹水减少，食管静脉曲张出血停止。（3）未愈：肝功能无好转，反复出血或肝性脑病，腹水未减少或症状恶化。

出院标准：达到治愈、好转及需转科治疗者。

五、消化系统疾病临床路径示例（消化性溃疡）

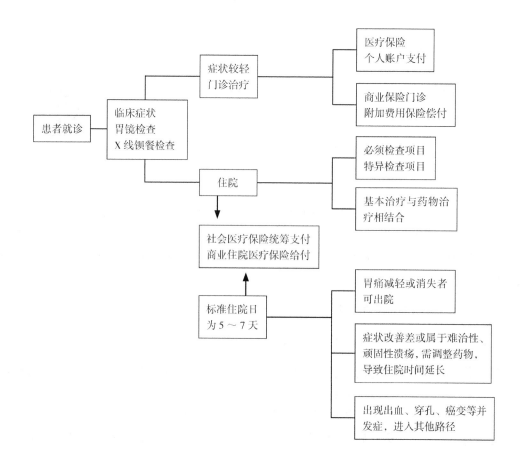

思考题：

1. 慢性胃炎属萎缩型者在核保时需要注意哪些问题？

2. 消化性溃疡的保险医学特点有哪些？

3. 患有肝硬化的要保人，在哪些情况下可以考虑承保？

模块四　血液系统疾病

学习目标

　　要求掌握人体血液系统的主要常见疾病的病因、临床表现、诊断治疗及相关的保险医学特点，以及血液系统的医疗保险质量控制标准。

工作任务

　　1.通过对缺铁性贫血临床病例讲述，结合视、触、叩、听的体征检查，以及临床视频教学等，使学生掌握其主要病因、临床表现、诊断治疗及相关的保险医学特点。

　　2.通过对白血病临床病例讲述，结合望、触、叩、听的体征检查，以及临床视频教学等，使学生掌握其主要病因、临床表现、诊断治疗及相关的保险医学特点。

　　3.掌握血液系统的医疗保险质量控制标准。

实践操作

　　★临床案例

　　女性患者，25岁，因面色苍白、头晕、乏力1年余，加重伴心慌1个月来诊。1年前无明显诱因出现头晕、乏力，家人发现面色不如从前红润，但能照常上班，近1个月来加重伴活动后心慌，曾到医院检查说血红蛋白低（具体不详），给予硫酸亚铁口服，因胃难受仅用过1天，病后进食正常，不挑食，二便正常，无便血、黑便、尿色异常、鼻衄和齿龈出血。睡眠好，体重无明显变化。既往体健，无胃病史，无药物过敏史。结婚半年，月经初潮14岁，7天/27天，末次月经半月前，近2年月经量多，半年来更明显。

　　查体：体温36℃，脉搏104次/分，呼吸18次/分，血压120/70mmHg，一般状态好，贫血貌，皮肤黏膜无出血点，浅表淋巴结不大，巩膜不黄染，口唇苍白，舌乳头正常，心肺无异常，肝脾不大。化验：血红蛋白（Hb）60g/L，红细胞计数（RBC）$3.0×10^{12}$/L，红细胞平均体积（MCV）70fl，平均红细胞血红蛋白含量（MCH）25pg，红细胞平均血红蛋白浓度（MCHC）30%，白细胞（WBC）$6.5×10^9$/L，分类：中性分叶70%，淋巴27%，单核3%，血小板计数$260×10^9$/L，网织红细胞1.5%，尿蛋白（－），镜检（－），大便潜血（－），血清铁50ug/dl。

　　案例讨论：本病例的可能疾病是什么？导致的主要原因是什么？

　　延伸讨论：1.本患者能作为标准体承保吗？为什么？

　　　　　　　2.如果你是核保人员，你对这类投保人员应该做何种决定？

问题探究

缺铁性贫血

一、缺铁性贫血

贫血（anemia）指外周血液中血红蛋白低于正常值的下限，而不是以红细胞减少一定量作为定义。因某些贫血，如地中海贫血，仅有血红蛋白减少而红细胞数量和压积均在正常范围。

世界卫生组织（WHO）规定诊断贫血的标准为：成年男性血红蛋白低于 120g/L、RBC $< 4.5×10^{12}$/L；成人女性血红蛋白低于 110g/L、RBC $< 4.0×10^{12}$/L；孕妇、儿童、婴儿较成人低。

按发病原因和机制，可将贫血分为造血原料不足，造血功能不良或缺陷以及血液丢失三种。

缺铁性贫血是由于体内储存铁缺乏，影响血红蛋白合成而引起的贫血。

（一）病因

引起缺铁的主要原因是食物中缺乏足够量的铁，或饮食结构不合理，导致铁吸收、利用减少。此外，慢性失血、女性月经过多、消化道出血、钩虫感染、胃次全、胃大部切除术后等均可引起缺铁性贫血。

（二）临床表现

临床症状由贫血、组织缺铁和发生缺铁的基础疾病组成。常见有头晕、头痛、面色苍白、乏力、易倦怠、心悸、眼花、耳鸣等，还可引起青少年发育迟缓、体力下降、智商低、易激惹、注意力不集中。还可有舌炎、皮肤干燥、免疫功能低下、异食癖等。

（三）诊断

轻度贫血时呈正常细胞正常色素性贫血，严重时则呈典型的低色素小细胞型贫血。成熟红细胞大小不一，红细胞平均体积、平均血红蛋白量、平均血红蛋白浓度均降低。血清铁和总铁结合力测定、血清和红细胞内碱性铁蛋白测定也有相应改变。骨髓涂片进行铁染色可见，铁粒幼细胞极少或消失，细胞外铁也减少。

缺铁性贫血诊断首先应确定是否是因缺铁引起的贫血，并明确缺铁的原因。根据病史、典型的红细胞形态学以及缺铁指标的阳性而得以确定。

（四）治疗

缺铁性贫血的治疗包括去除导致缺铁的病因和补充铁剂。

（五）保险医学特点

（1）对患有贫血的要保人，首先应询问病史，以求病因线索。询问中，尤应重视化学毒物、放射线等的接触，还要了解有无慢性疾病、失血、饮食营养状况、家族遗传病史等。其次，是全面体格检查。注意有无出血倾向以及肝、脾、淋巴结肿大。最后是应用实验室检查以确定贫血的程度和性质。

（2）对某些原因引起的轻度贫血，如胃炎、子宫肌瘤引起者，要保人已知病因，且开始治疗，可按标准体承保。若血红蛋白低于 90g/L，则延期投保。

（3）缺铁性贫血，病因已经明确，且经正规治疗效果显著，两个月后恢复则按标准体承保；轻到中度贫血，要治疗，延期投保半年。半年后正常则按标准体承保；较前明显好转，但尚有轻微贫血，可低标准评点；无变化，甚至有所进展，应拒保。

二、白血病

白血病（1eukemia）是一类造血干细胞的克隆性恶性疾病，是造血系统的恶性肿瘤。在儿童和青年恶性肿瘤中，其发病率占首位，也是青壮年被保险人大病出险的主要疾病之一。在寿险条款中，许多内容涉及这一大组造血系统疾病。

白血病

白血病的主要表现为，在骨髓和其他造血组织中白血病细胞异常增生，浸润相关组织，影响器官功能，使正常细胞生成减少；周围血象中，白细胞发生质和量的变化，从而产生一系列相应的临床症状和体征。

（一）白血病的分类

临床上分类方法较多，其主要分类如下。

1.按病程缓急及细胞分化程度分类

（1）急性白血病（AL）：起病急，骨髓、周围血中以原始、早幼细胞为主，原始细胞可超过 30%。

（2）慢性白血病（CL）：病程较缓慢，一般一年以上。骨髓、周围血中以异常的成熟细胞为主，伴有幼稚细胞。一般原始细胞不超过 10% ～ 15%，常有肝、脾肿大，是临床上三大巨脾原因之一。

2.按细胞形态和生化特征分类

（1）急性白血病分类

①急性淋巴细胞白血病（ALL），又按淋巴细胞的大小及形态学分为第一型至第三型三个亚型。

②急性非淋巴细胞白血病（ANLL），又将其分为 M_0 ～ M_7 八个亚型。

M_0：急性髓细胞白血病未分化型。

M_1：急性粒细胞白血病未分化型。

M_2：急性粒细胞白血病部分分化型。

M_3：急性早幼粒细胞白血病。

M_4：急性粒－单核细胞白血病。

M_5：急性单核细胞白血病。

M_6：急性红白血病。

M_7：急性巨核细胞白血病。

（2）慢性白血病分类

①慢性淋巴细胞白血病。

②慢性粒细胞白血病。

③其他少见类型。

（二）病因

白血病确切病因尚不完全清楚。病毒可能为主要因素，此外还有遗传、电离辐射、化学制剂、药物等因素。

（三）临床表现和诊断

各类白血病均可因正常的造血功能受影响而导致造血细胞生成减少，导致机体抵抗力下降，表现为贫血、发热、出血，也可因为白血病细胞浸润，使肝、脾、淋巴结肿大及其他器官病变，神经系统浸润病变、口腔黏膜、舌体浸润、皮肤浸润以及心血管、呼吸系统、骨关节、性腺、胃肠道等病变。症状的缓急、轻重主要取决于白血病细胞在体内的积蓄、增长速率和程度。

急性白血病，半数以上以发热起病。感染是急性白血病的主要死因。1/3 以上患者起病时伴有出血，出血是其第二死因。贫血也是急性白血病的主要表现，2/3 患者在确诊时有中度贫血。诊断主要靠周围血象，表现为贫血，白细胞计数可高、可低。原始细胞在周围血中出现，且所占比例增高。少数白细胞不增生性白血病，其周围血象可见不到原始细胞。骨髓象可以确诊。多数病例有核细胞增生活跃至极度活跃，主要是白血病性原始细胞。也有骨髓象呈低增生性急性白血病，原始细胞比例也高，但也有少数例外者。因此，对这些不典型或特殊病例，还要通过细胞化学、免疫学检查等进行确诊。

慢性白血病的早期症状有乏力、纳差、多汗、体重减轻。90% 患者有脾大，且是慢性白血病的一大特点。因为脾大产生腹部不适、腹胀等。此外，肝和淋巴结也可肿大；还可出现发热、贫血、出血、胸骨压痛。牙龈、皮肤、阴道易出血。极大多数慢性白血病者周围血象显示白细胞增高；血小板计数早期正常或增高，晚期减少。根据典型的脾大、外周血象、骨髓象的检查，诊断并不困难。

（四）治疗

白血病的治疗主要是化疗、放疗、辅助治疗。必要和条件允许时，可行骨髓移植。未经治疗的急性白血病患者平均生存期仅为 3 个月左右。慢性白血病病程长短不一，平均 3～4 年，超过 5 年者不足 50%。

（五）保险医学特点

（1）急性白血病起病急，进展快，但开始常不被人认识，甚至基层医生也可能误诊。对投保后不久出险的被保险人要做客观分析；而慢性白血病进展缓慢，症状绵延，表现多样，即或已被确诊，不经正规治疗，也可能有数月、数年的生存期。因此，对被保险人刚过保险合同免责期即出险的现象，应结合诸多因素和条件做详尽调查和分析，以确定是否在投保前就已经存在慢性白血病，是否有道德风险的成分。

（2）除慢性淋巴细胞白血病外，一经确诊的任何急、慢性白血病的要保人都为拒保体。

（3）青壮年慢性淋巴细胞白血病，症状、体征不典型，发现较早，治疗及时，容易达到完全缓解的要保人，经高标准评点后，可以承保短期寿险险种。

三、血液系统疾病风险管理要点及医疗保险质量控制标准

（一）风险管理要点

血液系统疾病中，贫血在幼儿及育龄、妊娠妇女群体中高发，要结合病历、筛查病因，由于可根治的原发病或饮食结构失衡等原因所引起的贫血，一般不会影响核保。对女性客户要提示在月经期结束三天后体检，保证结果的准确性。轻型地中海贫血客户可考虑选择寿险及重大疾病保险并加费承保。在住院医疗保险中，一般会增加除外责任。

血液系统疾病风险管理要点及
医疗保险质量控制标准

《重大疾病保险的疾病定义使用规范》中明确规定，造血干细胞移植术在重大疾病保险产品中属于保险责任，免责期后出险的患者可以获得重疾住院给付，极大填补了经济损失。但对保险公司而言，要在核保期间准确进行风险评估，避免逆选择，以保证合同整体的公平性。

（二）医疗保险质量控制标准

1. 医疗保险对缺铁性贫血的质量控制标准

入院指征：本病属良性贫血，病程进展缓慢，机体多能适应，一般可不必入院，在门诊或家庭病房治疗即可。如有下列情形之一者，应入院治疗：（1）红细胞 $< 2.5 \times 10^{12}/L$ 或血红蛋白 $< 70g/L$ 者；（2）口服铁制剂有明显副作用或妊娠急需纠正贫血者。

疗效标准：（1）治愈：贫血症状基本消失，血红蛋白稳定在 100g/L 以上。（2）好转：贫血症状基本消失或减轻，血红蛋白未达到 100g/L，但比入院时有明显上升。（3）未愈：症状、体征及实验室检查均无好转。

出院标准：凡达到治愈者即可出院。达到好转者，出院后休息 1 个月，同时巩固治疗至少 3 个月，门诊定期复查。

2. 医疗保险对急性白血病的质量控制标准

入院标准：白血病系进展迅速的恶性疾病，一旦疑诊立即入院。

出院标准：（1）达到完全缓解者可出院进行维持治疗。（2）经 4 个疗程治疗后未达到完全缓解者，除更换其他治疗方案外，如已达到部分缓解也可出院，出院后维持巩固治疗，门诊复查。

3. 医疗保险对慢性白血病的质量控制标准

入院标准：（1）早期只有轻度或中度脾大，白细胞在 $50 \times 10^9/L$ 以下者，可于门诊治疗或观察。（2）失代偿期，如伴贫血、出血、感染、巨脾者可入院。（3）本病进展加速期或急变期必须入院治疗。

出院标准：临床主要症状如出血、感染、贫血有所改善即可出院，出院后继续维持治疗，门诊定期复查。

白血病的疗效标准：（1）完全缓解：①临床无贫血、出血、感染及白血病细胞浸润表现。

②血象中血红蛋白＞100g/L，白细胞＜$10×10^9$/L，分类中无幼稚细胞，血小板＞$100×10^9$/L。
③骨髓象正常。（2）部分缓解：临床症状、血象及骨髓象3项中有1～2项未达到完全缓解者。（3）未缓解：临床症状、血象及骨髓象3项均未达到完全缓解者及无效者。

五、血液系统疾病临床路径示例（儿童急性淋巴细胞白血病）

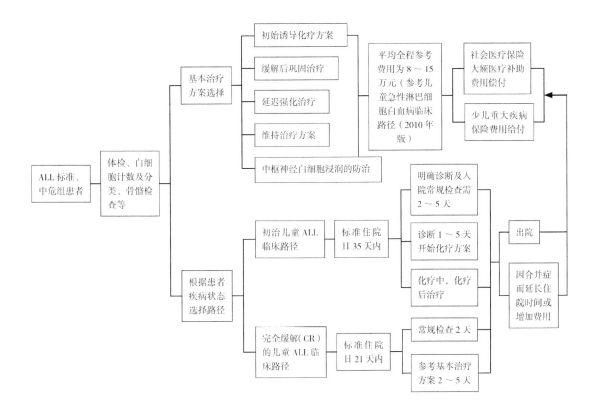

思考题：

1. 一名缺铁性贫血客户提出保险要求，试考虑对该客户的核保要点及保险建议。

2. 白血病的病因、临床表现及诊断要点。列举三种目前行销的重大疾病保险产品，概括其中的承保范围、保险责任及除外责任。

模块五　泌尿系统疾病

学习目标

要求掌握人体泌尿系统的主要常见疾病的病因、临床表现、诊断治疗及相关的保险医学特点，以及泌尿系统的医疗保险质量控制标准。

工作任务

1. 通过对慢性肾小球肾炎临床病例讲述，结合视、触、叩、听的体征检查，以及临床视频教学等，使学生掌握其主要病因、临床表现、诊断治疗及相关的保险医学特点。

2. 通过对尿路感染临床病例讲述，结合望、触、叩、听的体征检查，以及临床视频教学等，使学生掌握其主要病因、临床表现、诊断治疗及相关的保险医学特点。

3. 掌握泌尿系统的医疗保险质量控制标准。

实践操作

★临床案例

女性患者，40岁，因间断尿频、尿急、尿痛、腰痛和发热15年，再发加重3天后入院。

患者15年前无明显诱因出现间断发作的尿频、尿急、尿痛，有时伴腰痛、发热，经抗炎和对症治疗后好转，平均每年发作2～3次。入院前2天无明显诱因发热达39℃，无寒战，伴腰痛、尿频、尿急、尿痛，无肉眼血尿，无水肿。自服诺氟沙星无效，为进一步诊治入院。发病以来饮食可，大便正常，睡眠好，体重无明显变化。

既往47年前患十二指肠溃疡，经治疗已愈，无结核病密切接触史，无药物过敏史。

查体：体温38.9℃，脉搏110次/分，呼吸20次/分，血压120/80mmHg，急性热病容，无皮疹，浅表淋巴结未触及，巩膜不黄染，眼睑不肿，心肺无异常，腹平软，下腹部轻压痛，无肌紧张和反跳痛，肝脾未触及，双肾区叩痛（＋），双下肢不肿。

化验：Hb 132g/L，WBC 28.9×10^9/L，中性分叶85%，杆状5%，淋巴5%；尿蛋白（＋），尿WBC充满/Hp，可见脓球和白细胞管型，RBC 5～10/Hp。

案例讨论：如果该患者来投保，核保决定是什么？

延伸讨论：1. 本病例的可能疾病是什么？导致的主要原因是什么？

　　　　　2. 本患者能作为标准体承保吗？为什么？

问题探究

一、慢性肾小球肾炎

慢性肾小球肾炎（chronic glomerulonephritis）是起病方式不同、病程迁延、呈渐进性缓慢进展，最终发展为慢性肾功能衰竭的一组肾小球疾病。临床表现为蛋白尿、血尿、高血压、水肿。其预后视肾小球肾炎的类型及病因不同而异。

慢性肾小球肾炎

由于慢性肾小球肾炎常隐匿发病，即或投保后半年甚至一年，也不一定表现出典型的肾炎症状、体征，一旦出现临床症状、体征，经发展多年，已引起不可逆性的肾脏损害及肾功能衰竭，最后不得不靠人工透析维持生命。因此，凡诊断慢性肾小球肾炎的投保人，无论是重大疾病还是其他寿险险种，都将作为拒保体。

（一）病因

多数慢性肾小球肾炎病因不明，仅少数是由急性肾小球肾炎转变而来。

（二）临床表现

由于病理类型不同，慢性肾小球肾炎临床表现并不一致。蛋白尿、血尿、高血压、水肿为其基本临床表现，可有不同程度肾功能损害，随病程进展，最终发展为慢性肾功能衰竭。

临床上，慢性肾小球肾炎根据病理类型分为系膜增生性肾小球肾炎、系膜毛细血管性肾小球肾炎、膜性肾病、局灶性节断性肾小球硬化等。

（三）诊断

具有蛋白尿、血尿、高血压、水肿、肾功能不全等表现，且病程持续一年以上，除外继发性肾小球肾炎，就可以诊断本病。

（四）治疗

治疗的目的主要是防止和延缓肾功能进行性恶化、改善或缓解临床症状及防治严重并发症，措施包括积极控制高血压，限制食物中蛋白及磷摄入，避免使用肾毒性药物。若出现肾功能衰竭，可以进行血液透析或肾脏移植治疗。

（五）保险医学特点

（1）慢性肾小球肾炎在短期内出现氮质血症，或第一次出现氮质血症，应仔细寻找原因，不能简单地认为就是慢性肾小球肾炎的发展阶段。若找不到诱因，症状仍在进展，要拒绝承保。

（2）慢性肾小球肾炎无贫血现象，或氮质血症稳定 3 年以上，尚可高标准评点，限费承保某些寿险险种。

（3）慢性肾小球肾炎渐进发展的氮质血症、肾病综合征、中度以上贫血、舒张压＞105mmHg、高尿酸血症、高脂血症、有系统或自体免疫疾病的迹象、长期服用激素类药物或免疫抑制剂，均应视为拒保体。

（4）对接受肾脏移植者，应视其周身情况、排斥反应和肾功能，高标准评点短期寿险，并适当限制保额或拒绝承保。

二、尿路感染

尿路感染（urinary tract infection）是指细菌感染引起的尿路炎症，可分为上尿路感染（主要是肾盂肾炎）和下尿路感染（主要是膀胱炎）。尿路感染是常见病，发病率约为2%。20%～35%的成年女性在她们的一生中曾患过一次以上的泌尿道感染。因女性尿道直而短，尿道开口近离肛门，加之生育年龄尿道口创伤、污染机会多，容易发生尿道感染。

尿路感染

（一）病因

引起泌尿道感染的细菌以大肠杆菌最常见，约占70%以上，其他为变形杆菌、克雷白杆菌、绿脓杆菌、葡萄球菌等。

（二）临床表现及诊断

泌尿道感染分为上尿路感染（肾盂肾炎、输尿管炎）和下尿路感染（膀胱炎、尿道炎）。

按肾盂肾炎病程，又可将其分为急性和慢性两种。慢性肾盂肾炎是导致慢性肾功能不全的重要原因，也是寿险核保中的主要内容之一。膀胱炎主要表现为尿频、尿急、尿痛，一般无全身感染症状，尿细菌学检查确定为真性细菌尿者可以诊断。急性肾盂肾炎除上述尿道刺激征外，还可有腰痛、肋脊角压痛和全身感染性症状，如发热、头痛、恶心、呕吐、血白细胞增高，血培养阳性可以确诊。慢性肾盂肾炎主要症状为乏力、低热、腰部酸痛等，常伴有尿频、尿急、尿痛等尿道刺激征。慢性肾盂肾炎长期菌尿、抗生素治疗效果差、长期反复出现症状、难以根治，逐渐进展，最终可导致肾功能衰竭。影像学发现有局灶粗糙的肾皮质瘢痕，伴有相应的肾盏变性者可以诊断为慢性肾盂肾炎。

（三）治疗

一般治疗措施为多饮水，勤排尿。抗生素的应用可根据尿液或在血液细菌培养和药物敏感试验结果而定。

（四）保险医学特点

在保险医学中值得注意的一个现象是，回顾寿险理赔中，大部分肾衰发生于30～50岁的中年女性，而且发病突然，其中不少人首次到医院就诊时就已到了肾衰晚期而需要靠透析或换肾治疗。慢性肾盂肾炎多发生在曾有过尿路感染的中年女性中。由于该病没有肾病常见的水肿，难以被人重视，即使已发展到慢性肾衰的中期，出现了轻度贫血、高血压和多尿等症状，也常被误认为是高血压或其他疾病，故有人把肾盂肾炎称做"隐匿杀手"。

因此，对疑有肾盂肾炎的要保人，不应仅凭尿常规无异常发现就贸然否定肾盂肾炎，而应以24小时尿蛋白定量、尿液细菌培养或做尿液放射免疫微球蛋白检查。

（1）凡肾盂肾炎，首先要除外某些疾病所诱发，如糖尿病、肾结石、尿路梗阻等，而寿险评点也以原发疾病为主。

（2）急性肾盂肾炎史，彻底治愈一年后，投保时无任何症状，尿液检查连续三次无异常，可按标准体承保。若有怀疑，可做尿液 24 小时蛋白定量。

（3）1 年内急性肾盂肾炎两次以上发作，症状较明显，或有尿路堵塞现象，按慢性肾盂肾炎评点。

（4）慢性肾盂肾炎蛋白尿、脓尿、氮质血症及高血压者，病情稳定后或好转 3 年以上无肾脏变形、肾盂积水、肾功能异常等，可高标准评点。

（5）慢性肾盂肾炎确定仅有一个肾损害，按低标准评点；若 3 年后症状、体征不复存在，超声检查及肾功能测定无异常，可按标准体承保。

（6）慢性肾盂肾炎除存在反复症状、体征外，还有肾盂肾盏积水、瘢痕形成、肾脏变形和（或）缩小、肾功能损害、伴有高血压者，都应拒绝承保。

三、泌尿系统疾病风险管理要点及医疗保险质量控制标准

（一）风险管理要点

泌尿系统疾病多具有隐匿性，客户自身容易忽略，为核保带来难度。在调查中通常会通过投保单告知、一般问卷、血尿/蛋白尿补充问卷及体检结果相结合的方式，综合判断是否承保。结合保险医学特点，该系统疾病经手术或药物治愈 1 年以上无复发，可考虑为标准体承保寿险及重大疾病险，住院保险通常要附加除外责任。

（二）医疗保险质量控制标准

1. 医疗保险对慢性肾小球肾炎的质量控制标准

入院指征：（1）慢性肾炎普通型合并泌尿系感染、上呼吸道感染及其他部位的感染时，症状加重。（2）慢性肾炎肾病型尿蛋白 3＋～4＋，24 小时尿蛋白定量 3.5g 以上。（3）慢性肾炎高血压型，血压持续中等程度以上增高。（4）慢性肾炎急性发作型持续镜下血尿或肉眼血尿，肾功能急骤恶化。（5）慢性肾炎合并心脏损害、心力衰竭、心律失常、严重贫血、肺水肿、高血压脑病及严重的感染。

疗效标准：（1）治愈：①慢性肾炎普通型：临床症状消失，合并症完全恢复，尿常规检查红细胞镜检每高倍视野 10 个以下，管型尿偶尔可见，尿蛋白（±）～（＋）。②慢性肾炎肾病型：水肿完全消失，尿蛋白（±）～（＋），24 小时尿蛋白定量 150mg 以下，血浆蛋白正常。③慢性肾炎高血压型：血压恢复到正常，临床症状及合并症消失，尿中红细胞每高倍视野镜下 10 个以下，尿蛋白（±）～（＋）。④慢性肾炎急性发作型：引起发作的诱因已去除，临床肾炎症状消失，肉眼血尿消失，尿中红细胞每高倍视野镜下 10 个以下，血尿素氮、血肌酐基本正常。（2）好转：①慢性肾炎普通型：临床症状减轻，合并症恢复，尿常规检查红细胞镜检每高倍视野镜下 10～15 个，尿蛋白（＋）～（2＋）。②慢性肾炎肾病型：水肿基本好转，合并症恢复，尿蛋白（＋）～（2＋），24 小时尿蛋白定量 1g 以下。③慢性肾炎高血压型：合并症消失，血压恢复中等程度以下，尿蛋白（±）～（＋），尿中红细胞、白细胞每高倍视野镜下 3～5 个左右，偶尔可见到管型。④慢性肾炎急性发作型：肾炎症状减轻或消失，肉眼血尿消失，仍有镜下血尿，病情稳定。（3）未愈：未达到治愈及好转标准者。

出院标准：（1）达到治愈标准者。（2）达到好转标准，治疗方案确定可出院，专科门诊

随访治疗及复查。（3）达到好转标准，治疗方案确定出院后门诊或基层医院治疗。

2. 医疗保险对尿路感染的质量控制标准

入院指征：（1）患者尿频、尿急、尿痛症状门诊治疗 3 日无好转，尿沉渣检查每高倍视野镜下白细胞持续 10 个以上。（2）经门诊治疗 7 日，患者自觉尿频、尿急、尿痛症状好转。但尿沉渣检查，每高倍视野镜下尿中白细胞数 > 10 个以上，尿细菌培养菌落计数 $\geqslant 10^5/mL$。

疗效标准：（1）治愈：用药后症状消失，尿菌阴性，并于第二、三周各复查尿菌 1 次均为阴性，尿化验正常。（2）好转：用药后临床症状减轻，但仍有轻微的尿频、尿痛，尿细菌检查阴性，尿化验每高倍视野镜下白细胞数 < 5 个。（3）未愈：用药后仍有尿频、尿急、尿痛，偶有尿细菌阳性，尿化验每高倍视野镜下白细胞介于 5～10 个。

出院标准：达治愈或好转者即可出院。

四、泌尿系统疾病临床路径示例（慢性肾小球肾炎）

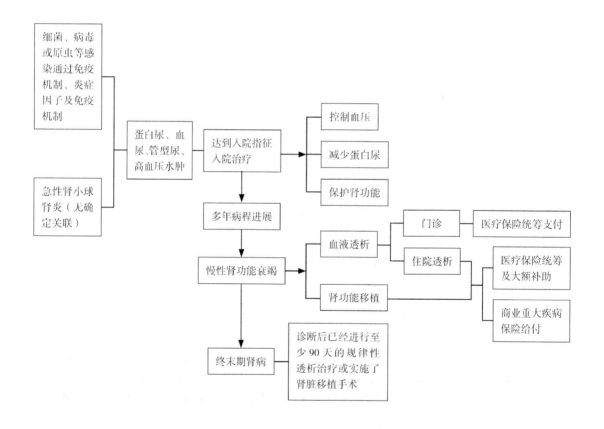

思考题：

1. 慢性肾小球肾炎的诊断及保险医学特点。

2. 泌尿系统疾病核保要点包括哪些？

模块六　内分泌系统疾病

学习目标

要求掌握人体内分泌系统的主要常见疾病的病因、临床表现、诊断治疗及相关的保险医学特点，以及泌尿系统的医疗保险质量控制标准。

工作任务

通过对以甲状腺功能亢进症为代表的内分泌疾病的病例讲述，结合望、触、叩、听的体征检查，以及临床视频教学等，使学生掌握其主要病因、临床表现、诊断治疗及相关的保险医学特点。

实践操作

★临床案例

女性患者，28 岁，因怕热、多汗、心悸、易激动 3 个月，加重 2 周入院。

患者 3 个月前无明显诱因出现怕热多汗、心悸、说话多、易怒、失眠，2 周前上述症状加重，出现多食，劳累后心悸，夜间有时憋醒。病后大便每日两次，成形便，体重减轻 8kg。

既往体健，无药物过敏史，月经初潮 14 岁，4～6 天 / 30 天，近一年闭经，家中无类似患者。

查体：体温 37℃，脉搏 110 次 / 分，呼吸 26 次 / 分，血压 110/60mmHg。发育正常，消瘦，自动体位，皮肤潮湿，浅表淋巴结不大，眼球突出，闭合障碍，唇无发绀，甲状腺 Ⅱ 度肿大，质软，无结节，两上极可及震颤，可闻及血管杂音，无颈静脉怒张，双肺正常，心界稍向左扩大，心率 150 次 / 分，律不齐，心尖部可闻及 Ⅱ /6 级收缩期杂音，腹软，无压痛，肝脾肋下未及，无移动性浊音，肠鸣音正常，双下肢不肿，双膝、跟腱反射亢进，双侧巴宾斯基征（－）。

案例讨论：如果该患者来投保，核保决定是什么？

延伸讨论：1. 本病例的主要诊断是什么？有哪些鉴别诊断？

2. 本患者能作为次标准体承保吗？为什么？

问题探究

一、甲状腺功能亢进症

甲状腺功能亢进症（hyperthyroidism），简称甲亢，是指由多种病因导致甲状腺激素分泌过多引起的临床综合征，是寿险投保和理赔中较常遇到的病症，尤其在青壮年群体中。根据甲亢的不同病因，可将其分为：甲状腺性甲亢、垂体性甲亢、伴瘤综合征和（或）HCG 相关性甲亢、卵巢甲状腺肿和医源性甲亢。

毒性弥漫性甲状腺肿又称弥漫性甲状腺肿伴功能亢进症、突眼性甲状腺肿和 Graves 病，是甲状腺性甲亢的一种常见类型。

（一）病因

甲亢为一类自身免疫性疾病，发病机理尚未完全阐明，有一定的家族倾向。

（二）临床表现

本病多见于青年女性，起病缓慢。老年、儿童甲亢症状常不典型而易漏诊。甲亢的主要表现为高代谢症候群、甲状腺肿及眼征。

1. 高代谢综合征

表现为怕热、多汗，常有低热、心动过速、心悸、食欲亢强、体重下降、乏力等。

2. 神经、神经系统

表现为易激动，神经过敏，手、眼睑、舌震颤，失眠、紧张、烦躁等，偶有寡言少语、抑郁者。

3. 甲状腺肿

多呈弥漫性、对称性甲状腺肿大，质软，可随吞咽上下移动。甲状腺肿大明显、血流丰富者，可在上下叶外侧触及震颤、闻及血管杂音。

4. 眼征

可有非浸润性突眼。主要因交感神经兴奋眼外肌群和上睑肌张力增高所致。主要表现为眼裂增宽、少瞬目、凝视等。

浸润性突眼（内分泌性突眼）临床少见，病情严重，其主要由于球后组织体积增加，淋巴细胞浸润和水肿所致。

（三）诊断

对典型甲亢的诊断不难，特别是有怕热、多汗、激动、食欲亢进、大便次数增多、形体消瘦、心动过速、眼征、甲状腺肿大等典型表现者，具有诊断意义。而不典型者，尤其老年、儿童甲亢更应借助实验室检查及甲状腺功能测定而确诊。

（四）治疗

一般治疗主要是适当休息，对症治疗，补充营养，纠正消耗。

针对甲亢的治疗可分为药物治疗、外科手术、放射性同位素治疗。

甲亢病程有三种转归：1/3 为轻型者，经治疗病情缓解；1/3 为慢性过程，呈波动性进展，经久不愈，可达数十年，此型往往有家族史；1/3 虽经治疗，病情仍会加重，且发生各种并发症而恶化，多出现甲亢危象。尽管甲亢危象死亡率较前已有明显下降，但仍高达 10%～30%。保险医学中重点是判定甲亢经治疗后的三种不同转归。

（五）保险医学特点

目前，我国边远山区的人们，因进食充斥市场未加碘的私人售盐，使得地方性甲状腺肿的发病有所增加，本症要与甲状腺机能亢进相鉴别。单纯性甲状腺肿一般不影响投保。

（1）青春期、哺乳期妇女，甲状腺可略有肿大，甲状腺功能测定仅轻微异常或基本正常，可按标准体承保。

（2）甲状腺明显肿大，静息脉搏每分钟超过 110 次，或出现心律失常、心房纤颤，或伴有明显症状、体征，甲亢治疗不足半年者，均应延期投保。

（3）有甲亢病史，经药物治疗症状基本消失，且无心、肾、血液并发症或治疗不良反应 2 年以上，仍小量服药，可适度高标准评点；停药 3 年以上无复发，并经临床实验室检查甲状腺功能正常，可按标准体承保。

（4）经手术或放射治疗的成年甲亢者，症状消失 2 年后，仍无术后并发症和后遗症，可按标准体承保。

（5）甲亢为非甲状腺性，除评点甲亢的表现和程度外，重点要评点甲状腺外的其他病因。

（6）甲亢经治疗症状虽然减轻，但留有心、肾等脏器功能异常，或白细胞数量减低者，应拒绝投保。

（7）因治疗甲亢而引起甲状腺功能减退，无其他并发症，可延期半年投保；半年后靠小剂量甲状腺素替代治疗，而无任何症状、体征，可视情况适度高标准评点。

模块七　代谢性疾病

学习目标

　　要求掌握主要代谢性疾病常见的病因、临床表现、诊断治疗及相关的保险医学特点，以及代谢疾病的医疗保险质量控制标准。

工作任务

　　1.通过对以糖尿病为代表的临床病例讲述，结合视、触、叩、听的体征检查，以及临床视频教学等，使学生掌握其主要病因、临床表现、诊断治疗及相关的保险医学特点。
　　2.掌握代谢性疾病的医疗保险质量控制标准。

实践操作

★临床案例

　　女性患者，55岁，因多饮、多食、多尿、消瘦10余年，四肢末端麻木1个月入院。
　　10年前无明显诱因出现烦渴、多食、多饮，伴尿量增多，体重明显下降。门诊查血糖升高，给予口服用格列本脲和二甲双胍治疗好转。近1个月来出现双下肢麻木，时有针刺样疼痛。大便正常，睡眠差。
　　既往无药物过敏史，个人史和家族史无特殊。
　　查体：体温36℃，脉搏73次/分，呼吸18次/分，血压150/100mmHg。巩膜无黄染，浅表淋巴结未触及，颈软，颈静脉无怒张，心肺无异常。腹平软，肝脾未触及，双下肢凹陷性浮肿，感觉减退，膝腱反射消失，巴宾斯基征（－）。
　　化验：血红蛋白120g/L，白细胞7×10^9/L，中性粒细胞65%，淋巴细胞35%，血小板200×10^9/L，尿蛋白（＋），尿糖（＋＋＋），尿白细胞0～3/高倍，血糖13.5mmol/L，尿素氮7.0mmol/L。
　　案例讨论：如果该患者在病情稳定且血糖控制正常时来投保，应该着重注意检查哪个指标？为什么？
　　延伸讨论：1.本病例的主要诊断是什么？请列出诊断依据。
　　　　　　　　2.本患者在风险管理上应该注意哪些方面？

问题探究

一、糖尿病

　　糖尿病（diabetes mellitus）是由多种病因引起的以慢性高血糖为特征的代谢紊乱。高血糖是由胰岛素分泌或作用缺陷引起的，血糖升高不是原因而是糖尿病的反映，2 型糖尿病与肥胖、缺乏运动、热量摄入过多有关。

糖尿病是严重威胁人类健康的"第三大杀手"，一是因其发病率高，是世界上发病率最高的疾病之一，我国糖尿病患病率为 3.21%，给被保险人的生活带来极大的不便；二是因为其可怕的并发症，这些严重并发症往往直接威胁被保险人的生命。

（一）病因和分类

糖尿病的病因目前尚不明确，与遗传、自身免疫及环境因素有关。

目前国际通用糖尿病分类将糖尿病分为：1 型糖尿病、2 型糖尿病、其他特殊类型糖尿病、妊娠期糖尿病。

（二）临床表现

糖尿病为慢性进行性疾病。1 型糖尿病起病较急，2 型糖尿病起病一般较缓，许多情况是在不经意或例行体格检查中发现。糖尿病一般典型症状为烦渴、多饮、多尿、多食、体重减轻、疲乏、虚弱、皮肤尤其阴部瘙痒、四肢酸痛、麻木、性欲减退、月经失调，大便秘结或腹泻，有时则交替出现。

糖尿病的并发症多而复杂。在寿险中，无论是投保、复效，还是随访、抽查，在例行体检时，一定要注意，除糖尿病的自身症状外，更应警惕其并发症对被保险人带来的风险。

糖尿病的主要并发症如下。

1. 糖尿病酮症酸中毒及昏迷

糖尿病酮症酸中毒及昏迷是糖尿病一种严重的急性并发症。由于代谢紊乱，脂肪动员和分解加速，血清酮体积聚超过正常水平时，称酮血症。继而发生代谢性酸中毒时，称酮症酸中毒。此时，尿糖呈强阳性，血酮常在 4.8mmol/L 以上，pH 值 < 7.35，严重时发生昏迷。

此种症候群常发生在 1 型糖尿病及 2 型糖尿病的应激状态。感染，尤其全身性严重感染、胰岛素剂量不足或应用中断、外伤、手术、麻醉、精神强烈刺激、胃肠道疾病致失水、进食不足、妊娠、分娩、应用大量激素等，均可诱发酮症酸中毒或昏迷。

糖尿病酮症早期，除原有症状加重外，一般无其他明显表现。随病情发展，患者极度乏力、消渴、恶心、呕吐、血压下降，导致周围循环衰竭。血 pH 值再度降低，使呼吸深快，中枢神经受抑制而意识模糊、昏迷。

2. 糖尿病高渗性昏迷

糖尿病高渗性昏迷大多见于 60 岁以上 2 型糖尿病患者，常因口服噻嗪类利尿剂、糖皮质激素、进行血液透析、高葡萄糖治疗致使血糖骤然增高或失水等而引起血浆胶体渗透压增高，脑细胞脱水，从而导致精神神经症状。

在重度高血糖症（> 33.3mmol/L）的糖尿病患者中，10% ~ 20% 可并发此症。此时，患者体重明显下降，皮肤黏膜极度干燥、缺少弹性，血压下降，体温可高达 40℃ 以上。本症易并发脑血管意外和心肌梗死等，病死率高达 40% ~ 70%。

3. 心血管病变

心血管病变的基本病理改变为动脉硬化及微血管病变和心肌代谢紊乱，可诱发心力衰竭、心律失常、心源性休克和猝死，为糖尿病最常见、最严重，也是保险医学中最为突出的问题。

4. 肾脏病变

肾脏病变的主要病理改变为毛细血管间肾小球硬化症。早期可无症状，肾脏常增大，肾小球滤过率逐渐下降，伴有高血压。尿蛋白增多，出现水肿，肾功能减退，最终出现尿毒症。肾脏病变程度与病程长短呈正相关。

5. 神经病变

周围神经、颅神经、植物神经、脊髓均可受累而引起相应支配区神经、肌肉、血管功能的改变。

6. 眼病变

大多数糖尿病病程超过 10 年的患者可合并有视网膜病变，是糖尿病患者失明的主要原因之一。

（三）诊断

典型的三多症群常提示本病。进行空腹及餐后血糖测定可确定诊断。对可疑糖尿病者应做糖耐量试验。

（四）治疗

对糖尿病的治疗主要是控制饮食，体育锻炼，应用磺酰脲类、双胍类、葡萄糖苷酶抑制剂、胰岛素增敏剂以及胰岛素等药物。

（五）保险医学特点

由于糖尿病是常见病、多发病，且晚期可并发严重的心、脑、肾、血管病变，是引起失能、死亡的重要原因。对糖尿病的家族史、无症状而糖耐量试验阳性、糖尿病危险因素、确定轻型糖尿病的投保等都应考虑周全。

（1）胰岛素抵抗（IR）和分泌缺陷是 2 型糖尿病发病机制的两个主要环节。2 型糖尿病呈家族聚集性，系与遗传相关非常强的疾病。所以，2 型糖尿病家系中非糖尿病的一级亲属是 2 型糖尿病发病的高危人群。

凡是家族成员中有年纪较轻、多成员患糖尿病的要保人，对其更应警惕现症或将来患糖尿病的可能。对此等要保人尽管目前血糖水平正常，也要作适当加费处理。

（2）多次检测血糖在正常水平高限，要做糖耐量试验。前瞻性研究发现，糖耐量试验阳性者，其预后大致为：1/3 发展为糖尿病患者；1/3 仍是健康者；1/3 始终保持阳性而不发病。糖耐量试验为阴性，且无糖尿病家族史、无特殊不良饮食、生活习惯等，可按标准体承保。

（3）糖耐量试验阳性，且有糖尿病家族史、职业或不良生活、饮食习惯者，要高标准评点。

（4）对血糖水平在正常高限者，尽管糖耐量试验阴性，但若综合多因素分析，如血压为边缘体、有烟酒嗜好、血脂略增高、肥胖等，这些要保人也应高标准评点。

（5）一旦确定为1型糖尿病，不论症状轻重，并发症有无，应一律拒保。

（6）因糖尿病而行冠状动脉内支架者，尽管糖尿病不严重，支架术也很成功，但在血糖控制不理想时，因缺血导致的靶血管血运重建率（TVB）、心脏病再住院率与心绞痛发生率均较高，因此，应是任何寿险的拒保体；若血糖控制较好，不良事件发生率与非糖尿病者相似，此时重点评点糖尿病的并发症的发生情况、严重程度就显得非常重要。若糖尿病仅有单支冠脉狭窄，且成功放了支架，高加费、限额、限险种承保也是可行的。

（7）可在保险医学的核保、理赔中检验糖化血红蛋白判定以下情况：若新发生的糖尿病，虽然血糖水平增高，但不见糖化血红蛋白（HbA1c）明显增高。未控制血糖的糖尿病患者HbA1c升高可达10%～20%。在糖尿病被控制和血糖浓度下降后，HbA1c下降缓慢，常需数周，患者可有血糖浓度已明显下降，而HbA1c水平仍较高。HbA1c测定可反映近2～3个月内血糖总体变化。

根据以上机理，对患有糖尿病而又怀疑应用降糖药使血糖水平正常的要保人，应结合检测糖化血红蛋白，以除外道德风险。

二、代谢性疾病风险管理要点及医疗保险质量控制标准

（一）糖尿病风险管理要点

糖尿病属胰岛素分泌减少或（和）作用缺陷而引起的以高血糖为特征的慢性疾病。因其久病可引起多系统损害，导致失明、肾功能衰竭、神经病、也会加速心脑血管疾病的发病风险，病情严重时可发生全身代谢紊乱而危及生命。对于此类受保人在投保时必须提供被保险人的有关糖尿病问卷及糖尿病的详细病历资料及历年的体检资料，可能的体检项目如血常规检查、尿液检查及心电图（必要时）。糖尿病患者在核保时通常会延期承保或拒保；但若糖尿病控制良好，不伴有高血压、吸烟、脑血管疾病、肾病等高风险因素及符合保险人关于疾病体检各项规定，可考虑加费承保。如属重大疾病及住院情况则通常拒保。

（二）医疗保险对糖尿病的质量控制标准

入院标准：1型糖尿病年轻起病，起病迅速，症状明显，中度至重度的临床症状包括体重下降、多尿、烦渴、多饮、体型消瘦、酮尿或酮症酸中毒等。空腹或餐后血清C肽水平低或缺乏；可出现免疫标记：胰岛素自身抗体（IAA）、胰岛细胞抗体（ICA）、谷氨酸脱羧酶抗体（GAD）、胰岛抗原抗体（IA-2）阳性；需要胰岛素治疗；可伴有其他自身免疫性疾病。符合以上标准类型患者均需要入院治疗。

住院期间检查，必需的检查项目如下。

（1）血常规、尿常规＋酮体、大便常规。

（2）全天毛细血管血糖谱（三餐前、三餐后2小时、睡前，必要时0点、凌晨3点等）。

（3）肝肾功能、电解质、血脂。

（4）胸片、心电图、腹部及妇科B超。

（5）HbA1c，胰岛 B 细胞自身抗体（ICA、GAD），口服糖耐量试验和同步 C 肽释放试验（病情允许时）。

（6）并发症相关检查（新诊断糖尿病和病程超过 5 年定期复诊者）：尿蛋白 / 肌酐、24 小时尿蛋白定量、眼底检查、神经传导速度、超声心动图、颈动脉和下肢血管彩超等。

根据患者病情可选的检查项目如下。

（1）血气分析，糖化血清蛋白（果糖胺），胰岛 B 细胞自身抗体（IAA、IA-2 等），动态血糖监测（血糖未达标和（或）血糖波动较大者）。

（2）相关免疫指标（血沉、CRP、RF、免疫球蛋白全套、补体全套、ANA 和 ENA），自身抗体（抗甲状腺、抗肾上腺、抗卵巢、抗甲状旁腺抗体等），内分泌腺体功能评估（甲状腺、肾上腺、性腺、甲状旁腺、垂体）。

选择用药：胰岛素治疗方案选择及剂量调整方案如下。

（1）餐前短效（或速效）和睡前中效（长效或长效类似物）胰岛素方案。

（2）三餐前短效和早晚餐前中效胰岛素方案。

（3）预混胰岛素注射方案。

（4）胰岛素泵持续皮下胰岛素注射。

口服降糖药：二甲双胍、葡萄糖苷酶抑制剂（18 岁以下不宜使用）。

出院标准：治疗方案确定，血糖控制达标或血糖趋于稳定。患者得到基本技能培训并学会自我血糖监测。完成相关并发病的检查。没有需要住院处理的并发症和（或）合并症。

三、代谢系统疾病临床路径示例（1 型糖尿病）

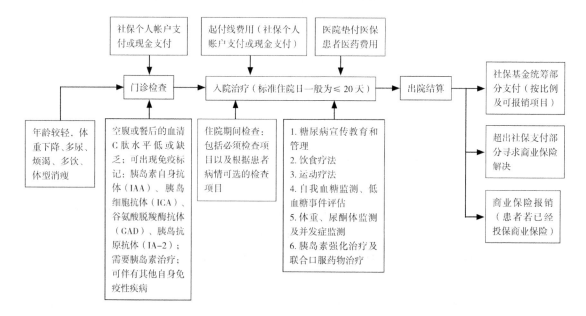

思考题：

1. 不同类型糖尿病在投保时有何不同？

2. 2 型糖尿病投保及拒保的条件有哪些？

模块八 结缔组织疾病

学习目标

要求掌握常见结缔组织疾病的病因、临床表现、诊断治疗及相关的保险医学特点，以及结缔组织疾病的医疗保险质量控制标准。

工作任务

1. 通过对系统性红斑狼疮临床病例讲述，结合视、触、叩、听的体征检查，以及临床视频教学等，使学生掌握其主要病因、临床表现、诊断治疗及相关的保险医学特点，以及其医疗保险质量控制标准。

2. 通过对类风湿性关节炎临床病例讲述，结合望、触、叩、听的体征检查，以及临床视频教学等，使学生掌握其主要病因、临床表现、诊断治疗及相关的保险医学特点，以及其医疗保险质量控制标准。

实践操作

★临床案例

女性患者，36岁，因颜面部及双下肢浮肿半月入院，伴有胸闷及腹胀，无畏寒发热，无恶心呕吐，无腹痛。既往有系统性红斑狼疮病史4年余，当时主要表现为关节疼痛，曾行肾脏穿刺提示：轻度系膜增生性改变。于外院使用15mg/d的泼尼松及氯喹，维持半年左右减量停药，4年来一直随诊尿常规未见明显异常。1个月前检查提示：血常规：白细胞3.5×10^9/L，中性粒细胞68%，血红蛋白85g/L，血小板32×10^9/L，血沉45mm/h；生化：白蛋白26g/L，肌酐116μmol/L，补体C3、C4均低。尿常规提示：蛋白＞＋＋＋，白细胞＋/HP，红细胞＋＋/HP。心电图：低电压性改变。自行服用泼尼松30mg/d，5天后未见好转，遂来本院住院。入院后检查提示：血常规：白细胞3.7×10^9/L，中性粒细胞67%，血红蛋白55g/L，血小板27×10^9/L，血沉45mm/1h。血生化：白蛋白21g/L，肌酐161μmol/L，补体C3、C4均低。尿常规提示：蛋白＞＋＋＋，白细胞＋/HP，红细胞＋＋/HP。心电图：低电压性改变。B超提示：腹腔少量积液，心包少量积液，双肾弥漫性回声改变。胸片提示：两肺支气管病变。抗核抗体（ANA）全套检查结果尚未回，患者暂不接受肾脏穿刺。查体：面部蝶形红斑，颜面部轻度浮肿，心肺听诊无殊，腹软，全腹无压痛反跳痛，双下肢轻度凹陷性水肿，血压145/80mmHg，24小时尿量1000mL左右。

案例讨论：本患者考虑狼疮性肾炎，请问诊断依据有哪些？

延伸讨论：本患者在医疗保险风险管理上应该注意哪些方面？

问题探究

一、系统性红斑狼疮

系统性红斑狼疮（systemic lupus erythematosus，SLE）是一种自身免疫性结缔组织病，由于体内大量治病性自身抗体和免疫复合物，造成多系统、多脏器损害。本病多发于青年女性（几乎占到90%），常为育龄妇女。

随着近年对本病认识的提高，更由于免疫检测技术的不断改进，早期、轻型和不典型的病例日见增多，而以往常见的多系统受侵犯的晚期患者则越来越少，也使得对投保寿险的要保人评点增加了难度。部分青年女性带着早期红斑狼疮疾病，未经特殊体检，成为寿险客户；也有病变累及心脏、肾、肺、中枢神经系统的，为以后反复住院，甚至发生重大疾病和危及生命的风险埋下了隐患。

（一）病因

本病病因不明。可能由于有遗传因素者在环境因素、性激素等影响下，出现异常免疫应答，从而导致本病。

（二）临床表现

SLE的临床表现多种多样。皮肤损害较为常见，约占80%，其损害可呈蝶型红色皮疹，偶可为盘状、水肿性红斑。除了皮肤损害外，尚有明显的多系统性损害，如常有发热、骨关节炎；几乎所有患者都有肾脏损害，表现为肾炎或肾病综合征；心血管系统以心包炎、心肌炎、心内膜炎多见。在此基础上，还可出现心律失常。此外，呼吸、神经、消化、造血、淋巴网状系统等均可不同程度地受到累及而出现相应的症状和体征。

（三）诊断

实验室检查除贫血、白细胞减少外，还有血沉增快、类风湿因子部分阳性、免疫球蛋白G增高等。还可发现狼疮细胞，ANA试验阳性，尤其是ANA效价明显增高时，更有意义。抗dsNDA抗体、抗Sm抗体为SLE标志性抗体。皮肤狼疮带试验、组织活检更可提高确诊率。

（四）治疗

SLE治疗原则为早期诊断，早期治疗。使用免疫抑制剂或促进剂以进行免疫调节，病情缓解后，可维持性治疗。近年应用血浆交换疗法、透析、肾移植等方法进行治疗。此外，中医中药也有一定疗效。

（五）保险医学特点

（1）有单纯盘状红斑狼疮、亚急性皮肤型红斑狼疮、深部红斑狼疮病史的要保人，因发现较早，治疗彻底，已经痊愈5年以上，且投保时无全身各系统损害，可按标准体承保；若不足5年，则延期投保。

（2）有过系统性红斑狼疮，但病变较轻，从未应用激素治疗，且2年后肾功能正常，各种临床检验指标趋于正常，年轻妇女病愈后又经过正常妊娠、分娩，可按标准体承保。

（3）凡有系统性红斑狼疮现症，或病变反复、迁延，一律延期投保，2年后视具体情况再决定能否承保，若仍有两个以上器官受累，则为拒保体。

（4）红斑狼疮累及一两个器官，症状轻微，中年以上，病变5年以上稳定，尚可按高标准评点。

二、类风湿性关节炎

类风湿性关节炎（rheumatoid arthritis，RA）是一种以慢性关节滑膜炎为特征的全身性自身免疫性疾病。由于滑膜持久病变，进一步导致关节内软骨和骨的破坏，造成关节破坏，大约10%的患者最终可导致残疾。

类风湿性关节炎在我国的发病率为0.32%～0.36%左右，大多累及青壮年，是造成我国人群丧失劳动力和致残的主要病因之一。本病与风湿性关节炎在症状、体征上有时容易混淆。然而，两者在投保后的远期后果大不相同。因此，早期将两者鉴别开来，并根据不同病变，做出相应投保和险种选择决定，是非常必要的。

（一）病因

RA病因不明确，可能与感染、遗传倾向有关，其病理为慢性滑膜炎。

（二）临床表现

类风湿性关节炎大多在35～50岁发病，男女比例约为3∶1。本病起病缓慢，前驱症状有疲乏、体重下降、胃纳不佳。之后出现典型关节症状，晨僵、关节疼痛、关节肿大，开始只有一两个关节病变，且呈游走性，以后发展成对称性多关节炎，且从小关节逐渐向大关节扩展。晨僵程度、持续时间常作为疾病活动性的重要估价内容。此外，全身还有发热、贫血等症状。疾病后期可出现关节畸形，甚至不能伸屈，失去生活自理能力。少数患者在病变活动期有淋巴结、脾大、发生心脏瓣膜病变、肺间质纤维化、血管炎等。

（三）诊断

实验室检查可见贫血。处于疾病活动期时，血沉增快，血清白蛋白降低、球蛋白升高。类风湿因子及其他血清学检查对诊断有一定价值。

X线早期检查关节可见软组织肿胀、关节腔渗液。随后出现关节部位骨质疏松，关节间隙减小，骨质破坏。后期可有关节脱位、骨性强直。股骨头可有无菌性坏死。

典型病例诊断不难。在疾病早期，发病时间短，病变关节少，X线变化又不明显，确诊不易，此时，抗环瓜氨酸肽抗体（抗CCP抗体）阳性可提示早期类风湿性关节炎。

（四）治疗

类风湿性关节炎目前尚无根治方法，多采用综合方法治疗。如卧床休息、调节饮食、补充营养。可应用非甾体类抗炎药、肾上腺皮质激素等，并配合中医中药、理疗。必要时考虑应用人工关节置换术、关节融合术等外科治疗方法。

（五）保险医学特点

由于类风湿性关节炎是一种慢性病理过程，投保寿险后不久即以关节变形而出险的被保险人，要追寻其带病投保的可能证据。

（1）对于预后不良的类风湿性关节炎，要严格掌握投保条件，一般应拒绝投保。在判断不明时，要延期投保。当要保人存在下述情况时，警示预后不良：①有典型的病变，如对称性多关节炎，伴有皮下结节，实验室检查有高滴定度类风湿因子；②病情持续活动1年以上；③30岁以下发病者；④同时具有关节外器官或组织病变者。

（2）中年以后发病，尽管病程长，但在几年内只有一两个关节孤立性病变，无其他脏器和组织受累，且实验室检查未发现类风湿活动征象，可适度高标准评点；对某些特殊职业的要保人，如电脑操作者，则要附加不保条款。

（3）有对称性多个小关节僵硬、畸形，但病情已经稳定5年以上，也无其他部位脏器受累，可按高标准评点，并约定局部功能障碍为除外责任。

（4）有类风湿性关节炎病史，中年投保，尽管关节无僵硬、畸形，但需长期服用激素类药物、血红蛋白明显下降、血沉增快超过60 mm/h、心脏瓣膜受累、肺间质纤维化、周围神经病变、类风湿尘肺病、淀粉样变等要保人均应拒保。

三、结缔组织疾病风险管理要点及质量控制标准

结缔组织病是以疏松结缔组织黏液样水肿及纤维蛋白样变性为病理基础的一组疾病。其病因不十分清楚，是多因性疾病。随着免疫学的进展，发现多数结缔组织病均伴有免疫学的异常，如抑制性T细胞功能低下、体液免疫功能亢进；有些结缔组织病有自身抗体存在，故也将这组病归入免疫性疾病或自身免疫性疾病。要注意，患此类疾病的群体大多是延期投保或成为拒保体。在承保时要详细询问相关病史，提示客户如实告知相关病史及现有的症状，并提供相关体检资料或住院病历资料，以便确定是否可保。

（一）医疗保险对结缔组织疾病的质量控制标准

1. 医疗保险对系统性红斑狼疮的质量控制标准

入院标准：凡诊断为系统性红斑狼疮疾病的患者可根据实际情况入院治疗。

疗效标准：此类患者应有长期对抗疾病的思想准备，树立战胜该病的信心，随时注意病情变化，定期到医院复查：疾病活动期应每月复查，病情稳定后可每两三个月复查，再稳定后也不应少于每半年复查一次，听从医生根据复查结果给予的指导意见。系统性红斑狼疮进行正规治疗可以使病情长期缓解，甚至完全可以像正常人一样工作、生活。病情长期缓解者方可试行停药。

出院标准：病情稳定即可出院，但要注意定期复查，按医生指导用药，直到病情长期缓解方可试行停药。

2. 医疗保险对类风湿性关节炎的质量控制标准

入院标准：类风湿性关节炎患者可根据实际情况入院或不入院治疗。

疗效标准：合并发热、关节肿痛、全身症状者，应卧床休息，直至症状基本消失为止。

出院标准：该疾病可以说是不可治愈的疾病，没有严格的入院及出院标准，对于此类患者，在保险承保上一般很难成功承保。

四、结缔组织疾病临床路径示例（系统性红斑狼疮）

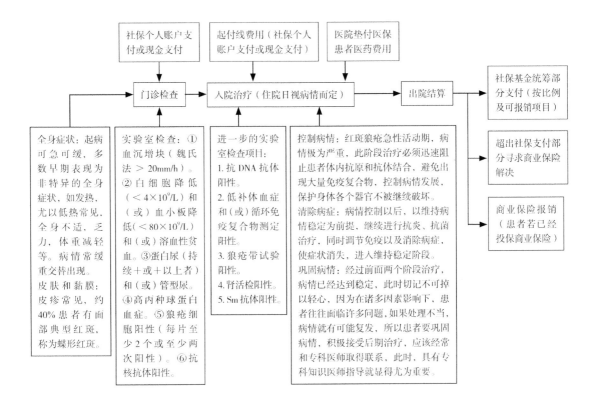

思考题：

1.红斑狼疮系自身免疫性疾病，但也有可保情况，试区别拒保、延期承保及承保标准体。

2.类风湿性关节炎严重可累及全身，拒保体应具备哪些特征？

模块九　神经系统疾病

学习目标

要求掌握神经系统常见疾病的病因、临床表现、诊断治疗及相关的保险医学特点，以及常见疾病的医疗保险质量控制标准。

工作任务

1. 通过对脑出血临床病例讲述，结合望、触、叩、听的体征检查，以及临床视频教学等，使学生掌握其主要病因、临床表现、诊断治疗及相关的保险医学特点，以及其医疗保险质量控制标准。

2. 通过对癫痫临床病例讲述，结合望、触、叩、听的体征检查，以及临床视频教学等，使学生掌握其主要病因、临床表现、诊断治疗及相关的保险医学特点，以及其医疗保险质量控制标准。

实践操作

★临床案例

男性患者，60岁，因突然昏迷2小时入院。患者2小时前饮酒时，突然语言不清，随即昏倒在地，呕吐1次，为胃内容物。同时大小便失禁，被家人急送入院。

既往有高血压病史25年，无肝炎、结核病史，无心脏病、糖尿病史，无药物过敏史。饮酒30年，每日饮白酒4两。

查体：体温36.8℃，脉搏90次/分，呼吸20次/分，血压210/120mmHg，中度昏迷。双眼向左凝视，瞳孔左侧4mm，对光反应弱；右侧2mm，对光反射灵敏。颈抵抗（＋），心、肺、腹无异常。右侧偏瘫，腱反射亢进，右侧肢体少动。右侧巴宾斯基征（＋），右查多克征（＋）。

急查CT：左豆状核区有一高密度灶，出血量约40mL。

案例讨论：本患者最有可能的是什么疾病，请问诊断依据有哪些？

延伸讨论：1. 本患者在医疗保险风险管理上应该注意哪些方面？

　　　　　2. 医疗保险中对该类情况如何评点？

问题探究

一、脑出血

脑出血（intracerebral hemorrhage，ICH）是指原发性脑实质出血，占全部脑卒中的10%～30%。非外伤引起的脑出血称自发性脑出血。90%以上的脑出血发生在大脑半球，其余则在脑干、小脑等部位。

（一）病因

脑出血的病因以高血压性脑出血最多见，其他原因尚有脑动脉粥样硬化、脑动静脉畸形、动脉瘤、原发性或转移性脑肿瘤、血液病、药物成瘾等。

（二）临床表现

90%的脑出血发生于50～79岁，男性多于女性。多数有长期高血压史，也可有脑梗死、脑出血病史。大多于清醒活动中发病，情绪激动、饮酒、活动是诱因。一般骤然起病，进展迅速。出血严重者出现头痛、恶心、呕吐，短时出现脑水肿、颅内压增高而进入昏迷甚至死亡。

较轻的脑出血患者可仅有头痛、头晕、肢体乏力等表现，逐渐发生意识障碍。

由于出血部位的不同，临床可有相应的症状和体征。

1. 壳核出血

壳核出血最常见。患者可出现昏迷、对侧偏瘫、说话含糊或失语、头眼偏向肌力正常侧的肢体。脑干受压时，表现为昏迷加深、瞳孔散大而固定、呼吸不规则等。

2. 丘脑出血（内囊出血）

丘脑出血时可出现对侧偏身感觉障碍、对侧同向偏盲。主侧半球出血可有失语。丘脑出血则双眼上视麻痹、瞳孔缩小，对光反射消失。出血进入第三脑室可有脑积水。

3. 脑桥出血

脑桥出血患者常突然起病，表现为剧烈头痛、头晕、呕吐、构音不清、病侧面部发麻、瘫痪和对侧肢体瘫痪、深昏迷、高热、呼吸不规则，短期死亡。

4. 小脑出血

小脑出血主要是站立不能、行走不稳、构音障碍。病程中可因脑病使脑干功能衰竭。还有患者出现脑积水。

其他部位，如皮质下白质——中央卵圆孔出血、脑室出血、脑叶出血等，可出现相应的临床症状和体征。

（三）诊断

对脑出血的诊断主要依据病史，神经系统定位体征，结合头颅 CT 和磁共振可确诊。

（四）治疗

脑出血的治疗分为内科对症治疗如卧床休息、降低脑水肿、维持水电解质平衡、预防感染、应激性溃疡、高热等。当血肿直径＞6cm或血肿量≥10mL，或开始压迫脑干、有脑疝形成时，应及时手术清除血肿。脑叶血肿可采用钻孔抽吸血块后引流等方法。

（五）保险医学特点：

15%～40%的脑出血死于急性期。5年积累生存率约为50%～80%。在急性期死亡主要原因大都为脑疝所致；慢性期则为心肌梗死和呼吸道感染等。

我国脑出血满5年的积累复发率（包括脑梗死）为25%，远远高于西方工业发达国家。

注意保健预防、病后康复，脑出血是可以预防复发的。这也是将来寿险中对某些脑血管意外者仍可继续投保的依据。

一般脑出血的发生均有其病变基础，因此，对投保后不久即发生脑出血的被保险人，要复审既往是否存在高血压、高血脂、糖尿病等病史，除对脑出血当即病理变化进行分析外，还要适当进行社会调查，了解以往在医院、诊所就诊情况，防止道德风险的存在。

对于小面积脑出血，症状轻微，一年后未留任何后遗症，检测血压、血脂、血糖均正常，或仅有轻微异常，并引起了要保人的警惕，积极配合治疗，纠正了以往的不良生活习惯等，可适度高标准评点；而有一项检测异常，或仍保留以往不良生活习惯，则高标准评点；多项检测异常则属拒保体。

外伤性脑出血，尽管当时症状严重，甚至出现昏迷，但经及时抢救、治疗痊愈，半年后，无任何后遗症，尚能按标准体承保。

脑出血面积较大，既往有过中风史，虽无严重高血压、糖尿病、高脂血症等，均应列为拒保体。

二、癫痫

癫痫（epilepsy）是一组由脑神经元过度同步放电所致的反复突然发作性短暂脑功能异常的慢性疾病，可见于各个年龄组。据统计，我国癫痫患病率为7‰，其中儿童和青少年仍是癫痫高发人群。0～9岁者占38.5%，10～29岁者几近40%，每年有新发患者40万。

由于癫痫发作特点及患者所从事的特殊专业和工作，可能更易出现人身意外伤害；另外，癫痫病史也从某个侧面反映出要保人既往存在脑部或全身性疾病的可能性。因此，在保险医学中，癫痫作为一个表现，上述两个方面是评点的中心。由于癫痫的发作特点，往往给投保带来风险，因此，对癫痫要保人更应强调社会调查和体检的密切结合。

（一）病因

遗传因素在原发性癫痫中起重要作用，而脑部疾病或多种全身性疾病则是症状性癫痫的病因。在保险医学中，更应强调癫痫首次发作的年龄，因为不同人的病因与其首次发作的年龄密切相关。

（二）临床表现

癫痫发作大多表现为脑刺激症状，有运动、感觉、植物神经、认知、情感或行为等方面的异常反应。根据癫痫发作的临床表现和脑电图特点，将其分类为以下几类。

1.部分（局灶）性发作

局限性发作时，可见一侧口角、手指和足部肌肉的发作性抽搐，以及局限部位感觉异常、发作性眩晕，简单视、听、嗅幻觉，发作性恐惧、愤怒等精神症状；有时有无意识动作，甚至脱衣裸体，对发作经过无记忆等。还有的出现意识丧失，全身强直-阵挛。

2.全面（泛化）性发作

可有全身性强直-阵挛性发作，即"癫痫大发作"。表现为意识突然丧失、跌倒、口吐白沫、大汗、口唇发绀、四肢强直性抽搐、两便失禁。清醒后对整个发作过程无记忆，甚至对发作以前一段时间也有逆行遗忘。

3.癫痫持续状态

癫痫连续发作之间意识尚未完全恢复又频繁再发，或者癫痫发作持续30分钟以上不自行停止，称癫痫持续状态。若不及时治疗，可因高热、循环衰竭、神经元兴奋毒性损伤导致永久性脑损害，致残率和致死率都很高。

（三）诊断

癫痫的诊断主要是辨别是否为癫痫发作，且需与其他短暂发作的病症（如晕厥、癔症、偏头痛等）相鉴别；其次，要明确症状、体征为何类发作；第一目击者对发作时症状的描述极为重要。脑电图可用来区别发作类型。诊断疑难时，可联合应用特殊电极等进行诊断。

此外，全面的病史询问和详细的体格检查，结合首次发作年龄进行推断具有重要意义。还可应用单光子发射断层扫描、正电子发射断层扫描、头颅CT、磁共振、脑血管造影等进行鉴别和排除诊断。

（四）治疗

癫痫治疗的目标不仅是完全控制发作，还要使患者获得较高的生活质量或回归社会。目前治疗方法仍以药物治疗为主，根据不同发作类型选择用药。

（五）保险医学特点

在保险医学中除注意癫痫发生原因，病情轻重外，还要评价治疗用药给机体带来的影响和危害，因为很多抗癫痫药物都有不良反应，如轻度困倦，程度不同的贫血，胃肠不适，肝功能异常等。

（1）凡继发性癫痫，要等原始病因消除掉后再投保。若是因脑外伤引起局限性发作，且不影响现从事的一般工作和生活，可按标准体承保。

（2）癫痫第一次发作距投保时未超过1年，要延期投保，每年不超过一次发作，或数年才发作一次，每次持续不超过数分钟，可适度高标准评点。

（3）初发年龄在幼年，反复发作，原因不清，即或症状不重，也应高加费承保甚或拒保。癫痫大发作，或每年小发作超过 10 次，有嗜酒，酒量超过中度水平者，应拒保。

（4）频繁发作的症状性癫痫，一旦去除病因（如手术、丁刀治疗等），且 3 年来未再次发作，可适度高标准评点。

（5）原发性癫痫全身性发作；继发性癫痫频繁发作且原因未去除；尽管是小发作癫痫，但有影响癫痫发作结果的职业或工作（如登高、野外、水上作业等），都应视为拒保体。

三、神经系统疾病风险管理要点及医疗保险质量控制标准

（一）风险管理要点

神经系统疾病通常治疗期长，预后较差，核保时应当密切关注要保人的吸烟、饮酒等嗜好及血压情况，着重调查有无脑血管病家族史。对于年龄较大、有高血压症状的客户，在投保健康险或定期寿险产品时，要加强体检医师核保环节的作用。脑出血、脑栓塞、脑梗塞所致的永久性神经机能障碍称为脑中风后遗症，属于重大疾病保险责任范畴，保险给付会减轻被保险人的经济负担，但因为此病的发病率逐年增加，要对高风险人群重点筛查。保险公司承保后，应定期对客户提供健康支持，优化管理。对于癫痫病史客户，脑电图检查是必备的体检项目，多数保险公司要同时附加癫痫问卷，要求提供详细病历资料及历年体检资料，以便准确评估风险。

（二）医疗保险质量控制标准

1.医疗保险对脑出血的质量控制标准

入院指征：（1）脑出血急性期，病程在 3 周之内。（2）病程在 3 周之后，但尚未脱离危险或有严重合并症者，也应收入院治疗。

疗效标准：（1）治愈：患者总的生活能力状态恢复正常，神经功能缺损症状和体征消失或基本消失，致残度为 0 级。（2）好转：患者总的生活能力状态改善，神经功能缺损症状和体征部分消失，致残度为 Ⅰ～Ⅳ 级。（3）未愈：患者总的生活能力状态及神经功能缺损症状和体征无改善。

出院标准：（1）住院 3～4 周，治愈或好转，神经功能恢复良好。（2）住院 3～4 周以上，神经功能有一定好转，一般情况较好，可在院外继续治疗。（3）住院 4～6 周，病情稳定，神经功能短期内不会有明显好转者。

2.医疗保险对癫痫的质量控制标准

入院标准：原发性或继发性癫痫的连续状态，尤其是出现癫痫持续状态时，应住院治疗。

疗效标准：（1）治愈：完全控制癫痫发作。（2）好转：发作严重程度减轻及发作频率明显减低。（3）未愈：癫痫发作程度及频率无改善或加重。

出院诊断：治愈或好转者可院外治疗，未愈者已明确病因，近期内不会有生命危险者，也可出院到门诊继续治疗。

四、神经系统疾病临床路径示例（脑出血）

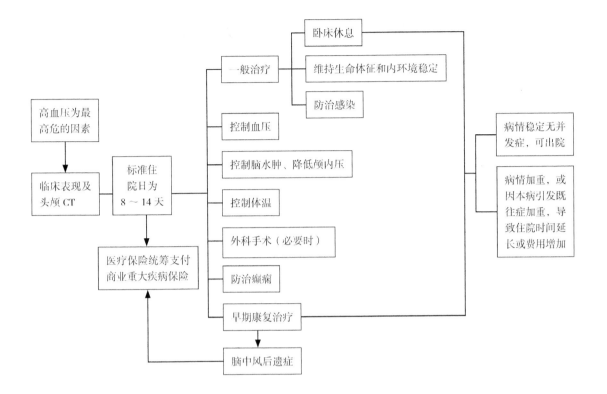

思考题：

1. 简述脑出血的病因，高血压、高血脂可以导致患哪些重大疾病的风险增加？
2. 癫痫的保险医学特点。

模块十　常见外科相关疾病

学习目标

要求掌握外科常见病、多发病的病因、临床表现、诊断治疗及相关的保险医学特点，以及他们的医疗保险质量控制标准。

工作任务

1. 通过对骨折临床病例讲述，结合望、触、叩、听的体征检查，以及临床视频教学等，使学生掌握其主要病因、临床表现、诊断治疗及相关的保险医学特点。

2. 通过对骨髓炎和骨结核临床病例讲述，结合望、触、叩、听的体征检查，以及临床视频教学等，使学生掌握其主要病因、临床表现、诊断治疗及相关的保险医学特点。

3. 通过对阑尾炎临床病例讲述，结合望、触、叩、听的体征检查，以及临床视频教学等，使学生掌握其主要病因、临床表现、诊断治疗及相关的保险医学特点。

4. 通过对胆结石临床病例讲述，结合望、触、叩、听的体征检查，以及临床视频教学等，使学生掌握其主要病因、临床表现、诊断治疗及相关的保险医学特点。

5. 通过对胆囊炎临床病例讲述，结合望、触、叩、听的体征检查，以及临床视频教学等，使学生掌握其主要病因、临床表现、诊断治疗及相关的保险医学特点。

实践操作

★临床案例

男性患者，24 岁，工人，因高处坠地后呼吸困难 20 分钟入院。患者 20 分钟前工作时从 3 米高处坠地，左侧胸先着落于地面的砖上，出现呼吸困难，被急送入院。

既往体健，无特殊病史。查体：体温 36.5℃，心率 148 次 / 分，呼吸 40 次 / 分，血压 80/50mmHg，神清合作，痛苦状，呼吸急促，伴口唇发绀，颈静脉怒张不明显。气管移向右侧，左胸廓饱满，呼吸运动较右胸弱。左胸壁有骨擦音（第 4、5 肋），局部压痛明显。上自颈部、胸部直至上腹部均可触及皮下气肿。左胸叩诊鼓音，呼吸音消失，右肺呼吸音较粗，未闻及啰音。左心界叩诊不清，心律齐，心率 130 次 / 分，心音较弱，未闻及杂音。腹部平软，无压痛肌紧张，肝脾未及，肠鸣音正常，下肢无水肿，四肢活动正常，未引出病理反射。

案例讨论：本患者最有可能的是什么疾病？请问诊断依据有哪些？

延伸讨论：1. 各年龄级别的人群可能的风险有哪些？

2. 在医疗保险上骨折有可能出现道德风险，请讨论陈旧性骨折的特点，如何回避道德风险？

问题探究

一、骨折

在人身保险业务中，投保者的身体从高处坠落或地震时被倒塌的房屋撞击或挤压，均可能导致骨折。

（一）定义

骨的完整性或连续性中断时，称骨折。

（二）原因

（1）直接暴力。例如，车辆直接撞击小腿，使胫骨发生骨折。

（2）间接暴力。暴力通过传导、杠杆等作用使远处的骨发生骨折，比如当手掌突然撑地，可发生桡骨远端或锁骨骨折等。

（3）肌肉拉力。肌肉突然猛烈收缩，可能拉断肌肉附着处的骨质。

（4）积累劳损。长期、反复的直接或间接伤力，可使骨骼的某一点发生骨折。

（5）骨骼疾病。例如，患骨髓炎、骨肿瘤时，骨遭受轻微外力即断裂，称病理性骨折。了解这一点有助于危险选择的判断。

（三）分类

根据骨折处是否与外界相通可分为闭合性骨折和开放性骨折。前者是指骨折处皮肤或黏膜完整，不与外界相通；后者是指骨折附近的皮肤或黏膜破裂，骨折处与外界相通。

根据骨折程度与形态又分为不完全性骨折和完全骨折。前者指骨的完整性或连续性仅有部分中断，如骨裂缝等；后者指骨的完整性或连续性全部中断，在 X 线摄片上可见明显的骨折线。

发生在长骨骨干骺端坚质骨与松质骨交界处的骨折，坚质骨嵌插入松质骨内，如股骨颈处骨折，称嵌插骨折。

压缩骨折是松质骨因压缩而变形，如椎骨等。

（四）骨折的临床表现

1.局部表现

畸形：骨折段移位后，受伤部位形状改变。

骨擦感：骨折端互相摩擦时，有骨摩擦感。

疼痛与压痛：骨折处均感疼痛，在移动肢体时疼痛加剧。在骨折处可出现局限性压痛。

局部肿胀与瘀斑：骨折时，骨髓、骨膜及周围软组织内的血管破裂出血，形成血肿或血液经创口流出。

功能障碍：由于肢体内部支架断裂，使肢体丧失部分或全部活动功能。

肋骨骨折多发生于第4-7肋骨，受伤部位疼痛，尤其在深呼吸、咳嗽或移动体位时疼痛加剧；可因肋骨断端刺破胸膜、肺、肋间血管而发生气胸或血胸等。

颅骨骨折分为颅盖骨骨折和颅底骨骨折。颅盖骨骨折是指骨折碎片向颅腔内陷的骨折。触摸局部有凹陷，骨折片可刺伤硬脑膜及血管。颅底骨骨折多由较猛烈的暴力引起，常伴有较严重的脑损伤，X线摄片上一般只有30%的病例能显示出来，主要的临床表现是溢血斑。血液可经耳道或鼻腔外流，或出现脑脊液耳漏或鼻漏。这些症状是颅底骨骨折的确切证据。

2.全身表现

骨折的全身表现主要是休克，由于大量失血（因骨折部位不同，失血量为50～5000mL。尺桡骨处骨折失血量较少，而骨盆、股骨骨折失血量较多）、疼痛、内脏损伤、精神恐惧等造成。其次是体温上升，一般在严重骨折时，患者体温略升高，通常不超过38℃。

（五）并发症

骨折的并发症主要是休克、感染、内脏损伤、血管损伤、脊髓和周围神经损伤等。

（六）骨折的急救处理

1.一般处理

检查动作要轻柔、稳妥，尽量避免过多搬动患肢。患者休克时应进行抗休克处理等。

2.创口包扎

创口出血，用绷带压迫包扎止血即可。大血管出血时，应用止血带，并记录使用时间。

3.妥善固定

骨折急救处理时最重要的一项工作是把骨折的肢体固定起来。在不具备复位条件时，不可试行复位。急救固定的目的，一是避免运输移动时损伤更多血管、神经，二是止痛，三是便于运输。

（七）保险医学特点

（1）大多数骨折预后较好。因此，凡有骨折病史的要保人，投保时已无症状、骨折已愈合，可按标准体承保。

（2）如因其他疾病所导致的骨折，需查明原发病变，明确原因后再作评点。

（3）如是病理性骨折的，应视情况列为拒保体。

二、骨髓炎和骨结核

（一）骨髓炎

（1）定义：化脓性骨髓炎是骨髓和骨的化脓性感染，中医学称"骨疽"。

（2）病因：骨髓炎的致病菌是化脓性细菌，感染途径是局部创口感染，如开放性骨折。身体其他部位的化脓性病灶经血液循环至骨内。

（3）临床表现：起病急，全身出现明显中毒症状（高热39℃以上）；患处持续性剧痛，皮肤温度升高；白细胞数增加，中性粒细胞数增加。

（4）治疗：早期联合应用大剂量抗生素，必要时使用激素，并采用局部引流、固定等方法。

（5）保险医学特点：该病往往反复发作或多年不愈，严重影响人的健康和劳动能力，受轻微外力作用，即可引起患处骨折，属慢性病范围，是否承保应慎重。

（二）骨结核

（1）定义：骨与关节的结核感染统称为骨结核，中医学称为"骨痨"。

（2）病因：结核杆菌感染。

（3）临床表现：起病缓慢，在结核活动期，全身有明显结核中毒症状（潮热、盗汗、食欲差、全身无力、体重减轻）；除此之外，还表现为局部疼痛，肿胀，运动障碍，畸形，但皮肤不红，脓肿溃破后经久不愈。

（4）治疗：应用抗结核药；手术清除病灶。

（5）保险医学特点：骨与关节结核好发于儿童及青少年，30岁以下的患者占80%以上，脊柱结核约占50%，下肢结核约占33%。骨结核一旦转为慢性，其死亡率较高，属典型慢性病范畴，是拒保体。

三、急性阑尾炎

急性阑尾炎是腹部外科中最为常见的疾病之一，大多数患者能及时就医，获得良好的治疗效果。但是，急性阑尾炎有时诊断相当困难，处理不当可导致一些严重的并发症。到目前为止，急性阑尾炎仍有0.1%～0.5%的死亡率。

（一）发病情况

据估计，每一千个居民中每年将有1人会发生急性阑尾炎。急性阑尾炎可发生在任何年龄，从新生儿到80～90岁的高龄老人均可发病，但以青少年为多见，尤其是20～30岁年龄组为高峰，约占总数的40%。性别方面，一般男性发病较女性为高，男：女＝（2～3）：1。有统计表明，在青春期以前，两性发病率相等，成年后男性发病率有所下降。阑尾炎发病与职业、地区和季节无关。

（二）病因

（1）阑尾管腔的阻塞。梗阻的原因有：淋巴滤泡的增生、粪石阻塞、其他异物（如食物中的残渣，寄生虫的虫体和虫卵）、各种原因所导致的阑尾腔狭窄以及盲肠和阑尾壁的病变等。

（2）细菌感染。

（3）神经反射。

（三）临床表现

大多数急性阑尾炎患者不论病理类型如何，早期的临床症状都很相似，诊断并无困难，大多能得到及时和正确的处理。

1.症状

急性阑尾炎的主要表现为腹部疼痛、胃肠道反应和全身反应。

（1）腹痛：迫使急性阑尾炎患者即早就医的主要原因就是腹痛，除极少数合并有横贯性脊髓炎的患者外，都有腹痛存在。典型的急性阑尾炎患者，腹痛开始的部位多在上腹部、剑突下或脐周围，约经 6 ～ 8 小时或 10 多小时后，腹痛部位逐渐下移，最后固定于右下腹部。腹痛固定后，原来初发部位的疼痛可明显减轻，甚至完全消失。这种腹痛部位的变化，临床上称之为转移性右下腹痛，是急性阑尾炎所独有的特征，也是和其他急腹症鉴别的主要依据之一，大约 80% 的患者具有这一特点。急性阑尾炎的患者腹痛多数以突发性和持续性开始的，少数可能以阵发性腹痛开始，而后逐渐加重。单纯性阑尾炎多呈持续性钝痛或胀痛，而化脓性和穿孔性阑尾炎常为阵发性剧痛或跳痛。

（2）胃肠道反应：恶心、呕吐最为常见，早期的呕吐多为反射性，常发生在腹痛的高峰期，呕吐物为食物残渣和胃液，晚期的呕吐则与腹膜炎有关。约 1/3 的患者有便秘或腹泻的症状，腹痛早期患者的大便次数增多，可能是肠蠕动增强的结果。盆位阑尾炎时，阑尾的尖端直接刺激直肠壁也可伴便次增多；而阑尾穿孔后的盆腔脓肿，不仅会导致便次多，甚至会出现里急后重。

（3）全身反应：急性阑尾炎初期，部分患者自觉全身疲乏，四肢无力，或头痛、头晕。病程中自觉发烧，单纯性阑尾炎的体温多在 37.5 ～ 38℃，化脓性和穿孔性阑尾炎时，体温较高，可达 39℃左右，极少数患者出现寒战、高烧，体温可升到 40℃以上。

2.体征

急性阑尾炎发病数小时后，查体时就能发现下腹部呼吸运动稍受限。当阑尾穿孔伴弥漫性腹膜炎时，可出现腹部膨胀。腹膜刺激征：包括腹部压痛、肌紧张和反跳痛。右下腹压痛是最常见和最重要的体征，约有 70% 的患者右下腹有肌紧张存在。急性阑尾炎的患者可出现反跳痛，以右下腹较常见。化脓性阑尾炎合并阑尾周围组织及肠管的炎症时，大网膜、小肠及其系膜与阑尾可相互黏连形成团块；阑尾穿孔后所形成的局限性脓肿，均可在右下腹触到包块。包块的出现表示感染已趋于局限化，发炎的阑尾已被大网膜等组织紧密包绕，此时不宜于急诊手术。还有一些其他体征如腰大肌征、闭孔肌征等，只要手法正确并获得阳性结果，对阑尾炎的诊断均有一定参考价值。

（四）诊断

（1）转移性右下腹痛：转移性腹痛是急性阑尾炎的重要特点。因内脏转位，盲肠和阑尾位于左下腹时，出现转移性左下腹痛，也应考虑到左侧阑尾炎的可能。

（2）右下腹有固定的压痛区和不同程度的腹膜刺激征：特别是急性阑尾炎早期，自觉腹痛尚未固定时，右下腹就有压痛存在。而阑尾穿孔合并弥漫性腹膜炎时，尽管腹部压痛范围广泛，但仍以右下腹为最明显。急性阑尾炎的压痛始终在右下腹部，并可伴有不同程度的腹肌紧张和反跳痛。

（3）必要的辅助检查：白细胞总数和中性粒细胞数可轻度或中度增加，大便和尿常规可基本正常。胸部透视可排除右侧胸腔疾病，减少对阑尾炎的误诊，立位腹部平片观察膈下有无游离气体等，可区别有无其他外科急腹症的存在。右下腹 B 超检查有助于了解有无炎性包块，对判断病程和决定是否手术有一定帮助。

（4）青年女性和有停经史的已婚妇女，对急性阑尾炎诊断有怀疑时，应请妇科会诊以便排除宫外孕和卵巢滤泡破裂等疾病。

（五）治疗

（1）治疗原则：急性单纯性阑尾炎在条件允许时，可先行中西医相结合的非手术治疗，但必须仔细观察，如病情有发展应及时中转手术。经保守治疗后，可能遗留有阑尾腔的狭窄，且再次急性发作的机会很大。化脓性、穿孔性阑尾炎原则上应立即实施急诊手术，切除病理性阑尾，术后应采取积极抗感染治疗，预防并发症。

（2）非手术治疗：主要适用于急性单纯性阑尾炎、阑尾脓肿、妊娠早期和后期急性阑尾炎、高龄合并有主要脏器病变的阑尾炎。治疗措施包括卧床休息、控制饮食、适当补液和对症处理。选用广谱抗菌素（如氨苄青霉素）和抗厌氧菌的药物（如灭滴灵）抗炎治疗，以及中药治疗等。

（3）手术治疗：主要适用于各类急性阑尾炎，反复发作的慢性阑尾炎，阑尾脓肿保守3～6个月后仍有症状者及非手术治疗无效者。

（六）保险医学特点

（1）急性阑尾炎现症一律延保，待治疗痊愈半年后，无任何症状、体征，B超检查阑尾及腹腔无殊，可按标准体承保。

（2）大多数阑尾炎患者预后较好。如阑尾炎患者有手术史的，经手术痊愈1年后，投保时已无症状，按标准体承保。

（3）阑尾炎患者出现长期并发症的，如盆腔脓肿、黏连性肠梗阻、粪瘘等为拒保体。

四、胆结石

胆结石是胆囊与胆管任何部位发生结石的疾病。其临床表现取决于结石是否引起感染、梗阻以及梗阻的部位和程度。较肥胖的40～50岁经产妇患本病的机会较多，也是保险医学中面对的主群体。

（一）病因

胆结石发病机理尚不十分清楚，不同成分结石如胆固醇结石与胆色素结石的发病机理也不尽相同。

胆固醇结石又称代谢性结石，与类脂质代谢障碍，胆囊动力、分泌功能异常以及年龄、性别、遗传、肥胖、饮食、血脂等因素有关。

胆色素结石主要取决于胆红素状态，与高龄、东方人、胆汁淤积、肝硬化、必需氨基酸的长期匮乏以及各种原因引起的溶血状态有关。

近年，随着人们饮食习惯的改变，"富贵病"较多，胆固醇结石在胆结石中所占比例越来越高。

（二）临床表现

胆结石的临床表现取决于胆结石大小、性质、部位、动态发展以及有无并发症。

在胆石移行中发生嵌顿者，可产生剧烈胆绞痛，疼痛常放射至右肩胛，伴有大汗、面色苍白、恶心、呕吐等。静止性结石不引起疼痛，但可有系列胃肠消化功能障碍，尤其在摄入油腻食物后。

胆囊管内结石除因胆囊管闭塞能引发绞痛外，一般仅引起胆囊慢性膨胀，若发生胆囊积水，且此时再并发感染，则易引起积脓，甚至穿孔，导致高烧、头痛、腹痛、呕吐等一系列中毒症状和腹膜刺激征。

此外，胆总管、瓦特氏壶腹、肝内胆管结石也可引起疼痛、黄疸、发热等。

（三）诊断

本病的诊断常赖于 X 线检查，如无异常发现，但根据病史、症状、体征高度怀疑本病，可行造影术，以发现阴性结石。另外，B 超、放射性核素检查、经内窥镜逆行胰胆管造影、经皮穿刺胆道造影、CT 检查均可确诊。

（四）治疗

治疗措施主要是控制脂肪类饮食，应用溶石药物如鹅去氧胆酸，以硫酸镁增进胆汁分泌，阿托品消除胆绞痛以及其他对症治疗。必要时，可行外科手术取石，或切除胆囊。

此外，体外冲击波碎石、胆道子母镜取石、超声引导下溶石等也可用于胆结石的治疗。

（五）保险医学特点

评价胆结石对寿险的影响，重点看结石大小、位置、性质、有无并发感染以及手术与否，还要结合要保人是否有继续饮酒、进食肥腻食物等不良饮食和生活习惯，以及肥胖与否综合考虑。

（1）胆囊内结石较小，无胆囊明显炎症，无临床症状、体征，一般可视为标准体承保。

（2）胆囊有炎症，胆结石较小，并非呈泥沙样，可适当低标准评点。

（3）由胆结石引发黄疸，手术治疗成功，术后半年，或经腹腔镜取石者则经一年，无任何不适，B 超检查无异常，可按标准体承保。

（4）肝内胆管结石、胆囊结石伴有息肉、胆结石同时有血脂增高的肥胖妇女、胆总管结石、胆囊内泥沙样结石等治疗效果不理想者；胆结石反复急性发作，产生梗阻或多次感染，未经手术治疗者；胆结石并有慢性胰腺炎者，预后均较差，易形成败血症、胰腺假性囊肿等，要视具体情况，高标准评点、改换投保险种或拒绝承保。

（5）胆结石手术时，一并摘除胆囊，当病理报告为胆囊上皮细胞有明显异型发生时，应高标准评点，或者延期投保。

（6）有轻度黄疸，但 B 超未发现阳性结石，也无明显肝功能损害，或肝 CT 检查肝内胆管有扩张、纤细不同区域分布时，要警惕肝内胆管癌的可能，此时应延期或拒绝承保。

五、胆囊炎

胆囊炎分为急性和慢性胆囊炎。

（一）病因

急性胆囊炎是由于胆囊出口梗阻、胰液反流、细菌感染以及妊娠妇女性激素影响，使胆囊排空延缓而引起的；而慢性胆囊炎可由急性胆囊炎反复迁延、发作而来，也可始于胆囊慢性炎症（如胆石性胆囊炎），少数为伤寒病带菌者引起。

（二）临床表现

急性胆囊炎时，大多数患者有右上腹疼痛，并放射到右肩胛下区，常在饱餐或脂肪餐后诱发。此外，恶心、呕吐、发热、黄疸也可出现。严重者可发生感染性休克。

检查发现右上腹稍膨胀，腹式呼吸受限，墨菲征阳性。胆囊明显肿大，或有积脓时，能在右上腹触及包块。胆囊穿孔时，可导致急性腹膜炎及出血性、坏死性胰腺炎。

慢性胆囊炎主要表现为反复发作性上腹部疼痛，反射性恶心、呕吐等，而发热、黄疸不常见。

（三）诊断

实验室检查白细胞计数及中性细胞分类均增高、血清胆红素、转氨酶升高，B超可确定诊断。必要时也可行腹部X线平片、胆系造影、CT、核素胆系扫描等。慢性胆囊炎实验室检查十二指肠引流胆汁内可发现胆固醇结晶、胆红素钙沉淀、脓细胞等，B超可确诊。

急性胆囊炎并发症主要有：气肿性胆囊炎、胆囊穿孔、胆石性肠梗阻等。

（四）治疗

急性胆囊炎的治疗措施有卧床休息、禁食、解痉、镇痛以及应用抗生素，必要时外科手术或经内窥镜行胆石取出、胆囊切除等。慢性胆囊炎治疗主要为内科的低脂饮食、利胆、解痉、溶石等，必要时手术治疗。

（五）保险医学特点

（1）急性胆囊炎现症一律延保，待治疗痊愈半年后，无任何症状、体征，B超检查胆囊内无结石，胆囊壁不厚，可按标准体承保。

（2）凡因急性胆囊炎出现穿孔、腹膜炎、胰腺炎等并发症，经抢救和手术痊愈半年后，无明显症状、B超检查无异常，可低标准评点。有轻度症状，B超示慢性胰腺炎等表现，要高加费、适当限制保额、调整险种承保。

（3）慢性胆囊炎未经手术治疗，或年龄较高，或反复发作，或需长期服药维持，或伴有胆囊内息肉者，要高标准评点；在此基础上，要保人仍有不良饮食、生活习惯、难于自控，应拒绝承保。

思考题：

1. 慢性支气管炎的病因及保险学特点是什么？

2. 哪些情况的冠心病应拒保？

3. 高血压的病因及临床特点是什么？

4. 简述糖尿病的保险医学特点。

5. 骨折的专有体征是什么？

6. 简述急性阑尾炎的病因与诊断？

7. 胆囊炎与胆结石的保险医学特点是什么？

项目四

影响人类健康和寿命的其他疾病

▶ **概　　述**

　　在人身保险特别是医疗保险的核保理赔过程中，需要工作人员能对常见的慢性疾病进行常规的核准。本项目正是基于此目的，介绍了当代影响人类健康和寿命的一些慢性疾病，重点探讨了传染病、肿瘤及营养相关性疾病的诊疗及防治特点以及一些常见的特定疾病，为核保理赔人员在处理具体问题时提供依据。

▶ **教学目标**

　　通过本项目的学习，要求学生了解常见的特定疾病如先天性疾病、法定传染病、单纯遗传性疾病、职业病、地方病、生态环境病等常见特定疾病的释义以及传染病的基本概念和基本类别；掌握传染病的流行过程、临床特点及预防措施；了解艾滋病、病毒性肝炎、甲型 H1N1 流行性感冒、传染性非典型肺炎、风疹以及结核病的基本流行情况，掌握其传播特点、临床表现及治疗现状；了解肿瘤的病因，熟悉肿瘤的分类、肿瘤对机体的影响以及肿瘤的预防措施；了解人体所需要的能量和营养素；熟悉各类食物的营养价值；掌握平衡膳食的原则；了解膳食营养与慢性病的关系；掌握几类常见营养缺乏病。

▶ **重点难点**

　　传染病的流行过程及临床表现特点；艾滋病、病毒性肝炎、甲型 H1N1 流行性感冒、传染性非典型肺炎、风疹、结核病的传播特点及临床表现特征；平衡膳食的原则及常见的营养缺乏病。

模块一 常见特定疾病的释义

学习目标

要求掌握先天性疾病、法定传染病、单纯遗传性疾病、职业病、地方病、矫形外科和整形外科手术、生态环境病、身体残疾、儿童意外伤害及产伤与脑瘫这些常见特定疾病的临床表现及在保险上相应的特点。

工作任务

通过对十个主要特定疾病的临床表现、特点的学习，结合保险学知识，掌握各类疾病在保险医学上的特点。

实践操作（相关实践知识）

★"非典"事件

2002年11月16日，广东佛山发现第一例SARS病例时，应该是政府危机公关大有可为的时候。但是由于其时面临喜迎春节、召开"两会"等与危机事件不协调的气氛，更由于经验不足，当地政府既没有及时成立危机处理小组，尽快搜集并公布事实真相，也没有对百姓抢购板蓝根、食醋等流言进行辟谣，甚至在2月12日广东省卫生厅召开的新闻发布会上，出现新闻发言人对记者提问予以指责的现象，可以说基本失去了对议题设置的主动权，从而丧失了在危机潜在期进行危机公关的最佳期。

2003年初，广东的河源地区开始流传"瘟疫"的传言，之所以这种疾病能引起如此大的恐慌，主要原因在于有人死亡，但由于对疫情和疾病本身几乎没有了解，并且感染病例不断增加，造成民众对政府作为的质疑。并且据说醋和板蓝根有预防作用，由于民众没有得到来自正规渠道的澄清，于是消息所到之处，抢购成风。

3月初，北京发现第一个"非典"病例，由于当时的疫情披露还不及时，所以在很长一段时间里，民众甚至公共卫生部门并不知道疫情发展的实际情况。疫情发展的严峻形势与披露数据的巨大反差使海外媒体、世界卫生组织和部分民众产生了疑问，这使得中国在国际上处于一种不利的舆论氛围中，政府的公信力削弱。

4月20日，国务院新闻办召开新闻发布会，卫生部常务副部长高强通报了最新疫情，解释了北京市统计数字变化较大的原因，并首次承认在疫情统计上"要求不明确，指导不得力"，北京的统计工作也"存在较大疏漏"。会上，高强还宣布了一系列改进工作的措施，比如兴建小汤山隔离治疗基地，派遣督察组，承诺每天公布全国疫情，"为保证人民身体健康"取消"五一"长假等等，这些得到了全国人民和海外舆论的高度评价。

4月21日，新闻媒体刊登了中共中央免去卫生部长张文康卫生部党组书记和原北京市市长孟学农北京市委副书记职务的消息，使全国人民和全世界看到了中国政府应对此次危机的决心，再次赢得了主动。此后几天，全国各地和中央有关各部门纷纷出台严密措施积极应对疫情，比如对交通工具的严密监控、病因和新药的研究和开发，旅游政策的调整，不少学校停课、许多会议和聚会性活动被取消，渎职的查办等等，这一系列措施使政府摆脱了被动，重新争取了主动，挽回了公众对政府的信任。随着社会恐慌的减少、抢购风潮平息、SARS疫情的逐渐控制，政府信誉恢复，形象扭转，获得普遍的赞赏和支持。

从5月中旬开始，全国日发患者数、日死亡人数大幅下降，治愈出院人数大幅上升，疫情趋于平缓。从6月初开始，全国日发患者数达到零报告或个位数报告。至7月31日，整个"非典"事件趋于平息。

案例讨论：请大家对照案例结合医学知识讨论SARS的传播途径以及危害。

延伸讨论：1. 我国暴发的SARS在开始时处理有何不妥？

2. 在对待传染病时，我们应该着重于哪些方面的处置？

问题探究

一、先天性疾病（congenital disease）

影响人类健康和寿命的其他常见疾病

先天性疾病是指一出生就具有的疾病（病症和体征），且因人的遗传物质（包括染色体以及位于其中的基因）发生了对人体有害的改变而引起的。或因母亲怀孕期间（强调怀孕期间，而不是分娩过程中）子宫内外环境因素，包括物理、化学、生物等因素影响导致的疾病，如病毒感染，其中以风疹感染最为突出，其他病毒有巨细胞病毒、柯萨奇病毒、疱疹病毒等的感染，均有致胎儿畸形的可能。

在妊娠早期应用抗惊厥药，尤其是苯妥英钠和三甲双酮，其他药物如锂盐、黄体酮、华法林和苯丙胺类也可致胎儿心血管和其他器官、系统的畸形。还有，在高原地区妊娠、早产，其他因素如高龄（35岁以上）、营养不良、糖尿病、苯酮尿症、高钙血症的母亲，羊膜病变、胎儿受压、妊娠早期先兆流产、接触放射线等都有致胎儿局部体细胞发育不正常而导致某一脏器、器官的一部分或人体较大区域的异常，这种异常可以是单个孤立性的或多发性的。

常见的先天性残疾主要有以下几种。

（1）肢体畸形。

（2）唇腭裂。

（3）神经管畸形。

（4）先天性心脏病。

先天性疾病主要有以下表现。

（1）畸形：为胚胎形态的形成过程中（孕10周前）局限性失误所造成的原发性结构缺陷如兔唇、无脑儿等。常由于单基因突变或多基因遗传所致。

（2）变形：系由于机械性作用使正常分化的部分器官发生形态和（或）结构变化，如畸形足、斜颈和斜头畸形等。

（3）中断：由于外来干预，使原来正常发育的过程受到破坏导致结构缺陷，例如羊膜条带勒断正常的指（趾）。

所有上述因素，因是投保前就有或具备的风险，在人寿保险绝大多数险种中，凡先天性疾病均为拒保体，因先天性疾病而死亡则属责任免除项目。但我国有时为了贯彻计划生育这一基本国策，在某些保险条款中规定，对母亲生有先天性疾病的婴儿公司予以赔付。

对患先天性疾病的要保人，要区分畸形性质、对机体器官和组织功能的影响等。体检时，若发现畸形轻微并不伴有其他部位结构和功能的异常，如单纯缺指、多指等，即或投保重大疾病等险种也可按标准体承保。刚出生的婴儿，从母体娩出过程中，可能因产道狭窄、产程过长、助产人员过力牵拉、手术操作等导致新生儿颅内出血、神经损伤、骨折、脑瘫等，虽然也是"一出生就有"的病症，但不属于先天性疾病。

由于我国对妇幼工作的重视，城乡妇女、儿童的某些疾病得以有效遏制，同时，对这些疾病普查的资料也提供了投保的基础。在寿险核保、理赔中，要重视孕前妇女有否服用预防神经管畸形的叶酸等药物，医院内分娩新生儿、6 岁以内儿童有否进行医学干预等资料的收集。

二、单纯遗传性疾病（hereditary disease）

人类子代和亲代之间存在遗传现象，同时也有变异现象。能够世代相传的一切形态特征、生理功能、代谢类型、行为本能以及病理变化，在遗传学上总称为"遗传性状"（genetic trait）。遗传的物质基础是基因。基因可以变异，大多数基因变异使机体对环境的变化产生更大的适应能力，所以是无害的。但如果基因损害了健康，并通过一定的方式传递至后代引起疾病，即为遗传病。这些遗传病是由于父母双方生殖细胞中的遗传物质所决定的。目前已知有 5000 种基因与疾病有关。较常见的一些遗传性疾病有：家族性多囊肾、血友病、多发性结肠息肉、多指多趾、胰岛素依赖型 1 型糖尿病、蚕豆病、遗传性小脑共济运动失调（中年后才发病）、亨廷顿病、白化病、神经纤维瘤、萎缩性肌强直、结节性硬化症、显性失明、早期失聪、高胆固醇血症、成骨不全、马方综合征等。

遗传病主要分为三类。

（1）染色体变异。

（2）单基因遗传病。

（3）多因子遗传病（多基因遗传病）。

遗传病的检出方法，一是靠群体调查，即对某一地区一般人群中，某种遗传病的发病率及先证者亲属中的发病率进行比较，若有明显差异，表明该病与遗传有关；还可应用双生儿法，比较单卵和双卵双生儿患病的一致性，若有明显差异，说明该病可能属遗传病；再就是用家系调查与系谱分析，按其传递方式可判断患者是否患有遗传病。

对遗传性疾病的诊断除了症状、体征外，还可应用皮纹检查、生化检查、染色体和性染色质分析、基因诊断等。

遗传性疾病是投保前就存在的风险，不具有可保性，因此，一般而言，遗传性疾病都属于寿险条款的责任免除项目。而与遗传有关的某些疾病，经过核保适当处理，尚可在某些险种中投保。

由于某些遗传性疾病并非在一出生就显现，而是在特定环境或一定时期、阶段方出现相应的临床症状和体征，甚或引起失能。凡此种种，理赔时应列为某些保险条款的拒付范围。

三、法定传染病（notifiable disease）

法定传染病又称特定传染病，是指一定时期内，国家行政卫生部门根据社会上疾病暴发流行情况而法定的疾病。

目前，根据《中华人民共和国传染病防治法》，将法定传染病分为两类，其中甲类传染病 2 种，乙类传染病 22 种（详见传染病章节）。

如何看待传染病的严重性，流行病学、临床医学、保险医学等均有不同的侧重点。病死率可以作为判断某种疾病严重性的指标，但这只是指标之一，而不是唯一的指标。保险医学可以从以下角度综合判定。

（一）流行传播的速度

霍乱、SARS 这些病的传播速度很快，而下述因素可影响传播速度。

1. 传染源的种类与患者的流动性

以患者为主要传染源的传染病要比以动物为主要传染源的传染病传播速度快。寿险公司在制定某些条款时，要考虑到人口流动的因素。

2. 传播途径

以飞沫和空气为传播媒介的呼吸道传染病传播速度往往要比其他经皮肤、血液、消化道传播及接触污染物而感染要快。

3. 感染以后是否容易发病

感染以后是否容易发病取决于病原的毒力大小和人体抵抗力。

（二）病死率高低

病死率的高低取决于以下两个方面。
（1）病原本身毒力的强弱。
（2）目前有无特效的治疗方法。

（三）目前有无特效的预防办法

狂犬病在全国报告中病死率高居甲、乙类传染病之首。在保险医学上，对狂犬病应提高以下几方面认识。

1. 养狗热与狂犬病的关系

新中国成立初期，限制养狗，狂犬病发病率明显下降，但 20 世纪 70 年代后，狂犬病疫情又开始上升，并日趋严重。1999 年，全国狂犬病死亡人数比 1996 年上升了 215.72%，2002 年全国狂犬病发病 1122 人，死亡 1103 人。

2. 貌似健康而携带病毒的动物，已成为目前最危险的传染源

健康犬狂犬病病毒携带率为 17.7%，而狂犬病患者中被无症状犬咬伤而致病者占到 84%。

3. 轻微的皮肤抓伤或黏膜污染易被忽略而酿成大祸

实际上，皮肤上的牙印、抓痕、即使不出血，病毒也可能由此侵入机体，黏膜接触了狗的唾液，也应作为外伤感染处理。

梅毒近年来在我国发病率升高，女性病例增长幅度显著高于男性，无论男女病例，已婚者约占 2/3 左右。从传染源看，男性由配偶传染的所占比例很小，而女性由配偶传染的却占较大比例。女性梅毒溃疡病症较男性更具隐蔽性，往往得不到及时发现、治疗而贻误病情，并造成进一步传播，应引起警惕。

近年来，我国加大了艾滋病防治力度，但艾滋病疫情仍呈上升态势。2002 年艾滋病病例数近万例，比 2001 年上升了 19.5%。截至 2002 年年底，全国累计报告 HIV 感染者40560 例，其中艾滋病病例 2639 例，死亡 1047 例。艾滋病传播途径主要有性接触、血液传播和母婴传播。

尽管特定传染病不在寿险公司赔付范围，但有些被保险人常因此等原因而死亡。而得不到正确诊断，或有关人员有意回避这些疾病，增加了寿险公司调查、理赔的难度。因此，核保医生对本社区社情、传染病谱、病情必须详尽了解，防范某些技术上、道德上的风险。对患有上述特定传染病的要保人，一定要结合其症状、体征、慎重分析，必要时请其出示传染病医院的诊断证明。尤其在某些综合性医院，单纯为了经济利益，疏于管理，没有条件而自行收治传染患者。在理赔中，应警惕这种违法行为。

四、职业病（occupation disease）

企业、事业和个体经济组织的劳动者，在职业活动中，因接触粉尘、放射性物质和其他有毒、有害物质等因素而引起的疾病称为职业病。对健康有害的因素则称为职业性危害。职业病以国家正式公布的种类为准。对健康有害的因素可以是物理、化学、生物性的，也可是神经、精神性的。凡是定为职业病者，国家要按劳动法和有关规定，对患者进行经济补偿甚至终身包养，社会负担极大。如矿工的矽肺、石棉肺、放射病等。由于职业病发病率在特定职业内比较高，具有较大风险，因此，寿险公司将其列入责任免除项目。

尽管职业病为公司免责或不在寿险投保范畴，但必须要对许多要保人的工作环境以及出现的症状、体征需要进行分析、鉴别，因此，了解常见职业病的职业环境、症状、体征很有必要。

在经营寿险险种中，除注意散在保户的身体状况、经济条件外，尚要除外其工作环境引发职业病的可能性，尤其在某一特定环境下，长期从事单一有害健康的工作，如从事箱包业及塑料生产的工人，终日接触苯、乙烯类等有毒化学物质，这些毒物可直接影响肝肾功能，尤其是抑制骨髓造血而导致再障等造血系统疾病，甚至死亡。

我们应注意一些生产并非大规模，甚至仍处于手工作坊的原始生产状态的厂家。对这些工厂的工人投保，尤其应注意职业病的发生，并结合生产环境做好生存调查、售后服务，有条件时，对工人定期体检，防患于未然。此外，还应警惕团体保险的被保险人群，不仅需注意意外伤害的风险，还要分析引起职业病的潜在危险，因为相当一部分职业病，是在离开有害的工作环境后相当长一段时间后才发病。

在我国，目前发病率较高、对劳动者健康影响较大的职业病主要有以下几种。

1. 尘肺

尘肺是我国最常见的职业病，发患者数占世界第一位。目前，有12种尘肺被国家有关部门定为职业病：矽肺、煤工尘肺、石棉肺、水泥尘肺、陶瓷工尘肺、电焊工尘肺、铸工尘肺、云母尘肺、滑石尘肺、炭黑尘肺、铝尘肺、石墨尘肺。

尘肺是长期吸入高浓度的生产性有害粉尘而引起的肺组织广泛纤维化。发病工龄一般在20年左右，最短可半年。其特点为伴有咳嗽和咳痰的进行性呼吸困难，主要症状为咳嗽、咳痰、胸痛、气短，继之肺功能减退。大多数患者最终以呼吸衰竭、合并感染、气胸而死亡。

2. 硫化氢中毒

在我国，硫化氢中毒占职业性急性中毒的第二位，仅次于一氧化碳中毒。硫化氢为无色、易燃气体，有臭鸡蛋味。它是许多工业生产过程中的副产品。在采矿、石油开发、提炼、皮革鞣制、橡胶合成、煤气制取、人造纤维、造纸、染料、制糖、食品加工以及清洁垃圾、阴沟、粪池、菜窖、鱼舱等作业时均有机会接触硫化氢。

人在短时间内吸入高浓度硫化氢可导致急性中毒，主要损伤中枢神经系统、呼吸系统以及心脏。硫化氢中毒主要表现为头痛、头晕、恶心、呕吐、乏力、烦躁、意识障碍、抽搐，甚至呼吸麻痹、死亡。吸入过高浓度时，可出现"闪电型"死亡。硫化氢中毒还可引起流泪、畏光、结膜充血、水肿、咳嗽等症状。慢性中毒还可引起视网膜病变。

3. 正己烷中毒

正己烷经呼吸道及皮肤进入人体，其代谢产物2，5-己二酮具有周围神经毒性，可引起以感觉、运动型多发性周围神经病为主要临床表现的慢性中毒。其症状多在接触正己烷一至数月后出现，起病隐匿，可有食欲不振、四肢无力，继之四肢对称性感觉异常等表现；脱离有害环境3个月后，病情仍可恶化。病程多在6～30个月，恢复缓慢。近10年来，我国在工业黏胶配制、制鞋、制球、印刷、家具制造及电器制造等领域中，广泛应用正己烷，发生中毒者屡有报道。

4. 二甲基甲酰胺中毒

二甲基甲酰胺是无色、有鱼腥味的液体。该毒物可经呼吸道、皮肤和胃肠道吸收进入体内，对皮肤、黏膜有刺激性，还可损伤中枢神经系统和肝、肾、胃等重要脏器。中毒的主要表现为眼和上呼吸道的刺激症状、头痛、头晕、嗜睡、恶心、上腹剧痛等；严重者出现消化道出血、肝功能衰竭。接触该毒物的环境主要分布在聚氯乙烯、聚丙烯腈等合成纤维工业，以及有机合成、染料、制药、石油提炼、树脂、皮革等生产领域和实验室。

5. 苯中毒

慢性苯中毒发病率为0.5%，极易并发再生障碍性贫血。急性苯中毒严重者可引起死亡。目前，我国用苯作业主要有：制皮鞋、皮包、油漆、油墨、印刷、绝缘材料等行业。

6. 有机磷中毒

有机磷农药是我国目前使用最广、用量最大的农业杀虫剂。短期内接触较大剂量的有机磷杀虫剂，可引起以神经系统损害为主的急性中毒，出现头晕、头痛、乏力、恶心、流涎、多汗、瞳孔缩小、肌束震颤等。中毒严重者会出现昏迷、肺水肿、呼吸衰竭和脑水肿。

农民白血病 50% 是由农药中毒直接引起的。农药、除草剂中苯类衍生物可抑制脱氧核糖核酸的合成，导致染色体突变、破坏造血系统，从而引发白血病。

五、地方病（endemia）

所谓地方病是指只在一定地区内或人群中不断发生的疾病，其有以下几方面特点。

1. 自然环境方面

某种地方病可反映出病区的气候、气象学的自然环境特点，尤其与水文地质有密切关系。

2. 病区分布方面

地方病有严格的地方性，呈灶状分布。在大片的病区中，可存在孤立的健康屯。在连片的健康区中，可有孤立的病村。病区与非病区之间有比较严格的地界线。病区不蔓延扩散，也不会很快自行消长，呈现相对稳定性，但可在条件相似的地区蔓延流行。

3. 人群发病情况

有些地方病有明显的年龄或性别特点，所有新病例均来自本地。患者如离开病区，一般症状可以减轻或延缓发展，轻者甚至可自愈；若重返病区，病情仍可继续发展。非病区的健康人迁入病区后也可得病。

各地地方病种的确定，以当地地方病防治机构公布为准。由于地方病在特定地区发病率较高，具有较大风险，因此，寿险公司一般在附加住院医疗保险条款中将其列为责任免除项目。

六、矫形外科和整形外科手术

矫形术（orthomorphia）是对外伤或疾病所致骨、关节、肌腱、神经、血管的离断、变形进行矫正的手术，如各种骨折的治疗、关节脱位、指趾缺损重建神经吻合，周围血管吻合、断肢（指、趾）再植术，骨关节结核、脊柱手术，骨髓炎手术等。所以，凡因意外伤害或疾病而进行的矫形手术一般属于保险公司有关条款的责任保障范围。但也有一部分不属寿险公司赔付责任，如先天性畸形的矫正术（先天性马蹄内翻足、髋关节脱位、脊柱侧弯、干骺连续症—多发性骨软骨瘤病、肌性斜颈等）。

整形术（plastic operation）是对疾病、外伤或先天引起的器官畸形，进行功能恢复、正畸或美容的手术。

被保险人整形前的这些病理变化、生理改变是原有的，属可知性风险。手术本身明确，某些并发症可预知，所有费用是必然发生的费用支出，不具有不确定性，尤其因非意外伤害事件造成的容貌修复和治疗，或纯属健康护理性质的整容，不属保险经营的风险之列，当属除外责任。当然，对于所有整形手术不能一概而论，某些因意外伤害所需要的"二期手术"或因之进行的功能恢复、畸形纠正，也带有"整形"的性质，但因其与意外伤害有因果关系，则应列为意外伤害事故赔付的连续责任内。在某些情况下，如眼外伤而进行眼球摘除手术，属于赔付范围，但以后的义眼安装则不在其中。

随着人们生活水平的提高，整形、美容手术会越来越多，寿险公司面对这些要保人、被保险人的机会也会增加。因此，了解这类手术并将其与外伤、疾病所致、不得不进行的紧急手术、择期手术相区别，是非常重要的。

七、生态环境病（ecological environmental disease）

所谓的生态环境病一般都有一段较长的潜伏、积聚期，患者乃至整个人群最初并没有异常表现，一旦发病，基本上无法医治。因此，有人把这一组疾病称为"环境化学定时炸弹"。这种"环境定时炸弹"随时威胁着被保险人的生命和身体功能。同时，因为它潜伏期、积聚期较长，要想将其消灭，常需一代甚至几代人的不懈努力，无形之中给寿险投保带来潜在危险。在世界范围内，较著名的生态环境病有日本的水俣病（汞污染）和痛痛病（镉污染），患者一旦发病，要么很快死亡，要么终身失能，需服药维持。

我国目前也有一些地区发生不同程度的生态环境病，尤其在落后地区，或个别工业较发达地区，由于引进国外污染环境严重的生产流水线和生产原料以及人为和自然的地质活动，对周围水、土、农林作物、人畜造成严重影响。

在生态环境病中，较为常见的几种化学剧毒元素为砷、铅和镉。

砷污染会导致皮肤癌、肺癌、肝癌、肾癌、膀胱癌，还会导致心血管病、糖代谢紊乱、神经系统功能紊乱等高危病种。

铅污染会引起心血管系统功能发生严重障碍，引发动脉粥样硬化、高血压、心肌肥大、心肌损伤、心肌坏死等导致死亡的高危病种。铅中毒还危害神经系统。儿童铅中毒将影响大脑发育，造成智力低下，影响学习，严重者将变成痴呆患者。

镉污染可使患者产生腰痛、背痛、关节痛、骨骼痛、骨质软化萎缩、骨折、神经痛等，痛极难忍，甚至使人自杀而死。国外最新研究发现，镉中毒还会引起心脏血管病、糖尿病、癌症等高危病种。镉中毒还会通过母体影响胎儿和婴儿，所以它的危害较大。

八、身体残疾（disabitity of the body）

随着经济的发展和交通业的发达，在我国，因为意外伤害而造成的身体残疾呈直线上升趋势。因车祸、建筑施工等意外伤害而造成的肢体残疾占整个身体残疾发生率的20%～30%，而以往多见的小儿麻痹和脑瘫引起的肢体残疾仅占3%～5%。许多肢残者经合理康复训练之后，是能恢复部分肢体功能的。作为寿险医师，应把这一至关重要的内容，随时向客户宣传，并引导其开展早期康复训练。

遭受疾病或意外伤害使机体某部分的功能破坏、丧失，是寿险的主要保障内容。对于失能（残疾）程度的认定是一严谨的过程。在这一过程中，要坚持科学、客观的评判，摒除人为因素的干扰。

目前，我国寿险公司普遍应用的残疾程度分级是结合国内、国际创伤医学及生活实践、伦理道德及国情，严格制定的标准，有其科学性、时代性、普遍性和公正性。在保险医学中对身体残疾程度共分七级，一级残疾程度最重，为高度残疾，七级较轻。出险后，公司与被保险人依据保险合同和残疾定级，按不同比例给付保险金，从15%到100%不等。

认定残疾程度除眼球摘除外，均在疾病或意外伤害后180天为限，如若仍需治疗，也把180天的病情视为定残基础。

1. 失明

眼睛失明指眼球缺失或摘除或不能辨别明暗或仅能辨别眼前手动者，最佳矫正视力低于国际标准视力表 0.02，或视野半径小于 5 度。由于上述数值要由被保险人主观告知，检查医生要具备眼科娴熟的检测技术和方法，从不同时间、不同角度对被保险人的视力、视野进行检测，并结合被保险人眼部受伤性质、诊治情况、时间效果等进行认真分析、科学判断。当受伤程度与被保险人陈述结果差异较大时，要警惕人为假象和道德风险，必要时进行眼科精密仪器的专业检查。

2. 关节机能丧失

关节机能丧失是指关节永久、完全僵硬，或麻痹，或关节不能随意运动。当然，有些情况，如关节外伤后，使韧带、肌腱断离而未及时手术，超过 180 天致使关节不能随意活动，或关节机能丧失为相对"永久性"（如关节内有固定器械），对这种情况要做具体分析和相应处理。

3. 咀嚼、吞咽机能丧失

咀嚼、吞咽机能丧失是指由于牙齿以外的原因引起相关脏器器质性改变或功能障碍，以致不能做咀嚼、吞咽运动，除流食外，不能摄取或吞咽的状态。这一类意外伤害包括强酸、碱对口腔、食道的烧灼，咽部、食道锐器、枪伤，脑部外伤致颅神经功能障碍，面部肌肉群或神经的创伤，下颌骨骨折、缺损等。对这一类出险的被保险人，除甄别伤害程度外，还要对其出险前精神状态、社会家庭环境等进行调查，以除外自残所造成的伤害。

4. 维持生命的必要日常生活活动，全需他人扶助

维持生命的必要日常生活活动，全需他人扶助是指食物摄取、大小便始末、穿脱衣服、起居、步行、沐浴等皆不能自己为之，需要他人帮助。某些特定部位的严重脑外伤，常引起被保险人精神、神经症状。虽然也能自行进食，但语言、行为不能控制、不认家、不认人，无人陪伴常常走失，也应结合脑外伤部位和程度，划入生活不能自理范围。

5. 手指缺失

手指缺失是指近位指间关节（拇指则为指节间关节）以上完全切断。拇指功能可占整个手功能的一半，因为只要留有拇指，同时存有其余四个手指的任何一个，经过一定时间功能锻炼和适应，伤残的被保险人尚可完成手的握、持、提、举等大部分功能。倘若拇指指节间关节以远、其他手指近位指间关节以远被切断，留下部分经过锻炼、适应仍可保持相当部分的功能，因此不能定缺失，也构不成伤残。

6. 听觉机能丧失

听觉机能丧失是指语言频率平均丧失大于 90 分贝，语言频率为 500、1000、2000 赫兹。判定听觉机能，一是分析、查证听觉丧失的疾病、外力或震动对颅神经或听觉结构的影响；二是要由五官科专科医生用专门器械进行特殊检查判定。常有临床医生因受检人鼓膜完全破裂、缺如而诊断失聪，实际上，鼓膜仅为听觉结构组成的一部分，即或鼓膜破坏，还可以通过骨传导而具有一定听力。为了鉴定听觉存在与否，可以通过脑干电诱发试验，使听觉神经释放的电波记录下来，从而排除"伪聋"的可能。

7. 手指机能丧失

手指机能丧失并非泛指手的功能，而是仅对某个指单位而言，即指自近位指间关节以上切断，或自近位指节间关节以远僵硬或关节不能随意识活动。

8. 足趾缺失

足趾缺失是指各趾近关节以远完全切断。

9. 语言功能丧失

语言功能丧失是指构成语言的口唇音、齿舌音、口盖音和喉头音的四种语言机能中，有三种以上不能构声或声带全部切除或因大脑语言中枢受伤害而患失语症。要注意审查被保险人疾病或受伤对语言机能影响的可能性和严重程度；以及掌握失语的时间段，即完全永久丧失语言能力达到一年以上。因为某些病变如声带麻痹，解除对喉返神经的暂时压迫、消除声带水肿、切除其肿瘤或可使失语得以缓解和消除。另外，还需防止受检人有意制造的假象和心理障碍引起的癔病性失语。外科甲状腺手术时误伤喉返神经，使被保险人声音嘶哑，但并非失去构声能力，所以不能认定为语言机能丧失。

10. 两眼眼睑显著缺损

两眼眼睑显著缺损是指闭眼时眼睑不能完全覆盖角膜。因肌无力、眼肌损伤引起的眼睑麻痹、下垂等不属此范畴。

11. 鼻部缺损且嗅觉机能遗存显著障碍

鼻部缺损且嗅觉机能遗存显著障碍指鼻软骨全部或二分之一缺损及两侧鼻孔闭塞，鼻呼吸困难，不能矫治或两侧嗅觉丧失。

九、儿童意外伤害（childhood accident）

保险医学中的儿童意外伤害，是指在外来能量的作用下，机体发生急性、预想不到的损害，这种伤害包括身体伤害和精神伤害，但不包括自杀、他杀和虐待。在城市，意外伤害以交通事故和坠落伤为主；在城乡交接部，以车祸为主；在农村，则以药物中毒、溺水为主。含铅汽油是城市儿童铅中毒的祸源。在专科门诊中，有三分之一儿童血铅值超出正常标准，这其中仅三分之一确实存在铅中毒症状。在医学核保中，要重视这一潜在的儿童伤害，认真分析铅粉中毒的症状存在与否及程度（如流涎、恶心、呕吐、阵发性腹痛、腹泻等胃肠道症状以及贫血、铅中毒性脑病、瘫痪等神经系统症状），而不应随意令投保人带孩子做相关检验。

十、产伤与脑瘫（birth palsy）

在寿险理赔中常遇到因小儿脑瘫保户和公司发生的纠纷，纠纷的焦点是症状出现时间，先天还是后天疾病，产伤瘫痪属不属医疗事故，寿险公司还是医院赔付等。脑性瘫痪（cerebral palsy）是多种原因引起的非进行性、中枢性运动功能障碍，严重者常伴有癫痫、智力落后及感觉、性格、行为等异常。发病原因如下。

1. 早产

脑瘫中约三分之一为早产所致。

2. 颅内出血

难产、产伤、脑血管疾病、全身出血性疾病等均可引起胎儿颅内出血而导致脑瘫。

3. 缺氧

先兆流产、前置胎盘、胎盘早剥、脐带脱垂、羊水、胎粪吸入、呼吸窘迫综合征、产前孕妇不恰当地应用镇静剂、麻醉剂等抑制呼吸致胎儿窒息。

4. 感染

病毒感染易影响 10 ～ 18 周胎儿，因此期胎儿为脑迅速发育阶段。

5. 脑发育畸形

脑瘫患儿症状、体征出现的时间早晚不同，程度不同，因此，幼儿家长与保险公司发生纠纷，申述理由的主要方面是早期发现还有一定困难。对疑有出生时脑损伤的婴儿，在延保或免责观察期的一个月、三个月、半岁时，应定期对其进行相关检查，一旦出现症状、体征，就应视为拒保体，或对公司与投保人签署的保险合同进行相应的技术性处理。

复习思考题：

1. 人体有几种基本组织？各自的功能是什么？
2. 什么是健康？健康的含义有哪些？
3. 致病的因素有什么？疾病有哪些转归？
4. 请叙述常见的疾病释义。

模块二　认识传染病

学习目标

要求学生能了解传染病的基本概念；熟悉传染病的基本类别；掌握传染病的流行过程、临床特点及预防措施。

工作任务

首先使学生尽可能多地列举所知道的传染病并记录、汇总，根据所列举的情况，让学生进行讨论分析，从这些传染病的异同点分析得出传染病的一般特征、传播特点及诊疗特征。

实践操作

一、认识传染和传染病

1. 每个学生举出 3 次自身被传染或自身传染给他人的例子。
2. 每个学生尽可能多地列举出自己知道的传染病。
3. 根据上述学生举例的传染和传染病进行讨论，分析传染和传染病的关系，并对所列举的传染病进行分类。

二、认识传染病的传播及临床特点

1. 以乙肝的流行过程为例，让学生具体说明乙肝的传染源及传播途径，并分析我们在日常生活中如何对待乙肝患者。
2. 每个学生回忆自己得过或见过的某种传染病，并详细描述发病过程以及曾出现过的印象最为深刻的临床症状或体征。
3. 根据分析总结不同传染病的发病过程及临床特点，学生和教师一起总结出传染病的基本特征及共同的临床特征。

问题探究

一、传染病概况

传染病是常见病、多发病中的一组疾病，严重危害着人类的健康，并可迅速传播造成流行。自然界的微生物有成千上万种，多数对人类有益，对人类疾病有意义的微生物仅是其中的一小部分，它们是病毒、衣原体、立克次体、支原体、螺旋体、细菌（球菌、杆菌、弧菌）、真菌、放线菌。由原虫和蠕虫引起的疾病称寄生虫病。原虫是单细胞动物，具备完整的生理功能，代表着动物演化的原始状态。原虫体积微小，为 $2 \sim 3\mu m$ 到 $100 \sim 200\mu m$ 不等，在光学显微镜下才能看清楚其结构。最典型的有痢疾阿米巴和疟原虫。阿米巴寄生于结肠，在一定条件下可侵袭组织，在肠壁、肝脏、肺及其他部位形成溃疡或脓肿。疟原虫是疟疾（打摆子）的病原体，分布几乎遍及全球。20 世纪 50 年代，全世界人口为 25 亿，居住在疟疾流行区的就有 18 亿人口，每年有 2.5 亿患者。这种疾病是经蚊虫叮咬传播的。蠕虫包括血吸虫、绦虫、蛔虫等，由蠕虫引起的疾病叫蠕虫病。

传染病曾数次给人类带来巨大灾难。几个世纪前，天花、鼠疫、霍乱等烈性传染病大肆猖獗，新中国成立前，由于战乱及贫困，疟疾、血吸虫病、黑热病、丝虫病等在我国城乡曾广泛流行，严重威胁人民健康。新中国成立后，许多传染病如天花、白喉、麻疹、脊髓灰质炎等被消灭或基本消失。20 世纪以来，随着医药科技及公共卫生学的发展，人类较好地控制了一些传染病，使其发病率、死亡率大幅下降。但随着环境、交通及人类生活习惯的改变，艾滋病、传染性非典型肺炎、人禽流行性感冒等新的传染病相继出现，而病毒性肝炎、感染性腹泻、流行性出血热等某些传染病也成为防控的重要对象。一些已被基本消灭的传染病仍有死灰复燃的可能。

在我国，人身险条例中虽没有明确提到传染病，但某些传染病可以引起患者伤残，甚至导致较严重的后遗症。因此，了解传染病对研究是否承保有重要意义。如小儿麻痹症可引起肢体残疾；乙型脑炎可引起聋哑或双目失明；肾结核、脑膜结核都可导致人死亡等。随着我国经济的发展，国际交流日益频繁，有些国内没有的或已经消灭的传染病有可能从国外传入，如性病等。如果大量患有严重传染病的人作为投保体，势必影响保险公司的稳定性。

传染病学是研究传染病在人体内发生、发展与转归的原因和规律，以及传染病的早期诊断方法和治疗措施，促使患者恢复健康，进而控制传染病在人群中传播的科学。它的研究对象是患病的个体。

二、传染

（一）传染的概念

病原体侵袭人体，人体与病原体相互作用、相互斗争的过程称为传染（或传染过程）。构成传染的必备条件是病原体、人体和它们所处的环境三个因素。人类在漫长的进化过程中，不断与各种微生物接触，逐渐产生高度的适应和斗争能力。当人体防御能力低下时，病原体便在人体内生长、繁殖，使人致病。当人体免疫功能正常时，机体便有足够的防御能力，使病原体被消灭或排出体外。病原体作为外因只是一种致病条件，能否发病主要取决于内因，即人体的免疫、防御能力。

传染和传染病是两个不同的概念，人体受病原体感染后，不一定得传染病，传染病仅是传染的五种结果中的某一两种。

（二）传染的过程

传染的过程是一个极为复杂的动态过程，在外界环境因素的影响下，病原体和人体之间的矛盾与斗争始终贯穿于全过程。病原体借其特殊（特有）的致病力侵袭人体，而人体借其特有的防御能力遏制病原体。双方斗争的结果有下列几种情况。

1.病原体被消灭或排出体外

病原体侵袭人体时，由于人体防御能力（特异性免疫力和天然抵抗力）强大，将病原体消灭或排出，不产生病理变化，不引起任何临床症状。

2.隐性感染

隐性感染即病原体侵入人体后，在人体某一部分（位）生长繁殖，产生一定的病理变化，但临床症状不明显，只能用病原学或免疫学方法才能发现。隐性感染在某些传染病（流脑、脊灰、白喉）流行期间较为常见，感染后可以获得对该种传染病的免疫力。

3.潜在性感染

病原体侵入人体后，由于矛盾双方的力量暂时保持平衡，病原体潜伏于身体的某一部位，不排出病原体，也不出现任何症状。当人体防御能力降低时，潜伏于人体内的病原体就趁机繁殖，引起疾病，如结核病等。

4.病原携带状态

病原携带状态又称带菌状态、带病毒状态、带寄生虫状态等。指病原体侵入人体后，在身体某一部位繁殖，并不断排出，但不出现任何疾病状态的整个时期，如乙肝表面抗原携带者。

5.显性感染

显性感染即发病。病原体侵入人体后，由于病原体数量多、毒力强，人体防御能力弱，难以抵抗病原体的入侵，病原体在体内大量繁殖，引起病变，产生临床症状。

以上五种结果在一定条件下可以互相转换，一般认为隐性感染最常见，其次为病原携带状态，显性感染最少，但易于识别。

三、传染病

传染病是由各种致病性的病原体（包括微生物与寄生虫等）所引起的一组传染性疾病。传染病是常见病、多发病中的一组疾病，严重危害着人类的健康，并可迅速传播造成流行。

（一）传染病的流行过程

流行过程是指传染病的病原体从传染源体内排出，经过一定的传播途径，侵入易感机体，形成新的传染，并在外界环境因素影响下，不断发生、发展的过程。

流行过程的三个环节即传染源、传播途径、易感人群。

1.传染源

受病原体感染的人和动物及病原携带者（带菌者、带病毒者、带原虫者等）均为感染源。

2. 传播途径

水平传播：水、食物、空气、接触传播，媒介节肢动物传播等。

垂直传播：病原体经过母体的胎盘传递给胎儿，使胎儿感染，称为垂直传播。

3. 易感人群或人群易感性

易感人群是指对某种传染病缺乏特异性免疫力的人群。人群作为一个整体，对某种传染病容易感染的程度，称为人群易感性。

（二）传染病的类别

（1）肠道传染病：包括病毒性肝炎、细菌性痢疾、脊髓灰质炎、霍乱和副霍乱等。

（2）呼吸道传染病：包括流行性感冒（2～3年一次小流行，10～15年一次大流行，分甲、乙、丙三型，甲型易发生变型）、天花、流行性脑脊髓膜炎等。

（3）虫媒传染病：包括流行性乙型脑炎、疟疾等。

（4）动物源性传染病：包括流行性出血热、钩端螺旋体病、狂犬病等。

（5）蠕虫病：包括蛔虫病、钩虫病等。

（三）传染病的特征

1. 传染病的基本特征

（1）有病原体

每种传染病都有其特异的病原体，如肝炎病原体为肝炎病毒，流行性感冒病原体为流感病毒，痢疾病原体为痢疾杆菌，钩体病病原体为钩端螺旋体等。从患者体内发现病原体是确诊的依据。

（2）有传染性

病原体从一个宿主传给另一个宿主的特征称为传染性。所有的传染病都具有一定的传染性，但强度不一。传染性强的病原体（天花、水痘病毒），只要少量就能引起感染，而传染性弱的病原体（副伤寒杆菌）则需大量才能引起感染。需要说明的是，传染性强的病原体不一定引起严重的疾病，如水痘病毒。

（3）有流行性、地方性和季节性

传染病在人群中传播蔓延的特征称为流行性，其流行强度用爆发、散发、流行和大流行来衡量。爆发指在短期内（通常是疾病的潜伏期内）某种传染病的病例数猛增（同一传染源和共同的传播途径所致）。散发指某种传染病发生扩散，各病例间在发病的时间和地点上没有明显联系。流行指某种传染病的发病率超过当地的常年发病率。大流行指某种传染病在特定时间内迅速蔓延，波及的范围很广，可达全国，甚至引起世界性大流行。

有些传染病，由于传播媒介受自然因素的影响，或是由于生活习惯等原因，常局限于一定的地区发生，这种传染病称为地方性传染病，如血吸虫病、疟疾等。

某些传染病的发病率每年有一定的季节性升高，称为季节性。其原因与气温、生活条件不良、媒介动物活跃、传播途径易实现等因素有关。比如乙型脑炎、疟疾主要发生于蚊繁殖迅速的夏秋季，而脑膜炎、流感等呼吸道传染病多发生于冬春季。

（4）有感染后免疫

人体受病原体感染后，在一定时间内对同一病原体不再易感，这种特征称为免疫性，人体因此而获得免疫力。传染病的病种不同，其免疫状态有差异。某些传染病（麻疹、伤寒等）病后免疫力持久，一次得病后几乎终身不再受同种病原体感染，但多数传染病的病后免疫力有一定的时间性。

2.传染病的临床特点

（1）病程发展的阶段性

急性传染病的发生、发展和转归，可分为 4 个阶段。

①潜伏期：从病原体侵入人体起至出现最初的临床症状时止的这段时间称潜伏期。各种传染病的潜伏期长短不一。潜伏期一般相当于病原体在机体内繁殖、转移、定位、引起组织损伤和功能改变、导致临床症状出现之前的感染过程。每种传染病的潜伏期都有一个相对不变的限定时间（最长、最短）。潜伏期是确定传染病检疫期的重要依据，对一些传染病的诊断也有一定参考意义。

②前驱期：是从起病至症状明显期之前的一段时间。主要表现为头痛、发热、乏力、食欲减退、四肢酸痛等轻微的、无特异性的毒血症症状，一般持续 1～3 天。起病急骤者可无前驱期。

③症状明显期：不同种类传染病各自出现具有特征性症状、体征及实验室检查的时期。病情多由轻转重，到达顶峰，然后随机体免疫力的产生，病情减轻进入恢复期。本期可分为上升期、极期与缓解期。此期易发生并发症。

④恢复期：临床症状基本消失，体征逐渐消退，体力和食欲恢复，直至完全康复。此期患者血清中的特异性抗体效价上升，并逐渐达到最高水平。部分患者可转为慢性或留有后遗症。

复发与再燃。传染病已进入恢复期或在痊愈初期，病原体又开始繁殖，初发病的症状再次出现，称复发。当病程进入缓解期，体温尚未降至正常时，发热等症状再度出现，称为再燃。

（2）常见的临床症状和体征

①发热：是许多传染病共有的最常见症状。常见热型有：a 稽留热：高热，24 小时内体温差在 1℃之内，见于伤寒、斑疹伤寒等。b 弛张热：高热，24 小时内体温差超过 1℃，但最低点在常温之上，见于伤寒缓解期、肾综合征出血热等。c 间歇热：24 小时内体温波动于高热与常温之下，见于疟疾、败血症等。d 回归热：骤起高热，持续数日后退热，间歇数日后发热再现，见于布氏杆菌病、回归热等。

②发疹：皮疹是多种传染病的特征性体征。有外疹（皮疹）及内疹（黏膜疹）两类，在诊断上有重要价值。常见皮疹有：a 斑丘疹：多见于麻疹、风疹及斑疹伤寒，其中玫瑰疹见于伤寒、红斑疹见于猩红热。b 出血疹（瘀点、瘀斑）：见于流行性脑脊髓膜炎、肾综合征出血热、登革出血热、恙虫病及败血症等。c 疱疹：见于水痘、单纯疱疹、带状疱疹等。d 荨麻疹：多见于寄生虫病、血清病或食物、药物过敏者。

皮疹的出现时间、出疹顺序及分布状态对发疹性传染病的诊断及鉴别诊断有重要意义。如水痘、风疹多发于第 1 病日，猩红热于第 2 病日，天花于第 3 病日，麻疹于第 4 病日，斑疹伤寒于第 5 病日，伤寒始于第 6 病日出现皮疹等，虽有例外但基本上是按上述时间规律发疹。

③毒血症、菌血症、败血症、脓毒血症：病原体侵入人体后在繁殖过程中不仅可以产生菌血症、病毒血症，而且可由其毒素和代谢产物引起一系列临床表现。同时也可在病原体及其代谢产物的作用下刺激单核—巨噬细胞系统增生，而发生肝、脾和淋巴结肿大。

（四）控制传染病的措施

1. 管理传染源

要严格执行传染病报告制度，一旦发现传染病患者，应立即报告。根据《中华人民共和国传染病防治法》，将法定传染病分为两类，其中甲类传染病 2 种，乙类传染病 22 种。

甲类传染病：鼠疫、霍乱。

乙类传染病：肝炎（甲、乙、非甲非乙型，未分型）、痢疾（细菌性、阿米巴性）、伤寒和副伤寒、艾滋病、淋病、梅毒（原发、继发、先天）、脊髓灰质炎、麻疹、百日咳、白喉、流脑、猩红热、流行性出血热、狂犬病、钩端螺旋体病、布鲁氏菌病、炭疽、斑疹伤寒、流行性乙型脑炎、黑热病、疟疾（间日疟、恶性疟、未分类）、登革热。

我国传染病防治法实施办法规定，甲类传染病为强制管理传染病。责任疫情报告人发现甲类传染病和乙类传染病中的艾滋病、肺炭疽的患者、病原携带者和疑似传染病患者时，城镇于 6 小时内，农村于 12 小时内，以最快的通讯方式向发病地卫生防疫机构报告，并同时报出传染病报告卡。

乙类传染病为严格管理传染病。责任疫情报告人发现乙类传染病患者、病原携带者和疑似传染病患者时，城镇于 12 小时内，农村于 24 小时内向发病地的卫生防疫机构报出传染病报告卡。2003 年在我国某些地区流行的 SARS 也临时按乙类传染病对待。

2. 切断传播途径

切断传播途径的措施是注意卫生（饮水、饮食、环境、个人等）、消毒和杀虫等。常用的消毒方法有物理消毒法和化学消毒法两种。口罩是物理消毒法中的机械过滤工具之一，对预防呼吸道传染病有效，可以清除病原体，但不能将其杀灭。紫外线具有一定的杀灭病原体的作用，所以勤晒被褥是有好处的。其他如焚化、煮沸、高压蒸煮，均是消毒效果较理想可靠的物理消毒法。化学消毒法是应用化学消毒剂，使病原体的蛋白质凝固变性而将其杀灭。常用的漂白粉为含氯消毒剂之一，遇水产生次氯酸，释放出游离的氧原子和氯原子，病原体蛋白质经氧化和部分氯化作用而死亡。

杀虫就是杀灭传播传染病的媒介节肢动物，如蚊、蝇、蚤、螨等。常用的方法有物理法（火烧、煮沸、水烫等）和药物法等。

3. 保护易感人群

保护易感人群的主要措施是增强人体的天然抵抗力和进行预防接种。前者包括改善人民的生活和居住条件、增加营养、加强体育锻炼等，后者包括自动免疫和被动免疫两类。

自动免疫是将特异性抗原（菌苗、疫苗）接种于人体，使人体于接种后 1～2 周产生特异性免疫力。其免疫力可持续数月至数年。自动免疫是控制以至最终消灭相应传染病的重要措施之一。例如，由于实施痘苗接种和疫情监测，1980年世界卫生组织宣布已在全世界范围内消灭了天花。

自动免疫中的计划免疫和儿童基础免疫，体现了预防接种工作严格的科学性和计划性。计划免疫是根据国家和地方对传染病的要求（消灭或控制等），采用国内通用的免疫程序，在易感人群中有计划地进行预防接种。

儿童基础免疫是计划免疫的重要工作环节，保证儿童在1岁半以内完成4种生物制品的基础免疫。我国卫生部颁布的儿童基础免疫程序如下。

卡介苗：新生儿初种。

百、白、破混合制剂：出生后3个月初种，第二年加强一次。以后可根据需要选用百日咳菌苗或白喉、破伤风二联类毒素进行加强免疫。

麻疹活疫苗：出生后8～12个月初种，第二年可复种一次，以后在适当时候加强免疫。

脊髓灰质炎活疫苗：出生后2个月初服，先服I型，间隔1个月服II型、III型，1岁、2岁、7岁时各服一次。

思考题：

1. 简述传染与传染病的异同。
2. 简述传染病的传播过程。
3. 简述传染病的临床特点。
4. 简述传染病的防治措施。

模块三　认识常见的传染病

学习目标

通过学习本项目，学生能了解艾滋病、病毒性肝炎、甲型 H1N1 流行性感冒、传染性非典型肺炎、风疹、结核病的基本流行情况；掌握它们的传播特点、临床表现；了解其治疗现状及核保特点。

工作任务

1. 教师通过图片和视频的展示，让学生初步认识艾滋病的基本情况，包括病原学、流行病学、临床特征及防治措施。要求学生根据日常所见、所闻讨论艾滋病的特征，特别是临床表现及防治措施。

2. 通过视频展示目前我国肝炎病毒携带的严重情况，结合理论知识，使学生认识乙型肝炎病毒的各个抗原、抗体的临床意义。

3. 通过对近年甲型 H1N1 流行性感冒、传染性非典型肺炎传播过程及我国卫生部门对其控制处理治疗过程的回顾，结合艾滋病、病毒性肝炎、甲型 H1N1 流行性感冒、传染性非典型肺炎、风疹、结核病的理论知识，要求学生掌握它们的基本流行情况、传播特点、临床表现、治疗现状及核保特点。

实践操作

一、认识艾滋病的概况

1. 要求学生根据已有的知识说出艾滋病的概念以及对艾滋病现状的认识。

2. 根据学生的描述讨论，教师总结出艾滋病的正确概念，即艾滋病（AIDS），全名为"获得性免疫缺陷综合征"，是一种由人类免疫缺陷病毒（HIV）所引起的致命性慢性传染病，主要通过性接触传播和血液传播。

二、认识病原

1. 组织学生进行讨论，描述艾滋病病毒的特点，以及与其他病毒的异同。
2. 在讨论的基础上，教师进行总结。

三、认识艾滋病的流行病学特点

1. 认识艾滋病的流行特点

组织学生进行资料查阅和讨论，根据已有的知识及相关书籍和网络，说出目前全世界及我国的艾滋病流行现状；并且从学生的描述中分析目前艾滋病流行现状中的几大特点：如地域特点、人种特点等。

2. 认识艾滋病的传播特点

（1）给出关键词：“传染源”、“传播途径”。

（2）要求学生凭借已有的知识及在日常生活中的启示，说出艾滋病的传染源和艾滋病传播的可能途径，并组织学生进行汇总、讨论、分析。

四、认识艾滋病的临床表现

1. 教师展示各个时期艾滋病临床表现的典型图片及相关视频。

2. 学生就看到的图片及视频进行讨论，并根据常识对各图片进行时间排序。

3. 教师针对学生的讨论及排序结果进行分析，并总结艾滋病临床表现的主要特点，即艾滋病四期分类法：第 I 期：急性感染期；第 II 期：无症状 HIV 感染期；第 III 期：持续性全身淋巴结肿大综合征（PGL）；第 IV 期：艾滋病期。

五、认识艾滋病的预防措施

要求学生根据已有知识具体写出预防艾滋病的有效方法，并且探讨日常生活中大家需要注意的问题。教师根据学生的讨论结果进行总结、汇总、分析。

问题探究

一、艾滋病

（一）艾滋病的流行

艾滋病是当代最引人注目的新型传染病，自从 20 世纪 70 年代最早在中非发现，80 年代初美国报告首例艾滋病以来，目前全世界已有 150 多个国家发生本病，据世界卫生组织估计，本病正在世界范围内蔓延。至 1997 年，全世界艾滋病感染者已达 3060 万人，因艾滋病死亡人数达 1170 万人。我国 1997 年底共检出 HIV 感染者 8277 人，卫生部估计实际感染人数可达 15 万～ 25 万人。

艾滋病有明显的地区分布特征。患者主要集中在非洲、美洲、欧洲，大洋洲和亚洲相对较少。艾滋病的人群分布主要集中在 20 ～ 49 岁的“性活跃年龄阶段”的黄金年龄组，发病人数占患者总数的 88.8%。性生活混乱、同性恋、静脉注射吸毒等行为特征都集中在这一年龄阶段。

（二）艾滋病的传播特点

1. 传染源

艾滋病患者和无症状病毒携带者为本病传染源。患者传染性最强，无症状病毒携带者，由于临床症状不明显，更具危险性。

2.传播途径

HIV 存在于血液、唾液、乳汁、泪液和精液、阴道分泌物中，输入或接触染有病毒的体液者，均可被感染。

（1）性接触传播。为本病的主要传播途径，以同性恋者发病率较高，异性恋者亦可相互感染。

（2）经注射途径传播。多为输入染有病毒的血液、血制品或共用污染的注射器和针头而感染。静脉注射毒品的吸毒者，HIV 感染率很高，因此，静脉注射是重要的传播途径。

（3）母婴传播。感染 HIV 的孕妇可通过胎盘使胎儿感染。在分娩过程或产后，婴儿亦可被母体血液、乳汁和其他分泌物感染。据报道，HIV-1 的母婴传播感染率为 30% ～ 50%，而 HIV-2 的母婴传播感染率较低，不超过 10%。

（4）其他传播途径。可在移植 HIV 携带者的器官或人工受精时感染。偶有医务人员在工作中，不慎被染有 HIV 的注射针头、刀具等刺伤皮肤或被病毒污染皮肤破损处而感染。

3.高危人群

本病多发生在 50 岁以下的青壮年。成人高危人群为静脉药瘾者、卖淫嫖娼者、男性同性恋者、配偶一方是 HIV 感染者和多次接受输血、血制品治疗者。儿童高危人群主要是其父母有 HIV 感染者。

（三）艾滋病的临床特征

在 HIV 感染过程中，T 辅助细胞（T_4 细胞）被病毒成批杀害，使防卫细胞越来越少，人体免疫系统的"识别"、"应答"、"调节"功能越来越弱，身体不能再抵抗各种病毒、真菌、细菌和寄生虫的侵害，感染变成了严重的疾病，肿瘤也随之出现（认为 T4 细胞可能具有抵抗某些癌症的作用）。美国疾病控制中心（CDC）在 1986 年制定了以临床不同表现为依据的艾滋病四期分类法。

第 Ⅰ 期：急性感染期。小部分患者出现发热、全身不适、头痛、厌食、恶心、肌痛、关节痛和淋巴结肿大等症状。此期血中可检出 HIV 病毒及 p24 抗原，$CD8^+$ 细胞增加，因而 $CD4^+/CD8^+$ 比例倒置，血小板减少，一般 3 ～ 14 日后上述症状自行消失。此期血清 HIV 抗体阳性。

第 Ⅱ 期：无症状 HIV 感染期。此期可由 Ⅰ 期延伸而来，也可为原发 HIV 感染者，临床上没有任何症状，但血液中能检出 HIV 及其核心和包膜蛋白抗体，具有传染性。此期可持续 2 ～ 10 年或更长。

第 Ⅲ 期：持续性全身淋巴结肿大综合征（PGL）期。除腹股沟淋巴外，其他部位出现两处或两处以上淋巴结肿大。此期特点是淋巴结直径大多在 1cm 以上，质柔韧，无压痛，无黏连，活检为反应性增生。淋巴结肿大可持续 3 个月以上，部分患者达 1 年以上，此后逐渐消散，但有再次肿大者。

第 Ⅳ 期：艾滋病期。此期临床表现复杂，除有发热、疲乏、盗汗、腹泻、消瘦及淋巴结肿大、肝脾肿大、贫血等一般表现外，尚可发生多种机会性感染和累及全身各系统器官的恶性肿瘤。①呼吸系统：主要是发生卡氏肺囊虫性肺炎，约占艾滋病患者肺部感染的 80%，是艾滋病患者的主要致死原因。此外亦可见由巨细胞病毒、疱疹病毒、军团菌、隐球菌、弓形虫等引起的肺炎。艾滋病患者还常并发肺结核和肺部卡波西肉瘤。②消化系统：约70%以上的艾滋病患者有消化系统病变。可由疱疹病毒、巨细胞病毒、白色念珠菌等引起口咽部、食管及胃肠道的炎症和溃疡。也可由巨细胞病毒、隐孢子虫、鸟分枝杆菌、结核杆菌等引起急、慢性肝损害。③中枢神经系统：本病约有30%～70%患者有神经系统症状。患者可出现头晕、头痛、幻觉、癫痫、进行性痴呆、痉挛性共济失调及肢体瘫痪等中枢神经系统病变的临床表现。除HIV和巨细胞病毒可引起亚急性脑炎外，还可见隐球菌脑膜炎、弓形虫脑脓肿、进行性多灶性脑白质炎及脑淋巴瘤、卡波西肉瘤等，尤以播散性类圆线虫感染为严重，常危及生命。④泌尿系统：以肾损害为主，约20%～50%的艾滋病患者发生肾损害。机会性感染是引起肾损害的主要原因。HIV本身也可引起肾损害，导致HIV相关肾病。临床上有蛋白尿、氮质血症等肾功能衰竭表现。⑤其他：血液系统常见贫血和粒细胞减少、血小板减少及非霍奇金淋巴瘤等。眼部受累亦较常见，为巨细胞病毒及弓形虫感染所致的视网膜炎和眼部卡波西肉瘤等。艾滋病患者可发生心血管系统病变，包括心肌炎、心内膜炎、心包炎及动脉瘤形成等。多数艾滋病患者有疱疹病毒或白色念珠菌所致的皮肤黏膜感染，亦可由卡波西肉瘤侵犯下肢皮肤和口腔黏膜而发生紫红色或紫蓝色浸润斑或结节，其表面常出现溃疡并向周围扩散。

（四）艾滋病的预防

1. 开展全民卫生宣传教育

艾滋病虽然可怕，但其传播方式明确。因此要从源头上加以预防：①控制、管理传染源；②切断传播途径；③保护易感人群。加强人类自身的思想意识教育，洁身自好，纠正不良行为，充分意识到吸毒是一种自身损害行为，树立良好的性道德规范，艾滋病是完全可以预防的。

2. 学校开展健康教育是预防艾滋病的最有效手段

艾滋病没有国界，中国是国际社会的一员，有责任制止艾滋病的蔓延。我国大约有4亿儿童、青少年，他们是祖国的未来和希望，求知欲强，朝气蓬勃，但缺少生活经验，易受到社会上不良现象的侵袭。健康教育不仅要着眼现在，更应着眼于将来，要使青少年成为抵御艾滋病的最有生气的社会力量。要注意普及预防艾滋病的基本知识，使青少年建立信心，纠正自己的不良习惯和行为。

3. 克服恐惧心理，正确认识艾滋病

一般接触不会导致HIV感染。据调查，患者家庭中的一般成员很少被感染，长期接触艾滋病患者的医护人员，职业危险也不大。在学校、工作地点或公共场所偶然接触也不会发生传播。没有任何证据支持通过食物、水或咳嗽等途径会传播艾滋病。艾滋病并不威胁全体居民，同艾滋病病毒携带者同桌进餐，同乘一车，一般不会被传染。但接触艾滋患者的排泄物时，应戴手套。

4. 建议

无论男女都应积极预防此类传染病。对伤口和血污染要进行消毒；牙刷、剃须刀最好不要同其他人合用，因为可能存在极小的血迹；不要使用别人的注射器械。资料表明，17%男性艾滋病患者是由使用注射器或针头传染的，50%以上女性艾滋病患者是使用输液

器或针头传染的。另外，女性应注意的是，月经可能是 HIV 的一个进出口。

二、病毒性肝炎

病毒性肝炎（viral hepatitis）是由多种肝炎病毒引起的，以肝脏炎症和坏死为主要病变的一组全身性感染病。目前已知病毒性肝炎有甲型肝炎（hepatitis A）、乙型肝炎（hepatitis B）、丙型肝炎（hepatitis C）、丁型肝炎（hepatitis D）、戊型肝炎（hepatitis E）5 种。但其致病性尚未全部明确。各型病毒性肝炎临床表现相似，患者主要表现为疲乏、食欲减退、肝大、肝功能异常，部分病例出现黄疸，但无症状感染亦常见。急性病例多在 2～4 个月内恢复。甲型和戊型经消化道传播，多表现为急性感染；乙型、丙型和丁型大多呈慢性经过，少数病例可发展为肝硬化或肝细胞癌。病毒性肝炎在我国和世界各地均有发病和流行，而且发病率近年来有不断增高的趋势。本病无性别差异，各年龄段均可发生。目前对病毒性肝炎尚缺乏特效治疗的方法。此处以甲型肝炎和乙型肝炎为例就病原学、流行病学特征、临床表现、诊断治疗等方面进行介绍。

（一）病原学

1. 甲型肝炎

甲型肝炎病毒（hepatitis A virus，HAV）归类于微小 RNA 病毒科，直径 27～32nm，无包膜，呈 20 面体对称颗粒。HAV 只有 1 个血清型能感染人体，因此也只有 1 个抗原抗体系统。抗 HAV 是 HAV 的特异性抗体，感染后早期出现 IgM 型抗体，一般可持续 8～12 周，是近期感染的标志。IgG 型抗体可保持多年，是过去感染的标志。

HAV 对外界抵抗力较强，耐酸碱，室温下可生存 1 周，在贝壳类动物、污水、淡水、海水及泥土中能存活数月。能耐受 60℃ 30 分钟，在 -70～-20℃数年后仍有感染力，对有机溶剂较为耐受，在 4℃ 20% 乙醚中放置 24 小时仍稳定。对甲醛、氯等消毒剂和紫外线敏感。

2. 乙型肝炎

乙型肝炎病毒（hepatitis B virus，HBV）属嗜肝 DNA 病毒科。在电镜下观察，HBV 感染者血清中存在三种形式的颗粒。

（1）大球形颗粒，又称 Dane 颗粒，为 HBV 完整的病毒体。直径 42nm，分为包膜和核心两个部分，包膜内含乙型肝炎表面抗原（HBsAg）、糖蛋白与细胞脂肪；核心内含环状双股 DNA、DNA 聚合酶（DNAP）、乙型肝炎核心抗原（HBcAg）和乙型肝炎 e 抗原（HBeAg）。

（2）小球形颗粒，直径约 22nm，一般血清中此类颗粒最多。

（3）柱状颗粒，直径约 22nm，长度约 100～1000nm。这两类颗粒主要由 HbsAg 组成。

HBV 的抗原抗体系统如下。

（1）HBsAg 与乙型肝炎表面抗体（抗 HBs）：机体感染 HBV 后最早 1～2 周，最迟 11～12 周在血中首先出现 HBsAg，急性自限性 HBV 感染时，血中 HBsAg 多持续 1～6 周，最长可达 5 个月。无症状携带者和慢性乙型肝炎患者血中的 HBsAg 可存在多年甚至终生。HBsAg 只有抗原性而无感染性，其刺激机体产生的抗 HBs 是一种保护性抗体，抗 HBs 在急性感染后期，HBsAg 转阴后一段时间开始出现，在 6～12 个月内逐步上升至高峰，可持续多年，后逐渐缓慢下降。抗 HBs 阳性表示对 HBV 有免疫力，见于乙型肝炎恢复期、过去感染或乙肝疫苗接种后。

（2）HBcAg 与乙型肝炎核心抗体（抗 HBc）：HBcAg 主要存在于受感染的肝细胞核内，血中 HBcAg 大多存在于 Dane 颗粒的核心，用一般方法不易检出。血清中的 Dane 颗粒经处理后可检出 HBcAg，反映病毒正在复制，具有传染性。HBcAg 有很强的免疫性，刺激机体产生的抗 HBc 对人体无保护性。血清中抗 HBc 有两型：抗 HBcIgM 出现早，但持续时间较短，只存在于乙型肝炎的急性期和慢性乙型肝炎的急性发作期；抗 HBcIgG 出现稍迟，但可持续多年。低滴度抗 HBc 是过去感染的标志，高滴度抗 HBc 表示 HBV 有活动性复制。

（3）HBeAg 与乙型肝炎 e 抗体（抗 HBe）：HBeAg 一般仅见于 HBsAg 阳性患者的血清中，HBeAg 的出现稍后于 HBsAg，在病变后期消失，若 HBeAg 持续存在提示病变慢性化趋向。HBeAg 与 HBV DNA、DNAP 密切相关，是 HBV 活动性复制和有较强传染性的标志。抗 HBe 在 HBeAg 消失后出现，提示病毒复制多处在静止状态，传染性降低。

乙型肝炎病毒的抵抗力很强，对热、低温、干燥、紫外线及一般浓度的消毒剂均能耐受。在血清中 30℃～32℃可保存 6 个月，−20℃可保存 15 年。在 37℃可存活 7d，能耐受 60℃ 4 小时。煮沸 10 分钟、高压蒸气消毒及过氧乙酸浸泡 2 分钟即可灭活。

（二）流行病学特点

1. 传染源

甲型肝炎无病毒携带状态，传染源是急性期患者和隐性感染者。潜伏期后期及黄疸出现前数日传染性最强，黄疸出现后 2 周粪便传染性明显减弱。乙型肝炎的传染源主要是急、慢性肝炎患者和无症状慢性病毒携带者。

2. 传播途径

甲型肝炎主要经粪—口途径传播。可通过粪便污染水源、食物、蔬菜、玩具等引发流行。食物或水源污染可导致甲型肝炎爆发流行，日常生活接触传染者多表现为散在发病。乙型肝炎主要传播途径有：血清接触、日常密切接触及性接触。①血液传播：HBV 可因输入含有病毒的血液、血制品或使用病毒污染的注射器材及医疗器械而导致传播，血液透析、内镜检查及器官移植等均可引起感染。②日常生活密切接触传播：因唾液、尿液、精液、阴道分泌物、乳汁等体液中存在 HBV，密切的生活接触、性接触等亦是感染的途径。③母婴传播（垂直传播）：母婴传播是重要的传播方式，包括宫内感染、围生期传播及分娩后传播，大部分为分娩过程中感染，约 5%～15% 可能为宫内感染。

3. 易感人群

人类对各型肝炎病毒普遍易感，感染后可获得一定程度的免疫力，但各型之间无交叉免疫。我国甲型肝炎以学龄前儿童发病率最高，青年次之，以隐性感染为主，绝大多数成年人血中均可检出抗 HAV，易感性也随之下降。近年来，发达国家成人甲型肝炎发病率相对增高。HBV 的感染多发生在婴幼儿及青少年，随年龄增长经隐性感染而获得免疫力，感染后对同一 HBsAg 亚型 HBV 可获得持久性免疫力。但对其他亚型免疫力不完全，偶可再感染其他亚型，感染后或疫苗接种后出现抗 HBs 者有免疫力。

4. 流行特征

我国是病毒性肝炎高发区，1988 年上海甲型肝炎曾爆发流行致 31 万余人发病。甲型肝炎感染率（抗 HAV 阳性者）约占 80%，秋冬季高发。乙型肝炎广泛分布于世界各地，乙型肝炎以散发为主，无明显季节性，发展中国家发病率高，感染与发病表现出明显的家庭聚集现象。

（三）临床表现

甲型肝炎潜伏期为 2～4 周，平均为 6 周。乙型肝炎潜伏期为 1～6 个月，平均 3 个月。

根据临床表现可分以下四种类型。

1. 急性肝炎

5 型肝炎病毒均可引起急性肝炎。甲型肝炎不转为慢性，乙型肝炎约 10% 转为慢性。

（1）急性黄疸型肝炎

①黄疸前期。甲型肝炎起病较急，有畏寒、发热等表现；乙型肝炎起病多缓慢，多无发热：部分乙型肝炎患者有皮疹、关节疼痛等症状，酷似血清病。急性肝炎主要症状为全身乏力、食欲减退、厌油、恶心、呕吐、腹胀、肝区疼痛、尿色加深呈浓茶样。本期平均持续 5～7 天。

②黄疸期。自觉症状好转，发热消退，尿色进一步加深。皮肤、巩膜出现黄染，肝区痛、肝肿大、质较软，有压痛及叩痛。部分患者有轻度脾肿大。黄疸出现后，消化道症状减轻。本期持续 2～6 周。

③恢复期。症状逐渐消失，黄疸消退，肝、脾回缩，肝功能恢复正常。本期持续 2～4 周。

（2）急性无黄疸型肝炎

本型除无黄疸外，其他临床表现与急性黄疸型肝炎相似。急性乙型肝炎多为自限性，常在半年内痊愈。

2. 慢性肝炎

急性肝炎病程超过半年者；或原有乙型、丙型、丁型肝炎及 HBsAg 携带者因同一病原感染再次出现肝炎症状、体征及肝功能异常者，或发病日期不明确但肝组织病理学及其他检查符合慢性肝炎表现者均可诊断为慢性肝炎。

3. 重型肝炎

所有肝炎病毒均可导致重型肝炎，但甲型肝炎病毒少见。重型肝炎是病毒性肝炎中最严重的类型，病死率高。重型肝炎常因重叠感染、过度劳累、精神刺激、嗜酒、营养不良、妊娠、合并细菌感染或使用损害肝脏药物而诱发。

4. 淤胆型肝炎

本型肝炎起病类似急性黄疸型肝炎，但自觉症状较轻。黄疸持续 3 周以上，如皮肤瘙痒、粪便灰白、心动过缓、肝肿大明显。肝功能检查总胆红素明显升高，以直接胆红素为主。

病毒性肝炎的并发症主要为肝性脑病、上消化道出血、肝肾综合征。此外，感染重型肝炎易发生难以控制的感染，以胆道、腹膜、肺为多见。

（四）诊断与治疗

1.诊断标准

（1）急性肝炎

发病前一个半月左右有不洁饮食、饮水史，或与急性甲型肝炎患者接触史。近 1 周出现无其他原因的发热、纳差、乏力、恶心、呕吐等消化道症状。肝脏肿大，伴有触痛或叩痛。谷丙转氨酶（ALT）明显异常，血清胆红素 > 17 μmol/L，尿胆红素阳性，巩膜、皮肤黄染。

血清抗 HAV IgM 阳性，或抗 HAV IgG 4 倍升高。

（2）慢性肝炎

病程持续半年以上或发病日期不明确而有慢性肝炎症状、体征、实验室检查改变者。常有乏力、厌食、腹胀及肝区不适等症状。可有慢性肝病面容、蜘蛛痣、肝掌及质地较硬的肝肿大、脾肿大，有时出现黄疸。

（3）重型肝炎

临床主要表现为严重的消化道症状，起病 10 天内迅速出现神经精神症状。黄疸急剧加深，肝脏迅速缩小，出现腹水及出血倾向，胆、酶分离，凝血酶原活动度 < 40%，数日内血清胆红素 > 171μmol/L 或每日升高值 > 17.1μmol/L，广泛的肝坏死，坏死处肝细胞消失，遗留网织支架，肝窦充血，由中性、单核淋巴细胞及大量吞噬细胞浸润，部分残存的网状结构可见小胆管淤胆。同时出现肝性脑病、肝肾综合征、腹水等严重并发症。

（4）淤胆型肝炎

起病类似急性黄疸型肝炎，但自觉症状常较轻。肝功能检查血清胆红素明显升高，以直接胆红素为主，同时伴碱性磷酸酶、γ – 谷氨酰转肽酶、胆固醇明显增高，ALT 中度增高。梗阻型黄疸持续 3 周以上，并能排除其他原因所致的肝内、外梗阻型黄疸。

2.治疗

甲型肝炎系自限性疾病，且尚无有效的抗病毒疗法，故以对症支持疗法为主，可参见乙型肝炎的相关治疗部分。

乙型肝炎目前还缺乏可靠的特效治疗。原则上以药物疗法、正确休息、合理营养为主，应避免饮酒、过度劳累和使用损害肝脏的药物。肝炎患者用药宜简不宜繁。

急性乙型肝炎强调卧床休息，给予清淡易消化的营养饮食，外加重组的 B 族维生素和维生素 C。进食过少或呕吐应当补充能量，如每日静滴 10% 的葡萄糖 1000 ～ 1500mL，酌情加入水溶性维生素及 10% 的氯化钾等。本病多为自限过程，因此不必进行抗病毒治疗。

慢性肝炎活动期与急性肝炎治疗原则基本相同。因病情反复，可试用抗肝细胞损害药物，保护肝细胞，如甘草甜素制剂、促成蛋白合成药物、抗肝纤维化药物、抗病毒药物

（α-干扰素核苷类似物），并采用联合治疗方法。

重症型肝炎主要采用支持性疗法，一般包括：密切监护生命功能，早期发现器官水解并作出紧急处理。仔细检查肝脏大小，记录尿量和腹围变化。将肝功能、心肺功能、血液酸碱度和电解质、动脉血气、PAT 及血糖水平作为日常的观察指标。做好感染隔离。治疗中结合针对病因的治疗，应用前列腺素 E1、还原性谷胱甘肽、门冬氨酸钾镁等药物静脉滴注。同时注意脑水肿、消化道大出血及肝肾综合征等的治疗。对于腹水患者，宜采取排钾利尿药和保钾利尿药合并使用，注重防止全身感染。

淤胆型肝炎急性病例用护肝疗法多能恢复，慢性病例可选用糖皮质激素疗法或小剂量泼尼松加硫唑嘌呤联合疗法。

对于病毒性肝炎重在预防，加强对传染源的管理，切断传播途径，防止通过血液和体液传播。甲型肝炎的预防，重点应搞好饮水和饮食卫生，公共餐饮机构器具要做好消毒。加强水源和粪便管理，培养良好的个人卫生习惯。乙型肝炎要重点加强血制品管理和医院内消毒隔离，防范医疗器械的传播。加强美容、理发、洗浴行业的卫生监督，保护易感人群，接种肝炎疫苗，提高保护率。

（五）病毒性肝炎核保要点

病毒性肝炎在人群中流行率较高，我国大约有一亿几千万人群乙肝表面抗原阳性，涉及人群广泛。在保险核保中，肝炎不能直接构成拒保，但如投保时告知，保险人会做出专项的体检通知，以便准确发现异常情况，作为判断病情进展的依据，据此做出公平合理的评估。甲肝患者治愈超过半年，可以依照标准费率承保，乙肝患者病情进展复杂，风险主要为后期肝硬化及肝癌，投保时必须增设健康问卷，且要保人提供详细病历资料及体检资料。由于学龄前儿童感染乙型肝炎转化为慢性者可高达 50%，而成人感染后转化为慢性肝炎的几率较低，因此，对患有乙型肝炎的要保人应当结合其年龄。35 周岁以下且为大三阳的个体，发生肝损害的风险增加，参加寿险、重大疾病保险可加费承保；35 周岁以上的大三阳个体，慢性肝损害处于进行期，伴肝功能明显异常或肝脏 B 超检查异常，则延期承保或拒保。

三、甲型 H1N1 流行性感冒

甲型 H1N1 流感（A/H1N1）是由猪源性流感病毒感染引起的一种急性呼吸道传染病。2009 年全球暴发，在发病初期曾被称为"猪流感"、"人感染猪流感"、"新 H1N1 流感"、"墨西哥流感"等，世界卫生主组织将此次流感正式命名为"甲型 H1N1 流感"，病毒称为"人 A/H1N1 病毒"。

（一）病原学

季节性流感病毒的抗体对此 H1N1 病毒并无保护性抑制作用，但有研究显示，65 岁及以上者对其有一定免疫力，这表明甲型 H1N1 流感病毒可能与近年流行的感冒病毒更久远的流感病毒有同源性。其为一个新的甲型 H1N1 亚型流感病毒株引起，是人流感病毒、猪流感病毒、禽流感病毒的基因片段通过感染猪后发生基因重组而得到的混合体。

（二）流行病学

此次流感疫情于 2009 年首发于墨西哥，3 月份流感样病例开始显著增加，4 月份证实是一种源于猪的新型 A/H1N1 病毒株。2009 年 4 月北美洲开始暴发，至 2009 年 6 月，在短短的两个月间，WHO 称总共有 74 个国家存在实验室确诊病例。传染源主要为甲型 H1N1 患者和无症状感染者，传播途径为人与人之间传播，也可由人传染猪，但不能通过被感染的猪肉制品传播。人群普遍易感，发病前 5 日传染性最强。

（三）临床表现

潜伏期一般为 7 天。表现为发热、咳嗽、咽痛、头痛、全身酸痛等典型的流感症状，也可伴呕吐、腹泻等消化道症状。多数病例预后良好，少数患者急起高热，继发严重的呼吸系统疾病，最终出现多器官衰竭而死亡。此型流感病毒与既往的季节性流感病毒相比，大部分死亡病例为年轻人和儿童。

（四）诊断

需结合病原学、临床表现和实验室检查等综合诊断。疑似病例为发病前 7 天内有与甲型 H1N1 流感病例密切接触史或发病前 7 日内曾到过流行病区，并出现流感样临床表现。确诊病例须有流感样症状并有以下一种或几种实验室检测结果。

（1）甲型 H1N1 流感病毒核酸检测阳性（采用 RT-PCR）。

（2）分离出甲型 H1N1 流感病毒。

（3）血清甲型 H1N1 流感病毒的特异性中和抗体水平呈 4 倍或 4 倍以上升高。

（五）治疗

基本治疗措施与流行性感冒相同。该病毒对奥司他韦和扎那米韦敏感，对金刚烷胺和甲基金刚烷胺耐药。应用剂量、疗程及注意事项等与既往流感相同。对危重病例应积极对症治疗并发症，合理使用抗生素等。咽拭子甲型 H1N1 流感病毒核酸检测阴性后可解除隔离。

（六）预防

要保持室内空气通畅，尽量减少人群聚集，患者及疑似病例行呼吸道隔离，注意个人卫生，对高危者可药物预防。甲型 H1N1 流感病毒疫苗接种仍是预防流感的积极措施。

（七）甲型 H1N1 流感病毒核保要点

甲型 H1N1 流感现病史者，因为此病的高死亡率，因此应予拒保。甲型 H1N1 流感并没有被列为人身保险的除外责任，因此，由甲型 H1N1 流感引发的生病、住院费用应该属于普通人寿保险及住院医疗保险产品的责任范围，但重大疾病保险的责任范围是列举式，必须包含此类疾病的产品才可以给予赔付。甲型 H1N1 流感既往病史者，愈后良好，健康问卷中无可疑信息，应作为标准体承保。如果曾在患病阶段继发严重呼吸系统疾病，则应比对肺炎的保险医学特点予以考虑。

四、传染性非典型肺炎

传染性非典型肺炎，又称严重急性呼吸综合征（severe acute respiratory syndrome，SARS），简称SARS，是一种因感染严重急性呼吸综合征冠状病毒而导致的以发热、干咳、胸闷为主要症状的新型呼吸道传染病，严重者出现快速进展的呼吸系统衰竭，极强的传染性与病情的快速进展是此病的主要特点。

（一）病原学

严重急性呼吸综合征冠状病毒（下称SARS病毒），是一种单股正链RNA病毒，电镜下观察，病毒颗粒的直径约为60～220nm，形状不规则，有包膜，包膜表面有向四周伸出鼓槌状的刺突，状似花冠，故被称之为冠状病毒。

SARS病毒对外界抵抗力较强，室温下在腹泻患者的大便中至少可存活4天；将含病毒的细胞镜片液置于4～80℃中，21天后病毒浓度开始有轻微降低；加热至56℃，每15分钟可杀灭10000U的病毒。SARS病毒对乙醇、乙醚等脂溶剂敏感，不耐酸和氯。可用过氧乙酸、酒精及次氯酸钠等消毒。

（二）流行病学

（1）与发病者有密切接触史，或属受传染的群体发病者之一，或有明确传染他人的证据。

（2）发病前两周内曾到过或居住于报告有SARS患者并出现继发感染患者的区域。

（三）临床表现

起病急，以发热为首发症状，体温一般高于38℃，偶有畏寒；可伴有头痛、关节酸痛、肌肉酸痛、乏力、腹泻；常无上呼吸道卡他症状；可有咳嗽，多为干咳、少痰，偶有血丝痰；可有胸闷，严重者出现呼吸加速，气促，或明显呼吸窘迫。肺部体征不明显，部分患者可闻少许湿啰音，或有肺实变体征。但也有少数患者不以发热为首发症状，尤其是有近期手术史或有基础疾病的患者，应当引起注意。抗菌药物治疗无明显效果。

实验室检查：外周血白细胞计数一般不升高，或降低；常有淋巴细胞计数减少。胸部X线检查显示肺部有不同程度的片状、斑片状浸润性阴影或呈网状改变，部分患者进展迅速，呈大片状阴影；常为多叶或双侧改变，阴影吸收消散较慢；肺部阴影与症状体征可不一致。若检查结果阴性，1～2天后应予复查。

（四）诊断

本病诊断要结合症状、体征实验室检查确定。首先对患者出现以上症状抗菌药物治疗无明显效果时，可高度怀疑。

（1）具备流行病史中第一项，症状体征、实验室检查结果与本病相符合，可为疑似病例。

（2）具备流行病史中第二项，症状体征、胸部X线检查与本病相符合，可为疑似病例。

（3）虽未明显具备流行病史条件，但症状体征、实验室检查结果、胸部X线检查同时符合本病，可为疑似病例。

（4）具备流行病史中第一项，症状体征、胸部 X 线检查与本病相符合，可为临床诊断标准。

（5）具备流行病史中第二项，症状体征、胸部 X 线、抗菌药物治疗无明显效果同时符合，可为临床诊断标准。

（6）具备流行病史中第一项，症状体征、实验室检查结果、胸部 X 线检查与本病相符合，可为临床诊断标准。

（五）治疗

1. 对症治疗

本病首先对症治疗：（1）卧床休息，避免劳累、用力。（2）避免剧烈咳嗽，咳嗽剧烈者给予镇咳治疗；咳痰者给予祛痰药。（3）发热超过 38.5℃者，可使用解热镇痛药。高热者给予物理降温。儿童忌用阿司匹林，因该药有可能引起 Reye 综合征。（4）有心、肝、肾等器官功能损害者，应作相应的处理。（5）加强营养支持。注意水、电解质平衡，出现气促或 $PaO_2 < 70mmHg$ 或 $SpO_2 < 93\%$ 者给予持续鼻导管或面罩吸氧。出现有严重中毒症状，高热 3 日不退，48 小时内肺部阴影进展超过 50%、有急性肺损伤或出现急性呼吸系统疾病等指征时，可应用糖皮质激素。

2. 预防和治疗继发细菌感染

根据临床情况，可选用喹诺酮类等抗菌药物。

3. 早期可试用抗病毒药物。

4. 重症可试用增强免疫功能的药物。

5. 可选用中药辅助治疗。

6. 重症病例的处理。

加强对患者的动态监护，使用无创正压机械通气（NPPV），直到病情缓解。若患者不耐受 NPPV 或氧饱和度改善不满意，应及时进行有创正压机械通气治疗。出现休克或多器官衰竭综合征时，予相应支持治疗。

五、风疹

风疹（rubella）是由风疹病毒引起的急性呼吸道传染病，以发热、全身皮疹为特征，常伴有耳后、枕部淋巴结肿大。本病全身症状一般较轻，病程短，但孕妇早期感染风疹后可造成胎儿发育迟缓和畸形等损害。80 年代初，我国开始接种风疹－腮腺炎联合减毒活疫苗，对风疹的预防起到重要作用。但近年来风疹多次爆发流行，重症病例屡有报道。

（一）病原学

风疹病毒是 RNA 病毒，属披膜病毒科，是限于人类的病毒。电镜下多呈球形，直径为 50～70nm 的核心，结构相当稳定，目前只发现一种血清型。风疹病毒可在胎盘和胎儿体内生存繁殖，导致多系统的慢性进行性感染。病毒在体外生活力弱，紫外线、乙醚、氯仿、去氧胆酸均敏感。本病毒耐寒不耐热，在 –70 ～ –60℃可保持活力 3 个月，干燥冰冻下可保存 9 个月，但加热 56℃ 30 分钟或 37℃下 1.5 小时可杀死。

（二）流行病学

风疹患者是唯一传染源，患者鼻咽部分泌物中含大量病毒，起病当日和前一日传染性最强。传播途径主要为飞沫经呼吸道传播。5～9岁儿童易感，成人也可发病，育龄妇女对风疹较易感，病后有较持久的免疫力。6个月以下小儿因来自母体的被动免疫，故很少患病。本病世界性流行，四季均可发生，以冬春季发病较多。

（三）临床表现

潜伏期1～2天，平均为18天。前驱期较短，通常为1～2天，有低热、全身不适、乏力、喷嚏、流涕及轻咳等症状。出疹通常于发热1～2天后，全身皮疹，开始于面部，1天内波及全身，手掌和足底无皮疹。皮疹初为淡红色斑疹、斑丘疹或丘疹，直径2～3mm，部分可融合似麻疹，躯干背部皮疹较密，融合成片，类似猩红热样皮疹。出疹时有低热与轻度上呼吸道感染症状。可出现全身淋巴结肿大，以耳后、枕后及颈部淋巴结肿大明显，脾轻度肿大。皮疹一般持续2～3天消退，退后不留色素沉着，其他症状随之消失，肿大的淋巴结亦逐渐缩小。并发症可见脑炎、心肌炎、关节炎甚至急、慢性肾炎等。

孕妇风疹，特别是发生在妊娠前3～4个月内的风疹患者，风疹病毒可经胎盘传染给胎儿，引起先天性风疹。胎儿被传染后，胎儿细胞分化受抑制，出现发育迟缓、多种脏器损害与畸形，表现为白内障、视网膜病变、听力损害、心脏及大血管畸形，亦可出现活动性肝炎、贫血、紫癜、脑膜炎及进展性脑炎等并发症，长期影响还可出现精神发育障碍、糖尿病等严重后果，总称为先天性风疹综合征，重者导致死胎、流产或早产。出生后婴儿病死率高。

（四）治疗与预防

目前尚无特效疗法，主要是对症疗法和药物治疗。干扰素、利巴韦林等有助于减轻病情。

本病症状较轻，一般预后良好，但因为先天性风疹危害性大，因此应着重预防先天性风疹。患者应当隔离至出疹后5日，妊娠期妇女避免接触风疹患者。如已有接触史，应于5天内肌注丙种球蛋白，可起到一定保护作用。对确有风疹病毒感染的早期孕妇，一般应终止妊娠。对儿童及易感育龄妇女，可接种风疹减毒活疫苗。

（五）风疹核保要点

风疹因为是较为常见的传染病，且一般预后良好，作为既往病史一般在核保中不予着重考虑，但要保人应在投保单中诚实告知。重症风疹因可并发脑炎、心肌炎、关节炎甚至急、慢性肾炎等，对具有此类并发症既往史的要保人必须与体格恢复状态相结合，考虑做出特殊健康问卷，或要求进行心脏、肾脏彩超或其他针对性实验室检查，排除器质性损伤疑似风险。

六、结核病

结核病是由结核分枝杆菌引起的传染性疾病，人体组织、器官均可发病，感染结核分枝杆菌后，约有 1/10 的人在一生中曾感染结核杆菌。1991 年，我国开始实施结核病防治管理办法，目前根据各地实际情况已建立了多种医防合作模式或综合医防合作策略，目前该策略已成为我国实现结核病防治规划目标的重要保障。近年来，结核病在世界范围内又呈现死灰复燃的态势，在因传染病死亡的人数中，结核病致死人数居首位。活动性肺结核患者所占比例呈逐年上升趋势，由 2004 年的 18.5% 增至 2008 年的 40.6%。我国人群对结核病的传染性及可以治愈的认知程度低，对结核病防治机构及提供免费诊断和治疗的知晓率不普及，结核病防治宣传不到位，结核病患者受社会歧视的担心程度高。

（一）病原学

结核分枝杆菌属于放射菌目、分枝杆菌科、分枝杆菌属（Mycobacterium），可分为人型、牛型、鸟型和鼠型等类型。对人致病的主要是人型（标准株 H37Rv），牛型少见。结核菌需氧、细长、微弯、（0.3～0.6）μm×（1～4）μm，无鞭毛、无芽孢、无运动力、生长慢，培养 4～6 周繁殖成菌落。对外界抵抗力强，能在潮湿处生存 20 周以上；烈日暴晒 2 小时、5%～12% 甲酚皂溶液接触 2～12 小时、70% 乙醇接触 2 分钟、煮沸一分钟均可被灭火。结核菌细胞壁由分枝杆菌酸、糖脂、磷脂、硫脂等多种类脂质组成。其致病性与菌体成分所致机体免疫反应有关，其中包括引起机体慢性肉芽肿、结核结节、迟发型变态反应等。病理改变中，基本病变包括渗出、坏死和增生，以结核结节和干酪性坏死为特征性病变。

（二）临床表现

临床将结核病分为原发型肺结核、血行播散型肺结核、继发型肺结核、结核性胸膜炎和其他肺外结核五型。

（1）原发型肺结核（Ⅰ型）：为初次感染结核菌而发病的肺结核。原发病灶多在上叶下部或下叶上部近胸膜下，X 线仅见肺门淋巴结或纵膈淋巴结肿大，也称为支气管淋巴结结核。约 4～6 周后，炎症逐渐随免疫力的形成而消退，90% 以上的原发病灶自愈。严重者可发展为干酪性肺炎，或淋巴结坏死破入气管引起支气管结核及播散，还可由肿大的淋巴结压迫导致肺不张。

（2）血行播散型肺结核（Ⅱ型）：可分为急性、亚急性、慢性三种类型。在儿童中多见，与免疫力降低相关，由肺内原发病灶及肺门淋巴结或纵膈淋巴结内结核菌进入淋巴、血液引起。

（3）继发性肺结核（Ⅲ型）：为常见类型，多发于肺上叶尖后段或下叶尖段。由原发感染后潜伏在体内的结核菌活跃或因再次感染结核菌所致。

（4）结核性胸膜炎（Ⅳ型）：为原发感染数月后，机体产生变态反应，结核菌经淋巴、血液进入胸膜引发的炎症，可在不同发展阶段表现为结核性干性胸膜炎、渗出性胸膜炎、结核性脓胸等。

（5）其他肺外结核（Ⅴ型）：机体抵抗力下降时，由潜伏在脏器的出染结核菌活动所致。如结核性脑膜炎、肾结核、骨结核、结核性腹膜炎、肠结核，以及睾丸、附睾、女性输卵管结核等。

以上各型全身表现为缓慢发病，午后或傍晚低热，食欲降低，疲乏，盗汗，体重迅速减轻。随病情进展，可出现高热、咳嗽、胸痛或全身衰竭等。淋巴结结核可为无痛性淋巴结肿大、坏死、液化、破溃，形成瘘管。其他肺外结核伴随局部体征。咳嗽是浸润性肺结核的常见症状，早期咳声轻微、无痰，空洞形成并继发感染时，呈量多脓痰。慢性空洞性肺结核可有咳血或痰血。

（三）诊断

结核菌分离培养阳性是结核病诊断的标准。痰、尿、胸水、粪便及淋巴结穿刺吸引物均可做涂片镜检。由于我国非结核分枝杆菌病发病较少，故痰涂片染色阳性对诊断有重要意义。为提高痰菌检出率，应查痰 3 次以上。最近，应用荧光染料标记肽核酸（PDA）的原位杂交法极大提高了结核菌的监测灵敏度。影像学检查是结核病必检项目，X 线胸片上表现为边缘清晰的高密度斑点结节影，或云雾状、边界模糊的渗出灶或环形透光空洞。对肺外结核必要时可做活组织检查。

（四）治疗

化学治疗是结核病的基本疗法，其他方法还包括免疫治疗和外科手术治疗。常用的抗结核药物为异烟肼、链霉素、利福平、利福喷汀、乙胺丁醇、对氨基水杨酸钠、丙硫异烟胺等。耐药结核病可酌情选择阿米卡星、卡那霉素、异烟肼、对氨基水杨酸盐等。

不同药物对菌群的抗菌活性存在差异。目前，抗结核固定剂量复合制剂已在临床使用。新型抗结核药物有氟喹诺酮类（如环丙沙星、氧氟沙星、左氧氟沙星、司帕沙星、莫西沙星）、利福布汀、羟氨苄青霉素与克拉维酸复合剂等。病情严重的患者可采用免疫调节剂，如母牛分枝杆菌菌苗、白细胞介素 –2 等，保护机体免疫力。

（五）结核病核保要点

肺结核现病史属于对重大疾病有直接影响的危险因素，因此拒保。对有慢性咳嗽、胸痛、痰量增加、呼吸急促或困难、咯血、渐进性消瘦、长期发热、女性出现月经失调或闭经的现象等症状体征的要保人，需要核对病史询问，有感染征兆者，必须明确体检。对于肺结核既往病史者，因为本病需要较长期的临床观察，治愈 6 个月至一年内投保人寿保险，大多采取延期承保。恢复正常工作已超过 6 个月以上，并且病情一年内无复发，配合体检结果，投保时的胸部 X 光与出院时胸部 X 光片相比对，确认病况已获控制后，可以加费承保终身寿险。投保住院医疗保险，将对结核病及其并发症列为除外责任。

思考题：

1. 简述艾滋病的传播特征。
2. 简述病毒性乙型肝炎的临床特点，大三阳与小三阳的区别。
3. 结合实际谈谈肺结核的预防重点。

模块四　认识肿瘤

学习目标

要求学生能了解肿瘤的病因，熟悉肿瘤的分类，熟悉肿瘤对机体的影响，了解肿瘤的预防措施。

工作任务

本任务首先通过图片和视频的展示，让学生对人体主要系统的肿瘤有初步的认识，接着学生需要根据已有的生活常识和经验列举所知道的肿瘤，并进行讨论分析，得出肿瘤的临床特点及防治措施。

实践操作

一、认识肿瘤

1. 要求学生根据已有的常识尽可能多地说出肿瘤的名称，并初步辨别属于良性肿瘤还是恶性肿瘤。

2. 教师根据学生列举的肿瘤名称进行归类，并简要分析肿瘤发生的原因。

二、认识肿瘤对健康和寿命的影响

1. 教师展示各系统肿瘤的图片，让学生初步认识全身各系统肿瘤的特点。

2. 要求学生根据生活经验及所具备的知识举例说明肿瘤在发展过程中对机体局部和全身的具体影响。

三、认识肿瘤的预防

学生能通过查阅资料及讨论认识各系统肿瘤的预防措施，具体任务分解为：

1. 把学生分成 8 组，以小组为单位分配给各组不同的人体系统；

2. 学生首先根据已有的知识，分别写出各个系统肿瘤的预防措施；

3. 在此基础上，通过网络进一步补充各个系统肿瘤的预防措施；

4. 汇总各小组的措施，组织学生进行讨论；

5. 教师根据学生讨论的结果进行最后的总结、分析。

问题探究

一、肿瘤的现状

肿瘤是机体在各种致癌因素的作用下，局部组织的细胞异常增生而形成的新生物，这种新生物常表现为局部肿块。肿瘤是一种常见病，其中恶性肿瘤是目前危害人类健康最严重的一类疾病。在我国人身险条款中，明确提到恶性肿瘤，因此我们应对肿瘤相关知识有一个基本的了解。统计资料表明，全世界每年约有 500 万人死于恶性肿瘤。在欧美一些国家，肿瘤的死亡率居第二位，仅次于心血管系统疾病。1981 年，我国城乡居民前十位死因顺位中，恶性肿瘤居第三位。从全世界来看，某些肿瘤的绝对发病率出现日益增长的趋势，例如肺癌。肿瘤对人类健康的威胁日益突出。随着医学科学的发展，一些恶性肿瘤的治愈已经成为可能。例如绒毛膜上皮癌是一种恶性肿瘤，过去相当长时间无满意的治疗方法，但现在，通过我国医务工作者的努力，治愈率由过去的 10.8% 上升到了 70.7%。此外，晚期子宫颈癌患者的 5 年存活率也超过了 70%。实验研究表明，肿瘤细胞逆转为正常细胞是有可能的。

致癌因素包括外界的和内在的两个方面。外界致癌因素包括化学性致癌因素、物理致癌因素和生物致癌因素，以及慢性刺激等。内在致癌因素包括遗传因素、种族因素、激素因素、免疫功能和性别、年龄等。

化学性致癌因素在人类恶性肿瘤的病因中占重要地位。现在已经知道的化学性致癌物质有 1000 多种，分布广泛。早在 18 世纪，科学家就发现扫烟囱的工人易发生阴囊癌，接触煤焦油的工人易患皮肤癌。公元前 5 世纪至公元前 3 世纪，我国最早的医书《内经》指出"噎膈"（食管癌）是"暴忧之病"，当时人们尝试用手术进行治疗。

肿瘤可以按照来源于何种组织为依据进行分类。来源于上皮组织的恶性肿瘤称为癌，如腺癌、鳞状细胞癌等。发生在肌肉、脉管、结缔组织、骨、软骨和淋巴造血组织的恶性肿瘤称为肉瘤，如纤维肉瘤、骨肉瘤等。每一类别肿瘤又按其分化程度分为良性与恶性两大类。

二、癌前病变

癌前病变是指某些具有癌变的潜在可能性的良性病变如长期不治愈，即有可能转变为癌。

常见的癌前病变有以下六种。

1. 黏膜白斑

黏膜白斑出现在食管、口腔、子宫颈及外阴等处黏膜上，肉眼可见白色斑块，称为白斑。

2. 子宫颈糜烂

子宫颈糜烂是妇女常见疾患。

3. 纤维囊性乳腺病

纤维囊性乳腺病常见于 40 岁左右的妇女，由内分泌失调引起。

4.结肠、直肠的息肉

结直肠黏膜的腺瘤性息肉分单发性和多发性。多发性息肉常有家族史，40%～50%会发生癌变。

5.慢性萎缩性胃炎及胃溃疡

慢性萎缩性胃炎患者10年随访报告表明，癌变率为10%；胃溃疡的癌变率为1%左右。

6.皮肤慢性溃疡

应当说明，癌前病变应引起注意，但并非所有癌前病变必然转变为癌，也并非所有的癌都来自癌前病变。癌症的警报信号提醒人们注意存在着癌变的可能性。在保险医学上，相当于提供了一种"癌症选择的依据"。这些信号是：各部位异常肿块，痣或疣发生明显的疼痛、出血、肿大等，持续性咳嗽或声音嘶哑，吞咽困难，大便习惯改变，不明原因的进行性消瘦，不明原因的持续性低热。

三、肿瘤对健康和寿命的影响

肿瘤，尤其是恶性肿瘤对人类健康的影响是非常严重的。主要表现在两个方面。

1.局部影响

局部影响主要表现为压迫和阻塞，出血和感染，破坏正常器官结构和功能，以及疼痛等。比如食管癌阻塞食道管腔，引起吞咽困难，恶性肿瘤细胞侵犯血管引起出血；肺癌患者的痰中带血；胃癌患者大便隐血；白血病破坏骨髓，发生出血及重度贫血；肿瘤在中、晚期由于压迫或侵犯神经引起局部顽固性疼痛，如肝癌等。

2.全身影响

肿瘤全身影响表现为恶病质、发热及全身营养不良等。恶病质是严重消瘦、贫血和衰竭状态的综合表现。在食管癌、胃癌、肝癌中，恶病质出现较早。

肿瘤对寿命的影响非常大，尤其是恶性肿瘤。在发达国家，恶性肿瘤是前三位死因之一。在我国35～54岁组的男性死者的死因中，恶性肿瘤居第一位；在同年龄组的女性死者的死因中，恶性肿瘤居第二位。在55～74岁组中，恶性肿瘤均居男、女性死者死因的第二位。在美国，恶性肿瘤占1岁以上死者死因的20.9%。在我国四川，排除恶性肿瘤死因后，男性可增寿命1.61岁，女性可增寿命1.29岁。

四、肿瘤的预防

肿瘤的预防，首先主要是减少环境污染，使人类生活在优美、洁净的环境中；其次是改变不良行为如吸烟、酗酒、饮食不当等，注意营养良好、情绪健康，尤其要注意心理卫生等。对肿瘤的早期信号应引起重视，采取积极正确的措施进行治疗。

思考题：

　　1. 结合实际简要分析肿瘤的病因。

　　2. 简述肿瘤对机体的影响。

　　3. 结合实际简要分析肿瘤的预防措施。

模块五　认识营养相关性疾病

学习目标

　　要求学生能了解人体所需要的能量和营养素；熟悉各类食物的营养价值；掌握平衡膳食的原则；了解膳食营养与慢性病的关系；掌握几类常见的营养缺乏病。

工作任务

　　认识人体所需要的能量和营养素；认识平衡膳食及与相关疾病的关系。

实践操作

一、认识人体所需要的能量和营养素

1. 认识能量
学生根据自身实际说明能量的来源和去向。
2. 认识蛋白质
学生根据日常经验说明自身在日常生活中摄取蛋白质的途径。
3. 认识脂类
学生根据日常经验说明自身在日常生活中摄取脂类物质的途径。
4. 认识碳水化合物
学生根据日常经验说明自身在日常生活中摄取碳水化合物的途径。
5. 认识维生素
学生根据日常经验列举维生素的种类，并说明在日常生活中摄取的途径。
6. 认识常量元素和微量元素
学生根据日常经验列举微量元素的种类，并说明在日常生活中摄取的途径。
7. 认识膳食纤维
学生根据日常经验列举富含膳食纤维的食物，并说明膳食纤维的作用。

二、认识平衡膳食及与相关疾病的关系

　　1. 学生根据平时自己的饮食习惯说明常见的谷物名称及各自的作用，根据学生的讨论结果教师作总结。

　　2. 学生根据教师的总结，结合自身情况说明平衡膳食的要求，根据学生的讨论结果教师作总结分析。

　　3. 根据教师的总结，学生对照自己是否符合平衡膳食习惯，并结合生活实际说明若长

期膳食不平衡容易得哪些慢性疾病。

问题探究

一、能量

人类为了维持生命，从事各种活动，需要能量供应。即使处于睡眠状态，为了维持心脏的跳动、腺体的分泌等也都需要能量。这些能量的来源就是食物中的碳水化合物、脂肪和蛋白质。

成年人的能量消耗主要用于维持基础代谢、体力活动和食物的生热效应。儿童、青少年的能量消耗还包括生长发育的能量需要。

1. 基础代谢：即机体处于清醒、空腹、安静状态下，用于维持体温、心跳、呼吸、各器官组织和细胞基本功能等最基本的生命活动所消耗的能量。

2. 食物的热效应（食物的特殊动力作用）：是指摄食后食物的消化、吸收、运转、代谢过程中所消耗的能量，它与摄取食物的成分有关。摄食蛋白质食物的热效应最大，其能量代谢比基础代谢提高 30%，摄食碳水化合物提高 5%～6%，摄食脂肪提高 4%～5%。

3. 体力活动：每日从事各种体力活动消耗的能量，是人体总能量消耗的重要部分。能量消耗与劳动强度、持续时间、工作的熟练程度有关，其中劳动强度是主要因素。

二、人体主要营养素的具体作用

（一）蛋白质

组成人体和食物蛋白质的氨基酸约有 20 种，其中有 9 种是人体不能合成或合成的速度不能满足需要，必须由食物供给的，称为必需氨基酸，它们是：色氨酸、赖氨酸、苯丙氨酸、蛋氨酸、苏氨酸、亮氨酸、异亮氨酸、缬氨酸和组氨酸。其他十几种称为非必需氨基酸，非必需氨基酸并非人体不需要，只是它们可在体内合成，不一定要从食物中摄取。

蛋白质的生理功能包括：

（1）蛋白质是构成机体组织、器官的重要成分：在人体的肌肉组织和心、肝、肾等器官，乃至骨骼、牙齿都含有大量蛋白质，细胞内除水分外，蛋白质约占细胞内物质的 80%。

（2）调节生理功能：酶蛋白能促进食物的消化吸收，免疫蛋白维持机体免疫功能，血红蛋白携带及运送氧气，甲状腺素是氨基酸的衍生物、胰岛素是多肽，它们都是机体重要的调节物质。

（3）维持体液平衡和酸碱平衡：血液中的白蛋白和球蛋白帮助维持体内的液体平衡。若血液蛋白质含量下降，过量的液体到血管外，积聚在细胞间隙，可造成水肿。血浆蛋白能通过接受或给出氢离子，使血液 pH 值维持在恒定范围。

（4）供给能量：蛋白质在体内降解成氨基酸后，可进一步氧化分解产生能量。但是利用蛋白质作为能量来源是不经济的，蛋白质含量高的食物价格较贵。

食物的蛋白质含量有很大差异。畜禽和鱼肉中蛋白质含量为 10%～20%。干豆类蛋白质含量约为 20%，其中大豆含量可达 40%。蛋类含量在 12%～14%，奶粉蛋白质含量约为 20%，鲜奶为 3%。谷类的蛋白质含量虽然只有 7%～10%，因作为主食，进食量大，也是膳食蛋白质的主要来源。

食物蛋白质的营养价值取决于它们在人体内的消化率及其生物价值。一般说来，动物来源的蛋白质的消化率高于植物性蛋白质。蛋白质的消化率与食物的加工烹调方法有关。例如，大豆加工成豆腐后，其消化率可大大提高。食物蛋白质的生物价值指食物蛋白质经消化吸收后在体内被利用的程度。食物蛋白质的氨基酸组成与人体需要的模式越相近，其利用率越高，就是营养价值越高。动物来源的蛋白质在人体的利用较好，为优质蛋白质，谷类蛋白质含赖氨酸低，若能与含赖氨酸高的动物蛋白质或豆类混合食用，则能弥补其不足，大大提高其生物价值，称为蛋白质的互补作用。

（二）脂类

脂类是人体必需的一类营养素，是人体的重要组成部分。脂类包括脂肪和类脂两部分。脂肪是由一分子甘油和三分子脂肪酸结合而成。因脂肪酸碳链的长短不同和脂肪酸碳链中不饱和双键的数目不同，而构成不同的脂肪酸并连接成不同的脂肪。类脂包括磷脂、糖脂、类固醇及固醇等，除含脂肪酸外，还有一些其他成分。

脂类的生理功能主要包括：

（1）供给能量：1g 脂肪在体内氧化分解可产生 38kJ（9kcal）的能量，是碳水化合物或蛋白质产能的两倍多。

（2）构成人体组织结构成分：磷脂、糖脂、胆固醇等是构成细胞膜的重要物质。

（3）供给必需脂肪酸：亚油酸和 α－亚麻酸是人体必需的脂肪酸，是促进婴幼儿生长发育和合成前列腺素不可缺少的物质。

（4）脂溶性维生素的重要来源：各种植物油都含有一定量的维生素 E，豆油、橄榄油等含有丰富的维生素 K，脂肪还可促进脂溶性维生素的吸收。

（三）碳水化合物

碳水化合物可分为糖、寡糖和多糖 3 类。其生理功能主要包括：

（1）供给能量：每克葡萄糖在体内氧化可产生 16.7kJ（4kcal）能量。

（2）构成机体组织的重要物质：主要以糖脂、糖蛋白和蛋白多糖的形式存在。

（3）节约蛋白质的作用：当碳水化合物供给充足时，人体首先利用它作为能量来源，无须动用蛋白质来供给能量。

（4）抗生酮作用：当碳水化合物供应不足时，脂肪酸分解所产生的酮体不能彻底氧化，而在体内聚积发生酸中毒。在食物中，谷类和薯类含有丰富的碳水化合物，豆类和某些坚果如栗子等含量也很高。

（四）维生素

维生素虽不提供能量，也不是构成人体组织的成分，但承担着重要的代谢功能，它们大部分不能在体内合成，或合成的量不能完全满足人体需要，一定要从膳食中获得。人体对维生素的需要量虽很少，但如果缺乏到一定程度，就会发生缺乏症状。

维生素按照溶解性分为脂溶性和水溶性两大类。其中脂溶性维生素有维生素 A、D、

E、K 4 种；水溶性维生素有维生素 C 和维生素 B₁、B₂、B₆、B₁₂、PP（烟酸）、叶酸、泛酸、生物碱和胆碱等 10 种。

脂溶性维生素溶于有机溶剂而不溶于水，吸收后可在体内储存，多吃会引起过多症（中毒），在体内排泄效率低。

水溶性维生素溶于水而不溶于有机溶剂，排泄效率高，吸收后在体内储存很少，但也不主张多吃。

维生素 A 存在于肝脏、蛋黄等动物性食物中；胡萝卜素存在于红甘薯及胡萝卜等深色蔬菜中，体内可转化为维生素 A。维生素 A 的功能是促进体内组织蛋白质的合成，加速生长发育，维持正常视觉，防止夜盲症，维护上皮组织的健康，防止多种上皮肿瘤的发生。

维生素 D 存在于肝脏、蛋黄、鱼肝油、奶类食物中。皮肤内的脱氢胆固醇在日光或紫外线照射下，可转变为维生素 D₃。维生素 D 的功能是促进肠内钙、磷的吸收和骨内钙的沉积，与骨骼、牙齿的正常钙化有关。

维生素 E 主要存在于植物组织中，麦胚油、玉米油、芝麻油、花生油中含量高，莴苣叶和柑橘皮中含量也较高，此外奶油、鱼肝油、蛋黄中也含有维生素 E。其功能是维持肌肉正常生长发育，具有抗氧化和保护细胞膜的完整和维持正常生理功能的作用，同时与动物的生殖功能有关。

维生素 B 在食物中分布较广，含量较多的有米麦的皮、酵母、肝、肾、瘦肉、豆类、芹菜等。其功能是增进食欲，帮助消化，促进糖类代谢，促进生长发育，预防心脏肿大和脚气病。维生素 B₂ 主要存在于动物肝脏和肾脏、鳝鱼、奶类中，豆类和绿叶蔬菜中含量也较高。其功能是参与生物氧化酶体系，维持机体健康，促进生长发育。

维生素 C 广泛存在于蔬菜和水果中，尤其是绿叶蔬菜和酸性水果，如西红柿、橘子、酸枣等。维生素 C 能治疗坏血病，促进伤口愈合，增加抗体的形成和解毒作用，是机体新陈代谢不可缺少的物质。

（五）常量元素和微量元素

人体必须从膳食中获得的矿物质可分为两类，含量大于体重万分之一者称为常量元素，有钙、磷、钾、钠、镁、氯和硫。含量小于人体重万分之一者称为微量元素，有铁、锌、铜、碘、钴、铬、钼和硒。我国居民容易缺乏的矿物质是钙、铁和锌。

1. 钙

钙是人体含量最丰富的矿物质。成年人全身有 1.2 千克钙，占体重的 2%。钙和磷形成的羟磷灰石是骨矿物质的主要成分，这些无机成分使骨骼具有很大的力学强度。钙还是心肌收缩、神经冲动传导所必需的，钙又是凝血辅助因子。当钙摄入不足时，血钙浓度下降，刺激甲状旁腺激素分泌，将骨骼中的钙动员到血液中，使血钙保持恒定，以保证重要生理活动的正常进行。但若长期摄钙不足，骨量减少，会加速老年人的骨质疏松，容易引起骨折。

我国居民钙的摄入量较低，成人每日从膳食中平均摄入钙 400 毫克左右，仅相当于中国营养学会推荐的适宜摄入量的一半。应注意选择含钙丰富的食物，例如每半斤牛奶可提供 250～300 毫克钙，每百克黄豆可提供 190 毫克钙，每百克油菜、茴香、雪里红等深绿色叶菜的含钙量亦多在 100 毫克以上。海带、芝麻酱、虾皮和带骨的小鱼含钙量也很丰富。

此外，居住在硬水地区的居民还可从饮水中获得一些钙的补充。据粗略估算，每升硬度较高的饮水可提供 150 毫克钙。但水煮沸后，部分钙成为碳酸钙沉淀，含钙量就大为减少了。

2. 铁

成人体内含铁 3～5 克，约 70% 存在于血红蛋白和肌红蛋白中，在体内参与氧和二氧化碳的转运、交换以及组织的呼吸过程。其余 30% 为储备铁，以铁蛋白和含铁血黄素的形式存在于肝脏、脾脏和骨髓中。铁缺乏可引起缺铁性贫血，除血红蛋白含量下降等生化指标的改变以外，成人可表现为倦怠、工作效率降低，儿童则表现为易烦躁、注意力不集中、对周围事物淡漠、认知能力下降。

中国居民营养与健康状况调查（2002 年）发现，虽然我国居民铁的摄入量数值并不低，但贫血患病率仍高达 20.1%，2 岁以内婴幼儿的患病率为 31.1%。这是由于我国膳食以植物性食物为主，其所含的铁是非血红素铁，吸收率很低所致。膳食中维生素 C 能提高铁的吸收率。我国目前正在推行铁强化食品（铁强化酱油），以期能改善居民的铁营养状况。

3. 锌

锌分布在人体所有的组织器官中，体内约有 200 多种含锌酶和含锌蛋白。例如乳酸脱氢酶参与糖代谢，碱性磷酸酶参与骨代谢，醇脱氢酶参与酒精的分解。锌参与促黄体激素、促卵泡激素、促性腺激素的代谢，对性器官的发育和胎儿的生长具有重要的调节作用。锌可增强机体的免疫功能。锌与唾液蛋白结合成味觉素，可增进食欲，锌缺乏可影响味觉和食欲，甚至发生异食癖。锌缺乏可影响胎儿及婴儿的生长发育，使人体性器官发育不全，性功能受损，还可使免疫系统功能退化，降低对疾病的抵抗力。

2002 年全国性调查结果表明，我国居民每标准人日锌的摄入量为 11.3 毫克，与中国营养学会推荐的参考摄入量每日 15.5 毫克比较，仍有一定差距。富含锌的食物有贝类海产品、红色肉类、动物内脏等，坚果、奶酪及花生等也是锌的良好来源。

（六）膳食纤维

膳食纤维不是一种营养素，是食物中的非营养成分，但其多方面的生理作用和健康效益深受营养学界的重视，对膳食纤维的研究也在不断深入。

50 年来，膳食纤维的定义不断更新。综合各类定义，它应当包括以下概念。

（1）膳食纤维指在小肠内不能被消化吸收，聚合度不小于 3 的碳水化合物的聚合物。

（2）膳食纤维具有以下性质：在日常饮食中存在的可食用的碳水化合物聚合物；通过物理、化学方法或酶法从食物原材料中获得的，或人工合成的碳水化合物。

（3）膳食纤维通常应具有下列生理作用：①降低食糜在消化道通过的时间，增加粪便量；②促进结肠发酵作用；③降低血总胆固醇和（或）低密度脂蛋白胆固醇水平；④降低餐后血糖和（或）胰岛素水平。上述膳食纤维的定义也涵盖了它的健康效益。

蔬菜、水果、粗加工的谷类和豆类是膳食纤维含量丰富的食物。

三、各类食物的营养价值

（一）谷类

谷类包括稻米、小麦、小米、玉米、燕麦等，主要提供机体碳水化合物、蛋白质、B族维生素及膳食纤维。谷类食物中人体必需的赖氨酸含量较低，若以纯谷类食物喂养婴幼儿，则有赖氨酸不足的问题。谷类与豆类或动物性食物搭配，可起到蛋白质的互补作用，能弥补谷类的这一不足。谷类所含的维生素和矿物质，主要分布在谷粒外部的糊粉层和胚芽里，如果碾磨过度，维生素 B、蛋白质及钙、铁等损失则较多，营养价值降低。

燕麦的籽粒中还含有其他谷类所缺少的皂苷，对降低胆固醇及甘油三酯有一定效果。

（二）豆类

豆类中的大豆（黄豆、黑豆、青豆）蛋白质含量为 35% ～ 40%，脂肪含量为 18% 左右。其他干豆（绿豆、芸豆、红小豆）蛋白质含量为 20%，脂肪含量为 1% 左右。豆类含钙、磷、铁、维生素 B_1、B_2 和膳食纤维都很丰富，是价廉物美的营养佳品。豆类含钙、磷、铁、维生素 B_1、B_2 和膳食纤维都很丰富，是价廉物美的营养佳品。大豆中还含有大豆异黄酮，具有弱雌激素作用，能竞争性结合雌激素受体。多项研究结果表明，大豆异黄酮能防止妇女绝经期综合征及乳腺癌的发生。大豆中含有胰蛋白酶抑制素、皂苷等有毒物质，必需加热将其破坏，生豆浆如加热不彻底，饮后可造成中毒，多发生于幼儿园及中小学食堂。煮豆浆时，当豆浆出现泡沫，继续加热至泡沫消失后再煮 5 分钟以上就不会中毒了。

（三）蔬菜与水果

蔬菜和水果几乎是膳食中维生素 C 和胡萝卜素的唯一来源，也是叶酸的最主要来源。它们还提供丰富的膳食纤维和钙、磷、钾等矿物质。蔬菜种类繁多，不同的蔬菜中各种营养素的含量有很大差异。深绿色叶菜如西兰花、油菜、茴香中胡萝卜素、维生素 B_2 和钙的含量是茄子、冬瓜、白萝卜的几倍或几十倍。青椒、苦瓜中维生素 C 的含量又远高于其他蔬菜。各种新鲜水果都含有维生素 C，尤以酸枣、鲜枣、沙棘、刺梨等含量最高。每百克这些鲜果中含维生素 C 可达数百毫克。水果中的柠檬酸、苹果酸等可刺激消化液的分泌，帮助消化食物。

（四）肉、蛋及水产类

这几类食物的蛋白质含量高，而且是优质蛋白质，其氨基酸组成更符合人体的需要。它们也是矿物质的良好来源。畜肉是铁和锌的重要来源。动物肝脏的维生素 A 含量很高，是膳食中维生素 A 的重要来源，动物内脏还富含叶酸、维生素 B_{12} 以及锌、铜、硒等营养素，但有些脏器的胆固醇含量很高，故不宜多吃。蛋类中维生素 A、D、B_1、B_2 含量丰富，蛋黄是磷脂的极好来源，其中卵磷脂能促进脂溶性维生素的吸收，但是，蛋黄含胆固醇高，每个鸡蛋大约含胆固醇 250 ～ 300 毫克。高胆固醇膳食会使血浆胆固醇升高，但也因人而异。中老年人每日吃鸡蛋以不超过 1 只为宜。鱼类肉质细嫩，容易消化，脂肪含量不高，一般为 1% ～ 3%，海鱼中多不饱和脂肪酸二十碳五烯酸（EPA）和二十二碳六烯酸（DHA）含量高，有降血脂的作用。

（五）奶类

奶类含各种营养素比较全面，它能提供维生素 A、B₂和 D。奶类含钙量高，每 100 毫升牛奶含钙在 100 毫克以上，是膳食中钙最丰富的来源。奶类所含的蛋白质是优质蛋白质，并且容易消化吸收，适合婴儿、老人和体弱多病者。牛奶中铁和维生素 C 含量低，若用牛奶喂养婴儿，应注意补充铁和维生素 C。

奶中含有乳糖，乳糖在肠道中能帮助某些乳酸菌的繁殖，抑制腐败菌的生长。但有些成年人缺少乳糖酶，饮奶会引起腹胀、腹痛，可以用酸奶代替牛奶。酸奶是在牛奶中加入乳酸菌发酵而成，将乳糖转变成乳酸，就不会出现不耐受的症状。酸奶（乳酸菌奶）必须含有足够量的活乳酸菌，不得含有任何致病菌。这与市售的乳酸菌饮料不同，后者是将酸奶稀释、加工而成，所含的活菌只有酸奶的 1/10，营养价值远不及酸奶。

四、平衡膳食

平衡膳食应包括以下几个方面。

1.人体需要的营养素与从膳食中获得的营养素之间要平衡

目前已确认的人体必需营养素有 42 种：即蛋白质中的 9 种氨基酸，脂肪中的 2 种多不饱和脂肪酸，1 种碳水化合物，14 种维生素，7 种常量元素，8 种微量元素，加上水共计 42 种。它们中任何一种都不能缺乏，严重缺乏时会出现相关的营养缺乏病。任何一种也不能过量，否则会影响其他营养素的吸收，甚至引起中毒。

2.各类食物的搭配要平衡

各类食物所含的营养素不尽相同，没有哪一种天然食物能提供人体所需的全部营养素，因此，要选择多种食物进行合理搭配才能满足需要。

为了帮助人民群众采用平衡膳食，以摄取合理营养、促进健康，中国营养学会根据近年来科学研究的成果，针对我国居民的营养需要及膳食中存在的主要缺陷，制定了中国居民膳食指南，具体如下。

（1）食物多样、谷类为主。

（2）多吃蔬菜、水果和薯类。

（3）常吃奶类、豆类或其制品。

（4）经常吃适量鱼、禽、蛋、瘦肉，少吃肥肉和荤油。

（5）食量与体力活动要平衡，保持适宜体重。

（6）吃清淡少盐的膳食。

（7）如饮酒，应限量。

（8）吃清洁卫生、不变质的食物。

2002 年中国居民营养与健康状况调查结果表明，我国居民膳食结构与理想的膳食模式尚有一定差距。居民的谷类消费正在不断减少，城市居民膳食谷类的供能比例只有48.5%，低于平衡膳食要求的合理比例 60% 左右。城市居民平均每日蔬菜的消费量减低到251.9 克，农村减到 285.6 克，亦远低于平衡膳食建议的每日 400 ～ 500 克，这将使膳食中有益健康的因素如膳食纤维、B 族维生素、维生素 C 以及微量元素的摄入减低。城市居民每日奶及奶制品的消费量平均 65.8 克，农村居民只有 11.4 克。农村奶类消费量低，使得钙的摄入量仅达到推荐的适宜摄入量的一半。而另一方面，植物油和动物脂肪摄入量过度增加，城市居民脂肪供能比达到 35%，已超过平衡膳食模式要求的 30% 的高限；农村居民脂肪供能比也已接近高限。这就使得我国居民超重和肥胖的发生率急剧上升。

3. 能量摄入与能量消耗要平衡

上文已经介绍了人体能量来源为食物中的三大供能营养素，即碳水化合物、脂肪和蛋白质，能量的消耗在成人有三个途径，即基础代谢、食物的生热效应以及体力活动。生长发育中的儿童及青少年还要加上生长发育的能量需要。如果能量摄入低于消耗，则为能量的负平衡，成年人表现为体重减轻、身体消瘦，对疾病的抵抗力下降，在儿童、青少年则为不能正常生长发育，生长迟缓和消瘦。

反之，若能量摄入大于能量消耗，多余的能量就会以脂肪形式在体内积聚，表现为超重和肥胖。近年来由于国民经济的发展，人民生活水平提高，我国营养不良患病率逐年下降，而超重和肥胖的发生率正在急剧上升，与之相关的一些慢性病如高血压、血脂异常、冠心病等的发病率显著增加，这是我国公共卫生面临的新挑战。

五、膳食营养与几种慢性病的关系

随着我国经济的发展和食物供应的增加，城乡居民的温饱问题基本得到解决，但又出现了另一方面的问题，即与膳食有关的慢性非传染性疾病逐年增加。肥胖、高血压、糖尿病等与"过度营养"、膳食失衡有关。近年来的研究成果指出了饮食行为与人们健康的关系，为改变人们不合理的膳食结构，预防相关的慢性病提供了科学依据。

1. 认识膳食营养与高血压的关系

目前公认的能够引起高血压的膳食因素有：高钠饮食，摄入能量过高引起身体肥胖，以及过量饮酒。这些危险因素在我国 2002 年全国性的营养与健康调查中得到进一步证实。调查结果表明，食盐摄入量越高，人群收缩压、舒张压水平也越高，与每日食盐摄入量 < 6g 者相比，每日食盐摄入量 ≥ 12g 者患高血压的风险增加 14%。每日食盐摄入量 ≥ 18g 者，患高血压的风险增加 27%。研究结果还表明，每日饮酒精量 ≥ 60g 者比 < 20g 者高血压患病率增加 77%。本次调查中膳食能量摄入越高，人群超重 / 肥胖的患病风险也越高。根据 1990 年以来我国 13 项大规模流行病学调查结果的汇总分析，体重指数达到或大于 24 的超重者，患高血压的危险是体重正常者的 3 ～ 4 倍。此外，大量研究结果指出，补充钙和钾有利于高血压的控制，富含低脂奶制品及蔬菜、水果的膳食有降低血压的作用。

2. 认识膳食营养与糖尿病的关系

体重超重或肥胖者，靶细胞上胰岛素受体数量减少，胰岛素不能发挥正常的生理作用，血糖水平就可能升高。因此，肥胖者易患糖尿病。肥胖者对胰岛素不敏感，如不减轻体重，单靠药物治疗，达不到满意的疗效。因此，糖尿病患者的饮食原则是合理节制饮食，糖尿病患者能量的供给量以维持理想体重，或略低于理想体重为宜。糖尿病患者的膳食中必须包含适量的碳水化合物：碳水化合物供给的能量以占膳食总能量的 50% ～ 65% 为宜。糖尿病患者膳食中还应有一定量的膳食纤维。膳食纤维分为可溶性与不溶性两类。可溶性膳食纤维可以延缓餐后血糖上升的幅度，并有降低胆固醇的作用，主要存在于蔬菜和水果以及某些藻类植物中。不溶性膳食纤维能促进肠道蠕动，加快食糜通过的时间，减少肠癌的发生，主要存在于豆类和谷类的外皮及植物的茎叶部。膳食纤维还可以增加饱腹感，减少食物摄取量，便于控制体重。糖尿病患者每日膳食纤维摄入量以 20 ～ 30g 左右为宜，食入过多会引起胃肠道反应。

3. 认识膳食营养与肥胖症的关系

超重和肥胖的形成是长期能量蓄积造成的，要想控制体重的快速增长，若能从预防着手，长期保持能量的平衡，防患于未然，就要容易得多。对已经超重和肥胖的患者应如何治疗，则有各种各样、五花八门的减肥膳食。但从长远和全面的健康效益考虑，还应采用控制总能量的平衡膳食。蛋白质、脂肪和碳水化合物的供能比例可分别为 15% ～ 20%，25% 左右和 55% ～ 60%。膳食中要有一定量的膳食纤维，并保证维生素和矿物质的供应。控制膳食还要与加强体力活动并重。合理膳食和身体活动是控制慢性非传染性疾病的重要措施，也是健康生活方式最主要的内容。

4. 认识膳食营养与癌症的关系

近年来，饮食与癌症关系的证据越来越充分，许多食物成分可以致癌或促癌。例如：黄曲霉毒素是黄曲菌和寄生曲菌的代谢产物，具有强致癌性，我国南方高温高湿地区的玉米、花生等容易受到污染。被黄曲霉毒素高度污染的食品很可能增加肝癌的危险性。油炸、烟熏和烧烤食物可产生有致癌作用的多环芳烃。中国人炒菜时喜将烹调油加热至冒烟后再放入菜蔬，油烟雾及高温加热后的食油中，致癌性多环芳烃含量明显增高。我国民间在腌制火腿、咸肉等食品时，往往加入亚硝酸钠作为着色剂，从而增加了亚硝酸盐的含量，亚硝酸盐在胃内可在胃酸和细菌的作用下形成亚硝胺，它是一种强致癌物。我国各地对胃癌的流行病学调查结果显示，经常食用咸肉、咸鱼或喜食重盐的人，胃癌的相对危险度高。

另一方面，某些食物成分和微量营养素又具有预防癌症的作用。许多研究证据表明，植物性食物为主的膳食有利于癌症的预防。其中新鲜蔬菜水果的摄入量，与多种癌症的死亡率呈负相关。包括大量蔬菜和水果的膳食，能预防口腔、咽、食管、胃和肺部癌症的危险性。十字花科蔬菜如菜花、卷心菜、西兰花等以及葱蒜类蔬菜如葱头、蒜、大葱等都含有可能具有抗癌作用的生物活性成分。植物性食物中还含有大量的膳食纤维，它能减少食糜在肠道停留的时间，稀释致癌物质，动物实验和流行病学的资料均表明膳食纤维能降低结肠癌和直肠癌的发病率。许多实验资料证明大豆中的异黄酮、食用菌类中的多糖均有抑制癌细胞生长的作用。

5. 认识膳食营养与痛风的关系

痛风的发生既有遗传因素，也有环境因素，其中高嘌呤饮食、酗酒、肥胖等均可导致高尿酸血症并发展为痛风。对痛风患者的饮食安排需要注意以下几点：

（1）限制总能量的摄入，保持适宜体重；

（2）避免饮酒；

（3）选用低嘌呤饮食。

六、常见的营养缺乏病

1. 蛋白质不足症

人体长期处于负氮平衡状态会导致蛋白质不足症。幼儿和青少年表现为生长发育迟缓、消瘦、体重过轻、身高过矮，智力发育也可能受影响；成人表现为疲倦，血浆蛋白质含量降低，出现营养性水肿。

干瘦型见于蛋白质和热能均长期不足者，水肿型见于蛋白质长期不足者。

2. 夜盲症

膳食中维生素 A 长期缺乏，会导致暗适应能力降低和夜盲症。夜盲症的典型表现是在傍晚时视物不清，继续发展，可出现角膜软化及角膜溃疡，导致该眼完全失去视觉功能而成为盲眼。

3. 佝偻病

维生素 D 缺乏会引起婴幼儿佝偻病。佝偻病主要的临床表现是骨骼的软骨连接处及骨骺处增大，出现鸡胸、肋骨串珠、手镯、脚镯、"O" 形腿和 "X" 形腿。

4. 脚气病

脚气病是长期食用缺乏维生素 B 的食物而引起的一种疾病。近年来，在我国部分城市，人们因长期大量食用精米、精白面粉等缺乏维生素 B 的食物而发生维生素 B 不足和缺乏症，临床表现为疲倦、体弱、食欲不佳、心动过速等。脚气病分为：干性脚气病，症状是多发性神经炎、肢端麻痹；湿性脚气病，症状是心衰、水肿；混合型脚气病，症状是以上两者兼有之。

5. 坏血病

人体严重缺乏维生素 C 可引起坏血病。主要临床表现为毛细血管脆性增加，牙龈、毛囊及四周出血，皮下、肌肉和关节出血，常有鼻血、便血，婴幼儿还可出现胸膜腔及骨膜下出血，严重的常危及生命。

6. 缺铁性贫血

膳食中可利用的铁长期不足，就会在婴幼儿、孕妇、哺乳期妇女和一般人群中引起缺铁性贫血。膳食缺铁的第一个阶段是铁减少期，表现为体内储存铁的耗竭；第二个阶段为缺铁性红细胞生成期；第三个阶段为缺铁性贫血期，表现为血红蛋白浓度下降。典型的临床表现为食欲减退、异食癖、易疲倦、毛发稀疏色黄、球结膜上有蓝色沉着、指甲凹凸不平等。

7. 地方性甲状腺肿大

长期摄入碘不足，可引起地方性甲状腺肿大。临床表现主要为甲状腺局部肿大，影响甲状腺功能，同时产生相应压迫症状。

各种营养素不足都可以产生相应的缺乏症，某些营养素如维生素 A、维生素 D、脂类、氟元素等过多也会产生过多症。

思考题：

1. 机体需要的常量元素和微量元素有哪些？
2. 简述平衡膳食的具体要求。
3. 营养缺乏与哪些慢性病相关，请简述。

项目五

病历书写与体检

► **概　述**

病历书写与体格检查是临床医师的必备技能。同时病历是病情的实际记录，也是涉及医疗纠纷及诉讼的重要依据。体格检查是医师了解被检查者身体状况最基本的检查方法。本项目主要介绍病历书写与体格检查两个内容，使学生对这两个临床技能有所了解，更好地服务于保险行业。

► **教学目标**

本项目共包括两个模块，分别为：病历书写；成年人全身体格检查。要求学生掌握病历的种类与格式内容，能熟练地书写病历；也要求学生掌握成年人体格检查的各个步骤与要求。本项目是保险医学重要的基本技能之一，旨在让学生掌握医学领域最为基本的病历书写与体检技能，使之能熟练地应用于保险医学，通过教师直接讲解、示范和答疑解惑，尽快熟悉保险医学相关基础知识，迅速掌握保险医学基本技能。

► **重点难点**

本项目的重点与难点在于如何让学生掌握各种病历的书写，以及能熟练地进行人体的体格检查。

模块一 病历书写

学习目标

要求学生掌握门诊病历、住院病历、入院记录等文书的书写格式与内容要求。

工作任务

完整地书写一份住院病历。通过对病历书写的学习，掌握门诊病历、住院病历、入院记录等书写格式与内容要求。

实践操作

根据现场给出的病例资料，结合表格式住院病历书写格式，要求每位同学完成一份完整住院病历的书写。

问题探究

病历是关于患者发病情况、病情发展变化、转归和诊疗情况的系统记录。病历是临床医师根据问诊、体格检查、实验室检查和其他检查获得的资料经过归纳、分析、整理而写成的。病历不仅记录病情，而且也记录医师对患者病情的分析、判断、诊断、治疗过程，对预后的估计，以及各级医师查房和会诊的意见。因此，病历既是病情的实际记录，也是医疗质量和学术水平的反映。病历为医疗、教学和科研提供了极其宝贵的基本资料，也是涉及医疗纠纷及诉讼的重要依据。编写完整而规范的病历是每个医师必须掌握的一项临床基本功，也是考核临床实际工作能力的一项重要内容。医学生和住院医师必须努力学习和刻苦锻炼，以高度负责的精神和实事求是的科学态度，认真地写好病历。

一、书写病历的基本要求

1. 内容要真实

病历必须客观、真实地反映病情，不能臆想和虚构。这不仅关系到病历质量，而且也反映出医师的品德和作风。真实的内容来源于认真而仔细的问诊，全面而细致的体格检查，辩证而客观的分析，及正确而科学的判断。

2. 格式要规范

病历具有特定的格式。临床医师必须按规定格式进行书写。过去，各医疗单位对病历要求不同，缺乏统一的格式。本书修订了传统病历和推荐了表格病历两种格式，以期取得一致。表格病历既保留了传统病历的优点，又吸收了国外病历的长处，比较系统、完整，有利于病历的规范化，节省时间，便于书写，便于计算机管理，也有利于病历质量的提高和促进。全国病历的格式统一用规范的汉语和汉字书写病历，要使用通用的医学词汇和术语，力求精练、准确，避免使用俚语俗词。如"心跳"应记为"心悸"，"喘不上气"可记为"气短"或"呼吸困难"，"跑肚"、"拉稀"应记为"腹泻"或"稀水样便"等等。

3. 填写要全面，字迹要清晰

病历各项都应填全，不可遗漏。字迹要规整、清晰，不可潦草和涂改。凡作记录，必注明日期和时间，并签名或盖章，以示负责。

二、病历的种类、格式与内容

病历有多种，如门诊病历、住院病历、入院记录等，其格式与内容要求各不相同。

（一）门诊病历

（1）门诊病历要求简明扼要，重点突出，内容应包括主诉、现病史、既往史、体征、检查项目及结果、初步诊断、处理等。

（2）复诊病历可重点记录初诊后病情变化和治疗效果或反应，也要记录体征及各项检查结果，必要时可做进一步辅助检查。

（3）门诊诊断可在初诊或复诊时做出，如一时难以确诊，可暂作症状待诊，以待进一步确诊，如"发热待查"或"腹痛待查"等，在症状待诊后还应提出一个或几个可疑的诊断。如经 1 ～ 2 次复诊仍不能确诊时，应请求会诊或收入院检查以确诊。

（4）急诊患者就诊时，应记录就诊的时刻，如 1994 年 2 月 12 日 23 时 5 分，可记为 1994-02-12，23：05。除简要病史和重要体征外，还必须记录血压、脉搏、呼吸、体温、意识状态、救治措施与抢救经过。如在门诊抢救无效死亡者，还应记录死亡时间、死亡诊断和死亡原因。

（5）门诊病历无论初诊或复诊，皆应有医师签名或盖章。

（二）住院病历

患者住院时应书写住院病历。住院患者的病历有两种：一种是系统而完整的病历，称为住院病历；一种是简明扼要的病历，称为入院记录。另外，住院患者还应有病程记录及会诊、转科或手术记录等。

（1）一份完整的、正规的病历，应在患者入院后 24 小时内完成，由实习医师、低年资住院医师书写。由于这种病历篇幅长、书写不容易规范、费时费力、难以统一，故近年来已有逐渐改为表格式病历的趋势（病历格式及举例附后）。

（2）入院记录为完整住院病历的简要形式，要求在入院 24 小时内完成，由高年资住院医师书写。其主诉、现病史与住院病历相同，其他病史（如既往史、个人史、月经生育史、家族史）和体格检查可以简明记录。

（3）病程记录。病程记录是指患者在整个住院期间病情发展变化和诊治过程的全面记录。病程记录内容要真实，记录要及时，有分析判断，要全面系统，重点突出，前后连贯。根据病情普通患者可一日一记，急重症患者甚至　日数记，较轻患者也可 2 ～ 3 日记一次，但不可间隔过长，也不可记成流水账。

一般病程记录的内容可包括：①患者自觉症状、情绪、心理状态，饮食、睡眠、大小便情况，可根据病情需要有针对性地记录；②病情变化，症状、体征的改变或有何新的发现；③各项实验室及器械检查结果，对这些结果的分析、判断和评价；④各种诊疗操作的记录，如胸腔穿刺、腹腔穿刺、骨髓穿刺、腰椎穿刺、内镜检查、心导管检查、起搏器安置、各种造影检查等；⑤对临床诊断的补充或修正以及修改临床诊断的依据；⑥治疗情况，用药理由及反应，医嘱变更及其理由；⑦各级医师查房意见；⑧各科会诊意见；⑨住院时间长，病情有重大转折或超过一个月者可做阶段小结。

首次病程记录即入院后的第一次病程记录。必须在患者入院后当日（夜）接诊医师下班前完成。它的内容、格式与一般病程记录不同。具体要求是：①记录患者姓名、性别、年龄、主诉及最主要的症状、体征及辅助检查结果，应高度概括，突出特点；②对上述资料做初步分析，提出最可能的诊断、鉴别诊断及其根据；③为证实诊断，还应进行哪些检查及其理由；④根据入院时患者的情况，拟采取的治疗措施及诊疗计划等。

书写首次病程记录时还应注意：①首次病程记录是整个病程记录的第一篇，不必写"首次"二字。以后再记录病情时只需另起一段，标明年、月、日时间即可；②首次病程记录，宜简短扼要，约300字即可；③对临床资料的分析，提出诊断和鉴别诊断是首次病程记录的重要内容，不可缺少，分析宜简短。

（4）会诊记录。患者在住院期间发现有其他科情况或疑难问题时，需要有关科室医师会诊。会诊后应由会诊医师书写会诊记录。其内容应包括该医师对患者病史的简述，专科检查所见，对病情的分析及诊断，应进一步进行的检查及治疗的意见。

（5）转出、转入记录。患者住院期间出现其他情况，经有关科室会诊同意转科后，可转入该科。转入其他科时，应由原科医师书写转出记录。其内容应包括主要病情，诊治经过，转出理由，提请拟转入科的注意事项。如患者由他科转入时，由接收科医师写转入记录，转入记录与入院记录相似，重点应写明转科前的病情、转科原因、转入时体格检查的结果及拟进行的检查项目，及治疗意见等。

（6）术前小结与术后记录。均为病程记录的组成部分，按时间顺序排列记录，格式同一般病程记录。术前小结重点记录术前病情、手术治疗的理由、拟行何种手术、术中术后可能出现的情况估计及对策。术后记录应重点记录手术情况、术中发现、手术名称、术中病情变化、麻醉种类及反应、术后给予的治疗措施等。

（7）手术记录。凡行手术治疗的患者，必须写手术记录。手术记录一般应由术者书写，另起一页。其内容应包括术前诊断、体位、麻醉方法及效果，皮肤消毒、铺无菌巾的方法，切口部位、名称及长度，手术步骤，术中发现，术式，术中患者情况变化及处理，手术起止时间，切除标本送检情况等。

（8）出院记录

①简述入院理由及时间，简述病史及体征、主要检查结果、临床诊断。

②简述治疗情况及结果，病情变化。

③出院时状况、出院时医嘱、注意事项和要求。

（9）死亡记录

①住院患者救治无效而死亡者，应立即书写死亡记录。死亡记录内容及格式与出院记

录大致相似，但必须写明死亡前病情、抢救经过、死亡时间（一般按心跳停止时间计算）、死亡诊断、死亡的直接原因等。

②死亡记录不同于抢救记录。后者主要记录抢救经过及抢救结果，前者为整个病历（包括最后抢救过程）的总结，内容要全面而简明、扼要。

（三）再次住院病历

如患者再次住院，应在病历上注明本次为第几次住院，并记述以下内容。

（1）旧病复发而再次住院，须将过去住院摘要以及上次出院后到本次入院前的病情与治疗经过，详细记入病历中，对既往史、系统回顾、个人史可以从略，但如有新的情况应加以补充。

（2）如因新患疾病而再次入院，须按完整的住院病历格式编写，并将过去的住院诊断按疾病性质分别列入既往史或系统回顾之中。

表格式住院病例格式

门诊号＿＿＿＿＿＿
住院号＿＿＿＿＿＿

姓名	婚姻	籍　贯
年龄	民族	入院日期
性别	职业	病史叙述者

病　　史

主诉

现病史

既往史 平素健康状况：良好   一般   较差

传染病史

预防接种史

过敏史 无 有 临床表现：   过敏原：

外伤史

手术史

系统回顾（有打√无打∅ 阳性病史应在下面空间内填写发病时间及扼要诊疗经过）

     呼吸系统 反复咽痛   慢性咳嗽   咯痰   咯血   哮喘   呼吸困难 胸痛

     循环系统 心悸   活动后气促 咯血   下肢水肿 心前区痛 高血压   晕厥

     消化系统 食欲减退 返酸   嗳气   恶心   呕吐   腹胀   腹痛

           便秘   腹泻   呕血   黑便   便血   黄疸

     泌尿系统 腰痛 尿频 尿急 尿痛 排尿困难 血尿 尿量异常 夜尿增多 面部水肿

     造血系统 乏力   头昏   眼花   牙龈出血 鼻衄   皮下出血 骨痛

     代谢及内分泌系统   食欲亢进   食欲减退 多汗   畏寒 多饮   多尿

           双手震颤 性格改变 显著肥胖 明显消瘦   毛发增多

           毛发脱落 色素沉着 性功能改变 闭经

     肌肉骨骼系统 游走性关节痛 关节痛 关节红肿 关节变形 肌肉痛 肌肉萎缩

     神经系统 头昏 头痛 眩晕 晕厥 记忆力减退 视力障碍 失眠 意识障碍

           颤动 抽搐 瘫痪 感觉异常

个人史 出生地   从事何种工作   地方病地区居住情况 冶游史

     嗜烟 无 有 约_____年，平均_____支/日。戒烟 未 已 约_____年

     嗜酒 无 偶有   经常 约_____年，平均_____两/日 其他；

婚姻史 结婚年龄 配偶情况

月经及生育史

     初潮   岁 每次持续____天

               周期____天 末次月经日期   绝经年龄   岁

     经量：少 一般 多 痛经：无 有 经期：规则 不规则

     妊娠_____次 顺产_____胎 流产_____胎 早产_____胎 死产_____胎

     难产及病情：

家族史（注意与患者现病有关的遗传病及传染性疾病）

     父：健在   患病_____ 已故 死因_____

     母：健在   患病_____ 已故 死因_____

     兄弟姐妹：   子女及其他：

体 格 检 查

生命体征体温 C 脉搏 次/min 呼吸 次/min 血压 / kPa（ mmHg）

一般状况 发育：正常 不良 超常 营养：良好 中等 不良 恶病质

面容：无病容 急性 慢性病容 其他：

表情：自如 痛苦 忧虑 恐惧 淡漠

体位：自主 半卧位 其他（ ） 步态：正常 不正常（ ）

神志：清楚 嗜睡 模糊 昏睡 昏迷 谵妄 配合检查：合作 不合作

皮肤黏膜 色泽：正常 潮红 苍白 紫绀 黄染 色素沉着

皮疹：无 有（类型及分布 ）

皮下出血：无 有（类型及分布 ）

毛发分布：正常 多毛 稀疏 脱落（部位 ）

温度与湿度：正常 冷 干 湿 弹性： 正常 减退

水肿：无 有（部位及程度 ） 肝掌：无 有

蜘蛛痣：无 有 （部位 数目 ）其他：

淋巴结 全身浅表淋巴结：无肿大 肿大（部位及特征）

头部 头颅 大小：正常 大 小 畸形：无 有 （尖颅 方颅 变形颅）

其他异常：压痛 包块 凹陷（部位 ）

眼 眼睑：正常 水肿 下垂 倒睫 结膜：正常 充血 水肿 出血

眼球：正常 凸出 凹陷 震颤 运动障碍（左 右 ）

巩膜：无黄染 有黄染 角膜：正常 异常（左 右 ）

瞳孔：等圆 等大 不等 左_____ mm，右_____ mm

对光反射 正常 迟钝（左 右 ） 消失（左 右 ）

其他：

耳 耳廓：正常 畸形 耳前瘘管 其他： （左 右 ）

外耳道分泌物：无 有（左 右 性质 ） 乳突压痛：无 有（左 右）

听力粗试障碍：无 有（左 右）

鼻 外形：正常 异常（ ） 其他异常：无 有（鼻翼扇动 鼻塞 分泌物 ）

鼻旁窦压痛 无 有（部位： ）

口 唇：红润 发绀 苍白 疱疹 皲裂 黏膜：正常 异常（苍白 出血点 ）

腮腺导管开口：正常 异常（肿胀 脓性分泌物 ）

舌： 正常 异常（舌苔 伸舌震颤 向左、右偏斜 ）

牙龈：正常 肿胀 溢脓 出血 色素沉着 铅线

牙列：齐 缺牙—|—龋牙—|—义牙—|—

扁桃体： 咽： 声音：正常 嘶哑

颈部 抵抗感：无 有 颈动脉：搏动正常 搏动增强 一侧减弱（左 右）

颈静脉：正常 充盈 怒张 气管：正中 偏移（向左 向右） 肝颈静脉回流征：—＋

甲状腺：正常 肿大 度 对称 侧为主：弥漫性 结节性：质软 质硬

其他异常：无 有（压痛 震颤 血管杂音）

胸部 胸廓：正常 桶状胸 扁平胸 鸡胸 漏斗胸

膨隆或凹陷（左 右 ）心前区膨隆 胸骨叩痛

乳房：正常对称 异常：左 右（男乳女化 包块 压痛 乳头分泌物）

肺 视诊：呼吸运动 正常 异常：左 右（增强 减弱）

肋间隙　正常　增宽　变窄（部位：　　　　　）

触诊：语颤　正常　异常：左　右（增强　减弱）　胸膜摩擦感　无　有（部位：　　　　）

皮下捻发感　无　有（部位：　　　）

叩诊：正常清音　异常叩诊音　浊音　实音（部位见图）　过清音　鼓音

肺下界　肩胛线：右＿＿＿＿肋间、左＿＿＿＿肋间

移动度：右＿＿＿＿cm，左＿＿＿＿cm

听诊：呼吸　规整　不规整

呼吸音　正常　异常（性质、部位描写：　　）

啰音无　有　干性：鼾音　哨笛音

湿性：大　中　小水泡音　捻发音（部位见图）

语音传导　正常　异常：减弱　增强（部位：　　　）

胸膜摩擦音　无　有（部位：　　　）

心　视诊：心前区隆起　无　有　心尖搏动　正常　未见　增强　弥散

心尖搏动位置　正常　移位　（距左锁骨中线内外＿＿＿cm）

其它部位搏动　无　有（部位：　　　）

触诊：心尖搏动　正常　增强　抬举感　触不清

震颤　无　有（部位　时期　）

心包摩擦感　无　有

叩诊：相对浊音界：正常　缩小　扩大（右　左　）

听诊：心率＿＿＿次/分　心律（齐　不齐　绝对不齐）

心音　S_1正常　增强　减弱　分裂

S_2正常　增强　减弱　分裂

S_3无　有　S_4无　有　A_2　P_2

额外心音　无　奔马律（舒张期　收缩期前　重叠）

开瓣音　其他

杂音　无　有（图示并描述强度、传导）

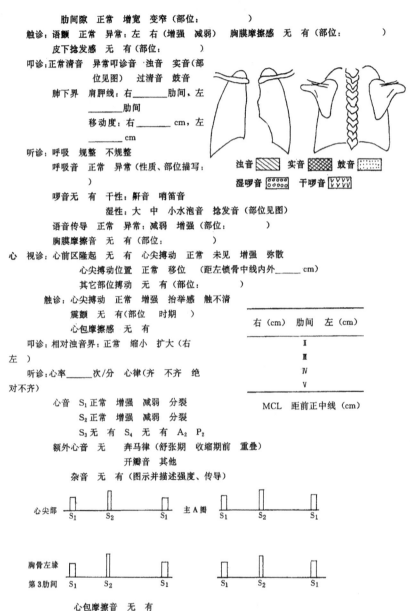

右（cm）	肋间	左（cm）
	Ⅰ	
	Ⅱ	
	Ⅲ	
	Ⅳ	
	Ⅴ	

MCL　距前正中线（cm）

心尖部　S_1　S_2　S_1　主A瓣　S_1　S_2　S_1

胸骨左缘第3肋间　S_1　S_2　S_1　　S_1　S_2　S_1

心包摩擦音　无　有

周围血管　无异常血管征　大血管枪击音　Duroziez二重杂音　水冲脉　毛细血管搏动

脉搏短绌　奇脉　交替脉　其他

腹部　视诊：外形　正常　膨隆　蛙腹（腹围　　cm）　舟状　尖腹　胃型　肠型　蠕动波
　　　　　　　　腹式呼吸　存在　消失　脐　正常　凸出　分泌物
　　　　　　　　其他异常：无　有（腹壁静脉曲张　条纹　手术疤痕　疝）
　　　　触诊：柔软　腹肌紧张　部位　压痛　无　有　反跳痛　无　有
　　　　　　　（见图）

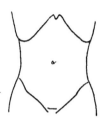

　　　　　　　液波震颤　无　有　振水声　无　有
　　　　　　　腹部包块　无　有（部位　大小见图示）
　　　　　　　　　特征描述：
　　　　　　　肝：未触及　可触及；肋下　cm　剑突下　cm
　　　　　　　　　特征描述：
　　　　　　　胆囊：未触及　可触及：大小　cm　压痛　无　有　Murphy征
　　　　　　　脾：未触及　可触及；肋下　cm　特征描述：
　　　　　　　肾：未触及　可触及：大小　硬度　压痛　移动度
　　　　　　　　　输尿管压痛点　无　有（部位：　　　　　）

✕　压痛　　△　压痛+反跳痛　　◎　肿块

　　　　叩诊：肝浊音界（存在　缩小　消失）　肝上界位于右锁骨中线___肋间
　　　　　　　移动性浊音　无　有　肾区叩痛　无　有（左　右　）
　　　　听诊：肠鸣音　正常　亢进　减弱　消失　气过水声　无　有　血管杂音　无　有
　　　　　　　（部位：　　　　　）
生殖器　未查　正常　异常：
肛门直肠　未查　正常　异常：
脊柱四肢　脊柱：正常　畸形（侧　前　后凸）　棘突：压痛　叩痛　部位：
　　　　　　　活动度　正常　受限
　　　　　　四肢：正常　异常　畸形　关节红肿　关节强直　肌肉压痛　肌肉萎缩　下肢静脉曲张
　　　　　　部位及特征：　　　　　　　　　　　杵状指趾
神经系统　腹壁反射（正常　↓○）　肌张力（正常↑↓）
　　　　　　肌力（　　级）　肢体瘫痪　无　有（左　右　上　下）
　　　　　　肱二头肌反射　左（正常　↓　○　↑）　右（正常　↓○↑）
　　　　　　膝腱反射　左（正常　↓　○　↑）　右（正常　↓　○　↑）
　　　　　　跟腱反射　左（正常　↓　○　↑）　右（正常　↓　○　↑）
　　　　　　Hoffmann征　左　＋　－　右　＋　－　Babinski征　左　＋　－　右　＋　－
　　　　　　Kernig征　左　＋　－　右　＋　－　其他：

实验室及器械检查结果

（重要的化验、X线、心电图及其他有关检查）　　　　　X线片号_____

病 历 摘 要

入院诊断

病史记录者
病史审阅者
记录日期

模块二　成年人全身体格检查

学习目标

要求学生掌握成年人的一般检查、生命体征以及头部、颈部、胸部、背部、腹部、四肢等的体格检查。

工作任务

1.在实训中心分组完成相互体检,掌握成年人的一般检查、生命体征以及头部、颈部、胸部、背部、腹部、四肢等的体格检查的步骤与要求。

2.每位同学独立完成一个成年人的全身体格检查书写。

实践操作

课堂组织分组实训:以4人为一组,在实训的诊察台上,轮流交替完成全身体格检查,要求各自独立完成,并利用表格式体格检查表记录。

问题探究

体格检查是医师运用自己的感观,并借助一些简单的工具,了解被检查者身体状况,发现有意义的阳性体征的最基本的检查方法。常用的器具有体温表、血压计、听诊器、叩诊锤、直尺、手电筒、消毒棉签、压舌板、标记笔等。

医师步入诊室,向被检者问候,并作自我介绍,告之查体的注意事项,希望予以配合。通过简短的交流,消除被检查者紧张情绪,增强信任感,并了解其应答和言语的状态。

一、一般检查及生命体征

观察被检者的发育、营养、体型、面容、表情和体位。

生命体征包括体温、脉搏、呼吸和血压。

取体温表,先检查体温表内水银柱是否已甩至35℃以下,然后把体温表放在被检者腋窝深处紧贴皮肤,如有汗液则须擦干后测体温,并嘱被检者用上臂将体温表夹紧。5分钟后取出体温表,观察刻度后甩下水银,将体温表放入托盘内。检查脉搏时右手指并拢,以食指、中指和环指指腹平放在被检者右手桡动脉近手腕处,至少计数30秒脉搏搏动次数,同时观察被检者呼吸,计算胸廓起伏频率,计数30秒。

测量右上臂血压前,被检者必须在安静环境下休息5～10分钟。先打开血压计开关,检查水银柱液面是否与 0 点平齐。使被检者右上肢裸露，伸直并外展约 45°，袖带气囊胶管避开肱动脉，袖带紧贴皮肤缚于上臂，下缘距肘弯横纹上 2 ～ 3cm，袖带不宜过紧或过松，一般以能伸进 1 指为宜。在肘窝肱二头肌腱内侧触及肱动脉，将听诊器膜式体件置于肱动脉上，不宜将体件塞在袖带下，并使测量点与腋中线同一水平。右手以均匀节奏向气袖内注气，待动脉搏动消失，再升高 20 ～ 30mmHg（2.6 ～ 4.0kPa），然后缓缓放气，使水银柱缓慢下降，以每秒 2mm 速度为宜。两眼平视水银柱平面，听到的第一个搏动声为收缩压；水银柱继续下降至声音突然变低沉，直至消失，此时所示压力值为舒张压。以同样的方法测定两次，间歇 1 分钟左右，取最低值为血压值。解下袖带，整理好后放入血压计盒内。向右侧倾斜血压计约 45°，使水银柱内水银进入水银槽内后关闭开关。

分别记录每分钟脉搏、呼吸次数、血压和体温。

二、头颈部

观察头发、头颅外形。用双手拨开头发，检查整个头颅有无压痛、包块、损伤等。

观察眉毛分布有无脱落，眼睑有无下垂、水肿。嘱被检者眼睛下视，用右手食指和拇指捏住左上眼睑中部的边缘，轻轻向前牵拉，然后食指向下压，并与拇指配合将睑缘向上捻转，翻转上眼睑。观察眼睑结膜和穹隆结膜。提起上眼睑皮肤，使眼睑翻转复原。按同样方法检查右上眼睑。用双手拇指置于下眼睑中部，请被检者向上看，同时向下牵拉睑缘，观察下眼睑结膜、穹隆结膜、球结膜及巩膜。

观察眼球的外形有无突出或下陷，双侧瞳孔是否等大等圆。取手电筒，聚光圈后检查对光反射。先查左瞳孔，手电光由外向内移动，直接照射瞳孔，并观察左瞳孔是否缩小。移开光源后，用手隔开双眼，再次用手电光直接照射左瞳孔并观察右侧瞳孔的动态反应。用同样的方法检查右侧瞳孔的直接和间接对光反射。

检查者伸右臂，竖食指，距被检者左眼前约 30 ～ 40cm 处。嘱被检者注视食指的移动，并告之勿转动头部，可用左手固定被检者头部。食指按水平向外、外上、外下、水平向内、内上、内下，共 6 个方向移动。检查每个方向时，均从中位开始，观察有无眼球运动障碍和眼球震颤。同法检查右侧眼球运动。

嘱被检者注视 1m 以外的食指，然后将食指较快地向鼻梁方向移动至距眼球约 20cm 处，观察两侧瞳孔变化，即调节反射。再将 1m 外的食指缓慢移近，观察两侧眼球的内聚，称为辐辏反射。

检查耳廓有无畸形、结节或触痛。请被检者头部转向右侧，将左手拇指放在左耳屏前向前牵拉，右手中指和环指将耳廓向后上方牵拉，拇指和食指持手电，观察外耳道的皮肤情况及有无溢液。检查乳突有无压痛，先左后右。

观察鼻部皮肤和外形。左手拇指将鼻尖上推，借助手电光观察鼻前庭和鼻腔。检查者用手指压闭一侧鼻翼，请受检者呼吸，以判断通气状态。以同样方法检查另一侧。

检查额窦、筛窦和上颌窦有无压痛。双手固定于被检者的两颞侧，将拇指置于眶上缘内侧同时向后按压，询问有无痛，两侧有无差别。将手下移，先用右拇指置于被检者左侧鼻根部与眼内眦之间，向后内方按压，询问有无压痛；接着用左手拇指压右侧鼻根部与眼内眦之间，向后内方按压，询问有无压痛。再将两手下移，拇指置于颧部，同时向后按压，询问有无疼痛，两侧有无差别。

观察口唇色泽，有无疱疹、口角糜烂等。取手电筒和消毒压舌板，观察口腔黏膜、牙齿、牙龈。轻轻压迫牙龈，注意有无出血和溢脓。嘱被检者张大口并发"啊"音，手持压舌板的后 1/3，在舌前 2/3 与舌后 1/3 交界处迅速下压，借助手电光观察软腭、软腭弓、腭垂（悬雍垂）、扁桃体和咽后壁。注意有无黏膜充血、红肿、淋巴滤泡增生。如果扁桃体增大，则应分度。请被检者伸舌，观察舌体、舌苔和伸舌运动、鼓腮、示齿动作。

解开衣领，充分暴露颈部。观察颈部皮肤，有无颈静脉曲张，观察颈动脉搏动和颈静脉搏动情况，先左后右。观察甲状腺是否突出，是否对称。

按顺序由浅入深触诊颈部淋巴结。用双手指滑动触诊耳前、耳后、乳突区淋巴结。请被检者将头转向右侧，用右手指触诊枕骨下区的枕后淋巴结。头部还原，检查者双手指尖在颈外侧区沿斜方肌前缘和胸锁乳突肌后缘触诊；翻掌，双手指尖在颈前区，先沿胸锁乳突肌前缘触诊，然后让被检者头稍低向左侧，检查者左手扶住头部，右手指尖分别触摸颌下和颏下淋巴结。同法触摸右侧颌下淋巴结。请被检者头部稍前屈，用双手指尖在锁骨上窝内由浅部逐渐触摸至锁骨后深部，检查锁骨上淋巴结。如触摸到淋巴结，应注意其部位、大小、数目、硬度、压痛、活动度，有无黏连，局部皮肤有无红肿、瘢痕、瘘管等。

双手触诊法检查甲状腺，右手拇指在胸骨上切迹向上触摸甲状腺峡部在气管前有无增厚，请被检者做吞咽动作，判断有无肿大或肿块。然后用左手拇指在甲状软骨下气管右侧向对侧轻推，右手食指、中指和环指在左胸锁乳突肌后缘，右手拇指在气管旁，使甲状腺左叶在此四指间，以拇指滑动触摸来确定甲状腺的轮廓大小及表面情况，有无肿大和震颤。请被检者吞咽，肿大的甲状腺可随吞咽运动上下移动。同法检查甲状腺右叶。

将食指与环指分别放在两侧胸锁关节上，将中指置于气管之上，观察中指与食指、环指间距离，判断气管有无移位。

听诊颈部大血管区血管性杂音，先左后右。如果有甲状腺肿大，则将听诊器放在肿大的甲状腺上，注意有无连续性静脉"嗡鸣音"或收缩期动脉杂音。甲状腺无肿大则无须听诊。

三、前侧胸部、背部

解开衣服，充分暴露前胸部。视诊皮肤，观察呼吸运动是否均衡，节律是否整齐，两侧是否对称，观察肋间隙宽度是否正常，胸壁静脉有无曲张。比较胸廓的前后径与左右径，注意胸廓外形的异常改变，如桶状胸、佝偻病胸或局部隆起。视诊两侧乳房的对称性和乳房皮肤有无异常，乳头的位置、大小和对称性，男性有无乳房增生。

触诊腋窝淋巴结。检查者左手扶着被检查者左前臂，屈肘外展抬高约 45°，右手指并拢，掌面贴近胸壁向上直达腋窝顶部，将被检者手臂放下靠拢身体，由浅入深滑动触诊，依次触诊腋窝后壁、内侧壁、前壁。触诊腋窝前壁时，注意拇指和四指的配合。再翻掌向外，触诊腋窝外侧壁。左手检查右腋窝淋巴结，方法同前。注意事项同颈部淋巴结的触诊。

用手掌前部分别触压胸廓左右上、中、下三部位，检查有无皮下气肿，并询问被检者有无胸壁压痛。双手按压胸廓两侧，检查胸廓的弹性。用拇指按压胸骨柄及胸骨体的中、下部，询问被检者有无压痛。女性常规触诊乳房，先查健侧，后查患侧。乳房检查按内上、外上、尾部、内下、外下顺序由浅入深触诊，最后触诊乳头。检查者的手指和手掌平置在乳房上，用指腹轻轻施加压力，旋转滑动触诊，一般以能触及肋骨而不引起疼痛为度，注意乳房有无红、肿、热、痛和包块。触诊乳晕和乳头时，则用拇指和食指同时轻压乳头两侧对应部位，注意有无硬结和分泌物。

检查胸廓扩张度，两手掌及伸展的手指置于胸廓前下部的对称位置，左右拇指分别沿两侧肋缘指向剑突，两拇指间距约 2cm。然后嘱被检者做深呼吸动作，比较两手的动度是否一致。

将双手掌置于被检者胸部的对称位置，嘱其以同等强度发"yi"长音，并双手做一次交换，以排除两手感觉的误差。检查上、中、下三部位，比较两侧相应部位语音震颤的异同，注意有无增强或减弱。

双手掌置于被检者胸廓下侧部，嘱其深吸气，触诊有无胸膜摩擦感。

肺部听诊按锁骨中线、腋前线和腋中线 3 条线，上、中、下部左右对称部位依次听诊。比较两侧的呼吸音有无异常变化，是否有呼吸音以外的附加音（干、湿啰音），必要时嘱被检者做深吸气动作。

以切线方向观察心前区是否隆起，观察心尖搏动的位置、强弱和范围及心前区有无异常搏动。手掌置于心前区，注意心尖搏动的位置和有无震颤。食指和中指并拢，用指腹确定心尖搏动的位置、范围，是否弥散，有无抬举性搏动，确定心前区异常搏动（包括剑突下搏动）。用手掌在心底部和胸骨左缘第 3、4 肋间触诊，注意有无震颤及心包摩擦感。必要时用手掌尺侧（小鱼际）确定震颤的具体位置，判定收缩期还是舒张期。

心脏听诊时，先将听诊器体件置心尖搏动最强的部位。听诊心率（1 分钟）、心律、心音（强度改变、心音分裂、额外心音）、杂音。然后依次在心尖区（心脏搏动最明显部位）、肺动脉瓣区（胸骨左缘第 2 肋间）、主动脉瓣区（胸骨右缘第 2 肋间）、主动脉瓣第 2 听诊区（胸骨左缘第 3 肋间）、三尖瓣区（胸骨左缘第 4、5 肋间）听诊。注意 A_2 与 P_2 的强度比较（A_2 代表主动脉瓣的第二心音，P_2 肺动脉瓣的第二心音），心音分裂与呼吸的关系。如听到杂音，应认真辨别其最响的部位、时期、性质、传导、强度及与体位、呼吸、运动的关系。在胸骨左缘 3、4 肋间听诊心包摩擦音。

听诊肩胛间区脊柱两侧上下共 4 个部位，左右腋后线、肩胛线上下共 4 点，注意双侧对称部位的呼吸音是否异常，有无干、湿啰音。嘱被检者以相同的声音强度发"yi"长音，在肩胛间区脊柱两侧和肩胛下区左右共 4 点对比两侧语音共振有无增强或减弱。

用双拇指按压背部第 12 肋与脊柱夹角的顶点（即肋脊点）和第 12 肋与腰肌外缘的夹角顶点（即肋腰点），同时询问被检者有无疼痛。用左手掌平放在左肋脊角处，右手握拳用轻到中等的力量叩击左手背，询问有无疼痛，即肾区叩击痛。然后检查右侧有无叩击痛。

请被检者前后左右活动颈部及腰部，观察脊柱的活动度，有无活动受限。检查者用手指沿脊柱的棘突以适当的压力从上向下划，观察划压后皮肤出现的红色充血线，判断脊柱有无侧弯。检查者用拇指自上而下逐个按压脊柱棘突及椎旁肌肉直至骶部，询问有无压痛。先用间接叩击法，嘱被检者坐正，将左手掌置于被检者头顶部，右手半握拳叩击左手背。观察被检者有无疼痛，疼痛部位多示病变位置。然后用叩诊锤直接叩击胸椎和腰椎体的棘突，询问有无叩击痛。如有压痛或叩击痛，则以第 7 颈椎棘突为骨性标记，计数病变椎体的位置。

四、腹部

嘱被检者取仰卧位，充分暴露腹部。平视腹部外形是否平坦，视诊腹部皮肤、呼吸运动是否存在或有无异常，有无腹壁静脉曲张、胃肠型或蠕动波等。

请被检者屈膝并稍分开，以使腹肌松弛。以全手掌放于腹壁上部，感受腹肌紧张度，并使患者适应片刻。然后轻柔地进行腹部浅触诊，先触诊未诉病痛的部位，一般自左下腹开始滑行触诊，然后沿逆时针方向移动，同时观察被检者的反应及表情。注意腹壁的紧张度、抵抗感、表浅的压痛、包块、搏动和腹壁上的肿物。用指尖深压位于脐与右髂前上棘连线中 1/3 交界处（麦氏点），停留片刻后突然将手抬起，以检查有无反跳痛。再做深触诊，左手与右手重叠，以并拢的手指末端逐渐加压触摸深部脏器。同浅触诊，一般自左下腹开始，按逆时针方向进行。如果触及肿物或包块，须注意其位置、大小、形态、质地、痛、搏动、移动度及与腹壁的关系。

以双手触诊法检查肝脏。嘱被检者张口，检查者用左手拇指置于季肋部，其余四指置于背部，以限制右下胸扩张，增加膈下移的幅度。右手三指并拢，掌指关节伸直，与肋缘大致平行地放在右髂窝，沿右锁骨中线，患者呼气时手指压向腹深部，吸气时手指向前迎触下移的肝缘。如此反复进行中，手指逐渐向肋缘滑行移动，直至触及肝缘或肋缘。注意吸气时手指上抬的速度要落后于腹壁的抬起。如果肋下触及肝脏，必要时宜在右锁骨中线叩出肝上界并测量肝脏的上下径，以排除肝脏下移。然后在前正中线触诊肝脏，一般从脐部开始，自下向上滑行移动，与呼吸运动配合，测量肝缘与剑突根部间的距离。触及肝脏时，除测量肝脏的大小外，还应注意其质地、表面、边缘、压痛、搏动感等。肝大者做肝颈静脉回流征检查，即用手掌压迫右上腹，观察颈静脉，如出现颈静脉曲张更加明显，则为肝颈静脉回流征阳性。

脾脏采用双手触诊法，左手掌置于被检者左腰部第 7 ～ 10 肋处，试从后向前托起脾脏，右手掌平放于腹壁，与肋弓大致呈垂直方向。一般从脐部开始，两手配合，随呼吸运动深部滑行向肋弓方向触诊脾脏，直至触及脾缘或左肋缘。触诊不满意时，可嘱被检者右侧卧位，右下肢伸直，左下肢屈曲使腹部皮肤松弛，再做触诊。除大小外，还应注意脾脏的质地、表面情况、有无压痛及摩擦感等。

被检者仍取仰卧位，两腿屈起稍分开。墨菲征检查：以左手掌放于被检者右季肋区下部，以拇指指腹勾压腹直肌外缘与肋弓交界处，其余四指与肋骨交叉。然后嘱被检者深吸气，同时注意被检者的面部表情，询问有无疼痛。因疼痛而突然中止吸气动作，为墨菲征阳性。

双手拇指依次深压两侧肋弓第 10 肋下缘偏内（即季肋点）、脐水平腹直肌外缘（上输尿管点）和髂前上棘水平腹直肌外缘（中输尿管点），注意有无压痛。检查肝区叩击痛，用左手掌平放在右季肋区，右手握拳，用轻到中等力量叩击左手背，询问叩击时有无疼痛。

腹部叩诊：分步检查同浅触诊，从左下腹开始，以逆时针方向叩诊，以发现有无异常的浊音或实音。移动性浊音的叩诊先从脐部开始，沿脐水平向左侧方向移动。当叩诊音由鼓音变为浊音时，板指位置固定，嘱被检者右侧卧位，稍停片刻，重新叩诊该处，听取音调是否变为鼓音。然后向右侧移动叩诊，板指移动不便时可改变指尖方向，继续叩诊直达浊音区。叩诊板指固定位置，嘱被检者向左侧翻身180°呈左侧卧位，停留片刻后再次叩诊，听取叩诊音的变化。如出现浊音区随体位移动而变动的现象，为移动性浊音阳性。

右下腹听诊肠鸣音（1分钟）。在脐部和脐上两侧听诊有无血管杂音。鉴于腹部触诊和叩诊可能影响肠鸣音的活跃程度，可根据专科情况，腹部检查可改为按视、听、触、叩的顺序进行。

双手触摸两侧腹股沟淋巴结。比较两侧股动脉的搏动是否存在，搏动强度是否一致，并将听诊器体件置于股动脉搏动处，听诊有无枪击音；稍加用力，注意有无 Duroziez 双重杂音。

取棉签分别沿肋弓、脐水平、腹股沟，由外向内轻划刺激腹壁，先左后右，左右对比，检查上、中、下腹壁反射是否引出。

五、上、下肢

视诊上肢皮肤、关节、手指及指甲。检查上臂内侧肘上 3～4cm 处皮肤弹性。触诊左滑车上淋巴结时，用左手扶托被检查者左前臂，并屈肘，以右手小指固定在被检者的肱骨内上髁，食指、中指及环指并拢，在其上 2～3cm 处肱二、三头肌之间的肌沟中，纵行、横行滑动触摸滑车上淋巴结。同法检查右上臂皮肤弹性和右滑车上淋巴结。

比较双侧桡动脉搏动是否一致，有无交替脉。请被检者深吸气，检查有无奇脉。左手指掌侧紧握被检者右手腕桡动脉处，将被检者前臂抬高过头，感觉桡动脉的搏动，判断有无水冲脉。用手指轻压被检者指甲末端，观察有无红白交替现象，即毛细血管征。

请被检者活动上肢，观察有无运动功能障碍或异常。右手置于被检者上臂内侧，嘱被检者做屈肘动作；右手置于被检者前臂外侧，嘱其做伸肘运动，观察肌肉克服阻力的力量，即肌力。相同方法测试右前臂肌力，并与左侧做比较。请被检者双手紧握检查者食指、中指和环指，检查者用力回抽，以比较双侧握力。

以左手托被检者屈曲的肘部，将拇指置于肱二头肌肌腱上，然后以叩诊锤叩击拇指甲，观察前臂的屈曲动作，即肱二头肌反射。用叩诊锤直接叩击鹰嘴突上方的肱三头肌肌腱，观察前臂的伸展运动，为肱三头肌反射。使被检查者腕部桡侧面向上，并使腕关节自然下垂，用叩诊锤叩击桡骨茎突上方，观察前臂前旋、屈肘动作，为桡骨膜反射。检查者左手握住被检者腕关节上方，右手以中指及食指夹持被检者中指，稍向上提，使腕部处于过伸位，然后以拇指迅速弹刮患者中指指甲，如果其余四指有轻微的掌屈动作，则为霍夫曼征阳性。同样的方法检查右侧。

暴露下肢，视诊双下肢皮肤、下肢静脉、关节、踝部及趾甲。使被检者屈膝，触摸腘窝淋巴结，触压胫骨前缘内侧有无压陷性水肿，先检查左下肢，后查右下肢。双手同时触摸两侧第 1、2 趾骨间足背动脉，并作比较。

请被检查者活动下肢，观察有无运动功能障碍。用手握住小腿下部，嘱被检者做屈腿动作；用手置于受检者胫骨下方并施加压力，请受检者对抗阻力做伸膝动作，检查肌力并两侧对比。

用左手在腘窝处托起下肢，使髋、膝关节稍屈，然后用叩诊锤叩击髌骨下方的股四头肌肌腱，观察小腿伸展动作，先查左侧后查右侧膝反射。使被检者髋、膝关节稍屈，下肢外旋外展位，用左手使足掌背屈呈过伸位，然后以叩诊锤叩击跟腱，观察足向跖面屈曲运动。同样方法检查右侧跟腱反射。

先使被检者一侧髋、膝关节屈曲成直角，左手置于膝关节上，右手置于踝部并抬高小腿，克尼格征阳性者伸膝受限伴有疼痛，而且对侧膝关节屈曲。先查左侧后查右侧。

复习思考题：

1. 病历书写应注意哪些方面？

2. 颈部体检的注意点是什么？

3. 住院病历与门诊病历有什么区别？

项目六
医学检验在保险中的应用

➤ **概　述**

本项目主要介绍临床上一些常见的检验项目，如三大常规检查、生化检查及一些常见的专科检查等，使学生对医学检验有一个初步的了解，提高其理论知识。

➤ **教学目标**

本项目共包括三个模块，分别为常规检验、普通生化检验及其他专科检验。要求学生掌握血常规、尿常规的临床意义，以及在保险中的应用；掌握血糖、血脂、肝肾功能等的临床意义以及在保险中的应用，掌握其他专科检验如乙肝三项及甲状腺功能等的临床意义与在保险中的应用。本项目是保险医学必备的医学基础理论，旨在让学生掌握医学检验的临床意义与保险学上的应用，通过教师直接的讲解、示范和答疑解惑，提高学生的保险医学理论基础。

➤ **重点难点**

本项目的重点与难点在于让学生掌握常规检验、普通生化检验、其他专科检验在保险学上的应用以及临床意义。

模块一　常规检验

学习目标

要求学生掌握血常规与尿常规各个指标正常与异常的临床意义，熟悉血常规与尿常规在保险学上的应用。

工作任务

通过对临床患者血常规与尿常规的讲解，分析各个指标正常与异常的临床意义，使学生能对保险医学上常见的医学病例准确地进行分析，对血常规与尿常规检验的单据能准确地判读。

实践操作

病例分析：由老师现场给予临床住院病历一份，学生根据病历中的各检查单据分析病情，讨论诊断依据与诊断结果；根据保险公司核赔条款，做出核赔决定。

问题探究

检验单是医院检验科根据临床或保险核保医师的要求所做出的检查结果。大部分寿险公司引用社会医院临床检验结果作为寿险核保、理赔的重要依据。但寿险公司一般只取或参考医院检查结果中的各项指标结果而不使用医院的诊断结果，因两者并非通用，其评判角度不同，也就是说，一是对现症的评价，另一方面则是对预后因素的考虑。

医院检验结果的差错，多数出现在不正确的标本采集上。按照一般通则，假冒标本和检验人员的无辜责任，往往出现在涉及刑事案例中的犯人保外就医、民事纠纷、法医、伤情鉴定、健康保险、招工入学、提干体检及婚前检查检验等情况。寿险公司的医务人员更应了解医院的检验人员是否对检验对象验明正身或亲自采集标本等。

在审核一份临床检验报告时，不可忽视某些可能出现的问题，并应该对医院的检验方法、程序等有一综合了解。此外，尚应审查填写的报告单字迹是否清楚、是否潦草或有涂改，是否有检验者签名。报告单上有无接收标本报告日期，年、月、日齐全与否。对于阴性、阳性结果书写是否清楚（尤其检验结果以简化汉字的"阴""阳"为报告时，更容易混淆和人为改动）。检验结果是否有完整登记、记录。在登记中一般均包括姓名、性别、年龄、结果、标本采集者、检测时间、检验结果、检验者姓名等。特殊的还要了解籍贯、工作单位，以查询、甄别同名、同姓结果。正规医院的检验科，登记本都有编号，妥善保管、专人负责，并有严格保密制度。

医院中提供的临床检验单内容大致包括检验项目、检验结果及附注参考指标，有的以英文缩写，有的以中文标示，其单位多趋于采用国际通用单位。

从保险医学的角度审视医院检验结果，还要注意以下几个方面。

1.检验时间

检验单是在投保前多长时间内发出，如血脂检查分别在投保前一、二、三年进行，且连续3次均正常，就更有证据说明血脂较长时期无改变。若仅有一次表现为甘油三酯略有升高，其投保寿险的影响就较小，因为要保人了解到这种异常，经控制饮食、加强体育锻炼，则能使血脂基本恢复正常。

再有，若血常规半年内连续两次检查，第一次仅为轻度贫血，第二次则为中度贫血，体内可能潜伏着消耗性或营养不良性疾病，其投保寿险的预后风险可能性较大。

还有，尽管临床检验单较完全，或有针对性地吻合要保人如实告知内容，但检验时间已超过一、两年，此时应进行复检。

2.同一化验单中不同参数之间的关系

如血常规检验中，红细胞正常，但血色素较低，可能为小细胞性贫血；若红细胞、白细胞、血小板三系列均减少，再生障碍性贫血的可能性就较大，无疑该要保人将作为拒保者。若某一检验单中，红细胞、血色素明显减少，血小板同时减少或正常，而白细胞系列异常增高，很可能是白血病，应再根据白细胞、淋巴细胞的比例，进一步鉴别出白血病的大概类型。

3.数种检验结果的互相参照

如尿常规中蛋白定性为＋＋＋＋，而血常规中明显贫血，数种检验结果互相参照，共同推断结论，则慢性肾炎的可能很大。这是由于慢性肾炎所致大量蛋白漏，蛋白渗出而从尿中大量丢失，且因慢性肾炎时，肾小球旁器释放红细胞生成素减少而贫血，此时投保寿险，其预后风险将会很高。

4.各种检验、物理体检和临床表现的综合分析

任何一种检验的异常都不会是孤立的，如将其与其他物理检查、临床表现相结合，必将寻找出机体所患疾病或结构、功能不正常状态。如要保人血常规中红细胞、血色素明显升高，伴有咳嗽、气喘、右心扩大，常可因气管、肺部慢性病变所致通气、换气功能障碍，代偿性使红细胞增多，以弥补氧气的不足，此种情况多见于高原病和慢性肺源性心脏病。应是寿险的拒保体。

5.同一检验内容不同时间的对照

如血糖检验，在一年内进行了两次，第一次血糖较高，第二次是在投保前不久检测正常，被检者很可能应用了降糖药物；第一次血糖正常，第二次明显增高，被检者可能是糖尿病患者了；而第二次若略有增高，当投保寿险时则需复查血糖或进行糖耐量试验等相应检查。

一、血常规

正常人血总量约占体重的6%～8%，成人血量平均约为5000mL。

血液流动于动、静脉血管内，是由有形成分红血球、白血球、血小板以及液体成分血浆组合而成的体液组织。

进行血液常规检验是保险医学中简便、可靠、经济、实用的方法，许多临床疾病可在血常规检测中体现出来。因此，寿险投保将血常规列入体检的基本项目。

目前，在一般医院中大多应用电脑进行血常规检验，在某些情况下可能会出现误差。若要保人体检发现与血常规检验有很大出入时，要进行复检。

对血常规中某一项异常而与其相关项目正常时，要结合临床症状、体征及体检结果综合分析其有无病理学意义。

对血常规中出现的异常，还要分析是生理性变化抑或病理性改变；是机体暂时性代偿还是永久性病变；是渐进性恶化的还是慢慢恢复的；是机体固有的疾病表现还是现症的结果等，从而做出相应的承保决定。

（一）白细胞（WBC）计数

白细胞计数是衡量要保人和被保险人的炎性反应、某些化学药物、放射性作用、骨髓造血功能等最敏感、最简单的方法之一。

白细胞计数正常值：

男性：$(4.1 \sim 10.4) \times 10^9/L$；

女性：$(4.1 \sim 10.8) \times 10^9/L$。

1. 生理性变化

婴儿、吸烟者、月经期及妊娠妇女白细胞可增高，晚上较白天高，而绝经期相应较低。

某些药物如苯妥英钠、卡那霉素、异烟肼、苯丙胺、避孕药、促皮质激素等可使白细胞增高；而引起全血细胞减少或再生障碍的药物如苯巴比妥、甲巯咪唑、吲哚美辛、白消安、砷剂、铋剂等可引起白细胞减少。

2. 具有病理学意义的变化

骨髓增殖综合征（LLA，LMC，LLC，LCA）、单核细胞增多症、多核细胞增多症（急性感染）、嗜酸性白细胞增多症、类白血病反应等均可使白细胞增高。

苯中毒、铅中毒、射线、病毒感染、伤寒、重症肝炎、叶酸、维生素 B_{12} 缺乏等可使白细胞降低。

若白细胞在 $20 \times 10^9/L$ 以上，说明体内存在严重感染、新生物或白血病，整体死亡率可能提高；若在 $2.5 \times 10^9/L$ 以下，可能存在传染病、机体免疫机能下降、中毒和骨髓再生障碍。

遇有上述情况，核保医生要结合要保人或被保险人的既往病史和其他发现，做进一步检查。必要时可行骨髓穿刺、周围血寻找幼稚细胞等以确定诊断。若投保人拒绝提供病历或接受检查，则应延期投保或拒绝承保。若有严重的白细胞增高史，白细胞恢复正常不足一个月，或仍有白细胞轻微增多（$< 12.0 \times 10^9/L$）要延期投保；白细胞水平已恢复 3 个月或以上，则无须理会。

3. 白细胞分类

一般检验单除了报告白细胞的总数之外，还要进行白细胞的分类，以提供疾病诊断的进一步依据。有时，白细胞分类对某些病症有特异性诊断。

根据白细胞对某种染料的易染性，可将白细胞分为嗜中性、嗜碱性、嗜酸性不同种类。另外，白细胞分类中还包括淋巴细胞、单核细胞等。为了确定某些血液病的性质，还可将白细胞从不同成熟阶段或形态学角度分为不同类型。

（1）中性粒细胞

以百分比计，则以绝对记数的报告形式。正常时：

男性：1.6×10^9/L；

女性：1.7×10^9/L。

泼尼松或氢化可的松可使中性粒细胞增加；苯妥英钠、甲巯咪唑、氯霉素、灰黄霉素、环磷酰胺等药物可使之减少。

骨髓增殖综合征、细菌感染、组织缺血、坏死、变态反应、各种中毒时，中性粒细胞增加；骨髓发育不全、骨髓入侵、病毒感染、伤寒、副伤寒、某些寄生虫病、甲亢、脾功能亢进、粒细胞缺乏症时则降低。

中性粒细胞比例的增多常作为临床上分析感染是细菌性抑或是病毒性的依据，还常作为粒细胞缺乏症诊断的唯一指标。

（2）嗜酸性粒细胞

正常时：

男性：（0（0.10）～ 0.70）$\times 10^9$/L；

女性：（0（0.10）～ 0.65）$\times 10^9$/L。

药物引起的嗜酸性粒细胞增多的机会较多。据此，可以推测或进一步询问要保人所患原发病及所用药物。

容易引起机体过敏反应，导致嗜酸粒细胞增多的主要药物有氯奋乃静、甲丙氨酯、甲基多巴、氨苯蝶啶、链激酶、碘化钾、磺胺类、羧苄、氨苄青霉素、头孢菌素、卡那霉素、青霉素、利福平、异烟肼、四环素等。对青霉素过敏者，有时嗜酸性粒细胞可比正常增加20%。

注射肾上腺素的直接作用且引起嗜酸性粒细胞减少（而氢化可的松和糖皮质激素则为间接性）。

阿司匹林、吲哚美辛、烟酸的应用也可使嗜酸性粒细胞减少。

一旦出现嗜酸性粒细胞的增多，应警惕某些疾病的存在。首先应排除变态反应性疾病如支气管哮喘、荨麻疹、过敏、湿疹、药物反应等。

此外，寄生虫病、结节性动脉周围炎、恶性血液病、新生物（肝癌、霍奇金病等）、心内膜炎、心肌炎等也可使嗜酸性粒细胞增多。

而嗜酸性粒细胞减少时，还要除外伤寒、疟疾急性期、糖尿病酮症酸中毒、肾上腺皮质功能亢进等。

因嗜酸性粒细胞在正常人周围血中分布较稀，绝对计数少，在检验报告单中描述减少时，也可能为正常现象，当除外伤寒、大量应用皮质激素等情况时，可按标准体承保。

当嗜酸性粒细胞增多时，要对原发疾病和应用某些药物所致的嗜酸性粒细胞增多共同进行评点，以作出综合分析。

（3）嗜碱性粒细胞

正常时：

男女均在（0（0.05）～ 0.3）×10^9/L。

甲状腺功能低下、糖尿病、流感、慢性鼻窦炎、肾病综合征、结核、应激、光照等均可引起嗜碱性粒细胞升高。

慢性粒细胞性白血病时，嗜碱性粒细胞明显升高。

医学核保时，对嗜碱性粒细胞的增减应结合白细胞的其他分类内容，共同评点。

（4）淋巴细胞

正常时：

男性：（0.7 ～ 5.3）×10^9/L；

女性：（0.7 ～ 5.6）×10^9/L。

麻醉药成瘾者，淋巴细胞可升高。左旋多巴也可致淋巴细胞增加。

凡是免疫抑制剂都可使淋巴细胞减少，机体免疫功能极度低下，如在艾滋病、严重急性呼吸综合征晚期时，均可出现淋巴细胞的明显减少。

在慢性淋巴细胞性白血病、巨球蛋白血症、霍奇金病、急性传染病时，淋巴细胞增高；而恶性肿瘤、肾上腺功能亢进、糖尿病酮症酸中毒、急性阑尾炎、肺炎等时则降低。

淋巴细胞的数量和分类在体内是反映免疫功能和机体反应等一项较敏感、有价值的检测指标，但由于其受多种因素的影响，必要时应连续检验，以作出较客观、正确的评点。

（5）单核细胞

正常时：

男性：（0.03 ～ 1.3）×10^9/L；

女性：（0.02 ～ 1.1）×10^9/L。

一些药物如灰黄霉素、氨苄青霉素可引起单核细胞增加。

某些疾病，如传染性单核细胞增多症（要在白细胞总数中占15%以上）、单核细胞增多症、恶性新生物、黑热病、疟疾、梅毒、结核、病毒性肝炎、菌血症、心内膜炎等，均可使单核细胞增多；而急慢性淋巴细胞性白血病和骨髓功能不全时，单核细胞减少。

对单核细胞增多、减少的医学核保主要是针对病因评点，并结合临床表现和其他血液检测指标，综合分析。

值得特别注意的是，传染性单核细胞增多症是儿童投保中的常见病种，若经及时治疗，并未留有后遗症，且复查血象单核细胞已趋正常，仍可按标准体承保。

（二）红细胞（RBC）计数

全身血循环中红细胞总容量减少至正常以下称为贫血。其基本原因是红细胞生成与消耗失去平衡，或增生不足，或消耗过多，或两者同时存在。

红细胞及血红蛋白是核保医学检验基础项目之一，其对明确贫血的性质和原因起到至关重要的作用。在审视某一血常规检验单时，要将有关的几个项目综合分析，做出正确判断。如红细胞总数偏低，但血红蛋白正常，平均红细胞体积、红细胞压积、平均红细胞血红蛋白含量等均正常，不能说明有贫血。红细胞计数偏低则仅供参考，必要时重新检查。

正常时红细胞计数：

男性：（4.6 ～ 5.7）×10^{12}/L；

女性：（4.1 ～ 5.2）×10^{12}/L。

影响红细胞总数的药物较多。肾上腺素可引起血液浓缩，糖皮质激素可刺激红细胞增生，使红细胞增多；引起再生障碍的药物如甲巯咪唑、氯霉素、甲喹酮等可使红细胞总数减少；引起全血细胞减少的药物有抗癫痫药物、吲哚美辛、四氯化碳、白消安、砷剂；引起巨幼红细胞贫血的药物有避孕药、呋喃妥因、苯巴比妥；引起溶血性贫血的药物有氯苯那敏、苯海拉明、磺胺类、枸橼酸哌嗪；引起骨髓抑制的药物有阿司匹林、保泰松、三亚胺嗪、一氧化氮等均可导致红细胞减少。

某些病理状态，如真性红细胞增多症、血氧减少性红细胞增多症、反应性红细胞增多症、脱水等都可使红细胞数增多；而癌症、白血病、再生障碍性贫血、酶缺陷、红细胞膜异常、寄生虫病、中毒、铁缺乏、大细胞性贫血等则可使红细胞数减少。

对红细胞计数的增加或减少，重点评价原发疾病的严重程度、有否治愈；对由药物所引起的红细胞减少，要了解目前是否仍在用药，以及用药的原因等，以做出延保、高标准评点或拒保的决定。

对长期生活在高原缺氧环境下的要保人，当其红细胞轻、中度代偿性增高，且无任何全身症状，也无血栓形成迹象，可按标准体承保；短期生活者即有代偿性红细胞明显增多，并有缺氧的相关症状和体征，则拒绝承保。

由于寿险中对贫血要保人的初步筛查主要靠血常规，一旦发现其贫血，且在中年以上的女性，首先考虑因月经过多导致。男性则多考虑胃肠道慢性失血，从而要做相应的子宫B超、胃肠道造影等检查。大部分可根据病因和贫血程度做出承保决定。当初步检查仍不能解释贫血的原因时，需再动员要保人做进一步的检验，以确定病因，切忌匆忙做出承保决定。

（三）血红蛋白（Hb）

正常时：

男性：140～178g/L；

女性：121～156g/L。

血红蛋白是与红细胞计数结合评定的检验项目。

某些药物可引起血红蛋白含量降低，如避孕药、苯乙双胍、呋喃坦啶、环磷酰胺、氨基比林、奎宁、非那西丁、苯海拉明、苯胺、保泰松等。

在病理学状态下，如真性红细胞增多症、血氧减少性红细胞增多症、肿瘤性及反应性红细胞增多症、脱水等都可使血红蛋白增高；而再生障碍性贫血、肿瘤、白血病、红细胞内/外原因引起的溶血、急性出血和脾功能亢进、感染性贫血则使之降低。血红蛋白增减的保险医学意义与红细胞增减相同，只是对某些病因可能有不尽相同的评点。

（四）网织红细胞计数

成人正常值为（24～84）×10^9/L。

正常骨髓制造红细胞时，要经过原红细胞、早、中、晚幼红细胞不同阶段，才将成熟的红细胞释放到周围血液，而网织红细胞是介于晚幼红细胞和成熟红细胞之间的尚未成熟的红细胞。

网织红细胞增多时，标示骨髓红细胞生成旺盛，如急性、慢性失血常有网织红细胞的明显和中度增高；而减少则多见于造血原料缺乏或造血不良的状况，如再生障碍性贫血。

因此，在保险医学方面，网织红细胞的增多 / 减少均反映机体造血功能的异常，这些异常将对被保险人的身体健康和生命构成威胁，医学核保必须强调寻找引起网织红细胞增多和（或）减少的原发疾病并对其进行适当的评点。

（五）红细胞比容（Ht）

红细胞比容是指红细胞在血液中所占的容积比值。

正常时：

男性：0.40 ～ 0.54 ；

女性：0.37 ～ 0.47。

凡引起血液浓缩如大量呕吐、腹泻、大面积烧伤时，红细胞压积增高。真性红细胞增多症时红细胞压积可高达 80%。长期高原居住者、慢性心肺疾患者均可因缺氧而发生代偿性红细胞及其压积增高；而各种贫血、血液被稀释时红细胞压积降低。医学核保时，也应结合血常规的其他结果综合分析。

（六）平均红细胞体积（MCV）

正常时：

男性：83 ～ 93fl ；

女性：82 ～ 92fl。

营养性巨幼红细胞性贫血、酒精性肝硬化、甲状腺功能低下时，平均红细胞体积升高；而小细胞低色素性贫血、溶血性贫血时，MCV 则降低。医学核保时主要也是针对原发病，而平均红细胞体积明显异常时，则大部分为拒保体。

（七）平均红细胞血红蛋白含量（MCH）

正常时为 27 ～ 34pg。

（八）平均红细胞血红蛋白浓度（MCHC）

正常时为 320 ～ 360g/L。

上述两项的意义相同，均用来判定贫血的原因和性质，医学评点主要强调病因。

（九）血小板（PLt）计数

正常值为（100 ～ 300）$\times 10^9$/L。

血小板参与机体出、凝血机制，并从侧面反映肝、脾及骨髓疾病。判定检验结果时除了考虑血小板数量外，也应考虑其质量，而质量的检验须采取较为复杂的方法。

应用某些激素、β – 受体阻滞剂可使血小板略有增高；某些引起血小板减少和再生障碍性贫血的药物，引起骨髓抑制、免疫性血小板减少的药物、引起全血细胞减少的药物均可使血小板减少。

病理状态下，原发、继发性血小板增多症、扩散癌、霍奇金淋巴瘤、细菌感染、脾大、脾发育不全或脾萎缩、慢性胰腺炎、创伤等可使血小板计数升高；而血小板减少症、脾功能亢进、病毒感染、骨髓发育不全（中毒、辐射、免疫抑制）、骨髓先天发育不全等可使血小板数量降低。

血小板增多可引起血液黏滞、沉积等，从而易引发血栓；而当其明显减少时，除了自身标示某种疾病的存在外，血小板减少可引起凝血障碍，甚至对生命产生威胁，故在承保时是主要评点方面。

二、尿常规

一般以晨起第一次尿液检查的结果为准，半小时内送检。尿沉渣检查，可以弥补尿常规检查的某些不足，比如细胞管型、颗粒管型、蜡样管型以及肾小管上皮细胞的检出，对于肾病的诊断有特殊价值，是尿常规检查所不能代替的。

（一）尿液外观

正常尿液受尿色素等物质的影响，其颜色可呈现为淡黄色至琥珀色。应用镇静剂、抗癫痫药物如苯妥英钠、导泻药如酚红等可使尿液变红；黄连素、维生素 B_2 可使尿液变黄；亚甲蓝可使尿液变蓝等。

当尿内白细胞数超过 2 个 /HP 或红细胞超过 5 个 /HP 时，可出现肉眼混浊，尿化验单常标以"混浊""微混"而报告之。此种情况常见于肾盂肾炎、尿路感染、肿瘤、肾结核、肾炎、流行性出血热、性病等。当然，在中老年妇女，会阴部的污染常使尿中白细胞增多而误以为泌尿生殖器的感染，这些人群在投保寿险时应考虑到这些因素，必要时可做相关检查。

严重的高脂血症时，尿中可出现油滴，应结合血脂、血糖、脂肪肝、肥胖等其他因素综合评点。

有尿液呈酱油色时，多提示体内溶血严重，如阵发性睡眠性血红蛋白尿，应结合其他临床表现，确诊后拒绝承保寿险。

（二）pH 值

pH 值又称尿液的酸碱度。正常为 4.5 ～ 8.4（平均 6.0）。

尿液放置过久、细菌繁殖分解尿素，产生氨，常使尿呈碱性，尤其在夏天检验尿液时，应除外这一影响因素。

服用酸碱类药物可直接影响尿液酸碱度。

若为代谢性酸、碱中毒，说明病情已达严重程度，当属拒保范围，但在呼吸性酸、碱中毒时，因机体代偿作用，尿液酸、碱度变化不大，故不能仅据此而忽略机体其他方面的严重病变。

（三）尿比重

正常为 1.002 ～ 1.030。

糖尿病、脱水、急性肾炎、蛋白尿、心脏衰竭等可使尿比重增加；而急性肾炎多尿期、尿毒症多尿期、尿崩症等时，尿比重较低。

（四）红细胞（RBC）

离心沉淀尿中红细胞为 0 ～ 3 个 /HP（每一高倍视野），若超过 3 个则可诊断为镜下血尿。

经期的妇女常因尿中混入经血而有许多红细胞，故在投保时为除外此时的假象，应避开月经期验尿。

许多药物如肼苯哒嗪、卡那霉素、环磷酰胺等可引起尿中红细胞增多，甚至发生肉眼血尿。急性或慢性肾小球肾炎、尿路感染、肾结核、肾盂肾炎、尿路结石、肿瘤、全身出血性疾病等均可引起尿中带有红细胞。此时要根据最后诊断延期或拒绝承保。在中、老年人群中，有时有不明原因的血尿，虽经各种检查而不能发现尿路和肾盂、肾脏的病变，此种情况多见于轻度前列腺炎，当尿流压力增高时，将丰富的小血管破坏，因而尿中带血，甚至出现肉眼血尿。待周身和肾脏系列检查而无异常发现时，偶尔暂时的血尿也可无须理会。

若尿中 70% 以上的红细胞出现皱缩、变形，则可判定血尿源于肾脏；若 70% 以上红细胞外形规整，则多见于下尿路的出血。

（五）白细胞（WBC）

正常尿沉渣中白细胞应 < 5 个 /HP。在女性，常有尿液以外的白细胞混入。故在收集女性要保人的尿液时，应清洁尿道口，留取中、后段尿液。

若每个高倍视野有 5 个以上的白细胞，称之为"镜下脓尿"，表明尿路或邻近器官有较重的感染性病变。

尿中仅为少量中性多形核白细胞多见于急性肾小球肾炎、间质性肾炎。

尿中偶尔有少量成形的白细胞而非破碎的脓细胞，临床也无任何症状，可按标准体承保。

（六）上皮细胞

尿沉渣中若出现大量肾小管上皮细胞，常提示肾小管有损害，多见于急性肾小管坏死及肾盂肾炎。

（七）管型

1.透明管型

少量透明管型多见于高热、过度运动、全身麻醉、心功能不全、肾充血，肾实质性病变时可大量出现透明管型，肾炎晚期可见异常粗大的透明管型。

2.细胞管型

红细胞管型提示严重的肾小球肾炎等；白细胞管型多见于肾盂肾炎、间质性肾炎；上皮细胞管型多见于肾小管坏死及间质性肾炎。

3.颗粒管型

颗粒管型可见于各种类型的肾小球肾炎。

4.蜡样管型

蜡样管型多见于肾脏有长期严重病变的人群。

（八）盐类结晶

尿液出现大量草酸钙结晶提示可能有尿路结石；出现大量尿酸盐结晶可疑及痛风病。肝脏严重受损时，尿中出现氨基酸结晶。泌尿系感染及乳糜尿时，尿中可出现胆固醇结晶。服用磺胺类药物时尿中可出现磺胺结晶。

因此，根据寿险核保需要，当怀疑要保人的某些全身疾病或泌尿系统病变时，要对尿及其沉渣做相关检查。

（九）尿胆原（URO）

正常时男性为 $0.3 \sim 3.55\mu mol/L$，女性为 $0 \sim 2.64\mu mol/L$，儿童为 $0.13 \sim 2.30\mu mol/L$。尿胆原增加见于溶血性黄疸和肝细胞性黄疸。

尿胆原降低见于胆结石或肿瘤压迫所致的阻塞性黄疸。

在医学核保中，对尿胆原弱阳性是由于药物引起时，要对口服某些药物的原发疾病进行评点；对尿胆原明显增高或降低时，要进行血液、肝脏、胆囊、胆道等方面的相应检查，以确定其病理性改变，做出恰当的承保决定。

（十）尿酮体

正常时尿酮体应为阴性。

当机体发生糖代谢紊乱时，脂肪代谢增加，所产生的酮体也会相应增加，严重时可引起酸中毒。

在尿中有酮体是酸中毒的表现，例如糖尿病酮症酸中毒。

有时因生物学状态变化而使尿中出现酮体，如剧烈呕吐、剧烈运动、禁食过久、脱水、麻醉后等均可使尿酮体呈阳性。

严重中毒性休克、妊娠毒血症、某些热性病（麻疹、伤寒、菌血症、急性粟粒性肺结核）、某些重症不能进食等均可使尿酮体呈阳性。

保险医学中的关键仍是鉴别某些尿酮体阳性是生理情况还是病理状态，因为后者常常标志着体内存在着严重的疾病或状态，且往往是拒保寿险的对象。

尽管某些严重糖尿患者口服降糖药物可将血糖暂时降到正常水平，但尿中酮体往往在一段时间内仍呈阳性。另外，即或尿糖阴性、血糖正常，但其血中糖化血红蛋白仍为阳性，依此，可阻止少数带有道德风险的糖尿病患者投保人寿保险，因为他们为了使血糖下降而应用降糖药物后再行抽血检验血糖水平，给人以血糖正常的所谓标准体的假象。

（十一）尿胆红素

正常时为阴性。

某些药物如氟奋乃静、甲基多巴等可使尿中胆红素升高，这是因为机体对该药的过敏反应和这些药物对肝细胞的损害所致。

在胆结石或肿瘤压迫胆总管、胆管时，或肝细胞性黄疸时，血液中胆红素增高，当超过肾阈值时，胆红素可从尿中排出。

而当溶血性黄疸时，结合胆红素多不增高，尿中可不出现胆红素。

在医学核保中，要将尿胆红素、尿胆原结合起来进行分析，两者作为互补，加之特殊的临床表现和相关的物理检查，诊断某些肝、胆、血液及全身性疾病，从而做出适宜的承保决定。

（十二）亚硝酸盐

正常时为阴性。

由于肾盂肾炎多由革兰阴性的大肠杆菌所引起，可将硝酸盐还原为亚硝酸盐。故肾盂肾炎时，尿亚硝酸盐阳性率可高达 70% ～ 89%。

某些肾盂肾炎并非由大肠杆菌所引起，尿中亚硝酸盐呈阴性；此外，少吃蔬菜、水果，可使尿内无硝酸盐排出；尿路内有革兰氏阴性杆菌存在，也可因无硝酸盐来源而呈阴性（实则为假阴性）。所以，尿内亚硝酸盐的存在，并不是尿路感染的唯一标志。

（十三）尿糖（Glu）

尿糖检测可有定量和定性之分。

正常人尿内可有微量葡萄糖，以普通班氏定性为阴性；尿糖定量 24 小时不应超过 0.6 ～ 1.7mmol/L。

肾糖阈一般为 8.8mmol/L。

正常人短时间内大量服用葡萄糖或注射葡萄糖可导致糖尿。暂时性原因如延脑糖中枢受刺激、肾上腺或胰岛素分泌异常，或精神应激反应、剧烈运动、头部外伤、脑溢血、激素应用过多等均可引起糖尿。因此，对一过性糖尿的判定，首先应除外上述内容。

持续性糖尿见于以下情况。

（1）原发性糖尿病。

（2）继发性高血糖性糖尿（胰腺损伤、甲亢、肾上腺皮质功能亢进）。

（3）肾性糖尿病：是由于肾小管对于糖的重吸收能力降低所致。

核保时，除了少数生理变异而发生的暂时性糖尿，经追踪观察，去掉诱因，尿糖转为阴性，且血糖经多次检测也在正常范围，可按标准体承保。其他尿糖阳性一般均应按病态处理，结合临床和其他检验，做出核保决定。

（十四）尿蛋白（Pro）

正常时尿蛋白定性为阴性，定量为 < 0.12g/24 小时尿量。

生理性（功能性）蛋白尿是指泌尿系统无器质性病变，尿内出现少量、暂时性蛋白。可见于直立较久（引起肾局部血运异常）、剧烈运动、高热、精神严重受刺激、妊娠等。

许多药物的毒性作用可引起尿蛋白阳性。如乙醚、保泰松、阿司匹林、链霉素、庆大霉素、重金属类等。

还应警惕某些中药对肾脏的影响，如利水中药木通，尤其对婴幼儿肾脏有损害作用，易导致发生蛋白尿甚至肾功能衰竭，近年屡有报道。

蛋白尿是肾脏疾病的重要指标之一，如肾小球、肾小管病变。

血浆中某些蛋白质过多，大量进入原尿，如多发性骨髓瘤、溶血等也可引起蛋白尿。

此外，肾盂以下泌尿系感染、充血性心力衰竭、甲亢、严重贫血等均可引起蛋白尿。

在保险医学中考虑蛋白尿的意义，一是引起蛋白尿的原发疾病，二是肾脏本身病变的严重程度，这些都是影响要保人投保和被保险人预后的重要因素。

模块二　普通生化检验

学习目标

　　要求学生掌握普通的生化检验如血糖、血脂、肝肾功能等各个指标正常与异常的临床意义，熟悉这些指标在保险学上的应用。

工作任务

　　通过对临床病例的分析，讲解各项生化检验如血糖、血脂、肝肾功能等各个指标正常与异常的临床意义，使学生能对保险医学上常见的医学病例准确地进行分析，能准确地判读普通生化检验单据。

实践操作

　　由带教老师带领学生到呼吸内科、消化内科、心血管内科、泌尿科等临床科室病房进行临床见习，查看临床病例，学习住院病历书写。

问题探究

一、血糖（GLU）

正常时：

男性：4.2～6.1mmol/L；

女性：4.1～5.9mmol/L。

保险医学中测定血糖数值是判断糖尿病、胰岛细胞瘤、甲状腺、胰腺等内分泌系统或器官疾病的手段之一，也是鉴别某些要保人有昏迷史的原因、判定血糖高低的常用方法。

　　随着人们生活水平的日益提高，糖尿病发病率较前明显升高。在寿险投保中，大量潜伏或正在患糖尿病的要保人也随之增加。而糖尿病又是危害人体健康和寿命的主要杀手。今后，将一般人投保寿险时的血糖检测作为常规很有必要，对血糖或糖耐量不正常者适当加费承保也是合理的。

　　影响血糖高低的因素很多，因此，检测血糖前应避开人为因素，排除生理变异，使之真正反映血糖的实际水平。

　　长期饮酒可使血糖升高20%，饭后血糖可升高10%～40%，饥饿3天可使男性血糖降低12%，女性降低30%。

　　有些药物如肾上腺素、哌替啶、阿司匹林、泼尼松、左旋甲状腺素、氨苯蝶啶、呋塞米、乙醇等，通过促进糖原分解或糖异生作用，增加糖的吸收，抑制葡萄糖的利用等而使血糖升高；而红霉素、氯化钾、胰岛素、苯乙双胍、苯丙胺、硫脲嘧啶可使血糖降低。

某些病理状态如糖尿病以及继发性高血糖症如肢端肥大症、库欣综合征、嗜铬细胞瘤、甲亢、胰腺炎、胰腺癌、肾功能不全、创伤、长期发热等，均可使血糖增高；而胰岛细胞腺瘤和胰岛素性昏迷可使血糖严重降低。其他导致继发性血糖降低的情况还有胃溃疡、胰外分泌胰岛素肿瘤、肾上腺皮质功能低下（艾迪生病）等。

附：口服葡萄糖耐量试验

当被保险人空腹血糖在 6.3mmol/L 左右时，为判定是糖尿病的糖耐量受损抑或是正常变异，往往需做本试验。

试验前 3 天应停服所有影响血糖水平的药物。如果口服葡萄糖 75g（或吃半个馒头）后，血糖在 30 ～ 60 分钟达高峰，且峰值不超过 10mmol/L，2 小时恢复到空腹水平，此时可谓葡萄糖耐量试验阴性。临界的血糖水平不能诊断为糖尿病。

对糖耐量试验阳性者，其中 1/3 可发展为糖尿病；1/3 维持阳性；1/3 恢复正常。因此，评点糖耐量阳性者要慎之又慎，做出正确评点。

对于有糖尿病家族史者，肥胖者，以及有流产、滞产或畸胎往史的妇女或孕妇，在其投保寿险或涉及母婴健康险种时，即或是葡萄糖耐量试验可疑或阴性，也应延期三个月至半年后再决定投保。

二、血脂和载脂蛋白

血总胆固醇正常值为 3.1 ～ 5.7mmol/L。实际上，相当一部分处于所谓"正常"的胆固醇水平的被保险人已处于冠心病发生、发展的高危状态。作为寿险公司的核保医师应对此有充分认识，不能单凭一纸血脂检验单就做定夺，而要结合临床表现、既往病史、家族病史等资料进行综合分析。

血脂增高是动脉粥样硬化、冠心病及脑卒中等疾病的基础，且与高血压、糖尿病等关系极为密切，也是致死、失能的主要危险因素之一。

在保险医学中，要保人血脂增高显得更为重要，尤其在有心脑血管病、高血压、糖尿病等家族史者；有糖尿病、高血压等既往史者；有吸烟、饮酒等不良习惯及肥胖者。

若出现胆固醇增高，还应结合血脂其他项目如高、低、极低密度脂蛋白和甘油三酯等综合分析，做出全面、正确的判断。

（一）胆固醇（TC）

某些药物可引起胆固醇的上下波动如抗癫痫药物、烟酸等。

在病理状态下，如高脂蛋白血症、甲状腺功能低下、糖尿病、胰腺炎、类脂性肾病、动脉硬化、心肌局部缺血等，胆固醇增高；而营养不良、甲状腺功能亢进、严重肝功能不全、贫血时，胆固醇可降低。

当胆固醇为 7.0mmol/L 时，男性患心血管病的危险性增大；若超过 8.0mmol/L 时，多提示预后不良；低于 2.5mmol/L 时，常说明伴有严重的肝功能不全，并提示预后极差。

不管血脂其他项目如何，过高、过低的胆固醇一律应视为拒保体。

（二）甘油三酯（TG）

甘油三酯用来提供体能，多为外源性血脂，即与进食油腻饮食直接相关，也可由肝脏制造而来。

单纯甘油三酯中度以上增高，一般不会造成动脉粥样硬化症，也无任何症状而只出现特征性的黄瘤。与某些代谢性疾病关系密切的甘油三酯过高，则容易造成动脉粥样硬化。因此，保险医学中，也将其作为一种"标识性"物质。

正常时 TG 为 0.56 ～ 1.70mmol/L。

妊娠时、餐后、超载负荷可使之升高 50%；而剧烈的体育运动可使之降低 15%。

某些药物如苯乙双胍，由于引起饥饿而可使 TG 升高；消胆胺、肝素则可使 TG 略有降低。

病理状态下，高脂蛋白血症、胆汁淤滞、肾病综合征、病毒性肝炎、胰腺炎、糖尿病、恶性贫血、动脉硬化等可使 TG 增高；恶病质、营养不良则可使之下降。

医学核保时，对高 TG 也应寻找原因，并对用药及原发病进行评点，还应结合其他血脂项目及体重、不良生活习惯、有无脂肪肝等综合分析。

（三）高密度脂蛋白（HDL-C）

人的身体中大约 25% 的总胆固醇存在于 HDL-C 中。一般认为 HDL-C 与心血管病的发病率和病变程度呈负相关，即较高的高密度脂蛋白对阻止动脉硬化的发生有一定作用。

正常时：

男性：1.16 ～ 1.42mmol/L；

女性：1.29 ～ 1.55mmol/L。

高密度脂蛋白降低则见于急、慢性肝病、急性应激反应、糖尿病、甲状腺功能亢进或减退、慢性贫血等。

医学核保时也应结合其他血脂项目综合进行分析。

（四）低密度脂蛋白胆固醇（LDL-C）

LDL-C 是构成胆固醇的主要成分。

LDL-C 正常时为 2.7 ～ 3.1mmol/L。男女略有不同，且随年龄有所波动。

LDL-C 与心脑血管疾病的发病率和病变程度呈正相关。LDL 升高是心脑血管病发病的危险因素之一。

HDL-C/LDL-C 低于 1：3.5 时，心脑血管病发病率升高。

肾病、阻塞性黄疸、糖尿病时，LDL-C 占总胆固醇的比例加大。

（五）载脂蛋白（APO）

正常时：

$APO-A_1$：1.1 ～ 1.6g/L；APO-B：0.6 ～ 1.1g/L。正常时，$APO-A_1$/B 比值男女均可简略为 1.0 ～ 2.0。

血清 $APO-A_1$/B 的比值随年龄增长而降低。在高脂蛋白血症、糖尿病、冠心病时，比值明显降低，此项可作为心血管病的主要诊断指标之一。

三、肝功能试验

肝脏是人体最大的消化腺体，具有分泌、储存、合成、分解、解毒、排泄等数百种功能，且其代偿能力非常强，肝脏受损不达到一定程度，肝功能试验仍可"正常"，而当肝功能显示不正常时，其肝细胞破坏已达可观程度。当然，随着科学技术的发展，对肝功能检测更具敏感性和特异性的方法会越来越多，肝脏受损的早期征兆和特征更容易被发现。

在保险医学中，对要保人或被保险人的肝功能试验结果应综合分析，切忌孤立地对待。如应结合其临床症状、体征的有无，详细的体检资料，既往病史，尤其肝炎病史，不良的生活习惯和烟酒嗜好，对肝功能产生损害的药物应用，家族中有无肝脏疾病的患者等，全面了解，做出正确判断，必要时对肝脏功能做进一步检查；当不能进行确切判断时，可做延期投保的决定。

（一）总蛋白（TP）

正常值为 60 ～ 80g/L。

某些促使或增加蛋白质合成的药物，如促皮质激素、生长激素、胰岛素、甲状腺制剂、黄体酮等可使总蛋白增高；而对肝脏有损害的药物，可影响蛋白质合成，使 TP 降低，如利福平、苯、四氯化碳、二硫化碳等。

在病理状态下，如巨球蛋白血症、多发性骨髓瘤、黏液性水肿、播散性红斑狼疮、风湿热、脱水、尿崩症等可使总蛋白升高；烧伤、营养不良、肝硬化、肝炎、肠吸收不良、肾病综合征、肾小球肾炎等则可使总蛋白降低。

在体内总蛋白降至 45g/L 时，可出现眼睑、下肢等处的水肿，甚至发生胸腔、腹腔、心包腔等浆膜腔积液。

对总蛋白的高低，应评点引起 TP 异常的原因，在实践中，总蛋白的降低比其升高更为多见，是医学核保的重要内容。

（二）白蛋白（ALb）

正常值为 33 ～ 55g/L。

受吸烟及某些药物的影响，白蛋白可有轻度高低变异。尿崩症、体液丢失、脱水以及经静脉输入白蛋白均可使白蛋白增高；而恶性营养不良、肠梗阻、严重弥漫性肝病、恶病质、多发性骨髓瘤、胰腺炎都可使白蛋白的合成减少；肾脏病、皮肤病、胃肠道疾病、大量胸腹水等可使白蛋白丢失过多；恶性甲状腺肿、库欣综合征、输液过多促使白蛋白分解增加，从而也可使白蛋白减少。

白蛋白是构成体内胶体渗透压的主要成分，当其减少到一定程度时，可导致机体发生代谢障碍、水肿、使机体抵抗力下降等；而球蛋白是大分子蛋白，与身体的体液免疫有一定关系，在肝脏合成白蛋白能力下降和出现免疫性反应或疾病时，球蛋白相对或绝对增高，导致白蛋白与球蛋白的比例下降，甚至倒置，白蛋白与球蛋白之间的比值常是保险医学诊断某些肿瘤、免疫性疾病、肝功能障碍等疾病较常用的指标。若肝功能试验出现蛋白倒置，结合其他检验指标和全身病变，往往可发现要保人是寿险的拒保体。

（三）总胆红素（TBiL）

正常值为 5.1 ～ 17.1μmol/L。

新生儿在出生后前二天，总胆红素可升高 400%，出现"新生儿黄疸"。对婴幼儿医学核保时，应鉴别新生儿黄疸是生理性还是病理性。当不易鉴别时，可适当延期投保。

一些引起中毒性肝炎、胆汁淤积、溶血的药物可使胆红素升高，在医学核保时要评点黄疸的严重程度，并判断哪种病使得要保人服用某些药物、这些药物是否仍在继续应用等。

病理状态下，溶血性贫血、病毒性肝炎、中毒性肝炎、肝转移癌、胰腺癌、Rh 血型不合引起的溶血、急性或亚急性肝坏死、阻塞性（肝内胆管肿瘤、胆囊炎症、肿物、结石、胰头癌等）黄疸以及钩端螺旋体病等均可引起胆红素增高。

总之，对于总胆红素增高者，一是判定原发疾病及其严重程度；二是延期观察治疗效果及对预后的影响，再决定能否进行寿险承保。

四、血清酶

血清酶是保险医学中应用较敏感的指标之一。其异常受多种因素的影响，某种疾病可引起数项血清酶的改变；而某项血清酶的升高可因多种疾病所致。因此，医学核保、理赔时要遵循客观规律，开阔思路，不可拘泥于某一单项指标的异常，片面强调其意义。

目前，各医院进行的血清酶检验指标多以国际单位而标示，并在其后列明正常值范围，但由于试剂盒及检测方法的不同，标准值范围可能不同。

同时，由于血清酶的检验结果一般均由电脑打印出来，即或略有异常，也将在检验单上标明"H"或"L"，在医学核保、理赔时要参照其他资料来分析其意义。

（一）谷草转氨酶（AST，GOT）

正常时：

男性：40U/L 以下；

女性：35U/L 以下。

长期剧烈运动可使谷草转氨酶升高。

一些对肝有毒性作用的药物如苯巴比妥、地西泮、非那西汀、呋喃类、红霉素也可使其增高。

引起肝损害的药物如二硫化碳、氨基比林、苯都可使 AST 升高，在医学核保时要考虑这些因素，并评点这些药物所治疗的疾病是否已愈，是否还在继续应用该种药物等。

使 AST 升高的病理状态有病毒性肝炎、中毒性肝炎、心肌梗死（6 ～ 12 小时达高峰，3 ～ 6 日后恢复正常）、肺梗塞、阻塞性黄疸、肝癌、转移癌等。无疑，对病理性 AST 增高，除了某些需延期投保外，大部分属拒保体。

（二）谷丙转氨酶（ALT，GPT）

国内一般采取赖氏法检测。

正常时，男女参考值为 0 ～ 25U/L。

体重超重者、超载负荷、长期剧烈运动、慢性摄入酒精者 ALT 均可增高。

对肝脏有毒性作用、引起胆汁淤积、肝过敏反应、肝损害的 100 多种药物都可使 GPT 升高。

在病理状态下，引起 GPT 升高的原因有 200 余种。

GPT 广泛存在于肝、心、肺、肾等脏器和组织中，所以一旦病变涉及这些部位，酶即释放到血清中，如急性病毒性肝炎、中毒性肝炎、阻塞性黄疸、酒精性慢性肝炎、肝硬化、肝转移癌、白血病、心肌梗死、横纹肌广泛损伤、溶血性疾病等均可使 GPT 升高。

对 GPT 增高时的医学核保，一是判定增高的严重程度，二是寻找引起其升高的原因并根据原因判定预后，三是结合肝功能试验的其他项目和全身状况综合分析，以得出恰当的结论。

（三）乳酸脱氢酶（LDH）

正常值：

男性：130 ～ 300U/L；

女性：130 ～ 260U/L。

凡对肝脏有毒性作用以及可引起肌纤维萎缩、溶血性贫血的药物都可使 LDH 升高。

在病理状态下，有机溶剂中毒、肝昏迷、恶性贫血、白血病、肝转移癌、心肌梗死、外科手术、肺梗塞、溶血性贫血、急性肝炎、肌营养不良、肝脏胆汁淤积等均可使 LDH 升高。

对 LDH 的增高进行医学核保评点的重点也是针对病因，并结合其他肝功能试验结果或系列酶谱及全身状况，综合进行分析。

（四）α - 羟丁酸脱氢酶（α-HBDH）

正常值为 70 ～ 190U/L。

在肝病或心肌梗死时均可增高。

医学核保时应注意，一般此酶受生理性干扰机会较少，当其增高时，就要结合临床表现和其他肝脏或心肌酶学检查综合作出分析和判断。

（五）肌酸激酶（CK）

正常值：

男性：24 ～ 195U/L；

女性：24 ～ 170U/L。

CK 主要用于诊断急性心肌梗死，早期阳性率高，特异性强，并可通过监测 CK 的动态变化，判定心肌梗死的严重程度和预后。

有人把 CK、AST 和 LDH 共同称为"心肌酶谱"，共同反映心肌受损和坏死的程度，它们的表达水平升高与心肌梗死范围的大小成正比。

CK 在短时升高，表示心肌梗死无扩展，持续升高表示梗死范围大，反复升高表示梗死再度扩展。因此在保险医学中将其作为诊断和判断心肌梗死预后的重要指标之一。

心前壁、前侧壁发生梗死时，CK 活性极高；后壁、后侧壁及前间壁发生梗死时，CK 升高程度次之；心内膜梗死时，CK 升高最低。在保险医学中，还可根据酶的升高，结合临床心电图改变和出现的典型症状，审核被保险人急性心肌梗死的存在部位与严重程度。同时将超声心动图和 CK 相结合，判定被保险人所提供的资料的真伪，从而判定是否有道德风险的存在。

当 CK 活性极度增高时，心肌梗死的死亡率可高达 50% 以上。

病毒性或风湿性心肌炎时，CK 活性也升高，且 AST、LDH 同时升高，其升降幅度也较大；而在急性心肌梗死时，血清 AST、LDH 水平上升较晚，且下降也较迟缓。

（六）肌酸激酶同工酶

1.CK-BB

正常时无或微量。

轻、中度脑损伤时可轻度升高。心肌梗死胸痛发作开始 2 小时即可升高，7 ～ 20 小时达峰值，然后迅速下降。故 CK-BB 是诊断急性心肌梗死的一项敏感的早期指标。

此外，心血管患者手术后、前列腺癌时也可升高。

医学核保时要对上述疾病进行鉴别。

2.CK-MB

正常值为 0 ～ 6U/L。

在成人 CK-MB 可作为诊断急性心肌梗死的指标，而 14 岁以下正常儿童此酶均高于成人。

3.CK-MM

正常值为 10 ～ 94U/L。

CK-MM 可作为急性心肌梗死早期诊断的指标。然而，在肌肉创伤、感染、惊厥、癫痫、破伤风时，CK-MM 可高于常人 7 倍。在医学核保和理赔时进行心肌梗死鉴别诊断，尤其心电图疑似心肌梗死时，要特别警惕，首先应除外引起 CK-MM 增高的非心肌梗死因素。

（七）碱性磷酸酶（ALP）

正常值：

男性：40 ～ 110U/L ；

女性：35 ～ 90U/L。

由于儿童处于生长发育阶段，所以 15 岁以下儿童 ALP 可较成人升高 400% ～ 500%。

许多引起肝脏功能受损、骨软化、胆汁淤积的药物也可引起 ALP 增高。在血样送检过程中，应注意防止人为因素的影响。如采血时为了防止血液凝固而加放枸橼酸盐、草酸盐抗凝剂，此时将抑制碱性磷酸酶的活性，因此，采血时不应以此作为抗凝剂。

影响碱性磷酸酶的病理状态有：阻塞性黄疸、中毒性肝炎、变形性骨炎、肝癌、胎盘滞留、成骨细胞的转移癌、肾盂肾炎、甲状腺功能亢进、甲状旁腺功能亢进、骨软化、佝偻病、溶骨性转移癌、肝硬化、慢性肝炎等都可使 ALP 增高。

在甲状旁腺功能减低、恶性贫血、营养不良时，ALP 降低。

对 ALP 增高或降低改变的医学核保，首先应结合其他相应的检测指标和临床表现，寻找原发疾病尤其与骨骼代谢有关的某些疾病，除生长发育期的儿童 ALP 可明显升高外，一般都是病理状态，并多为拒保体。

（八）γ-谷氨酰转肽酶（γ-GT）

正常值为 4 ～ 38U/L。

慢性酒精中毒时，γ-GT 约升高 200% ～ 400%，据此，在核保医学中，常作为对疑有长期大量饮酒，而又不如实告知的要保人的检验项目。

病理状态下，肝转移癌、肝癌、急性胰腺炎、胆汁淤积、药物中毒性肝炎、某些心肌梗死、高脂血症、糖尿病、类风湿等疾病也可引起 γ-GT 增高。

（九）淀粉酶

目前，一般实验室采用碘-淀粉法测定淀粉酶。

正常时血清为 600 ～ 1800U/L，尿中为 350 ～ 2600U/L。

在保险医学中，检测淀粉酶主要用于诊断急性胰腺炎、溃疡病穿孔、急性腹膜炎、肠梗阻、宫外孕等，且淀粉酶增高程度与急性坏死性胰腺炎的病变严重性有关。

因血清淀粉酶的半衰期很短，约为 2 小时，所以对淀粉酶的检测时机就显得非常重要。而尿中淀粉酶增高较血清迟，且升高持续时间也较长，因此，两者要结合起来进行分析，以作出对急性胰腺炎的正确判断和预后推测。

对淀粉酶升高的医学核保主要是放在对既往史和检验结果的核实和判定对要保人的影响上。

五、肾功能试验

肾脏具有滤过、排泄、解毒、分泌等功能。除自身的病理、生理改变外，肾脏功能还受中枢、神经、内分泌调节。因此，在保险医学中，判定肾功能改变，既要注意肾脏本身，也要考虑全身因素的影响。

在单项肾功能检测结果表现异常时，要结合病史、体检资料综合分析，必要时进一步做肾脏解剖或功能的影像学、病理学检查。若检查有困难，可适当延期观察再决定承保与否。

（一）尿素氮（BUN）

正常值：

男性：3.5 ～ 7.8mmol/L；

女性：2.7 ～ 7.2mmol/L。

大量高蛋白饮食可使尿素氮增高 30%。更年期后妇女也可略有增高。

社会职业分类中，农民较自由职业者高 10%。

吸烟、酗酒、妊娠可使尿素氮较常人降低 5% ～ 10%。

凡引起肾脏毒性和损害的药物，可导致氮质血症，从而使 BUN 增高；降低肾脏血流量以及影响正氮平衡的药物，也可使尿素氮升高。

一些肾脏疾病（肾小球肾炎、肾盂肾炎）、肾局部缺血、尿路阻塞、尿毒症、脱水、心脏病、胃肠道出血、白血病、甲状腺功能亢进、痛风等都可使尿素氮增高；而酒精中毒、肝癌、营养不良、中毒性肝炎和严重肝功能不全时则下降。

保险医学中评价尿素氮增高的机会较多，要注意对肾脏有毒性作用的药物和肾脏自身的病变，在上述因素作用下，尿素氮明显增高时，大部分为拒保体。

（二）肌酐（Cr）

正常值：

男性：44～133μmoL/L；

女性：70～106μmol/L。

一些对肾脏有毒性作用，损害肾小球功能，引起氮质血症及肌肉损害的药物可致肌酐增高。

临床应用的精氨酸，因其可加入尿素循环，应用甘露醇因脱水都可使肌酐升高。

肾小球肾炎、急/慢性肾功能不全、心力衰竭、高血压、脱水、痛风、巨人症、肢端肥大症、甲状腺功能亢进和白血病时，肌酐升高；而肌病、截瘫时则下降。肌酐升高的意义与尿素氮大致相同，医学核保时，一般将两者结合评点。

模块三　其他专科检验

学习目标

　　要求学生掌握其他的专科检验如乙肝三系、甲状腺功能检查等各个指标正常与异常的临床意义，熟悉这些指标在保险学上的应用。

工作任务

　　通过视频或 PPT 对一些专科检验如乙肝三系、甲状腺功能检查等各个指标正常与异常的临床意义的学习，使学生能对保险医学上常见的医学病例准确地进行分析，能准确地判读一些专科的检验单据。

实践操作

　　由带教老师带领学生到内分泌科以及消化内科病房进行临床见习，查看临床病例，分析专科检验结果，讨论各指标的意义。

问题探究

一、肝炎免疫检验

　　随着我国改革开放，人们的社会交往增多，一些传染病趁机猖獗，直接威胁人体健康和生命。

　　我国是肝炎大国，目前已发现各种肝炎不下七八种。

　　某些肝炎传染性极强，有些肝炎可潜伏数年，还有些经久不愈，相当一部分远期转为肝硬化或导致肝癌。有的即或肝癌晚期，肝炎病毒仍在复制、蔓延，具有较强的传染性。因此，保险医学中，往往把肝炎免疫检验作为重要内容，防止风险的逆选择，尽量阻止道德风险的发生。

　　目前，在我国检测乙型肝炎的主要内容为三项相对应的抗原抗体，即乙型肝炎表面抗原、表面抗体、e 抗原、e 抗体、核心抗原和核心抗体。由于核心抗原存在于肝细胞内病毒中心，应用一般免疫学检测方法在血液中检验不出，故一般医院对乙型肝炎仅能做五项，即俗称"两对半"。

　　在这种标示乙型肝炎的病毒指标的"两对半"化验中，人们习惯地把 HBsAg（乙肝表面抗原）、HBeAg（乙肝 e 抗原）、抗–HBc（乙肝核心抗体）三项同时呈阳性者称为"大三阳"；把 HBsAg、抗–HBe（乙肝 e 抗体）、抗–HBc（乙肝核心抗体）三项同时呈阳性者称为"小三阳"。其临床意义各不相同。

如果是"大三阳",无论是在急性或慢性乙型肝炎中,均表示体内乙肝病毒复制活跃,病毒数量多,传染性强。

"小三阳"出现在乙型肝炎的急性期和慢性期的临床意义则不尽相同。对于急性乙型肝炎,在由"大三阳"转为"小三阳"时,提示病毒复制减少,病情有可能向好的方面转化。同样情况出现在乙型肝炎慢性期时,则表明病毒复制减少,病毒数量减少,传染性降低。

需要指出的是,"大三阳"或"小三阳"都只能反映体内病毒的存在状态,或传染性的强弱,而不能反映肝损伤的程度。因此,临床上不能根据病毒指标是"大三阳"还是"小三阳"来决定是否需要采取治疗措施,而应根据是否有肝损伤,以及肝损伤的严重程度,来决定是否采取治疗,肝损伤的程度是依据肝功能的检查指标来决定的。

在投保寿险时,无论是"大三阳"还是"小三阳"的要保人,均是拒保体或延保体。

下面就乙型肝炎的免疫检验项目及其临床和投保意义分别作一简述。

（一）乙型肝炎病毒表面抗原

正常参考值为阴性。

在乙肝患者中,HBsAg 检出阳性者为 50% ～ 98%;若乙肝患者 HBsAg 阳性连续 2 个月以上,1/3 患者可转成慢性肝炎。

检出 HBsAg 阳性,表示体内存在乙肝病毒感染。一般应在 3 个月内转阴,消失。6 个月后不消失,才可定为慢性携带者。这些人在人群中传染性的强弱与 e 抗原、e 抗体的表达有关。如 e 抗原同时阳性,则传染性强;如 e 抗体同时阳性,则传染性小。

HBsAg 阳性可见于乙肝慢性携带者、急性乙肝潜伏期、急性期、慢性迁延期、慢性活动期、肝硬化患者。

HBsAg 阳性与肝病严重程度并无恒定关系,也不表示预后。

凡乙肝表面抗原阳性的要保人,首先应除外不同类型的乙型肝炎和肝硬化等肝脏疾病,即或是慢性携带者,也应适当延期投保或加费承保。

（二）乙型肝炎病毒表面抗体（HBsAb）

正常值为阴性。

HBsAb 是保护性抗体（但也有例外）,属于抗肝炎病毒外壳的抗体。能阻止肝炎病毒穿过细胞膜进入新的肝细胞,从而保护机体不再受感染,但也有例外。只有此项阳性是最好结果,可预防再感染。若抗 –HBc 同时阳性,是乙肝病毒自然感染所形成,不具传染性,也属好结果。

（三）乙型肝炎病毒 e 抗原（HBeAg）

正常值为阴性。

HBeAg 存在于乙肝病毒的核心。如 HBeAg 持续阴性 10 周或更长,预后不良,很可能进展为慢性持续性感染,易演变为慢性肝炎和肝硬化。

HBeAg 阳性,尤其同时有 HBsAg 阳性可表示肝内肝炎病毒复制活跃,证明传染性强。若孕妇阳性,其所生新生儿 90% 以上将受 HBV 感染。

（四）乙型肝炎病毒 e 抗体（抗 -HBe）

正常值为阴性。

抗 -HBe 在体内 e 抗原消失后产生，提示乙肝病毒体内复制降低，其传染性也降低。若同时抗 -HBs 阳性，预后好。

抗 -HBe 阳性常伴随抗 -HBc 阳性，而且抗 -HBe 检出阳性率对于慢性乙肝为 48.3%；肝硬化为 68.3%；肝癌为 80%。

阳性率增高，提示多数患者 HBV 感染时间较长，可长达 7 ～ 27 年。

（五）乙型肝炎病毒核心抗体（抗 -HBc）

抗 -HBc 在血液中出现较早，出现临床症状后达到高峰，可持续多年。在乙肝急性期、恢复期或无症状携带者血清中经常可查出此抗体。

若抗 -HBc 阳性，同时抗 -HBe 阳性，说明无传染性，且有抵抗力。

二、甲状腺功能检查

目前，寿险公司受理要保人、被保险人的甲状腺功能检验单越来越多，尤其在中青年女性和部分老年人中，如何区分生理性甲状腺肿大、甲状腺功能亢进、甲状腺功能减退及诊断老年性甲亢、甲状腺肿瘤、脑垂体病变等，是保险医学中经常遇到的实际问题。

为了甲状腺功能判断和疾病分类及治疗预后的分析，保险医学和临床上将甲状腺功能检测的各种不同项目，进行了有机组合，以更方便于核保医生的评点。

大部分实验室将甲状腺功能检查分为 T_3、T_4、fT_3、TSH、Ft_3、Ft_4 等，作为一组最佳搭配，可从不同角度比较全面地反映甲状腺功能。

（一）T_4

T_4 是甲状腺滤泡细胞分泌的激素，释放入血后即与血中蛋白结合，仅有微量呈游离状态。T_4 要在周围组织中脱去一个碘原子才变成 T_3，T_3 是在组织内发挥效能的主要甲状腺激素。

甲状腺激素的主要生理功能是促进物质与能量代谢，参与生长、发育过程，特别是影响脑与长骨发育。

不同实验室对甲状腺激素 T_4 检测方法不同，其标准也有不同。

（1）通过检测 T_4，可以了解甲状腺功能

无论是甲亢还是甲减，总 T_4 测定诊断符合率均较高，但在 T_3 型甲亢和低 T_3 综合征，单项 T_4 测定必须结合其他实验指标综合分析。

（2）协助推测甲状腺病变者预后

血清总 T_4 除受下丘脑-垂体-甲状腺功能影响外，还受手术、机体内环境变化的影响。一般大型手术后，T_4 随病情好转而上升；恢复较差则总 T_4 持续处于低水平状态。

（二）T_3

T_3 即三碘甲腺原氨酸，其生物活性比 T_4 约大 5 倍。甲状腺激素对于脑发育的成熟极为重要。当其增高时，可使基础代谢率增快、心跳加速、胃肠道功能增强、骨骼生长加快。

甲亢时，总 T_3 可升高 4 倍左右，是诊断甲亢最为敏感的指标，且往往在典型症状出现和 T_4 升高之前，T_3 水平即先行升高；T_3 型甲亢时，T_4 正常而 T_3 水平明显升高；地方性甲状腺肿和甲状腺次全切除时，T_4 常下降而 T_3 正常或升高，因此，T_3 对甲状腺功能减退的诊断价值不大。

（三）反 T_3（fT_3）

反 T_3 是正常人体中存在的一种甲状腺激素，是 T_4 在肝、肾、垂体及心肌等组织中脱去一个碘而形成的。体内 98% 的反 T_3 结合在血清蛋白上，故蛋白的高低直接影响反 T_3 的测量结果。

在保险医学中要注意，50 岁以上中、老年人，可有反 T_3 值的升高，而服用抗心律失常药物乙胺碘呋酮时，也可使其检测水平增高。

一般认为，甲亢、未被控制的糖尿病、肝硬化、急性心肌梗死等疾病患者，反 T_3 可显著升高；甲状腺功能减退时，反 T_3 降低。

（四）游离 T_3 和游离 T_4

游离 T_3 和游离 T_4 是甲状腺激素的生物活性部分，其直接反映甲状腺功能，且不受血清球蛋白变化的影响。

T_3 型甲状腺功能亢进时，总 T_3 升高，而总 T_4 和游离 T_4 正常，因此，游离 T_4 常用于诊断此型甲亢。

另外，游离 T_3 和游离 T_4 能更准确反映甲状腺功能状态，甲亢时，两项值显著高于正常，而甲状腺功能减低时则相反。

（五）促甲状腺激素（TSH）

在保险医学中，常将 TSH 作为下丘脑 – 垂体功能检查的主要指标之一。同时，因其参与甲状腺功能的反馈机制，又将其列入测定甲状腺功能的检测指标。

血清 TSH 水平因年龄及测定的方法不同而异。一般沿用放射免疫分析法。

18 ~ 60 岁正常值为（4.5 ± 1.9）mU/L；

61 ~ 79 岁正常值为（5.9 ± 3.0）mU/L。

正常时，老年及儿童血清中 TSH 含量较高，青春期最低，孕妇则随生理需要分泌增加。

TSH 的病理性升高见于甲状腺功能减退，降低见于垂体或下丘脑病变所致继发性甲状腺功能减退症；当弥漫性甲状腺肿伴有甲亢时，血清中 TSH 降低甚至测不到。

复习思考题：

1. 从保险医学角度看临床检验单有什么注意点？

2. 血常规包括哪些项目，各有什么意义？

3. 血糖升高的意义是什么？

4. 肝功能包括的项目及各自意义？

5. 乙肝三系的构成及意义是什么？

项目七

损伤及残疾鉴定

> ➤ **概　述**

　　意外伤害保险是人身保险的一个重要内容，而在意外伤害发生时，碰到的各种伤害类型的鉴别是保险医学中重要的内容之一，也是核保理赔人员必须具备的能力之一。本项目正是基于此目的介绍了常见损失的类型及相关的鉴别要点，并介绍了国内外的残疾鉴定标准，为意外伤害保险的核保理赔提供参考的依据。

> ➤ **教学目标**

　　通过本项目的学习，要求学生能熟悉常见的损伤类别及各自的特征；能鉴别常见的机械性损伤，能鉴别冻伤和烫伤、电击伤和雷击伤；能进行简单的残疾认定，能对具体的残疾进行分类定级。

> ➤ **重点难点**

　　本项目的重点在于损伤的类别及各类特点的鉴别；冻伤和烫伤的区分；电击伤和雷击伤的鉴别；残疾认定。其中残疾的分类定级是本项目的难点。

模块一　损伤鉴定

学习目标

通过本模块内容的学习训练，要求学生能熟悉常见的损伤类别及各自的特征，能鉴别常见的损伤，能鉴别冻伤和烫伤、电击伤和雷击伤。

工作任务

1. 认识常见的损伤

此任务中，根据上述提示，要求学生分别举出各类闭合性损伤和开放性损伤的实际例子加以说明，教师根据学生的举例加以总结和说明。

2. 鉴定不同损伤的原因

对于损伤进行保险医学鉴定时，应当强调，不论是对活体还是尸体，都要认真检查每一处损伤，不管多么细小。无论在临床医学上多么无关紧要，它都可能成为保险医学危险选择的依据。

在此任务中，首先以图片的方式向学生展示各种损伤的特点，接着展示具体案例，让学生对案例中所涉及的损伤类型、死亡时间、死亡原因等具体情况进行讨论分析，根据学生的讨论结果，教师进行最后总结。

实践操作

★案例分析

1. 某年 3 月，小学生王某由所在学校集体投保了学生团体平安保险，保险金额为 2000 元，保险期限为一年。王某与继父感情不和，同年 7 月 6 日晚，被继父用绳子勒死后，移尸河边树丛中，又用菜刀在其颈部连砍数刀，造成野外被杀假象。

问题 1：怎样判断王某是被勒死后再砍伤的？对于此类案件，保险公司是否给予理赔，为什么？

问题 2：根据上面案例说明怎样判断死后伤和生前伤？

2. 某运输公司汽车驾驶员李某于某年 2 月参加了简易人身保险，同年 10 月在监护实习驾驶员驾车运货途中，发生翻车事故，导致工人受伤。经当地交通监理部门勘查，裁定李某应负全部责任。李某得知后思想压力很大，以致神志错乱不能自控，后跳岩身亡。李某所在单位以李某跳岩及跳岩前的行为表现为依据，向保险公司提交了领取保险金申请。

另有某厂工人黄某于某年投保了五年期的简易人身保险。两年后，黄某因为某罪犯提供奸宿场所受到公安部门的询查，他感到影响较大，有失体面，不久，服了大量安眠药身亡。事发后，公安部门认为，黄某为罪犯提供奸宿场所的行为未能构成犯罪，建议厂方仍按国家劳动保险制度的规定进行处理。黄某所在单位据此要求保险公司给付保险金。

问题1：仔细阅读上述两个案例，说明两个案例的异同点。

问题2：讨论上述两个案例所述情况是否能得到保险金，为什么？

问题探究

一、损伤的分类

损伤可按致伤因素、损伤部位及损伤发生的时间等来进行分类。

1.依损伤部位的皮肤或黏膜是否完整分类

依损伤部位的皮肤或黏膜是否完整，可分为闭合性损伤和开放性损伤2种。

（1）闭合性损伤

闭合性损伤是局部皮肤或黏膜完整的机械性损伤。闭合性损伤有挫伤、扭伤、挤压伤、冲击伤和创伤性窒息。

①挫伤：钝物打击所致的皮下组织损伤，表现为受伤部位肿胀、疼痛、皮肤青紫、皮下出血、血肿、压痛等。

②扭伤：外力作用发生关节异常扭转，致关节囊韧带、肌腱等组织部分撕裂，表现为疼痛、肿胀和关节活动障碍。

③挤压伤：因重物挤压人体某一部位所致。伤处有较广泛的组织破坏、出血和坏死，严重者可致休克和急性肾功能衰竭。多见于交通、工矿事故和房屋倒塌。

④冲击伤：由于强大的爆炸力产生的冲击波所造成的损伤，特点是体表无明显损伤，但体腔内的器官却遭受严重而广泛的损伤，如耳鼓膜破裂，肺、肾、肠破裂等。

⑤创伤性窒息：见于某些胸部闭合伤的综合征，表现为上半身瘀血，小静脉和毛细血管破裂，上半身的皮下组织、眼结膜、口膜有不少小出血点，眼球突出（出血致），失明，昏迷等。如未伴有肋骨骨折或胸内脏器损伤，呼吸困难一般不严重，经卧床安静休息和对症治疗，2～3周即可痊愈。

闭合性损伤的处理应根据不同类别采取不同的方式。处理踝部扭伤和挫伤可采用绷带等器材做暂时固定，抬高患肢以促进静脉回流，减轻局部水肿。骨折应做复位固定，其他损伤应采取相应的治疗措施。

（2）开放性损伤

开放性损伤是局部皮肤和黏膜破裂的机械性损伤。常见的开放性损伤有擦伤、刺伤、切伤、裂伤和大面积皮肤剥脱伤等。

①擦伤：擦伤是皮肤被粗糙物擦过所致的表面损伤。伤处有擦痕、小出血点和组织液渗出。

②刺伤：刺伤为细长尖锐物件（刺刀等）刺入人体所致。伤口较小、较深，可造成深部器官损伤；刺入物折断在伤口内，易发生感染。

③切伤：切伤由锐刀、玻璃片等切割引起。伤口边缘整齐，出血较多，可损伤或切断大血管、神经、肌腱等，但周围组织损伤较轻。

④裂伤：裂伤是因钝器打击所引起的皮肤和软组织裂开。伤口边缘不整齐，周围组织破坏较严重且广泛，易引起感染。

⑤大面积皮肤剥脱伤：依致伤原因分为碾轧型和撕脱型。碾轧型是由于车轮碾轧造成，常伤及下肢。撕脱型多为上肢或头发误入快速转动的机器，造成大块皮肤撕脱，裂口很大，创面广泛出血，深层肌肉、肌腱撕裂，骨折或断肢。

开放性损伤的处理：由于伤口的存在，为防止细菌、异物进入，应清洁伤口。对污染伤口和感染伤口分别进行清创和换药等处理。

2.按致伤因素分类

（1）低温伤亡

身体表面受低温损害后，局部血液循环发生障碍而产生的病变，称为冻伤。外界气温较低，个体保暖不足，散热量比产热量多，超过了人体体温调节的生理限度，严重影响了物质代谢和生活功能，如引起死亡，称为冻死。

①鉴定冻伤程度

当开始受冻时，局部感觉寒冷和刺痛，皮肤苍白，以后逐渐麻木，直到感觉消失。如果气温在冰点以上，局部皮肤逐渐肿胀，发生冻伤。一般医学上将冻伤分为以下4度。

Ⅰ度冻伤（红斑和水肿）：指皮肤的浅表冻伤，局部出现黑红色或紫色肿胀，有郁滞性充血、轻度水肿和炎症反应，自觉冻伤局部发热瘙痒或灼痛。

Ⅱ度冻伤（水疱）：指皮肤全层冻伤，充血、水肿明显，有水疱或冻疮形成。水疱内含黄色渗出物或血性液体，疼痛剧烈。水疱破裂后形成灼痛。

Ⅲ度冻伤（坏死）：指皮肤全层重度冻伤和坏死，局部有水疱形成，范围较广，吸收缓慢，以后皮肤逐渐变黑坏死，局部不发生水疱。约经18天，坏死皮肤与健康皮肤形成明显分界，然后坏死组织分离脱落。有的在肢端呈全指套型脱落，局部有溃疡，修复迟缓，并易感染。

Ⅳ度冻伤（坏死深达骨质）：指肢体坏死深达骨组织，坏死部分逐渐与健康皮肤分界，最终坏死肢体分解脱落。

②鉴定冻死尸体的征象

冻死尸体一般呈蜷缩状，皮肤苍白。由于立毛肌及血管的收缩，外露皮肤呈"鸡皮状"（除冻死外，溺死尸体和休克死者身上也可见到）。

冻死尸体的尸斑呈鲜红色或溃红色。若将冻尸放置于室温环境中回暖，则尸斑又可由鲜红色变为紫红色。

冻死尸体的尸僵发生迟，消失慢，尸僵强硬。冰冻尸体在融冻后还能发生尸僵。冻死尸体腐烂延缓，解冻后迅速腐烂。

冻死尸体头腔中有脑膜充血、水肿和颅内容量增多等特征。

③影响低温伤亡的因素

a.暴露于低温环境的时间及散热因素。身体暴露于低温环境的时间愈长，热量散失愈多。气候潮湿和风速大，可促进散热。潮湿皮肤比干燥皮肤多散失3倍的热量。身体接触冷水或冰块，由于热传导快，散热也快，易冻伤或冻死。正常人浸入近冰点的水中，很可能在30～40分钟内冻死。人在同样温度的静止空气中可生存几小时。因此，在融雪变冷和暴风雨、寒流骤侵的时候，冻死事故较多见。

b. 身体的保暖防护措施。有足够御寒的衣服和房屋，可以耐受零下 50～60℃ 的低温；相反，衣着过少或无避寒设备，常易冻伤或冻死。

c. 身体的健康情况和营养状态。有强壮和营养良好的身体，有耐寒锻炼的习惯（如潜水员或惯于冬游者），可以耐高低温的侵袭。年老体弱者、乳婴儿、营养不良、贫血、过度疲劳、饥饿、患有消耗性疾病、垂体功能低下、外伤性出血、药物中毒及休克患者，均易受冻伤甚至冻死。新生儿裸体并伴皮肤潮湿，可以在室温 5～8℃ 时冻死。肢体静止不动，容易冻伤。醉酒者由于体表血管扩张，散热过多，并由于过度兴奋，对寒冷气温感觉迟钝，御寒措施不足也易冻死。

④在冻伤鉴定时需注意事项

一般重度冻伤引起的坏死多属于干性坏疽，局部干燥、变黑，与健康组织有明显分界，但也可因严重水肿并发感染，形成湿性坏疽。湿性坏疽局部腐烂呈污绿黑色，有恶臭，与健康皮肤无明显分界。

轻度冻伤经治疗后，无疤痕形成，功能可完全恢复；冻疮治愈后，可形成疤痕；重度冻伤治愈后常有疤痕形成，少数重度冻伤在局部残留顽固性溃疡。大面积冻伤由于广泛水肿和液体丧失可引起休克。如冻伤组织坏死继发感染，可发生菌血症或气性坏疽等严重并发症。

在冻死的尸体上，除可能伴有轻度局部冻伤外，一般由于冻死过程发生较快，极少发生重度冻伤。但在做劳动能力鉴定时，可遇到影响劳动力的四肢冻伤、毁容的耳鼻冻伤以及偶见的造作冻伤。

（2）烫伤

人体受到高温作用后，所引起的局部损伤称为烫伤。因烫伤而死亡称为烫死。由开水、滚油、热蒸汽或沸腾的液体导致的烫伤称烫伤或烫泼伤；由火焰、炉炭、电火花或烧红的固体等所致的烫伤称为灼伤或烧伤。

①鉴定烫伤程度

一般医学上将烫伤分为以下 3 度：

Ⅰ度烫伤：热作用于表皮浅层，不伤及基底层，局部发生红肿（红斑）、疼痛，经数月后，肿胀消退，表皮脱落，露出发红的皮肤（尸体受热作用，皮肤上不出现红斑）。

Ⅱ度烫伤（水疱）：分浅Ⅱ度与深Ⅱ度烫伤。浅Ⅱ度烫伤：表皮坏死，与真皮分离，其皮充血、血浆外溢，组织水肿，血浆聚积于分离的表皮与真皮的缝隙之间，形成水疱。深Ⅱ度烫伤：达真皮层，由于表皮、真皮组织蛋白凝固、组织坏死、充血、出血、剧痛，毛囊、皮脂腺全部破坏，只留汗腺。汗腺上皮细胞增生修复创面的速度甚慢。有时创口容易继发感染，愈合不完全，因而有疤痕形成。

Ⅲ度烧（烫）伤（坏死）：皮肤全层坏死，有时整个受伤皮肤脱落，露出创面，坏死累及皮下组织、肌肉与骨骼，创口严重充血、水肿、渗出、发炎，皮痛甚剧。烫伤创口的皮脂腺、汗腺、毛囊破坏殆尽，创口愈合全依赖周围正常上皮在创面生长。开始时，上皮生长快，离周围正常上皮越远，上皮生长速度越慢。上皮生长的同时，创口底部的肉芽组织逐渐将创口修复，最后形成疤痕，会发生疤痕挛缩。

②鉴定烫伤特点

火烧现场的尸体并不一定都是由灾害火烧致死的。有时是凶手杀人后，焚尸灭迹，掩盖罪行。有时是当事人自杀未遂，放火自焚。火烧现场房屋倒塌，梁柱折断，木头、砖头打击或压迫也可发生各种机械性损伤而致死。有时受害人在火烧时惊慌失措，从高处坠落而死。以上情况，鉴定时都应加以注意。

火烧现场的勘验，应检查、记录折断的梁柱、掉下的砖石及瓦片的位置、形状，上面有无血痕，以及血痕的血型，死者创口的形状特征，以此来分析判断损伤是否是由房屋倒塌打击或压迫所造成的。

（3）电击伤（死）

触电多发生在下列两种情况下：一是机体直接与低压或高压电源接触，二是机体处于高压电或超高压电的电场中，机体本身虽未直接接触电源，但电流可击穿空气或其他介质，再进入机体，产生触电现象。接触触电的情况有：误触电源，或电器装置年久失修发生漏电，电器装置外壳未接地线或未按安全规定自行检修电器；违章布线；利用电线晾晒衣服；大风雪吹断电线，电线坠落，击中人体等。

鉴定电击死时，主要依据现场勘验，即检查现场的电源、线路与电器装置有无损坏、失修，线路有无接错、漏电等现象；检查症状与体征，尤其应详细检查有无电流斑与电烧伤。电流斑是诊断电击伤的重要依据。

①电击伤中决定和影响电流作用的因素

电流对人体的作用受许多因素影响，如电压、电阻、电流性质，电流与机体的接触情况、电流的作用时间、电流通过机体的途径以及机体的功能状态。当有两个或两个以上的因素同时存在时，可影响电流效应，改变电流击伤的严重程度。如在特定的条件下，接触低压电流可导致死亡，而在另外一些条件下，与高压电源接触不一定发生死亡。同样的电流强度，健康人接触后可以不死，而体弱带病的人接触后可发生死亡。

①电流的强度。一般认为，电流越强，引起机体的损害越严重。通常直流电的强度达到 $200 \sim 250$ 毫安（mA），交流电的强度达到 $70 \sim 80$ 毫安（mA）时，对人体就有危险了，甚至可以致死。

②电流的性质。电流有直流电与交流电两种。直流电的电流向一个方向，而交流电的电流流动时会改变方向，触电死亡多发生在与交流电接触时。交流电比直流电危险，因皮肤对交流电的抵抗力小。

③电源与机体的接触情况。电源与机体接触分两极性接触与单极性接触两种。日常生活中，以单极性接触最为常见。两极性接触时，电流由一极通过机体到另一极，故较危险。单极性接触时，电流通过机体入地，机体成为接电入地的导体。单极性触电的电流效应，决定于身体另一部分接触地面的情况。例如，干燥土地、胶鞋或木板能阻止电流通行，防止电流作用，赤足、鞋底有铁钉或土地潮湿时，则能促进电流通过，在此情况下，电流作用与两极通电一样。

④电流作用时间。电流作用时间愈长，电击伤愈严重。如高压电流作用于机体的时间小于 0.1 秒时，不引起死亡，但作用 1 秒钟，则会引起死亡。10000 伏（V）的电流作用半秒钟无危险，或仅引起惊惧，但 $200 \sim 300$ 伏（V）的电流长时间作用却能致死，因为当触电以后电流使肌肉紧张，手握电源不放可致死；但在电流打击的瞬间来得及逃脱，可只受轻度的电击伤。

⑤通电部位与电流通过机体的途径。电流在体内总是沿着抵抗最弱的组织（血、心、

脑）通过，而且电流的路径在两极间并不一定形成直线，而是呈扇形扩散。若将电流两极放在上肢，则电流常通过心脏。电流由手进入，从足出即可以经过心脏。电流通过脑、心、肺时最危险。

⑥机体功能状态。疲劳、受热、受冷、失血、疼痛性创伤、精神创伤、特殊心理状态、神经质、忧虑、恐惧、感情冲动、衰竭、某些内分泌疾病（如甲状腺功能亢进、肾上腺皮质功能低下等）、心血管硬化等，均能使机体对电流刺激的敏感性减低。儿童对电流较成人敏感。

（4）雷击伤（亡）

①雷击伤亡的形成

下雷阵雨时，带有多量电的云朵接近地面，当它与地面异性电之间形成足够大的电位差时，就可能通过"导峰"冲破中间的空气，发生剧烈的放电现象。此时看到的火花是闪电，听到的声音是雷声，或称雷电、落雷。当雷电接触房屋或树木时，可将其破坏或焚毁，如果触及人畜时，可使人畜受伤乃至死亡。闪电是质子与电子通过空气，在约2千米电流通过的路径上释放大量能量的结果。闪电的电流是直流电，电流强度自数百安培至数千安培。雷击的温度可达3000℃，但数十微秒后迅即下降，其高温中心直径仅1厘米，故直接雷击也可能会只形成小面积烧伤。

一般说来，雷击时有四种作用因素：

a.电流直接作用。

b.闪电放出巨大的火花，使空气超热，引起烧伤。闪电放出的火花与静电机器放出的火花相似，但大得多。

c.闪电周围空气膨胀，互相排斥，作用于机体。

d.电流前面被压缩的空气，其作用如大铁锤或斧头那样的打击。

e.雷电经常击中最高建筑物、大树、在户外行走或工作的人们，尤其容易击中靠近大树、穿着被雨淋湿衣服或身上携带金属物品的人。雷击作用很难预测。当雷击人群时，有些人死亡，有些人受伤，有些人完好无损，有时雷击只将衣服撕碎而机体毫无损伤。

②雷击损伤的特点

雷击后，体表可以产生各种各样的损伤。比如：电流入口与出口被烧伤、炭化；荷电金属物接触皮肤发生电流烧伤；电流进入机体后沿血管走行，终止于腹股沟，或延伸到足后跟。如果雷击时受害人依靠在树枝上，则在机体与树枝接触处，如肩、顶部产生手掌或树枝样皮下出血。有时雷击后体表无任何损伤，但因雷电打击，皮下血管麻痹，皮肤上出现红斑或红褐色树枝状雷电击纹，但这种雷电击纹不久就会褪色、消失。因此，遇雷击案例时，应及时赶赴现场，雷电击纹是雷击伤的证据。

雷击伤出口常在手足，尤以足部最为常见。出口处皮肤、肌肉、鞋袜被炸裂，甚至伴有烧伤，有时皮肤广泛撕裂，体腔开放。如受害人身上携带金属物品，则金属熔化、变形，相应部位皮肤被烧伤。

雷击可引起内脏严重损伤，脑、肺、心、肾、肾上腺充血、出血，尤其是心包膜、肺胸膜下有点状出血。雷直接击中头部时，脑内可发生弥漫性点状出血，尤其是延脑、大脑大血管破裂，内膜与内弹力膜遭破坏，或全脑肿胀软化，椎体细胞与神经细胞内染色质浓缩、偏位，核溶解。

雷击后，受害者常发生休克或立即死亡，心脏发生强烈收缩，脑、脊髓小动脉痉挛、贫血。延髓贫血可立即引起呼吸停止、死亡。如发生颅骨粉碎，脑、肝、肺遭破坏。雷击时，现场空气强烈地受到扰乱，可将受害人衣服剥去撕碎。由于过度惊恐，受害人可发生晕厥、死亡。

雷击未死，可出现各种症状，多数是神经性症状。比如：神经错乱，妇女长期严重神经质，继而发生停经；记忆力减退，身体麻木、瘫痪，感觉迟钝，或过敏、谵妄、痉挛、抽搐、耳聋、眼瞎等。但这些改变是暂时性的。此外，有时还可以发现受害者身上携带的金属物熔化变形。

3. 按损伤发生的时间分类

（1）死后伤

临床死亡期后发生的损伤，称为死后伤。有几种情况可以发生死后伤。

①偶然的死后伤有：搬运、打捞尸体或粗暴处理尸体时造成的；急救（如人工呼吸）造成的死后伤，如擦伤、挫伤、肋骨骨折，甚至肝破裂；动物（陆地上的鼠、狗、鸟、蚁，水中的鱼、蟹、水蛭等）咬嚼造成的；剖验尸体时造成的。其他与死后环境有关的死后伤：如火场尸体被倒塌的房屋压伤；水中浮尸被橹桨击伤或撞击于岩石、桥梁致伤；坟墓中的尸体被暴发的山洪冲走所致的损伤。

②违法的死后伤有：杀人致死后，继续施加暴力；掩盖或毁灭行凶痕迹，肢解尸体成碎块，毁容而致头部、面部多处损伤；伪装自杀或意外，如他杀后移尸于道路，让车辆碾压，伪装交通事故，或毒杀后枪击头部伪装持枪自杀等。

（2）生前伤

人体在生前所受暴力作用形成的伤是生前伤。生前伤主要可以从以下方面来判断。

①出血。血液从血管内流出到组织和细胞间隙出血。出血，尤其是比较大量的出血是生前伤。另外，生前伤容易形成不易被水冲洗掉的血凝块。

②创缘卷缩，伤口裂开。活体肌肉组织的弹性强，生前伤口组织收缩形成创口裂开明显，创缘卷缩。

③异物随循环流动。空气、脂肪、杂物等有时进入血管，而且随着血流流往他处，一般存在于损伤部位的向心段静脉内。

④感染与痂皮形成。生前伤后如果又存活相当长的时间，则可形成局部创口以及周围红肿等感染现象。

二、损伤程度的评定

损伤的严重程度，因暴力的种类及大小、受伤部位和受伤者的体格状况及有无患病等情况的不同而有所差异。损伤重者迅速死亡、严重残废、长期患病，轻者遗留功能障碍或轻度影响健康等。损伤后果不同，保险公司承担的保险责任不同。一般说来，损伤程度可作如下分类。

（一）致命伤

直接构成死亡原因或与死亡有因果关系的伤害，均称致命伤。

1. 绝对致命伤

对任何人都足以致死的损伤，称为绝对致命伤。例如，爆炸引起身体粉碎、断头、身体横断，头部压碎引起脑毁坏，胸部压碎引起心肺离断等，均能立即致死亡。有时单独一个损伤并不是致命伤，而几个损伤的结合，才能致命，称为死因合并。例如，一侧桡动脉的损伤不是绝对致命伤，但几个同样口径的动脉均受损伤，则构成绝对致命伤。分析死因时，必须注意，受伤的器官原先应无病变，或虽有病变，但并非由损伤促进病变发展致死。绝对致命伤能迅速致死，但并不一定立即死亡。

2. 相对致命伤

在一般条件下，损伤不足以致死，但在某种特定条件下，由于受伤者的内在或外在因素导致死亡，称为相对致命伤。

促进死亡的内在因素，即个体的条件，如全身衰弱、儿童或老人、心脏病、动脉瘤、贫血、血友病、脾大、过度疲劳或饮酒等，均为个体特性，这种人虽受轻微损伤也可致死。因个体特性促进死亡，称个体性致命伤。例如，心肌病、主动脉硬化或主动脉瘤、脂肪肝、脾大时，这些器官受到一点打击或震荡即能破裂。在重度贫血和全身衰弱的情况下，少量出血即可导致死亡。患血友病时，微小的损伤都能引起致命的出血。心脏患者或年老衰弱者，受到微小损伤也能引起死亡。酒精中毒者头部受伤后易发生颅内出血而死亡。在判断伤害的责任时，所有这些原先存在的疾病都要加以考虑。同时，要研究以下问题：疾病本身可否引起死亡；损伤本身可否引起死亡；是否由于损伤加重疾病致死。鉴定时，首先要认真检查尸体，不仅应仔细研究各处损伤，而且要认真研究全身病变，然后根据"具体情况具体分析"的原则进行判断。

促进死亡的外在因素，如负伤后无人救助、未治疗或延误治疗，创口继发感染和各种并发症等，均能促进死亡。这种情况导致的死亡，称为偶然性致命伤。例如，肱动脉受伤后，如未及时救治，则可因出血死亡。又如轻微损伤，因感染破伤风杆菌而未获及时治疗，也可致死。

（二）非致命伤

不导致死亡的损伤，称为非致命伤。

（1）重伤：使人肢体残废或者丧失听觉、视觉或其他器官功能，以及其他对于人身体健康有重大伤害的损伤，均属重伤。

（2）轻伤：凡伴有或不伴有器官功能障碍的轻微损伤，在受伤当时或治疗过程中对生命无危险，劳动能力的丧失在 1/3 以内，均属于轻伤。

三、致死原因的判断

在意外伤害致死的保险查定工作中，如在尸体上发现损伤，必须判断损伤是否致死。为了判断损伤是否致死，必须研究损伤能否造成致命的结果。损伤致死，可由损伤直接引起，或由损伤所致继发病或并发症引起。例如，头部损伤，可因脑实质破坏、脑震荡、颅内出血压迫人脑、脑血栓形成以致脑软化、合并感染而发生脑膜炎或脑脓肿等而死亡。

应注意到身体受伤之前是健康还是患有疾病或有别的损伤，或死于别的原因（如中毒）。如果受伤者原患有高血压病、脑动脉粥样硬化或中耳炎等，即使较轻微的损伤，也易使疾病恶化而导致死亡。

由于死亡原因往往是判定案件性质的主要因素，因此对尸体上的任何损伤，不仅要确定是不是致命伤，而且必须确定死因、分析损伤与疾病、死亡之间的关系。

（一）直接死因

直接死因是指由损伤直接引起死亡。这类损伤是绝对致命伤，损伤与死亡的关系比较明显、确定。例如，中枢神经系统（脑、脊髓）、心、肺等生命重要器官遭到严重破坏，迅速死亡。有时损伤并不一定很大，如延脑或脊髓遭受较小的破坏也可以致死。

（二）间接死因

间接死因是指因损伤导致的继发病或并发症导致死亡，即损伤与死亡之间存在一个或多个中间环节，比如损伤与死亡中间有一个大出血过程。这些损伤并发症是否发生以及严重程度如何，常取决于身体内部条件和种种外界因素。大多数案例，伤后迅速发生并发症，但也有些案例伤后并发症的发展是逐渐的，有时经过几个星期或几个月甚至一年后才表现出明显的症状，这时往往难以判断死亡和损伤之间的关系。判断损伤的并发症，对于确定保险责任的大小有重要意义。因此，要注意收集损害材料，查阅病历，并邀请有关专家参加鉴定。

（三）损伤与自然疾病

受伤者可能同时患有严重的自然疾病（保险期患病），这时必须弄清损伤和疾病哪一个是主要原因。遇到这种情况应考虑下列问题：疾病与损伤有无联系；疾病本身可否致死，损伤本身可否致死，疾病只是辅助因素，死亡的主要原因是损伤；损伤只是辅助因素，死亡的主要原因是疾病。对于这类情况，保险公司必须全面（或邀请有关专家）进行尸体检查，弄清自然疾病与损伤的关系。

1.损伤后立即死亡

死者患有严重疾病，如冠心病、主动脉瘤、动脉硬化、脑出血等，而损伤或轻或重，死于损伤当时或之后。众所周知，严重的冠心病或其他心血管疾病，症状或隐蔽或明显，均可以在重体力活动、饮酒过度、噩梦甚至休息中突然死亡，但是严重的心脏病不一定致死。因此，在评价损伤与疾病的关系时，主要依据是损伤的严重程度。如果损伤严重，足以致死，则应考虑为损伤致死。如果损伤较轻，而冠心病明显，则损伤可能是辅助因素。

例如，有一男性中年人被汽车撞后跌倒在地，数分钟内死亡。剖验时见其左眶板骨折，但无相应脑损伤，死因是梅毒性升主动脉瘤破裂心包内出血，头部伤只是动脉瘤破裂的辅助原因。

脑动脉病变可以发生自发性破裂而致命（蛛网膜下腔出血或脑实质内出血）。脑动脉破裂也可以发生于头部受打击后，如撞跌倒地，因外力打击，血压突然升高，病变血管壁立即破裂出血。问题在于出血是在跌倒之前，还是发生于头撞地之后。这个问题不能单独由尸检来解决，必须结合现场情况加以判断。

2. 损伤后迁延性死亡

因病死亡，但在死前数日或数周曾遭受损伤，这时要分析损伤与疾病的关系。

首先，看损伤与病死之间的联系是否可疑。损伤太小，不足以发生持续损害，或损伤发生于致命性疾病很久以前，对机体无明显影响。如胫骨区挫伤，数月之后在胫骨发生骨肉瘤（因为迄今为止尚无充分证据证明一次损伤就可诱发恶性肿瘤）。有一位 50 岁的男子，触电后曾知觉丧失过 18 分钟，以后照常工作，2 个月后死于重度冠状动脉粥样硬化及心肌纤维化。在这个案例中，触电休克的后果早已消失，不会导致疾病的产生。又如，有一个 69 岁的男子，左胸曾被撞击，43 天后卧床不起，当日吃饭时突然死亡。剖验时见其心包内积凝血块及血液共约 330 毫升，左、右冠状动脉粥样硬化，右冠状动脉距入口 1 厘米处有新鲜血栓形成，阻塞血管，左心室后壁近室中隔部新鲜心肌梗死破裂，其死因是心肌梗死、心脏破裂和包内出血。由于血栓梗死都是新鲜的，形成时间不会超过一星期，死因与外伤显然无直接关系。

其次，要看损伤是否促进了疾病的发展，即损伤与死因有间接的关系，即促进原来疾病的发展导致死亡。如一名 58 岁的男子，由于车祸造成右股骨骨折，7 天后出现心衰征象、呼吸困难、阻性充血及水肿而死，剖验时见其二尖瓣高度狭窄。显然，股骨骨折虽然严重，但只是引起心功能不全的促发因素。

（四）自杀、他杀或灾害的判断

自杀、他杀、意外伤害致死的判断在保险业务中是非常重要的。然而事实上，许多保险伤亡案例往往由于原因复杂，作出判断并不容易。需要对被保险人（亡者）的有关因素综合进行分析、判断，弄清真实准确的案发过程，才能作出最后的责任确定。而致死原因的保险医学鉴定是掌握案情的关键所在。一般来说，被保险人发生伤亡事故，保险公司有关人员应立即赶赴现场，掌握第一手资料，也就是说，应及时进行现场勘查。如果受伤害的被保险人还未死亡，首先应请医生抢救。

如果受伤害的被保险人已经死亡，首先应仔细观察尸体位置及其与周围物体或凶器的关系，有无足印或指纹及其与受伤者的关系，有无挣扎痕迹，血痕分布情况等。然后，与有关部门配合全面检查尸体，观察和记录损伤位置、数目、性质、程度、方向、有无病变及中毒情况。根据损伤特点，结合现场、参考案情，进行综合分析，作出判断。

一般说来，自杀、他杀常常有动机，尽管表现不明显，不易被察觉。因此，要仔细了解死者生前的精神状态、工作表现、家庭生活，特别是生前有无异常表现，如精神是否忧郁，是否做了后事安排，有没有写遗书等。要注意的是，有些平素忧郁者，在决定自杀后，会突然表现出反常的愉快。而意外事故的动机是随机的或者说找不出确定的动机，这一点一般根据现场调查就可以作出初步的判断。

思考题：

1. 简述损伤的类别。
2. 分析怎样准确判断是否为冻伤（死）。
3. 分析如何鉴别电击伤和雷击伤。

模块二　残疾认定

学习目标

通过本模块内容的学习训练，要求学生能进行残疾认定，能对具体的残疾进行分类定级。

工作任务

此模块中，需要学生能熟悉我国现行的残疾标准。教师可展示视力残疾、听力残疾、智力残疾、肢体残疾及精神残疾的相关图片和资料，让学生对各类残疾有初步的认识，并通过相关案例的展示，让学生现场分析典型的残疾类型。

实践操作

★案例分析

小敏，女，8岁，在普通小学一年级就读，班主任老师经平时观察发现，小敏上课时能安静地听课，但思想不集中，注意力易分散，课上反应很慢，记忆力很差，概括、分析、综合能力更差；语言障碍明显，表达混乱不清，答非所问；平时学习成绩很差，几乎各门功课都不及格。她的动作不协调，主要是两手同时操作能力差，左右手配合不一致，这在参加体育活动时表现较为明显；生活自理能力差，简单的劳动不熟练，即使会做，也做不好。小敏喜欢独自玩耍，与同学和睦相处。

由于小敏各方面的表现明显落后于其他同学，班主任老师对小敏进行了家访。其母反映小敏是早产儿，说话、行走都比同龄孩子晚一些，家长也发现小敏反应有点慢，不喜欢和同龄的孩子一块玩耍。班主任老师怀疑小敏智力有问题，并把上述情况向学校做了反映，学校在征得家长的同意后，将小敏送往鉴别与评估机构做进一步鉴定。

教育鉴别与评估人员对小敏进行了画人测验，筛查结果为"可疑"；于是，又对小敏进行了智力测验、适应行为评定以确定小敏是否智力残疾。

首先，由受过专业训练的人员用韦氏儿童智力量表对小敏进行了个别智力测验。测验成绩为63，商数明显落后于同龄儿童的平均水平。

其次，评估人员用儿童社会适应行为评定量表对小敏的适应行为进行评估，结果表明，小敏的社会适应行为总体发展水平低于同龄儿童水平。她在适应行为的各领域发展不平衡，交往、社会化的分数很低。

问题：

根据上述给定的案例，分析小敏是否属于残疾，如果是，属于什么级别？

问题探究

一、残疾

关于残疾标准，各国因经济和社会发展水平不同，掌握的尺度不一。按照世界卫生组织、国际劳工组织和一些国家规定的标准，残疾人占总人口的10%左右。关于残疾的定义，各个国家不尽相同。

我国关于残疾的普通定义是：因伤害、疾病等原因在人体上遗留下固定症状和给身体带来形态及功能上的改变，并影响正常生活和劳动能力的状态。其要点是：第一，有固定症状，有身体形态和功能上的改变；第二，影响生活和劳动能力。我国1986年10月经国务院批准下发的"五类"残疾标准比较严格，与上述定义基本一致。而原中国人民保险公司的"残疾程度分类"（1986年）和革命伤残军人评定伤残等级的条件（1989年）中对残疾的界定，却放得比较宽松。

对残疾的评价，首先是定性，即是否为残疾。残疾包括的具体项目，保险公司可以以国际、国内医学上普遍承认的定义及法律上的规定为基准，再适当考虑经营的需要，制定残疾细则。也就是说，条款中规定的残疾及残疾者，并不一定都是被社会和法律所承认的残疾和残疾者。

对残疾的定性，原则上应在症状固定后进行。由于治疗未达到预期效果，到症状固定还需要一定时间，此时如果预测不能在6个月内达到症状固定，可以在治疗结束时，以未来可能固定的症状来判定。

二、残疾标准

确认为残疾后，还需要对残疾程度进行评价。对于残疾程度的评价，各国的法律相对比较一致，一般从功能、能力低下和社会不利后果三个方面展开，并进行综合评价。下面介绍几种国内外残疾程度的评价方法，供研究时参考。

1."中国五类残疾标准"法

（1）视残标准。根据最佳矫正视力值和视野半径值分成四个等级。

（2）听力语言残疾标准。根据语言频率、平均听力损失值（听力级）分成四个等级（单纯语言残疾，不分等级）。

（3）肢体残疾标准。根据人体运动系统有几处残疾、致残部位高低和功能障碍程度综合考虑，并以功能障碍为主划分为四个等级。具体方法是以"实现日常生活活动法（ADL）"来评价，即把日常生活活动分为端坐、站立、行走、穿衣、洗漱、进餐、大小便、写字八项，能实现算1分，实现有困难算0.5分，不能实现算0分。

（4）精神残疾标准。根据受伤1年后影响其社交能力以及在家庭、社会应尽职能方面的障碍程度划分为四等。

此方法只对各类残疾作了分级，缺乏各类之间的比较，不便确定补偿金额或比例。

2."中国四等六级"法

该方法依据功能障碍程度、活动能力限制程度、残疾件数多少及部位划分为特等、一等、二等甲级、二等乙级、三等甲级、三等乙级六级，即"四等六级"。此方法明确、简单，便于确定补偿金额或比例。

3. "日本六级"法

日本东邦生命保险公司把意外事故造成的后遗障碍分成六个等级，与"中国四等六级法"相似。

4. "日本十类十四级"法

日本法律规定的人身伤害后遗障碍赔偿制度中，把后遗障碍划分成十类十四级。即：A. 精神、神经类；B. 视觉类；C. 耳类；D. 鼻类；E. 口类；F. 丑陋疤痕类，G. 胸腹部脏器类；H. 躯干骨骼类；I. 上肢与手指类；J. 下肢与足趾类。每一类分十四级，但各类不一定都能分出十四级。每一类分成十四级，能比较详细、客观地反映后遗障碍程度，而且每一类的同级的障碍程度是一致的，这样便于查找，便于确定补偿金。

此方法还规定，有两种以上不同种类的后遗障碍的情况下，在确定等级时，按合并原则确定一个等级。合并的原则是：相当于第五级以上时，将其提升二级：相当于第十三级以上的有两种以上时，将其提升一级。对于已有后遗障碍者，同一部位又添后遗障碍时，视为加重障碍。若新障碍轻，不至于加重原有障碍时，则不算加重。

三、我国残疾标准及说明

我国制定的五类残疾标准中的视力残疾标准、听力语言残疾标准与国际标准基本一致；智力残疾标准与国际标准一致；肢体残疾标准则是自行制定的；精神残疾标准也是参照世界卫生组织提供的精神病分级标准而自行制定的。

根据 1987 年我国残疾人抽样调查，对五类残疾的定义及分级标准如下。

（一）视力残疾

视力残疾是指由于各种原因导致双眼视力障碍或视野缩小，难以完成一般人所能从事的工作、学习或其他活动。视力残疾包括盲和低视力两类。

双眼中好眼的最佳矫正视力低于 0.02 或视野半径小于 5 度者为一级盲；最佳矫正视力等于或优于 0.02 而低于 0.05，或视野半径小于 10 度者为二级盲；最佳矫正视力等于或优于 0.05 而低于 0.1 者为一级低视力；最佳矫正视力等于或优于 0.1，而低于 0.3 者为二级低视力。见表 7-1。

表 7-1 视力残疾的分级

类别	级别	好眼最佳矫正视力
盲	一级盲	无光感～0.02，或视野半径＜5 度
	二级盲	0.02～0.05，或视野半径＜10 度
低视力	一级低视力	0.05～0.1
	二级低视力	0.1～0.3

注：（1）盲或低视力均指双眼而言，若双眼视力不同，则以视力较好的一眼为准。

（2）如仅有一眼为盲或低视力，而另一眼的视力达到或优于 0.3 则不属于视力残疾范围。

（3）最佳矫正视力是指以适当镜片矫正所能达到的最好视力，或以针孔镜所测得的视力。

（二）听力语言残疾

听力残疾是指由于各种原因导致双耳听力丧失或听觉障碍，而听不到或听不清周围环境的声音。语言残疾是指由于各种原因导致不能说话或语言障碍，难以与一般人进行正常的语言交往活动。

听力语言残疾包括：

（1）听力和语言功能完全丧失（既聋又哑）；

（2）听力丧失而不能说话或构音不清（聋而不哑）；

（3）单纯语言障碍，包括失语、失音，构音不清或严重口吃。

根据《中国残疾人实用评定标准》，听力残疾分为四级（见表7-2）。听力损失大于90分贝，言语识别率小于15%者为一级听力残疾；听力损失71～90分贝，言语识别率为15%～30%者为二级听力残疾；听力损失61～70分贝，言语识别率为31%～60%者为三级听力残疾；听力损失51～60分贝，言语识别率为61%～70%者为四级听力残疾。听力残疾系指双耳而言，若仅有一耳符合上述条件而另一耳的听力损失等于或小于50分贝，则不属于听力残疾范围。

表7-2 听力残疾的分级

级别	听力损失程度	言语识别率
一级听力残疾	＞90dB	＜15%
二级听力残疾	71-90dB	15%-30%
三级听力残疾	61-70dB	31%-60%
四级听力残疾	51-60dB	61%-70%

注：（1）聋和重听均指双耳，若双耳听力损失程度不同，则以听力损失轻的一耳为准。

（2）若一耳系聋或重听，而另一耳的听力损失等于或小于50分贝的，不属于听力残疾范围。

（三）智力残疾

智力残疾是指人的智力活动能力明显低于一般人的水平，并显示出适应行为的障碍。

智力残疾包括：在智力发育期间（18岁之前），由于各种有害因素导致的精神发育不全或智力发育迟缓；智力发育成熟以后，由于各种有害因素导致的智力损害或老年期的智力明显衰退。

为了便于与国际资料相比较，参照世界卫生组织和美国精神发育迟滞协会的智力残疾分级标准，按其智力商数（IQ）及社会适应行为来划分智力残疾的等级。

智力商数是指通过某种智力量表所测量得到的智龄和实际年龄的比，即：IQ＝智龄／实际年龄×100，不同的智力测定方法有不同的IQ值，但诊断的主要依据是社会适应行为。

智力残疾分为四级（表7-3）：智商小于20者为一级智力残疾（极重度）；智商在20～34者为二级智力残疾（重度）；智商在35～49者为三级智力残疾（中度）；智商在50～69者为四级智力残疾（轻度）。

表 7-3 智力残疾的分级

分级	与平均水平差距 -SD	智力水平	适应能力
一级智力残疾（极重度）	≥ 5.01	IQ 值在 20 以下，适应行为极差，面容呆滞，终生生活全部需要他人照料，运动感觉功能极差，如通过训练，仅在下肢、手及颌的运动方面有所反应	极重适应缺陷
二级智力残疾（重度）	4.01 ～ 5.00	IQ 值在 20 ～ 34 之间，适应行为差，即使经过训练，生活能力也很难达到自理，仍需要他人照料，运动、言语发育差，与人交往能力差	重度适应缺陷
三级智力残疾（中度）	3.01 ～ 4.00	IQ 值在 35 ～ 49 之间，适应行为与使用技能都不完全，如生活能力达到部分自理，能做简单的家务劳动，具有初步的卫生和安全知识，但是阅读和计算能力差，对周围环境辨别能力差，只能以简单方式与人交往	中度适应缺陷
四级智力残疾（轻度）	2.01 ～ 3.00	IQ 值在 50 ～ 69 之间，适应行为低于一般人的水平，具有相当的使用技能，如能自理生活，能承担一般的家务劳动或工作，但缺乏技巧和创造性，一般在指导下能适应社会，经过特殊教育可以获得一定的阅读和计算能力，对周围环境有较好的辨别能力，能比较适当地与人交往	轻度适应缺陷

（四）肢体残疾

肢体残疾是指人的四肢残缺或四肢、躯干麻痹、畸形，导致人体运动系统不同程度的功能丧失或功能障碍。

肢体残疾包括：①上肢或下肢因外伤、病变而截除或先天性残缺；②上肢或下肢因外伤、病变或发育异常所致的畸形或功能障碍；③脊椎因外伤、病变或发育异常所致的畸形或功能障碍；④中枢神经、周围神经因外伤、病变或发育异常造成的躯干或四肢的功能障碍。

肢体残疾的等级是从人体运动系统有几处残疾、致残部位高低和功能障碍程度进行综合考虑并以功能障碍为主来划分的。

1987 年我国残疾人抽样调查对肢体残疾的分级标准如表 7-4 所示。

表 7-4 肢体残疾的分级

一级	a. 四肢瘫痪、下肢截瘫，双髋关节无自主活动能力；偏瘫，单侧肢体功能全部丧失。 b. 四肢在不同部位截肢或先天性缺肢，单全臂（或全腿）和双小腿（或前臂）截肢或缺肢，双上臂和单大腿（或小腿）截肢或缺肢，双全臂（或双全腿）截肢或缺肢。 c. 双上肢功能极重度障碍，三肢功能重度障碍。
二级	a. 偏瘫或双下肢截瘫，残肢仅保留少许功能。 b. 双上肢（上臂或前臂）或双大腿截肢或缺肢；单全腿（或全臂）和单上臂（或大腿）截肢或缺肢；三肢在不同部位截肢或缺肢。 c. 两肢功能重度障碍；三肢功能中度障碍。
三级	a. 双小腿截肢或缺肢，单肢在前臂、大腿及其上部截肢或缺肢。 b. 一肢功能重度障碍，两肢功能中度障碍。 c. 双拇指伴有食指（或中指）缺损。
四级	a. 单小腿截肢或缺肢。 b. 一肢功能重度障碍；两肢功能轻度障碍。 c. 脊椎（包括颈椎）强直；驼背畸形大于 70 度；脊椎侧凸大于 45 度。 d. 双下肢不等长，差距大于 5 厘米。 e. 单侧拇指伴有食指（或中指）缺损；单侧保留拇指，其余四肢截除或缺损。

注：以下情况不属于肢体残疾范围：

（1）保留拇指和食指（或中指）而失去另外三指者。

（2）保留足跟而失去足的前半部者。

（3）双下肢不等长，差距小于 5 厘米者。

（4）小于 70 度的驼背或小于 45 度的脊椎侧凸。

（五）精神残疾

精神残疾是指精神患者患病持续 1 年以上未痊愈，导致其对家庭、社会应尽职能出现一定程度的障碍。

精神残疾分为三级：社会功能严重缺陷为一级（重度）精神残疾；社会功能有缺陷为二级（中度）精神残疾；社会功能有轻度缺陷为三级（轻度）精神残疾。

思考练习：

1. 简述怎样认定残疾。

2. 试述中国的残疾标准。

项目八

疾病的风险分析与经济负担

> ### 概　述

　　本项目主要介绍疾病的相关风险分析以及疾病经济负担分析，为以后学生从事健康保险相关工作打下理论基础。

> ### 教学目标

　　本项目共包括三个模块，分别为危险选择、疾病的危险分析和疾病的经济负担。要求学生熟悉风险的基本概念及风险管理的基本流程；熟悉意外伤害的来源；掌握意外伤害保险的风险选择类别及各自的特点；掌握危险选择的方法与过程，掌握标准体、拒保体和次标准体的划分；熟悉生存调查、死亡调查、给付金调查的处理；掌握疾病的转归与分布，对死因归类原则能熟练运用；能熟练地对疾病的经济负担进行估算。本项目是保险医学的重要项目之一，旨在让学生对危险选择、危险分析以及疾病的经济负担有一个较为直观的理解，通过教师直接的讲解、示范和答疑解惑，尽快熟悉保险医学相关基础理论知识，提高学生的保险医学理论基础。

> ### 重点难点

　　本项目的重点与难点在于让学生能对疾病的危险进行准确的分析与选择，以及能专业地对疾病的经济负担进行估算。

模块一　危险选择

学习目标

要求学生能掌握危险和风险的概念，熟悉风险的基本特征，了解风险的分类方法；掌握风险管理的基本流程，熟悉风险管理的常用方法；能熟悉意外伤害的来源；掌握意外伤害保险的风险选择类别及各自的特点；掌握危险选择的方法与过程，掌握标准体、拒保体和次标准体的划分；熟悉生存调查、死亡调查、给付金调查的处理。

工作任务

1. 由学生首先根据已有知识及生活经验尽可能多地列举出我们面临的风险，并对所列举的风险进行汇总、分类，总结出风险的特征以及常见类别。同时列举出日常生活中的意外伤害保险并进行讨论分析，列出它们的异同点，教师根据学生讨论结果进行总结分析，得出意外伤害保险的基本特征。

2. 通过播放视频与案例，讲述社会上存在的一些危险，让学生分组讨论危险选择的方法与过程。

3. 通过对以往理论知识的回顾，结合保险公司的生存调查、死亡调查、给付金调查的案例，使同学们能较好地掌握其流程。

实践操作

★案例分析

申某是银川市一位普通的出租车司机，凭着每天辛苦地跑车养活一家人。今年1月10日凌晨，不幸降临到他的身上。一乘车男子抢劫后用硫酸泼向申某面部，并连捅数刀。申某和家人被这突发的事件搞得手足无措，谁也没有想起曾在某保险公司投保的事。在申某的家人四处为其求医治病时，该保险公司代理人看到了报纸的呼吁，并及时告知公司申某为公司客户。按照正常的理赔程序，申某应在治疗期结束后予以赔付，但因客户的特殊性，宁夏分公司在客户并未报案的情况下，向总公司提出了预付赔款的申请，得到总公司的批准。1月18日，负责核保核赔工作的经理前往北京同仁医院送去8000元预付赔款和4000元的员工自愿捐款，申某及家人被这意外的赔款惊呆了。8000元虽然不多，但对于面部重度毁容、双眼失明、急需治疗费用的申某来说，无异于雪中送炭。

申某治疗结束返回银川后，于7月17日向宁夏分公司提出了理赔申请。经核定，申某属一级伤残。公司做出给予赔付10万元理赔款的结论。

案例讨论：在出险后，保险公司要对申某进行何种调查？如何进行调查？

延伸讨论：1.申某的主要风险有哪些？
　　　　　2.在保险学上，我们对各人群的风险评估有何特点？

问题探究

俗话说："天有不测风云，人有旦夕祸福。"人的生命风险可分为两类，除了偶然的、突发的人身意外伤害的危险外，大部分是罹患疾病的危险。迄今为止，我们还无法确定自己一生中患疾病（特别是重大疾病）或受到伤残的概率。何时患疾病、患何种疾病、患病时的状况和患病后的结果，都是无法确定的。即使在完全破译人类基因密码以后，以我们现在的知识，也难以想象能在多大程度上做到对疾病的准确预测。至于意外的伤残，更是人所无法预料的。而我们对疾病和伤残的远虑和近忧，与其说是对健康的预期心理，不如说是对现在和未来都无法避免又不可预测的医药费用的关注。健康保险能在你遇到风险、最需要经济援助时，通过给付保险金和补偿损失，替你分担风险，摆脱经济困境。

一、风险

（一）风险的概念和特征

风险是指在特定的客观情况下，在特定的期间内，某种损失发生的不确定性。具体而言，风险是一种客观存在，是不以人的意志为转移的，它的存在与客观环境及一定的时空条件有关，并伴随着人类活动的开展而存在。没有人类的活动，也就不存在风险。

风险定义包含下述内容：

（1）风险是客观存在的，其大小可以度量。根据概率论，风险大小取决于其所致损失概率分布的期望值与方差。

（2）风险的存在与客观环境以及一定的时空条件有关，当这些条件发生变化时，风险也可能发生变化。

（3）风险伴随人类活动的开展而存在，没有人类的活动，不会有什么预期结果，也就不存在风险。一般地，人们通常将风险理解为自然灾害和意外事故。

风险的特征包括：

（1）客观性。风险是一种不以人的主观意志为转移的客观存在，是不可消除的。但是，人们面对风险也不是无能为力的。人们可以认识风险、管理风险、控制风险。对于风险事故，从总体上说，要完全避免风险的可能性极小，但是，从某一局部来看，通过努力，可以减少甚至避免某种风险事故的发生。

（2）不确定性。风险事故何时发生、在哪里发生、风险损失具体有多少，这些都是不确定的。从一个较大的范围或者说从总体上看，风险事故的发生具有必然性，但对于某一家企业、某一个自然人来说，风险事故的发生具有偶然性，即能否发生不一定。

（3）可预测性。在一个较大的范围内（例如全国或者全省），某种现象发生的频率及该现象发生后所造成的损失程度可以依据大数法则和概率论进行预测。虽然预测数与实际发生数有出入，但是可以满足风险管理的需要。

（二）风险的类别

1. 按产生的原因分类

（1）自然风险。自然风险是指因自然力的不规则变化所产生的风险，例如，地震、水灾、雹灾、旱灾、虫灾、风、自然火灾等等。自然风险回避的难度较大，事故的发生具有周期性，一旦发生，往往使某一较大区域内的人同时遭受财产损失或人身伤害。

（2）社会风险。社会风险是指由于个人或者团体在社会上的行为所产生的风险，例如，抢劫、盗窃、罢工、战争、酒后驾车酿成车祸等所导致的风险。

（3）政治风险。政治风险又称为国家风险，是指因政局动荡、政权改变、国家政策变化等产生的风险，以及在对外贸易和对外投资过程中因政治原因而可能使债权人遭受损失的风险。例如，因商品进口国发生战争、革命、内乱导致商品进口中止，或者因进口国实施进口限制或外汇管制等，使出口国有可能遭受损失。

（4）经济风险。经济风险是指在生产经营过程中由于经营管理不善、市场预测失误或者其他与经营活动有关的因素所造成的风险。

2. 按风险产生的环境分类

（1）静态风险。静态风险是指由自然力的不规则变化或人的行为错误或失当所造成的、在社会经济发展处于相对静止状态下也会发生的风险。例如：雷电、霜冻等自然原因产生的风险；破产、疾病、意外伤害等由于疏忽而产生的风险；放火、欺诈等不道德的原因产生的风险等。静态风险只有损失的机会而无获利的可能。静态风险事故在任何社会经济条件下都会发生，只是发生的频率有变化，从总体上看，其事故的发生有一定规律性。

（2）动态风险。动态风险是指因社会经济、政治、技术和组织等方面发生变动而产生的风险。例如：甲国发生革命，新政府征收外国在甲国开办的企业，使企业主遭受财产损失；国家压缩某一行业，使该行业一部分工人失业等。动态风险事故发生后，可能使一部分人获利。例如，压缩某一行业，对于被保留下来的企业和职工来说是很有利的。动态风险事故的发生规律性不强。

3. 按风险的性质分类

（1）纯粹风险。纯粹风险是指只有损失机会而无获利可能的风险。

（2）投机风险。投机风险是指既有损失可能也有获利可能的风险。

4. 按照保险类型的分类

（1）财产损失风险。财产损失风险是指导致财产损毁、灭失或贬值的风险。

（2）人身风险。人身风险是指由于人的生老病死的生理规律和自然、政治、军事、社会等原因所引起的人身伤亡、劳力损失的风险。

（3）责任风险。责任风险是指个人或团体因疏忽过失造成他人的身体伤害或财产损毁，按照合同、道义或法律上的规定承担经济赔偿责任的风险。例如，医疗事故致人伤残或死亡，医生和医院应负经济赔偿责任。医生和医院面临的这种风险就是责任风险。

（4）信用风险。信用风险是指在信用活动中，因债务人不能履行义务而使债权人遭受损失的风险。例如，银行发放贷款，面临贷款收不回来的风险。

（三）风险的管理

1. 风险管理的程序

风险管理是指面临风险的主体为了减少风险的负面影响、以较低的成本取得最大的安全保障而进行风险识别、估测、评价、控制等的决策与行动过程。在此任务中，学生要了解风险管理的基本程序。

第一步：风险识别。风险识别主要包括感知风险和分析风险两方面的内容。

第二步：风险估测。风险估测是在风险识别的基础上，通过对所收集的大量资料进行分析，利用概率论估计和预测风险事故发生的概率和损失程度。

第三步：风险评价。是指在风险识别和风险估测的基础上，结合其他因素，对风险事故发生的概率和损失程度进行全面考虑，评估风险事故发生的可能性及危害程度，并与公认的安全指标相比较，以衡量风险程度，最后决定是否采取相应的措施。

第四步：确定风险管理目标。风险管理的基本目标是以较低的成本获得较大的安全保障。风险管理的具体目标则分为损失前的目标和损失后的目标。

第五步：选择风险管理方式。风险管理方式应该根据企业或者个人面临的风险、承担风险的能力等因素进行选择。

第六步：风险管理效果评价。风险管理效果评价是指通过对风险管理结果与风险管理目标的比较和分析，对风险管理的科学性、适用性和有效性进行检查和评判，并对风险管理进行必要的修正。

2. 风险管理的主要方式

（1）回避风险。回避风险是指主动放弃某项可能引起风险损失的方案。该方式适用于对付那些损失发生概率高并且损失程度大的风险。该方式的优点是在风险事故发生之前完全消除该风险事故对风险回避者的影响。例如，某旅行者放弃乘坐飞机的出行方案，可以完全消除飞机事故对自己的影响。回避风险方式的缺点是采用此方式的范围受到限制，因为有的风险事故不可能避免，例如，身体衰老、劳动能力减退从而使劳动收入减少，这种由生理变化导致的风险事故是不可避免的，只能通过身体保养或者医学的发展延缓衰老过程。有时采用回避风险的方式会失去获取收益的机会。例如，不投资，可以回避投资风险，但也失去了获取投资收益的机会。有时回避了某一风险，同时会产生另一风险。例如，不乘飞机而改乘火车，虽然回避了航空风险，但也产生了地面运输风险。这时就需要根据两种风险的大小和利弊进行选择。

（2）预防风险。预防风险是指在风险损失未发生之前有针对性地采取具体有效的措施，消除或减少可能引起损失的各种因素。例如，在有易燃物的场所严禁吸烟，是预防火灾事故发生的必要措施之一。预防风险的管理方式未必能够完全消除风险事故在某地、某人身上发生的可能性，但可以降低风险事故在该地、该人身上发生的概率。

（3）自留风险。自留风险又称为保留风险，是指由行为主体（企业或个人）自己承担风险损失后果的风险管理方式。自留又分为主动自留与被动自留两种情况。主动自留是事先估计到了风险的存在，想向保险公司投保，但是保险公司不予承保，或者虽然保险公司愿意承保，但经过比较后，认为由自己承担风险要比向保险公司投保合算，所以只好自担风险。被动保留是事先未发现有风险存在，事故发生后只好自担损失。损失数额小于风险管理成本时，可以采取自留风险方式。

（4）转移风险。转移风险是指把可能的风险损失通过某种方式全部或部分转移给其他单位的风险管理方式。

转移风险的具体方式主要有交易转移、合同转移和保险转移等方式。交易转移多用于投机性风险。例如，当预测股票价格将要下跌时便卖出股票，将股价下跌的损失转移给买入股票的投资者。合同转移是指通过在合同中订明有关条款，将风险从一方当事人转移给另一方当事人的风险管理方式。例如，商品的销售方担心买方不付款，经与买方协商，在商品购销合同中订明预付款条款和违约金条款，将买方违约的风险转移给了买方。保险转移是指以交保险费为代价，将风险转移给保险机构，当保险机构承保的风险事故发生后，由保险机构按照约定向被保险人或指定的受益人给付赔偿款。当风险管理者估测的损失较大，并且将保险费与可能获得的保险赔款相比认为比较合算时，可以考虑采用保险转移方式。

转移风险特别是保险转移是应用范围最广、最为有效的风险管理方式。

（5）集合风险。集合风险是指将具有同类风险的若干个单位集合起来，各单位共同分担少数单位可能遭受的损失，以提高每一单位应付风险的能力的风险管理方式。具体形式有多种。例如，多个投资者共同投资一个项目，或者同一个投资者分散投资多个投资项目等。集合风险适合于投机性风险的管理。

（6）抑制风险。抑制风险是指在事故发生之前做好充分准备，以便在事故发生时及时抑制事故，使其不再进一步扩大，或者在事故发生后临时采取一定的应急措施抑制事故的进一步扩大。例如，在建筑物中设置消防栓，留出消防通道，发生火灾后及时报警、灭火、抢救等。抑制风险能起到减少损失的作用。

二、危险选择

所谓危险是指遭受损失或破坏的可能性。根据存在的种种危险因素，为人们在遭受危险后提供经济保障，是保险事业的基本功能。保险本身并不是防止或避免各种危险的对策，也就是说，被保险人交付保险费给保险人是为了争取在将来任何时候因为危险的发生可能带来经济损失时，拥有向保险人申请消除、减轻这种损失的权利。

人身保险是以人的生、死、残、疾病等为保险事故的特殊保险种类。被保险人参加人身保险，也就是为自己取得了发生保险事故后申请保险人减轻、恢复因被保险人死亡、伤残、疾病等给家庭、被保险人所造成的经济损失的权利。它一般取决于保险金额的大小。

从人身保险实务角度，我们还可以将保险人的危险分为医学上的危险和环境上的危险，而纯粹危险与投机危险掺杂其中，即医学上的危险既包含有纯粹危险也包含有投机危险，环境上的危险也是如此。医学上的危险是指被保险人的身体健康方面的危险。环境上的危险是指被保险人的职业等医学上的危险以外的危险。

随着保险公司业务的扩展，被保险人团体（群体）越来越庞大，如果保险公司毫无限制地承保各种新业务，一定会出现高危险率的被保险人群体；同时由于采用这种违背保险之公平性（即危险的均一性）的承保方法，低危险率的被保险人申请退保的将越来越多。长此以往，将形成危险度异常高的被保险人团体。例如，在死亡保险中，假定有高死亡率的被保险人混入标准死亡率的被保险入团体中，均以同一保费承保时，就必然要对标准死亡率的被保险人团体的被保险人的利益产生影响。这样，高死亡率的被保险人反而受益，标准死亡率的被保险人的利益却要受到损害，此外还会诱发利用保险获利的投机心理。无论从保险使命上还是从社会道德上来说，这都是不容许的。这时候，保险公司的经营将受到严重威胁。这时候就需要进行危险选择，危险选择是估计危险，予以评分，加以分类，订立该被保险人团体的公平、合理、妥当、安全的合同条件的一连串过程。

随着高危险率被保险人随意混入标准危险率被保险人团体中，最终将动摇保险的经营基础。那么，超过预定死亡率，保险事故发生率较高的被保险人究竟是哪些人呢？就我国的现状而言，一般来说，由于人们对人身保险缺乏认识以及几千年来形成的固有的习惯，自动参加保险的人很少。在普通的健康状态和生活环境下的人们，对自己的死亡、伤残等危险并不感到不安或者说并不感到有参加保险的需要。但处于非正常健康状态和生活环境下的人们，由于对其发生危险后的家庭生活保障等问题的忧虑，却愿意参加保险。有些人甚至于估计危险"即将降临"时，将情报迅速提供给所在工作单位，而单位为减少"麻烦"，便设法与保险公司交涉投保，往往在这种情况下很容易被承保。这种隐瞒病症和职业性质的投保将直接危害保险公司的经营。对此，如果保险公司不做细致的选择，对所有参加投保的人一律予以承保，那么具有缺陷的投保人数必然增加，预定的标准危险率将无法维持下去，结果会导致保险金给付超过保险费收入，使保险公司面临破产的境地。由此看来，保险公司必须努力造成标准危险率的大团体和非标准危险率的次标准体的大团体，同时使被保险人团体的实际危险发生率不超过预定危险发生率。这就必须在医学、环境、道德等方面对投保人加以选择。

标准体是以标准保险费来承保的保险体（可保体）的总称。寿险的被保险人的90%以上为标准体，其比例因年龄、地方不同有所差异。

拒保体即至少投保当时不能成为可保体的投保体。实际业务中，通常不再区分再体检体、延期体、拒保体等，因为无论哪一种都是投保时无论附加任何条件都不能承保的。确定为再体检体、延期体、暂缓体和拒保体时，虽然要通知投保人，但一般是不提理由的，主要是怕造成投保人的误解。

次标准体是对于标准死亡率10%而显示一定比率（通常为超过标准死亡率25%～30%）以上的投保体的总称。对于次标准体的承保要通过增加限制保险金给付条件或修正保险费，或交叉动用以弥补其超过的危险度，将它变成可保体（标准体）。但应注意，次标准体仅在限制保险金额、限制保险业务、限制保险期限等前提下才可能成为标准体。

随着临床医学的发展和保险医学研究的逐渐深入，根据缺陷研究可证明得以标准体承保的（虽为数不多但情形截然相反的也有），虽然其数量未达到以经验统计的程度，但在医学上被认为可以作为承保体的，应以研究的态度积极地将其编入标准体。在医学上已被认为可保的，应引入次标准体积极地加以承保。这是保险公司应有的态度，因为它本身是收支平衡原则下的被保险人团体。这对保险公司的正常经营影响不大，还可以提高保险公司的社会地位。

（一）危险选择的内容

在医疗保险中，危险选择可以从年龄、生活环境、职业风险和地区等几方面进行分析，相对于人寿保险与健康保险而言，意外伤害保险因具有以下几个主要特点，从而使它的危险选择更具代表性。（1）保险费计算的依据是伤残率而不是生死概率，意外伤害保险保费的确定较为注重职业危险。不同的职业发生意外伤害事故的概率不同，其费率的大小也不同。危险程度越高的职业，被保险人应交的保费就越多。（2）保险金的给付数额与伤害程度有关。伤害程度越严重，给付的保险金就越多。一般的意外伤害保险都为定额保险，被保险人因意外事故死亡给付全部保险金，伤残则依残疾的程度给付相应的保险金。（3）保险期限较短。意外伤害保险的保险期限大多较短，一般为一年，有的短至几小时。这是因为意外伤害保险的保险费率与被保险人的年龄和健康状况关系一般不大，若期限较长，保险人难以把握期内意外事故发生概率的变化。因此，意外伤害保险的保险期限不宜过长。

意外伤害保险的危险选择主要有以下几种。

1. 年龄危险选择

虽然意外伤害保险的费率计算与被保险人的年龄关系不大，但严格地说，各年龄组人群的抗灾防灾能力及蒙受意外伤害的几率各不相同。统计资料表明，因意外灾害住院人员中，男性15～19岁组最多，30～34岁组最少，35岁以上则随年龄增加而增多；女性则是随着年龄增加而慢慢增多。

2. 生活环境的危险选择

处于不同生活环境的人群，其意外伤害事故的发生率也不同。居室潮湿者，因其环境有利于细菌等致病微生物及虫蝇滋生繁殖，感染机会增大，平均体质也相应较弱。生活在环境污染（包括化学、物理方面）严重地段的人群，其体质也会遭受损害。因此，对要保体生活环境的危险选择，是意外伤害保险危险选择的内容之一。

3. 职业危险选择

（1）职业有害因素

①化学有害因素：包括铅、汞、苯、一氧化碳、有机磷、粉尘等。它们通过人体皮肤吸收或呼吸道进入人体而产生危险并导致相应的疾病。

②物理有害因素：包括高温、高湿、低温、异常气压、噪声、振动、电离辐射、非电离辐射等。它们通过直接影响人体的正常生理活动导致相应病理改变。

③生物有害因素：是指工作环境或空气中有大量的致病微生物（包括病毒、细菌、支原体、螺旋体、立克次体等）和寄生虫存在。

④不健全的劳动制度和劳保制度：主要是指劳动强度过大、作息制度不合理、精神过度紧张、视力疲劳、强迫体位，以及不健全的抗灾保护措施和防污染措施等。

以上职业有害因素均可导致人体抗灾、防灾能力和体质的下降，从而使意外伤害事故的发生率升高。例如，铅、汞、苯、氯、一氧化碳等导致人体中毒时，患者常感头昏、头痛、乏力，继而影响人体的反应速度和力量。又如高温、低气压可直接致人晕厥或休克，造成人身伤害事故。

（2）职业危险选择的内容

当团体和个人投保意外伤害保险时，保险人对其职业的危险程度进行识别和评价，然后分门别类收取保险费或决定是否承保，称为意外伤害保险的职业危险选择。它的意义在于贯彻保险的公平原则和使将来意外伤害事故发生率不超过预定的范围，以维持保险公司的正常经营。职业危险选择的内容主要包括对危险职业者的识别和对危险职业的评价。

所谓危险职业者，是指其意外伤害事故的发生率与正常人群存在统计学上的差异，即前者高于后者。决定其是否为危险职业者取决于两个方面：第一，工作性质本身危险程度如何。比如：飞机试航员、探险家、赛车选手等，其工作性质的危险程度很高；码头工人、林业工人、高架工人、石工等，其意外伤害事故发生率也较高；渔业工人、矿井工人则可能发生大量的意外死亡；机关干部、商场营业员等，其意外伤害事故发生率相对较低。第二，工作环境中职业有害因素如何。农药厂工人、化工厂工人等，其意外伤害事故发生率也较高。因此，查定员在识别危险职业者时应从这两个方面着手。

在承保前，查定员首先必须全面了解要保体的职业（包括第一、第二职业），对于团体投保也不例外。单纯记录职业的种类还不够，还要对其工作内容、环境、劳动制度、劳保制度等加以查定，旨在更准确地判断其职业危险级别。这就要求查定员具备相应的职业危险知识和职业医学知识。另外，还要了解要保体所处团体过去的意外伤害事故发生情况，必要时应附加特别危险保费或对保险金额加以限制。

对职业危险的评价，原中国人民保险公司已在广泛调查我国职业类别危险分布的基础上，制定了"职业危险等级"，把我国职业危险分为三个档次，并制定出相应的费率。

4. 地区的危险选择

处于不同地区的人群，其意外伤害事故的发生率也不相同。在海上或海边生活的人，因气候千变万化，加上台风、海啸的袭击，其意外伤害事故发生率较高；高山野岭居住者处于毒虫猛兽出没、悬崖峭壁、道路狭小的环境，其发生事故的几率也会增加；交通要道、干道和城市居住者，所处环境噪声大，车辆多，交通事故多，其发生意外伤害的几率也高。对于危险程度较高者，可酌情附加一定的特别危险保费或对保险金额加以限制。

（二）危险选择的方式

大部分保险公司是自承保人的第一次选择开始，经体检、查定、决定后，合同才成立的，但危险选择并不是到此就能够完成的。生存调查是对保险人生存中的问题所做的合同调查。对被保险人死亡后所做的调查，叫作死亡调查。住院特约等给付事故发生后所做的调查，叫作给付金调查。这些都是主要的危险选择。

1. 生存调查

生存调查时期可分为承保前与承保后调查。订立承保合同时，要保人对于保险人的书面询问应据实说明。要保人故意隐瞒，或因过失遗漏，或做不实说明，可解除保险合同。承保后通过生存调查才发现被保险人有违反保单条款规定的事实时，不论被保险人是生存或已死亡，在一定期间内可用解除合同的方式来排除不良合同。理论上来说，应于承保合同成立前进行生存调查。但事实上，这几乎是不可能办到的事。调查要花经费，还可能延迟良质合同的成立，反而使投保人与公司双方蒙受损失。除一部分合同应于承保前实施生存调查外，大部分合同都在成立之后才能实施调查。承保前的生存调查通常用于一定金额以上的高额保险业务及在医学上或环境上有问题者。查定时，在需要特别调查时才实施承保前的生存调查。

调查人员有保险公司所属的调查员（专业或委托）和公司以外的资信机关来实施调查的调查员两种。调查方法有间接调查（侧查）与直接调查两种。间接调查仅凭各种资料进行。直接访问被保险人、要保人或其家属为直接调查。

为合同成立而实施的生存调查促使查定人员根据调查报告书的内容决定合同的取舍。调查后，无异常者的合同，或承保后得疾病者的合同，或对其他合同的效力并不产生影响的合同，都继续有效。对于发现异常的一部分合同，应设法通过直接调查来印证或对主治医师进行调查，如要保人有诈欺行为时，应使合同成为无效合同。因重大过失而不告知或告知不实时，可以违反告知义务的方式来解除合同，以便排除不良合同。

此外，虽然要保人或被保险人有违反告知义务的事实，但其异常或缺陷的内容不至于使合同解除，或因承保人或体检医师有重大过失，或寿险公司在此方面也有过失时，也不能将全部合同解除。此时应按其状况、内容使合同继续存在，或变更合同内容，或代替行使解除合同而进行取消合同的交涉等。

2. 死亡调查、给付全调查

死亡调查是在被保险人死亡之后所做的调查，是死亡或住院等保险事故发生后，对有逆选择或不良合同嫌疑的那一部分合同，决定是否给付保险金所做的调查（一是订约时的调查，一是保险金给付时的调查）。因此，生存调查和给付金调查是对尚生存的要保人、被保险人进行的。如果被保险人已死亡，则对其亲属、承保人、体检医师、其他关系人等进行调查。如发现对重要事项有违反告知义务，或诈欺及其他不正当的行为，就可以通过解除合同等方法来避免保险金的给付。这就是作为危险选择手段之一的死亡调查、给付金调查的意义所在。在调查中，应高度注意道德危险的发生。

根据死亡调查、给付金调查的结果判明要保人、被保险人有欺诈行为时，与生存调查一样，可依保险条款规定处理为拒保。若发现有关重要事项的告知有违反告知义务的事实，应予以解除合同。不过要特别注意的是，被保险人死亡后解除合同时，既往病史的告知义务违反事实与死因之间应有相当因果关系时才可如此处理。在既往病史与死因有相当因果关系的案件中，重大事实不告知而合同成立的，若被保险人尚生存，可能导致合同失败；被保险人已死亡的，虽有相当因果关系存在，但举证困难，死亡后合同的解除总是容易引发法律纠纷。

由此可见，同样是行使解除合同权，被保险人仍生存时解除合同比死亡后解除合同容易得多。这也是生存调查应迅速完成的原因。

三、危险选择的程序

我们可以将危险选择分为下面几个过程。

（一）第一次选择

第一次选择包括面晤、观察、询问，由保险外勤人员来完成。

投保体检包括医学上的体检以及代替其的"查定调查员的调查"和"代用调查"等。它是由保险公司的责任体检医师（或委托医师）及委托代替体检审查人员来完成的。

1. 面晤

与投保人面晤是保险外勤人员的职责。在无体检保险业务中，面晤的重要性更为突出。无体检保险业务并不是无选择的保险业务，而是保险公司依靠外勤人员，由其代替医师来观察分析而选择的保险业务。因此，面晤是不可缺少的环节。

2. 观察

对投保人的容颜表情、语言反应、感觉能力、生活环境等方面，通过面晤加以留意，称为观察。只有仔细观察，才能不漏掉能够反映投保人身体、生活、职业现状的客观现象，为准确判断投保人的危险程度提供第一手资料。

3. 询问

有时只靠面晤、观察来了解投保人是很不全面的，还应采用婉转的询问方法，以了解投保人的身体现状、家族遗传病史等有关健康情况。当然，为了获得准确的、详尽的资料，首先应向投保人说明保险条款中有关投保人向保险人告知上述等方面真实情况的义务，以求得投保人的配合。不过，承保过程中经常会出现投保人告知不实等情况，特别是在无体检保险业务中。因此，需通过面晤、观察、询问等基本环节，对各方面的危险、疑问予以调查，加以核实，最后尽可能将投保人的现状写成书面报告。至此，第一次选择工作宣告完成。

第一次选择对于无体检保险业务尤为重要。它要求外勤人员有较高的素质，能够根据观察到的投保人的表面现象，分析、判断投保人的现状，特别是身体状况的变化情况，这就要求外勤人员必须掌握一定的有关人体变化的医学知识。

（二）第二次选择

保险外勤人员所做的查定、决定与再体检等工作统称为"第二次选择"，它是承保工作结束之前的最后一项重要工作。

1. 投保体的查定

对投保体的查定可分为医学上的查定和环境上的查定两种。医学上的查定是查定人根据体检书及其他医学上的各种资料，例如 X 光片、心电图、主治医师的医疗证明书，以及公司已有的同类保险合同和再保险合同，尤其是同行的次标准体或拒保卡、疾病特约、住院特约等给付资料，由保险医师来判别投保人是否属于可保体，或附加一定条件后，是否可能成为可保体等。医学上的查定对象的危险并不限于单一的缺陷，有两个以上的称复合缺陷，而缺陷的程度也有高度、中度、轻度之分。

这里必须注意保险医学与临床医学的差异。人身保险是以长期保障寿命和安全为目的，因此，在统计上，出现怎样的危险指数才是重要的判断因素。临床医学是以去除疾病痛苦，恢复健康为目的的。两者在目的基础上就有显著的差距。换言之，虽然没有疾病，但列入高死亡率（或危险度）者，在保险上就不能视为标准体。疾病虽已痊愈，但痊愈后的一段期间或一定期间内有高死亡率（或再发率）者，仍不能以标准体来处理（数理查定法上多半以死亡或危险指数 125 为标准体的上限）。

在保险医学上，我们依危险的种类、性质还可以分为以下几类。

（1）递增性危险

随着时间的推移，危险的程度逐渐增加者，如以次标准体附加特别条件来承保时，可适用收取特别保险费法（此时危险的程度应解释为死亡指数）。

（2）恒等性危险

危险的变化与时间的推移无直接关系。

以次标准体附加特别条件来承保时，可适用收取特别保险费法，例如全盲、聋哑。

（3）递减性危险

随着时间的推移，危险程度逐渐降低。如以次标准体附加特别条件来承保时，可适用一定期间收取特别保险费法，也可适用保险金额削减法，例如外伤、胃（十二指肠）溃疡等。

（4）暂时性危险

例如生育等危险仅出现在某一个时期，其他期间没有危险。可以通过排除不该适保的这段时间，或者对某一种危险不保等条件来承保。对于这种危险，如果以次标准体附加特别条件都不能承保的高度危险者，应查定为拒保体。

2. 决定事务与决定的种类

决定是根据查定的结果，确认对投保人承保与否或是否附加承保条件，最终做出承保取舍。附带于决定的事务，通常称为决定事务。一般来讲，这个工作都是由承保部门的内勤人员来兼做，所以从这个意义上说，人们亦把承保部门的内勤人员称为"核保人"。一般说来，寿险公司对核保人员可做决定的范围、保险种类、最高金额限度、审核内容等按其职级、经验、熟练程度有权限规定，一般称为"决定权"或"决定权限"。

决定的种类一般有如下几种。

（1）无条件决定（无条件承保）

并无医学上、环境上的问题的标准体，按要保条件可以承保时的决定（死亡指数 125 为上限等）。

（2）附加条件决定（附加条件的承保，又称为变更决定）

查定的结果变更了要保合同内容或加上一些条件承保时的决定，按投保人的缺陷种类或程度加上一些条件。其主要条件如下：①保险期间的缩短（如为定期保险，则不适用这个方法）。②保险金额的减少（对各种特约的金额的减少也包括在内）。③保险责任的变更。④不可附加的特约。主合同可以无条件承保，因医学上的或环境上的理由不可以搭配（附加）特约（意外伤害疾病特约及其他特约）。⑤其他条件。对高额保险或身体上、环境上有某种危险者，附加一些条件。例如月交合同变更为年交时，可以受理。

在国外，除因道德上的危险、危险职业关系以外，决定使用附加条件的方法近年来已被废除，有尽量按要保条件予以承保的倾向（其理由是由这个标准体决定变更为另一个标准体时，对超过死亡的调节毫无功能可言）。但对各种特约金额常常使用减少保险金额的方法，因为对道德上的危险，使用金额限制有着特殊功能。由于投保人进行投保体检时所支付的费用大部分均按保险金额的比例来收取，因此保险金额愈大对公司愈有利。因此，做减额决定是不聪明的做法，只是一种缺乏理论根据的消极方案。

3.次标准体附加特别条件的决定

对医学上的缺陷或职业上危险的次标准体，决定附加特别条件来承保时，因危险的种类或程度有所差别，一般有下列三种方法来执行。

（1）特别保险费征收法。

（2）保险递减法。

（3）加龄法：国外现在很少使用这种方法。

4.再体检、拒保与中间决定

（1）再体检

仅根据投保时的一次体检不能判定是否可以承保时，可要求体检医师再做一次即时体检，或经过一段期间后，以再体检的资料作为是否可以承保的依据。再体检有短期再体检和长期再体检两种。

①短期再体检

短期再体检是对初次体检的一段时间较短者而言。例如，对初次体检有疑问或对体检以外的因素有疑问时进行的再体检。

②长期再体检

长期再体检是对初次体检到再体检的一段时间较长者而言。例如，经过一定期间后，或身体上的危险解除后，予以再体检来做决定，如两年后再体检、愈后再体检、分娩后再体检等。

两年后再体检、数年后再体检的决定，实际上就等于拒保，这是考虑到对投保人心理上的影响而做的决定。

（2）拒保

有医学上的或环境上的高度缺陷，再以附加任何条件都不能承保时，应做拒保决定。有些寿险公司使用不良合同、延期合同、缓办等词来表示拒保的意思。

（3）中间决定

中间决定是指对要保书、体检书等内容不满意，或查定的资料尚不齐全，无法做出承保决定时，向承保人或体检医师（含外勤人员）要求增补某些资料的决定。在未到最后的承保阶段所做的决定，一般都称为"中间决定"。在未能做最后决定的意义下，再体检也是中间决定的一项内容。

模块二　疾病的危险分析

学习目标

要求掌握疾病的转归与分布以及如何对疾病进行调查，同时也要求能熟练运用死因归类原则。

工作任务

1. 通过视频介绍，学习疾病转归及疾病调查等，使学生能掌握如何进行疾病调查。
2. 对临床死亡案例进行分析，使学生能应用死因归类原则对案例进行分析。

实践操作

★临床病例
- **性别**：男　**年龄**：60 岁
- **主诉**：反复咳嗽、咳痰、胸痛 2 个月
- **现病史**：患者 2 个月前无明显诱因出现咳嗽、咳痰、继而胸痛，于 2006 年 10 月来我院就诊。痰量不多，多为白色黏稠状，左胸阵发性刺痛。其余系统未见明显异常。经过抗炎治疗，症状好转，病灶一度稍有吸收。长期在门诊密切随诊，行肿瘤细胞和抗酸杆菌检查各约为 30 次，均为阴性。血沉 80mm/1h，数月摄胸片 1 次，病灶变化不大。
- **既往史**：慢性支气管炎 20 年，吸烟 30 年。
- **体格检查**：未见明显异常。
- **辅助检查**：胸片显示左肺第四前肋外带可见一斑片状密度增高阴影，密度不均匀，边界不清、周围无卫星病灶，侧位胸片病灶位于左下叶背段，与脊柱相重。
- **初步诊断**：肺炎？

案例讨论：本病的转归可能有哪几种，为什么？

延伸讨论：该病例可能的诊断另外还有哪些？其主要的诊断依据是什么？

问题探究

一、疾病的转归

疾病是机体在一定的病因的作用下所发生的损伤和抗损伤的过程。

在某种病因作用下，机体可能发病，也可能不发病。在这种损伤与抗损伤的过程中，

表现为一系列的功能、代谢和形态结构的改变。疾病的转归有如下几种情况。

1.痊愈：完全康复。

2.好转：功能不能完全恢复，但不影响正常活动。

3.伤残：心理状态、生理功能、解剖的异常或丧失，并导致部分或全部失去以正常状态从事某些活动的能力，即导致伤残。

4.死亡：严重者由于各种原因，最终导致死亡。

二、疾病的调查

常用的疾病调查方法是询问调查，即通过询问，取得居民在某调查期间内的患病资料，通过统计分析来描述一个特定地区的居民患病情况。一般来说，询问调查对"疾病"的规定主要有以下四点。

1.因身体不适在医疗机构就诊或自己治疗处理者以患病计。

2.因身体不适卧床休息一日或休工一日以上，虽未经医疗处理但也以患病计。

3.身体不适但未诊治，也未卧床或休工者，则不以患病计。

4.下列各种情况都不算作患病。

（1）正常妊娠、分娩、产褥、月经。

（2）非因病的人工流产。

（3）屈光不正。

（4）先天或病伤后遗留的固定症状。

（5）非治疗目的的服药，如服安眠药等。

（6）健康检查。

疾病的名称和分类随着社会的发展和自然科学的进步而不断变化。现代医学以病理解剖为原则，根据病因和患病部位的病理改变命名疾病。我国卫生部1986年编制了《医院疾病分类类目表》，该分类符合国际疾病分类（ICD）的基本原则。

《医院疾病分类类目表》内容如下。

（1）传染病和寄生虫病；

（2）肿瘤；

（3）内分泌、营养和代谢性疾病及免疫疾病；

（4）血液和造血器官疾病；

（5）精神病；

（6）神经系统和感觉器官疾病；

（7）循环系统疾病；

（8）呼吸系统疾病；

（9）消化系统疾病；

（10）泌尿生殖系统疾病；

（11）妊娠、分娩和产褥期并发症；

（12）皮肤和皮下组织疾病；

（13）肌肉、骨骼系统和结缔组织疾病；

（14）先天异常；

（15）起源于围产期的情况；

（16）体征和症状不明确情况；

（17）损伤和中毒；

（18）其他：对健康状态和与保健机构设施相关的某些因素的补充分类。

三、疾病的分布

了解疾病发病的时间、地区、人群分布规律，目的是寻找引起疾病的高危因素和高危人群，为保护人群健康、防治疾病提供重要依据。疾病的分布主要有以下 3 种。

1. 时间分布

疾病时间分布的变化反映了疾病的动态变化和对人群健康影响的变化。

（1）长期趋势：指在一个较长时间内，各种疾病发生、发展的变动趋势。

（2）周期性变动：有些疾病的患病率常间隔一定时间出现周期性升高的特点。比如在普遍应用疫苗预防接种前，百日咳 2～4 年流行 1 次的情况等。

（3）季节变动：某些疾病在一定季节内有发病率升高的特点。

2. 人群分布

（1）年龄、性别分布：患者的年龄、性别差异，主要与生理、心理特点、行为生活方式、感染机会等有关。一般疾病的高危人群是婴幼儿、老年人、育龄妇女和中老年妇女。

（2）职业分布：患者的职业分布，主要与感染机会或暴露于致病因素的机会有关。

（3）种族和民族分布：种族和民族与疾病患病率的联系包含着许多因素，如遗传、地理环境、宗教、生活习惯以及行为方式等，这些均会影响疾病的发生。

3. 地区分布与城乡差别

由于地区间的自然条件、社会经济条件及居民生活习惯等不同，疾病的地区分布也不尽相同。一般城市居民的肺癌、冠心病等疾病的发病率明显高于农村居民。

四、死因归类原则

1986 年，我国卫生部为便于统计和相互比较，将致死疾病按照国际疾病与死因分类的基本原则，编制了《病伤死亡原因类目表》。死因归类原则如下。

1. 传染病与寄生虫病及其他疾病并存时，一般选传染病为根本死因。

2. 恶性肿瘤与其他疾病并存时，选恶性肿瘤为根本死因。

3. 先天畸形与其他疾病并存时，选先天畸形为根本死因。

4. 衰老、诊断不明的疾病与其他疾病并存的，选其他疾病为根本死因。

5. 其他复合死因中的原发病和继发病，选原发病为根本死因。

6. 损伤、中毒与其他疾病并存时，选损伤和中毒为根本死因。

7. 对损伤和中毒造成的死亡采用两种分类。例如，某人因交通事故造成颅脑损伤后死亡，按临床表现形式分为颅内和体内损伤，而引起死亡的外部原因为机动车辆交通事故。

五、与疾病有关的一些指标

1. 发病率

发病率指在观察期间内，一定人群中发生某病的频率。最常用的观察期是 1 年，也可是以学年、学期，或季（春、夏、秋、冬）或月，视发病频率的强弱分别用百分之一、万分之一、十万分之一表示。

某病发病率＝（观察期内新发生某病的例数／同期内平均人口数）×K

观察期若为 1 年，则同期内平均人口数＝（上年末人口数＋本年末人口数）／2。式中的 K 可为百分之百、万分之万、10 万分之 10 万等。

2. 患病率（现患病率或时点患病率）

患病率是指观察期内，一定范围内人群中患某病的频率。现患病例包括新发病例与旧病例。

观察时间一般以不超过 1 个月为宜。

患病率＝（患某病的例数／受检人数）×K

3. 疾病的构成

疾病的构成是指观察期内，人群中各种疾病所占的比例。

4. 治愈率

治愈率表示接受治疗的患者中治愈的频率，反映疾病诊治的疗效情况。

治愈率＝（治愈患者数／接受治疗的总人数）×100%

5. 生存率

生存率是指患者能活到某时间的生存概率，反映疾病对生命的威胁程度。生存率的计算方法有 2 种。

（1）直接法（一般的计算方法）

n 年生存率＝（活满 n 年的人数／观察满 n 年的人数）×100%

（2）寿命表法

寿命表法即应用定群寿命表的基本原理，先求出患者在治疗后满 x 年再活到下一年的可能性，即不同阶段的生存概率，然后根据概率乘法定律将逐年概率相乘，即可得出一定年限的生存率，如肿瘤的 5 年生存率。

6. 因病缺勤率

缺勤是指因病休工日数、休学日数、临床日数等等，反映疾病对劳动生产力影响的程度及机体抵抗力等情况。

7. 某病死亡率

死亡率指在规定的观察期内，人群中因某病而死亡的频率，反映该病对人群生命威胁的程度，通常观察期为 1 年。

某病死亡率＝（观察期间因患某病死亡人数／同期平均人口数）×10 万/10 万

8. 某病病死率

病死率指在观察期内，某病患者因某病而死亡的频率，反映该病的严重程度。

某病病死率＝（观察期间因患某病而死亡的人数 / 同期患该病的总人数）×100%

模块三　疾病的经济负担

学习目标

要求学生通过学习能熟练地对疾病的经济负担进行估算。

工作任务

通过对疾病经济负担的学习，能对保险中的某一案例进行经济负担的估算。

实践操作

白领王某，男性，已婚，30 岁，有一子为 4 岁。2011 年 4 月 30 日，王某自行去登山，不慎坠崖身亡，请用现值法与培养费用法分别计算其死亡的大概间接经济负担，并比较两者的不同。

问题探究

一、疾病经济负担

疾病经济负担是指疾病给社会带来的经济损失，以及为了防治疾病而消耗的经济资源，可分为疾病的直接经济负担和间接经济负担。

疾病的直接经济负担是指社会为防治疾病而消耗的经济资源，是劳动力的维持和培养费用的重要组成部分。直接经济负担包括医疗卫生人员与医疗卫生机构为防治疾病提供医疗保健服务所消耗的经济资源，以及患者为接受医疗保健所消耗的经济资源。可用医药费、住院费、预防经费及患者接受服务的费用如饮食费、营养食品费、差旅费等表示。其中，与保险公司关系密切的是医药费和住院费等。

疾病的间接经济负担是指疾病、伤残、死亡给社会带来的经济损失。间接经济负担包括因患病对个人、家庭以及社会带来的经济损失。它意味着劳动力有效工作时间的减少，工作能力的降低；也包括亲友精神负担加重致使工作效率降低所带来的经济损失等。

目前，由疾病带来的经济损失有相当一部分是无法计算的，我们只可能通过可以计算的资源和经济损失来推算疾病的经济负担。

直接经济负担可通过下面两个数据来计算：提供医疗保健的费用；接受医疗保健的其他费用。提供医疗保健的费用包括医药费、就诊费、住院费、预防经费等，还有患者与陪护人员的差旅费、伙食费、营养费等。调查方法包括从医疗保健机构的记录中收集和向服务单位等收集。以前者为主，后者为辅。

（一）疾病直接经济负担的计算

1. 资料的收集

提供医疗保健服务的费用可用两种方法收集：从医疗保健机构的记录中收集有关医疗费用资料；向服务对象（患者及家属等）收集有关的医疗保健费用资料。

2. 接受医疗保健服务的其他费用

接受医疗保健服务的其他费用，是指患者和陪护人员为了接受医疗保健服务所支付的差旅费、伙食费等。这笔费用的伸缩性很大，在直接经济负担中占了较大比重，但由于该项费用与保险关系不太密切，这里不作介绍。

间接经济负担意味着劳动力有效工作时间的减少，工作能力的降低。通过对疾病间接经济负担的计算，能更有效地说明保险对社会经济的保障作用。保险公司应大力加强疾病的预防和安全防护工作，减少疾病和灾害的发生。

（二）疾病间接经济负担的计算

1. 用工资率乘以疾病损失的有效工时（人年）。

伤残可导致部分或完全丧失劳动力。部分丧失劳动力可以折算为全日等值劳动力数乘以年平均工资；过早死亡，按期望寿命（人年）来计算。

2. 用人均国民收入或平均每一劳动力创造的国民收入为依据来计算。

3. 亲属（尤其是成人）因照料患者而损失的劳动时间等。

4. 职业病还有国家支付的劳保费用等。

5. 计算患者死亡的间接经济负担的方法：①期望寿命年乘以工资率，这种方法叫"现值法"。②计算将一个人培养成劳动力所需的费用作为患者死亡的经济损失，这种方法叫"培养费用法"。③用人寿保险的赔偿费来估算，这种方法叫"隐含法"。一般情况下，刚参加工作不久的青年人死亡，用培养费用法计算患者死亡的间接经济负担，较易被人接受，但用此法来计算中青年知识分子和熟练技工的早夭损失，就低估了其损失。所以，究竟选用哪一种方法来计算更符合我国实际，还需要从理论和实践上做进一步的研究。

复习思考题：

1. 什么是危险？危险的选择分为哪几个过程？
2. 疾病的转归有哪几大类？
3. 简述疾病的经济负担。

项目九
健康保险与健康管理

➤ 概　述

健康保险的一个突出特征就是对医疗服务的过程进行管理。本项目即着重介绍健康保险与健康管理的相关概念及其相互关系，使学生对健康保险与健康管理有一个大概的了解，重视健康管理在健康保险中的应用，促使传统经营模式下对医疗风险束手无策的局面发生改变。

➤ 教学目标

本项目共包括两个模块，分别为：健康保险的基本概念；健康保险和健康管理。要求学生掌握健康保险的概念、分类以及区别；掌握我国商业健康保险与社会医疗保险的现状；熟悉健康保险与健康管理的关系；掌握健康管理的基本步骤和常用服务流程。本项目是保险医学的拓展项目之一，旨在让学生对健康保险与健康管理有专业的认识与理解，通过教师直接的讲解、示范和答疑解惑，熟悉健康管理相关基础理论知识，提高学生的保险医学理论基础。

➤ 重点难点

本项目的重点与难点在于让学生能掌握健康管理的基本步骤和常用服务流程，以及能对我国的健康保险现状有较为清晰的认识。

模块一 健康保险的基本概念

学习目标

要求学生掌握健康保险的概念、分类以及区别，掌握我国商业健康保险与社会医疗保险的现状。

工作任务

从我国目前商业健康保险与社会医疗保险的现状出发，讨论我国健康保险的现状，使同学们掌握健康保险的一些基本概念。

实践操作

分组辩论：将学生分成 2 组，通过查询资料，以目前所在省的健康保险现状作为讨论目标，各自以正方与反方的形式，阐述所在省份的商业健康保险与社会医疗保险的优势及不足之处，最后得出辩论意见，与我国的现状作比较，对比不同之处。

问题探究

健康保险的一个突出特征就是对医疗服务的过程进行管理。目前，由于种种原因，保险公司很难控制医疗风险和投保过程中的道德风险。健康保险不应仅停留于疾病发生以后的费用补偿上，而应以提供多种健康管理服务，促进投保人的健康为最终目的。引入健康管理，将单纯的事后理赔转变为全过程的健康管理服务，既能够改变传统经营模式下对医疗风险束手无策的局面，变被动应付为主动出击，又能够通过健康教育和预防保健等手段有效降低发病率，还能够大大提高医疗服务质量和效率。只有重视健康管理在健康保险中的应用，才能对传统的风险控制手段和服务管理模式产生积极影响。

一、健康保险的概念

健康保险源于意外伤害保险，欧洲是商业健康保险的发源地，健康保险起源于 19 世纪的英国，迄今已有约 150 年的历史。在 1848 年，英国铁路运输部门成立"伦敦铁路旅客保险公司"，第一次对铁路运输意外伤害提供保险，其保单附在车票票根上，以保护在运输期间发生的严重伤害和意外死亡。随后英国甚至美国的其他公司也相继开展了这样的保险。这种方式很快扩展到所有的意外伤害。这就是健康保险的起源。

健康保险是以人的身体健康为目标的，是针对因疾病或意外伤害所发生的医疗费用或因疾病或意外失能所致收入损失的保险，同时健康保险还包括因年老、疾病或伤残需要长期护理而给予经济补偿的保险。《人身保险辞典》将健康保险定义为"补偿疾病或身体伤残所致的损失保险"。这里的健康保险包括意外保险、疾病保险、医疗费用保险以及意外死亡残疾保险。《伤害及健康保险》一书则将健康保险分为疾病保险、失能保险和医疗保险。《寿险、健康保险和年金险原理》一书将健康保险定义为一种抵御由于被保险人患病、意外伤害和失去工作能力而造成财务风险的保障方式。由此可见，健康保险基本上都包含了以下两个要素：第一，补偿被保险人治疗疾病和伤害所发生的费用；第二，补偿因病或伤残带来的经济损失。其中医疗（费用）保险是必不可少的内容。

按保险性质不同，健康保险可分为社会医疗保险和商业健康保险。社会医疗保险是国家实施的基本医疗保障制度，是为保障人民的基本医疗服务需求，国家通过立法的形式强制推行的医疗保险制度。根据保险费用筹资渠道以及保险覆盖范围的不同，社会医疗保险制度的实施具有多种形式，如全民健康保险制度、政府主导型的健康保险制度以及社会主导型的健康保险制度。商业健康保险不同于社会医疗保险，它是在被保险人自愿的基础上，由商业保险公司提供的健康保险保障形式。商业保险公司开展健康保险业务，是企业的经营行为，追求商业利益是其经营的重要目标。被保险人根据自身健康保险的需求，在市场上自由选择保险公司，通过与其签订保险合同，获得健康保险保障。

二、商业健康保险

在 2006 年，中国保险监督管理委员会针对商业健康保险的经营而出台的《健康保险管理办法》中，明确了商业健康保险的分类与定名规则。其中，在第二条中规定："本办法所称健康保险，是指保险公司通过疾病保险、医疗保险、失能收入损失保险和护理保险等方式对因健康原因导致的损失给付保险金的保险。"由此可见，在中国目前的商业健康保险市场内，按保障范围不同可划分为四类。

1. 疾病保险

疾病保险是指以发生约定疾病为给付保险金条件的保险。这种保险是以被保险人是否罹患某种疾病作为承担保险责任的决定因素，理赔依据是医疗服务提供者的疾病诊断。疾病保险多数是一年期以上的长期保险或终身保险，它依据疾病在不同性别和不同年龄组的发生概率制定费率。

2. 医疗保险

医疗保险也称为医疗费用保险，是指对被保险人在接受医疗服务时发生的费用进行补偿的保险。它以被保险人支出的医疗费为标的，而不关注被保险人患的是什么病或因疾病导致的经济损失。医疗保险既包括门诊花费，也包括住院支出，通常为一年期或一年以内的短险。

3. 失能收入损失保险

失能收入损失保险是指以因疾病或意外伤害导致工作能力丧失为给付保险金条件的保险。失能收入损失保险主要为被保险人工作能力丧失后一定时期内的收入中断或减少提供保险保障。

4. 护理保险

护理保险指以因发生约定的日常生活能力障碍导致需要护理行为为给付保险金条件的保险。护理保险主要为被保险人的护理需要提供保险保障。

三、社会医疗保险

社会医疗保险制度模式是国家采取的社会保险的形式，通过大数法则分摊风险的机制和社会互助的原则，将少数社会成员随机产生的各种疾病风险分摊到全体社会成员的一种医疗保障制度。遵循社会保险的"强制性、互济性和补偿性"的原则，其主要具有以下特点。

1. 参保范围

大多数国家的社会医疗保险制度都是通过法律强制实施的，而非个人或者保险人的自由选择，这是与市场医疗保险制度的重要区别之一。强制实施的主要目的是为了防止出现逆向选择的风险，保证不同收入和不同健康状况的人员能够在同等条件下参加保险，同时保证医疗保险基金有足够的抵御风险和互济的能力。

2. 资金来源

社会医疗保险通过对有收入的人群征收医疗保险费的形式来筹集资金。

3. 待遇标准

社会医疗保险的待遇包括医疗服务的范围及其医疗保险基金支付的标准。在不同的国家，由于经济社会发展水平和医疗保险的筹资水平不同，社会医疗保险的待遇水平差别比较大。

4. 医疗费用的支付方式

社会医疗保险对医疗机构的费用支付的最大特点是"第三方支付"，即在参保患者接受医疗机构的服务并按规定支付个人负担的医疗费用后，所发生的其他费用全部由社会医疗保险经办机构与医疗机构结算。

5. 管理和经办

在大多数实行社会医疗保险制度的国家，经办机构都是依法设立的公共管理机构，这与商业医疗保险机构不同，最主要的区别是不以盈利为目的，纯粹是为了服务社会医疗保险的经办机构。

四、我国商业健康保险的现状

商业健康保险作为我国基本医疗保险制度的补充，在完善和健全社会保障体系过程中发挥着重要作用。我国自20世纪80年代初期恢复国内保险业务以来，主要由寿险公司承办医疗费用保险、疾病保险、护理保险、残疾收入保险等商业健康保险业务。1990年以后，随着我国保险市场上保险公司数目的增加和竞争格局的形成，各家保险公司相继推出中小学生平安保险附加医疗保险、节育手术平安保险、母婴安康保险、重大疾病保险、住院医疗保险、综合医疗保险、防癌保险等健康保险险种，丰富了健康保险产品线。但由于经营难度大，多数保险公司在开发健康险险种方面投入有限。随着 1998 年年底国务院颁布《关于建立城镇职工基本医疗保险制度的决定》，明确了商业健康保险的市场空间，各家寿险公司认识到参与医疗改革的重要性。2002 年年底，中国保险监督管理委员会颁布《关于加快健康保险发展的指导意见》，提出了商业健康险专业化经营的指导方向，大大地促进了商业健康保险的发展。2004 年，以中国人民健康保险股份有限公司为代表的专业健康险公司步入市场，开始经营商业健康保险。目前我国商业健康险还处于发展的初级阶段，主要表现在以下几个方面。

1. 业务规模和覆盖人群少，未摆脱"补充"角色。
2. 专业化程度不高，有效供给不足。
3. 专业人才缺乏，经营管理人员少。
4. 缺乏系统的健康保险经营体系。
5. 商业健康保险发展的社会环境尚待改善。

五、我国社会医疗保险的现状

我国现行的社会医疗保障制度是建立在计划经济时代企业职工劳保医疗制度、机关事业单位职工公费医疗制度以及农村合作医疗制度的基础上，经过 20 世纪 80 年代以来的改革，已经基本形成了新型的社会医疗保障制度体系，其主体结构是以城镇职工基本医疗保险为基础，以各种形式的补充医疗保险和商业健康保险为补充，以城镇居民的社会医疗救助以及农村合作医疗制度为底线。

1. 城镇职工基本医疗保险

到 2002 年年底，城镇职工基本医疗保险制度已经初步建立。随着城镇职工基本医疗保险的逐步发展，其覆盖面进一步扩大。2005 年末，全国绝大部分地级以上统筹地区都组织实施了基本医疗保险，覆盖人群达到 1.3 亿人，这一年城镇职工基本医疗保险基金收入为 1378 亿元，基本医疗保险基金收支平衡、运行平稳。制约基本医疗保险覆盖面扩大的主要因素包括：一是基本医疗保险缺乏立法支持，没有完全体现社会医疗保险的强制性原则；二是参保门槛较高，部分效益差的企业无力负担费用；三是部分统筹地区负担较重，特别是退休职工较多的统筹地区，由于退休职工不承担缴费义务，企业参保后医保基金压力大，影响了覆盖范围的扩大；四是灵活就业人员不断增长，其劳动岗位不稳定，劳动合同不规范，且个人不愿参保；五是对基本医疗保险制度的宣传不到位，影响了部分职工参保的积极性。由此可见，城镇职工基本医疗保险尚未实现"广泛覆盖"的目标，仍需采取切实举措进一步扩大覆盖范围。

2. 补充医疗保险

在已经建立了基本医疗保险的前提下，为了不降低一些特定行业职工现有的医疗消费水平，作为过渡性措施，允许建立企业补充医疗保险。建立补充医疗保险的企业必须符合以下条件：一是参加了基本医疗保险；二是具有持续的税后利润，并保证足额发放职工工资和缴纳社会保险费；三是已经形成的医疗保障待遇高于基本医疗保险待遇，且有能力主办或参加企业补充医疗保险。目前，在不少企业都建立和实施了各种形式的补充医疗保险制度，有效地解决了基本医疗保险保障不足的问题。

3. 社会医疗救助

社会医疗救助制度是在政府的主导下，动员社会力量广泛参与的一项面向弱势群体的医疗救助行为。医疗救助作为医疗保险体系的最后一道防线，其对象是弱势群体。在确定具体救助对象时，必须充分考虑目前的经济发展水平及财政承受能力。目前救助对象主要集中在城市中负担不起医疗费用开支的低收入贫困人群，具体可分为以下 3 类人员：一是困难的国有、集体企业中的职工；二是享受城市最低生活保障的居民；三是在职职工和退休人员。目前，有不少城市，特别是经济发达地区都建立了医疗救助制度。随着经济的发展，医疗救助的覆盖范围也应进一步扩大，并与农村人口的医疗救助相协调、衔接，逐步建立统一的救助制度。

4. 农村合作医疗

农村合作医疗是专为农村人口提供的医疗保障制度，它是社会医疗保险的初级形式。但是在农村合作医疗恢复与试点的过程中，许多因素都制约着其发展，造成了农村合作医疗覆盖面狭窄的现状。农村人口享受的医疗保障水平极低，据世界银行《世界发展指标》的数据显示，2000 年我国享有卫生设施的人口占农村人口的比重仅为 24%，而占城市人口的比重为 68%，造成这种现象的主要原因包括：农村合作医疗基金规模有限，筹资渠道相对单一；组织管理形式不健全；村民的传统观念及迷信思想影响了合作医疗的开展；医疗机构对利润的追求与村民对低价高效医疗技术的需求相冲突。此外，政府对药品销售环节监管不力，难以遏制违规加价的行为，这都严重阻碍了农村合作医疗的正常开展与完善。

模块二　健康保险和健康管理

学习目标

要求学生掌握健康管理的基本步骤和常用服务流程，掌握健康管理与健康保险之间的相互应用。

工作任务

通过对健康管理的基本步骤和常用服务流程的学习，要求学生针对某一人群编制一份健康管理计划。

实践操作

★资料

某男，40岁，身高170cm，体重80kg，已婚，夫妻关系和谐，育有一子，平时身体健康，否认有家族遗传病史及传染病史。该男子从事皮革行业15年，现为制革车间主任。饮食上口味较重，喜吃麻辣咸辛食物，无运动嗜好，休息在家时爱上网消磨时间。每年均参加体检，近年发现脂肪肝较为明显，血脂轻度偏高，余无明显异常。

案例讨论：针对以上给出的个人生活与工作资料，请粗略编制一份个性化的健康管理计划。

问题探究

一、健康与健康管理

世界卫生组织（WHO）给健康下的定义是："健康是一种躯体、精神与社会和谐融合的完美状态，而不仅仅是没有疾病或身体虚弱。"具体来说，健康包括3个层次：第一，躯体健康，指躯体的结构完好、功能正常，躯体与环境之间保持相对的平衡。第二，心理健康，又称精神健康，指人的心理处于完好状态，包括正确认识自我、正确认识环境、及时适应环境。第三，社会适应能力良好，指个人的能力在社会系统内得到充分的发挥，个体能够有效地扮演与其身份相适应的角色，个人的行为与社会规范一致，和谐融合。WHO的定义体现了积极的和多维的健康观，是健康的最高目标。

健康管理，就是针对健康需求对健康资源进行计划、组织、指挥、协调和控制的过程，也就是对个体和群体的健康进行全面监测、分析、评估、提供健康咨询和指导及对健康危险因素进行干预的过程。健康管理的宗旨是调动个体和群体及整个社会的积极性，有效地利用有限的资源来达到最大的健康效果。健康管理的具体做法就是为个体和群体（包括政府）提供有针对性的科学健康信息并创造条件采取行动来改善健康。

在美国，首先广泛应用健康管理服务的是保险行业。目前健康管理在美国的应用主要是在以下 3 个领域。

（1）政府认为健康管理和促进是关系国家经济、政治和社会稳定的重大事情，制定了全国健康管理计划："健康人民"。"健康人民"计划项目由美国联邦卫生和社会服务部牵头，与地方政府、社区和民间及专业组织合作，每 10 年 1 次，计划、执行、评价、循环反复，旨在不断地提高全国的健康水平。

（2）企业、医疗机构和健康管理公司帮助个人控制疾病危险因素，以改善健康状况，从而减少疾病发生的几率和减少医疗费用的负担。研究发现，如果在健康管理方面投入 1 元钱，则可以减少 3～6 元的医疗费用。而且，这种回报是可持续的。如果再加上提高生产效率的回报，则实际效益更大。

（3）健康保险或医疗保险。医疗保险业的管理者都明白一个事实，即一小部分人不合比例地用去了大部分的医疗费用。近年来，由于健康风险评价及健康管理技术的发展，已经可以在早期鉴别确认高危人群，从而可以有的放矢地进行早期的预防性费用控制。

二、健康管理的基本步骤和常用服务流程

健康管理是一种前瞻性的卫生服务模式，它以较少的投入获得较大的健康效果，从而增加了医疗服务的效益，提高了医疗保险的覆盖面和承受力。一般来说，健康管理有以下 3 个基本步骤。

第一步是了解你的健康，只有了解个人的健康状况才能有效地维护个人的健康。因此，具体地说，第一步是收集服务对象的个人健康信息。个人健康信息包括个人一般情况（性别、年龄等）、目前健康状况和疾病家族史、生活方式（膳食、体力活动、吸烟、饮酒等）、体格检查（身高、体重、血压等）和血、尿实验室检查（血脂、血糖等）。

第二步是进行健康及疾病的风险性评估，即根据所收集的个人健康信息，对个人的健康状况及未来患病或死亡的危险性用数学模型进行量化评估。其主要目的是帮助个体综合认识健康风险，鼓励和帮助人们纠正不健康的行为和习惯，制订个性化的健康干预措施，并对其效果进行评估。

第三步是进行健康干预。在前两步的基础上，以多种形式来帮助个人采取行动、纠正不良的生活方式和习惯，控制健康危险因素，实现个人健康管理计划的目标。与一般健康教育和健康促进不同的是，健康管理过程中的健康干预是个性化的，即根据个体的健康危险因素，由健康管理师进行个体指导，设定个体目标，并动态追踪效果。如健康体重管理、糖尿病管理等，通过个人健康管理日记、参加专项健康维护课程及跟踪随访措施来达到改善健康的效果。一位糖尿病高危个体，其除血糖偏高外，还有超重和吸烟等危险因素，因此除控制血糖外，健康管理师对个体的指导还应包括减轻体重（膳食、体力活动）和戒烟等内容。

一般来说，健康管理的常用服务流程由健康管理体检、健康评估、个人健康管理咨询、个人健康管理后续服务、专项的健康及疾病管理服务五部分组成。

三、健康保险行业中的健康管理

在健康保险行业中，健康管理的概念与医疗行业中略有不同，可以定义为保险管理与经营机构在为被保险人提供医疗服务保障和医疗费用补偿的过程中，利用医疗服务资源或与医疗、保健服务提供者的合作，所进行的健康指导和诊疗干预管理活动。

在健康保险行业中应用健康管理，其主要目的是提供健康服务与控制诊疗风险，因此可以将其分为健康指导和诊疗干预两类。

（1）健康指导类。包括两种类型：一是健康咨询，指以为客户建立健康档案和提供专业性信息服务入手，通过家庭咨询医师或健康咨询热线实现的个性化健康和诊疗咨询，可以实现对参保人员健康和诊疗信息的采集，从而为风险分析和采取控制措施奠定基础。二是健康维护，指以为客户提供能够满足不同需求的健康体检、健康评估和健康指导等健康促进项目入手，实现更具便利性与及时性的疾病预防保健和护理服务。

（2）诊疗干预类。包括两种类型：一是就诊服务，指依托合作医院网络的建立，为参保人员提供就诊指引、门诊或住院预约等绿色通道式的就诊服务，提高其就医的便捷性、及时性与合理性。二是诊疗保障，指依托合作医院网络与组建医师队伍，为客户提供专家函诊、专家会诊和送医上门等全程式的诊疗管理，满足参保人员的诊疗需求。

四、健康管理在健康保险业中的应用

（一）健康保险业中健康管理的体系构建

在健康保险行业中，健康管理的核心任务就是健康指导与诊疗干预，即延伸与扩展为客户提供的健康服务，以及实施面向各个健康诊疗环节的事中风险管控。为此，需要构建完整的运行体系，主要包括3个方面：第一，搭建服务支持平台，确保健康服务与风险管控的顺利实施，如合作医院、医师队伍、其他服务机构、服务与管理技术、标准化体系等；第二，建立完善的服务体系，涉及健康、疾病、诊疗、康复全过程，包括咨询、指导、评估、干预等多种形式，有机组合形成完整的服务流程与服务计划；第三，建立健康诊疗风险控制模式，从疾病发生风险、就诊行为风险和诊疗措施风险等方面，进行健康诊疗信息收集、风险分级评估和高危对象筛选，采取疾病管理、案例管理、第二诊断意见等手段，有针对性地实施风险防范与干预。

健康保险与健康管理的合作可分为3种不同模式。

（1）服务完全外包模式。在该模式下，服务完全由健康管理机构提供，健康保险机构采用整体购买方式。对于自身服务与管理能力不够，且需要近期占领市场的保险机构而言，通常采用此种模式。

优点：服务提供者专业且经验丰富；易于衡量资金投入，计算投资回报率；对市场需求变化反应快。

缺点：保险机构对服务质量缺乏控制力；所能提供服务受市场供给限制；服务体系灵活性差，不易根据客户要求进行更改。

（2）自行提供服务模式。在该模式下，由健康管理机构提供核心技术，服务实施方式和内容由保险机构与健康管理机构协商确定，最后由保险机构直接面向客户提供服务。对

于将健康管理作为长期发展战略的保险机构，通常采用这种模式。

优点：能够很好地控制服务质量；短期成本投入较少；可以整合不同服务资源，为客户提供统一服务。

缺点：对市场变化反应慢；新服务项目的开发需要较长周期；服务实施与开展需要较大人力投入。

（3）共同投资模式。由健康保险与健康管理机构共同投入资金和人力，合作建立用于提供健康管理服务的机构。一方面，服务成本支出由双方按协议分担，服务实施由机构内相关人员进行开展；另一方面，服务实施与项目开展的利润和风险也由双方共同分享与承担。由于此种模式需要健康保险机构投入较大、运转周期长、不确定因素多，目前在国内尚处于理论探索阶段。

复习思考题：

1. 简述健康保险的概念，并说明它主要包括哪些类别。
2. 简述健康和健康管理的概念。
3. 简述健康管理的基本操作流程。
4. 简述健康管理和健康保险的关系。

参考文献

［1］陈君石，黄建始 . 健康管理师 [M]. 北京：中国协和医科大学出版社，2007.

［2］陈孝平，汪建平，赵继宗 . 外科学 [M]. 9 版，北京：人民卫生出版社，2018.

［3］崔慧先，李瑞锡 . 局部解剖学 [M]. 9 版，北京：人民卫生出版社，2018.

［4］杜庆生，魏成和，庞惠珍 . 保险医学实用手册 [M]. 北京：中国金融出版社，2005.

［5］傅华 . 预防医学 . [M]. 7 版，北京：人民卫生出版社，2018.

［6］葛均波，徐永健，王辰 . 内科学 [M]. 9 版，北京：人民卫生出版社，2018.

［7］何惠珍 . 保险概论 [M]. 杭州：浙江大学出版社，2003.

［8］李金亭 . 病种质量控制标准 [M]. 黑龙江：黑龙江科学技术出版社，1994.

［9］唐四元 . 生理学 [M]. 3 版，北京：人民卫生出版社，2012.

［10］万学红 . 诊断学 [M]. 9 版，北京：人民卫生出版社，2018.

［11］吴艾竞 . 保险医学基础 [M]. 北京：中国金融出版社，2009.

［12］许文荣，林东红 . 临床基础检验学技术 [M]. 北京：人民卫生出版社，2015.

［13］周华，崔慧先 . 人体解剖生理学 [M]. 7 版，北京：人民卫生出版社，2020.

［14］朱启星 . 卫生学 [M]. 9 版，北京：人民卫生出版社，2018.

图书在版编目（CIP）数据

保险医学基础 / 吴艾竞主编. -- 杭州 ：浙江大学
出版社，2021.5（2025.2重印）
 ISBN 978-7-308-20671-6

 Ⅰ．①保… Ⅱ．①吴… Ⅲ．①人身保险－医学－高等
职业教育－教材 Ⅳ．①F840.622②R

 中国版本图书馆CIP数据核字(2020)第203337号

保险医学基础

主编　吴艾竞

责任编辑	赵　静
责任校对	董雯兰
封面设计	林智广告
出版发行	浙江大学出版社
	（杭州市天目山路148号　　邮政编码　310007）
	（网址：http://www.zjupress.com）
排　　版	杭州林智广告有限公司
印　　刷	浙江新华数码印务有限公司
开　　本	787mm×1092mm　1/16
印　　张	18.75
字　　数	470千
版 印 次	2021年5月第1版　2025年2月第2次印刷
书　　号	ISBN 978-7-308-20671-6
定　　价	58.00元

浙江大学出版社市场运营中心联系方式：0571-88925591；http://zjdxcbs.tmall.com